Heinrich Zoepfl (1807–1877)

Heinrich Zoepfl
(1807–1877)

Heinrich Zoepfl (1807–1877)

Heidelberger Universitätsprofessor und Rechtsgutachter

Herausgegeben von

Dorothee Mußgnug und Michael Stolleis

HEIDELBERG
UNIVERSITY PUBLISHING

Bibliografische Information der Deutschen Nationalbibliothek
Die Deutsche Nationalbibliothek verzeichnet diese Publikation in der Deutschen Nationalbibliografie; detaillierte bibliografische Daten sind im Internet über http://dnb.dnb.de abrufbar.

Die Online-Version dieser Publikation ist auf den Verlagswebseiten von Heidelberg University Publishing http://heiup.uni-heidelberg.de dauerhaft frei verfügbar (Open Access).
URN: urn:nbn:de:bsz:16-heiup-book-487-5
DOI: https://doi.org/10.17885/heiup.487

ISBN 978-3-947732-41-8 (PDF)
ISBN 978-3-947732-40-1 (Hardcover)
ISBN 978-3-947732-65-4 (Softcover)

Inhaltsverzeichnis

Dorothee Mußgnug und Michael Stolleis

Professor und Geheimer Hofrat

Wo immer eine Macht ist, da herrscht sie, weil sie nicht anders kann, als herrschen; die größte aller Mächte aber ist die Macht des Geistes.
Heinrich Zoepfl

Der Heidelberger Professor und badische Hofrat Heinrich Zoepfl (1807–1877), dessen Publikationen und Gutachtertätigkeit einen Zeitraum von mehr als vier Jahrzenten umfassen, zählt zwar nicht zu den ganz herausragenden Namen unter den Staatsrechtlern des 19. Jahrhunderts wie etwa Johann Ludwig Klüber, Robert von Mohl, Johann Caspar Bluntschli, Carl Friedrich von Gerber, Paul Laband oder Georg Jellinek. Aber er wurde wegen seiner Expertise in allen Fragen des positiven öffentlichen Rechts, speziell solchen des Adelsrechts, sowie wegen seiner immer detaillierter werdenden Lehrbücher und seines Fleißes hochgeschätzt.

Seit langem war bekannt, dass sich in der Universitätsbibliothek Heidelberg ein weitgehend kompletter Bestand seiner Gutachten samt einer handschriftlichen chronologischen Liste befindet.[1] Eine genauere Betrachtung war jedoch bisher unterblieben, wohl einerseits, weil viele Gutachten im Druck erschienen waren, andererseits aber auch, weil ein Schwerpunkt dieser Gutachten, das Sonderrecht des Adels, uns heute entrückt ist. Gleichwohl schien es lohnend, diesen Bestand in Zusammenarbeit mit der Universitätsbibliothek Heidelberg zu sichten und für die rechtshistorische Forschung zu erschließen; denn er bietet einen Blick in die Werkstatt eines in vielen streitigen Rechtsfragen in Anspruch genommenen Professors an einer angesehenen Universität. Da Zoepfl Rechts- und Verfassungsgeschichte mit dem öffentlichen Recht des Deutschen Bundes und der Bundesstaaten verband, führen seine Arbeiten mitten in den Vormärz, in die revolutionären Jahre 1848/49, in die Restauration und die Reichsgründung. In gewisser Weise war Zoepfl ein Pendant zu seinem

1 A. v. Schulte, Allgemeine Deutsche Biographie 45 (1900) 432–434; M. Stolleis, Geschichte des öffentlichen Rechts in Deutschland, Bd. II, München 1992, 92 f. und öfter.

ebenfalls vielfältig tätigen, wenn auch viel berühmteren Kollegen Karl Joseph Anton Mittermaier (1787–1867), der Strafrecht, Privatrecht und Rechtsvergleichung kombinierte.

Um einen Zugang zu den Gutachten zu schaffen, war die Transkription jener Liste, in der sich auch die Publikationsorte finden, die primäre Aufgabe (Dorothee Mußgnug). Ebenso unentbehrlich waren ein „Lebensbild“ im Rahmen der Heidelberger Juristischen Fakultät, in der badischen Ersten Kammer sowie im Staatsdienst (Klaus-Peter Schroeder) sowie eine bewertende Einordnung seiner Lehrbücher zur Staats- und Rechtsgeschichte und zum Öffentlichen Recht des Deutschen Bundes und der Bundesstaaten (Frank L. Schäfer).

Auf dieser Grundlage konnte man sich dann den Gutachten zuwenden. Sie erwiesen sich, wie kaum anders zu erwarten, als ungleich gewichtig. Gelegentlich handelte es sich nur um längere Briefe, in denen die erbetenen Auskünfte erteilt wurden. Andere Gutachten waren umfangreich und wurden gedruckt, entweder in Zoepfls eigenem, aber kurzlebigen Publikationsorgan „Microcosmus: eine polemische Zeitschrift für Staatskunst und Staatsrechts-Wissenschaft“ (1832–1836), oder in anderen Zeitschriften und Jahrbüchern sowie häufig als eigenständige Broschüren oder veritable Bücher, die von der jeweils interessierten Seite gewiss auch vertrieben wurden. Insbesondere der „Verein der deutschen Standesherren“ war insoweit rührig und hat nicht nur Zoepfl beauftragt,[2] sondern auch – nach Inkrafttreten des BGB – Paul Oertmann zu den zivilrechtlichen und Edgar Loening zu den öffentlich-rechtlichen Folgen der neuen Gesetzeslage für die fürstlichen „Hausgesetze“.[3] Aus der Perspektive des betroffenen Hochadels waren dies notwendige und leidenschaftlich geführte Rückzugsgefechte gegen die Idee bürgerlicher Gleichheit und die

2 H. Zoepfl, Die neuesten Angriffe auf die staatsrechtliche Stellung der deutschen Standesherren, Karlsruhe 1867. Zoepfl verfolgte hier die Linie, die Folgen des Endes des Deutschen Bundes strikt auf diesen zu begrenzen, um die Separatrechte der Standesherren zu sichern.

3 P. Oertmann, Die standesherrliche Autonomie im heutigen bürgerlichen Rechte, Erlangen 1905; E. Loening, Die Autonomie der standesherrlichen Häuser Deutschlands in dem Rechte der Gegenwart, Halle 1905; G. Beseler, Über die Stellung des Bürgerlichen Gesetzbuchs Deutschland zu dem Familienrechte des hohen Adels. Eine Denkschrift, Berlin 1877 (Neudruck 1911). Eine schematische Übersicht bei dem Geschäftsführer des Vereins der deutschen Standesherren Kammerrat Dr. K. Dickel, Die Sonderrechte der deutschen Standesherren im Reiche und in den einzelnen Bundesstaaten, Wernigerode 1903. Siehe K. v. Unzner, in: F. v. Holtzendorff – J. Kohler (Hrsg.), Enzyklopädie der Rechtswissenschaft, 7. Aufl. Bd. 2, Berlin 1914, § 11. Der dort beschriebene Rechtszustand erledigte sich dann durch Art. 1 Weimarer Reichsverfassung sowie die gem. Art. 17 Abs. 1 S. 1, 109 Abs. 1 S. 1 WRV erlassenen Reichs- und Landesgesetze. Zur retardierten Auflösung der Restbestände des Ancien Régime siehe die ehemaligen Art. 57, 58 Einführungsgesetz zum BGB sowie Art. 59–61, 114, 115, 133 EGBGB.

Macht des egalisierenden Gesetzgebers. Zoepfl, der ohnehin das Ende des Deutschen Bundes bedauerte, stand den ehemals regierenden Häusern bei und verteidigte deren „Autonomie", die sie betreffenden Fragen selbst zu regeln.[4]

Eine vollständige Publikation der Gutachten Zoepfls schien von vornherein nicht sinnvoll. Die Stellungnahmen sind heterogen und vielfach auch schon im Druck erschienen. Deshalb haben sich die Herausgeber entschlossen, die Liste der Gutachten samt Fundstellen zu publizieren, um künftigen historisch Interessierten ein Arbeitsmittel zu bieten. Die Beiträge des Bandes sollen daneben durch eine Mischung von Analysen einzelner Gutachten und übergreifenden Fragestellungen einen Eindruck vermitteln, wie ein Rechtsgelehrter und badischer Hofrat sich in den Turbulenzen seiner Zeit positionierte, ohne seine prinzipielle Bindung an das positive Recht aufzugeben. Wie man jetzt sehen kann, ist es nur halb richtig, ihm pauschal zu bescheinigen, er habe seine ursprünglich liberalen vormärzlichen Positionen in den Jahren nach 1848 mit konservativen, ja reaktionären Positionen vertauscht.[5] Seine frühen Gutachten zugunsten rebellischer Studenten (Michael Stolleis) decken sich in der Grundlinie durchaus mit der dreißig Jahre späteren Verteidigung von Freiheitsrechten, wie der Fall Möller von 1863 zeigt, in dem er die Unterdrückung der politischen Betätigung eines Liberalen durch die preußische Regierung für verfassungswidrig erklärte (Dorothee Mußgnug). Auch seine Plädoyers für die rechtliche Gleichstellung der Juden (Klaus-Peter Schroeder) blieben über die Jahrzehnte hinweg ähnlich. Zoepfl war immer ein Verteidiger des positiven, geltenden Rechts – freilich in der Interpretation, die er selbst ihm gab. Dies gilt auch für die zahlreichen Gutachten zugunsten des Adels, vor allem der mediatisierten Standesherren. Diese „ehemals regierende" und oft wohlhabende Schicht verlor im Laufe des 19. Jahrhunderts schrittweise Herrschaftsrechte und Privilegien. Dazu zählten die Steuer- und Abgabenfreiheit, die eigene Gerichtsbarkeit (1848), die polizeilichen Rechte (1866), die Befreiung der Prinzen vom Militärdienst, aber genauso erhebliche ökonomische Einbußen. Der katholische Adel verlor im Zuge der Säkularisation Domherrenstellen, Pfründen und Grundbesitzeinnahmen. Der landsässige Adel verschuldete sich stark, besonders wenn Fideikommisse die Kreditaufnahme behinderten. Im öffentlichen Dienst etablierten sich weiter qualifizierte Bürgerliche, so dass nur noch Offiziersdienst, Hofdienste und Diplomatie übrig blieben. Aber auch sie verloren langfristig ihre Exklusivität. In jedem Einzelfall war genauestens zu prüfen, ob und wie

4 R. M. Mizia, Der Rechtsbegriff der Autonomie und die Begründung des Privatfürstenrechts in der deutschen Rechtswissenschaft des 19. Jahrhunderts, Frankfurt 1995.

5 Siehe die ambivalente und scharfzüngige Charakteristik bei R. v. Mohl, Lebenserinnerungen, Erster Band, Stuttgart und Leipzig 1902, 231 f.

sich das geltende Recht zu dem Problem stellte und ob die Lösung der Verfassung des jeweiligen Staates im Deutschen Bund entsprach.

Dass Zoepfl in seinen zahlreichen Gutachten meist als Verteidiger adeliger, speziell standesherrlicher Interessen auftrat, lag an dem für das 19. Jahrhundert typischen Grundkonflikt zwischen dem staatlichen Interesse an einer Homogenisierung der Sonderrechte einerseits und der Bestandskraft des älteren und weitergeltenden Rechts, etwa in Bayern, Württemberg und Baden. Soweit Zoepfl hier als Verteidiger gesetzlich oder vertraglich fixierter Rechtspositionen auftrat, verhielt er sich durchweg „positivistisch". Ihm und seinen Zeitgenossen erschien das rein rechtliche Argument das überlegene zu sein. Noch dem letzten Vertreter des Fürstenrechts und Verteidiger dynastischer Positionen, Hermann Rehm (1862–1917), war dies, gerade auf dem Fundament rechtshistorischer Forschung, selbstverständlich.[6]

Zoepfl war auf dem Gebiet des historisch gewachsenen, aber positiv geltenden Rechts für die Zeitgenossen eine „Autorität". Aber ein „Positivist" im undifferenzierten und unpolitischen Sinn war er nicht. Als süddeutscher Katholik war er zwar von vornherein kein Preußenfreund, aber er erkannte die Schlüsselstellung Preußens für die nationale Einigung ohne Einschränkung an. Mit dem Ende des Deutschen Bundes wurde ihm 1866 sein wichtigster Gegenstand entzogen. Als Hofrat und Mitglied der Ersten Kammer band er sich politisch an die badische Regierung. Seine nationalen Hoffnungen, die 1848 auf ihrem Höhepunkt waren, wurden zunächst enttäuscht. Aber eine nationale Grundierung seiner Arbeit blieb erhalten, wenn er sich mit dem Deutschen Bund und den weiteren Etappen der Politik vom Norddeutschen Bund bis zur Reichsgründung beschäftigte.

An Hochschulen lehrende Juristen wurden seit dem Mittelalter als Gutachter herangezogen. Sie waren als rechtskundige Staatsdiener verpflichtet, für das Interesse ihrer Landesherren einzutreten. Diese Juristen hatten Stellung zu nehmen zu den oft für den Bestand des ganzen Landes entscheidenden Fragen der Thronfolge, aber auch der Trennung von Privat- und Staatsvermögen, der Apanagen für Familienmitglieder, der „Fräuleinsteuer" bei Verheiratung landesherrlicher Prinzessinnen, der Erbauseinandersetzungen zwischen verschiedenen Linien einschließlich der Titulaturen und der sog. Missheiraten mit Bürgerlichen.[7] Im 19. Jahrhundert hörte dies keineswegs auf, sondern verstärkte sich

6 H. Rehm, Modernes Fürstenrecht, München 1904. Zu Rehm knapp M. Friedrich, in: NDB 21 (2003) 282–283.

7 Umfassend am Ende des 18. Jahrhunderts J. S. Pütter, Erörterungen und Beyspiele des teutschen Staats- und Fürstenrechts, Bd. 1, Heft 1 (1790), Heft 2 (1791), Heft 3 (1792), Heft 4 (1793), Bd. 2 (1794); ders., Über Mißheiraten teutscher Fürsten und Grafen, Göttingen 1796.

eher, weil der Adel insgesamt auf der Verliererseite stand und umso erbitterter um einzelne Rechte kämpfte.[8] Dabei ging es um Jagdrechte, um die Benutzung des Kirchenstuhls und die Rangstelle bei Hofe, um Ausgestaltung der Wappen, um die Mitgliedschaft in der Ersten Kammer oder um die prozessuale Frage der Gerichtsstände. In diesen Fragen traten Johann Ludwig Klüber, August Wilhelm Heffter, Hermann von Schulze-Gaevernitz und Hermann Rehm sowie zahlreiche andere Juristen als Gutachter auf, zunächst oft noch als Mitglieder im Spruchkollegium ihrer Fakultät, die um Rechtsrat angegangen worden war, später zunehmend als freie Gutachter, die hauptberuflich Professoren waren.[9] Einzelne Fälle des 19. Jahrhunderts, die Bentinck'sche Streitigkeit oder der Lippische Thronfolgestreit,[10] beschäftigten nahezu sämtliche deutsche Staatsrechtler des 19. Jahrhunderts. Im Falle Bentinck vertrat Zoepfl 1853 gegen seinen

8 A. v. Reden-Dohna – R. Melville (Hrsg.), Der Adel an der Schwelle des bürgerlichen Zeitalters 1780–1860, Stuttgart 1988; R. Braun, Konzeptionelle Bemerkungen zum Obenbleiben. Adel im 19. Jahrhundert, in: H.-U. Wehler (Hrsg.), Europäischer Adel 1750–1950, Göttingen 1990.

9 C. Vollgraff, Die teutschen Standesherren. Ein historisch-publizistischer Versuch, Marburg 1824; ders., Ueber Unverletzlichkeit der standesherrlichen Eigenthums-Rechte, Marburg 1837; A. W. Heffter, Beiträge zum Staats- und Fürstenrecht, Berlin 1829; J. C. Kohler, Handbuch des deutschen Privatfürstenrechts der vormals reichsständischen, jetzt mittelbaren, Fürsten und Grafen, Sulzbach 1832; R. Maurenbrecher, Die deutschen regierenden Fürsten und ihre Souveränität, Frankfurt 1839; H. Schulze, Das Erb- und Familienrecht der deutschen Dynastien. Ein Beitrag zur Geschichte des deutschen Fürstenrechts, Halle 1871; ders., Die Hausgesetze der regierenden deutschen Fürstenhäuser, 3 Bde., Jena 1862, 1878, 1883; O. v. Dungern, Das Problem der Ebenbürtigkeit, München 1905; ders., Grenzen des Fürstenrechts, München und Leipzig 1906; C. Bornhak, Die einzelnen mediatisierten Häuser, in: AöR 31 (1913) 457 ff.

10 J. G. Claus, Rechtfertigende Darstellung des Successionsrechtes des Herren Reichsgrafen Johann Carl Bentinck und seiner Linie: als Gegenantwort auf die rechtliche Ausführung usw., Frankfurt 1830; ders., Vorläufige Gegenbemerkungen die Successionsstreitsache des H. Reichsgrafen Johann Carl Bentinck gegen den H. Reichsgrafen Wilhelm Friedrich Bentinck Bekl. betr., Oldenburg 1830; F. G. Eckenberg, Marginalien zu dem rechtlichen Erachten Chr. Fr. Mühlenbruch's betr. den gegenwärtigen Besitzstand der reichsgräflichen Bentinck'schen Herrschaften Kniphausen und Varel, Leipzig 1841; ders., Prüfung der Gründe, welche den Erbfolge-Rechten des Reichsgrafen Gustav Adolph von Bentinck auf die Herrschaft Kniphausen, Varel der Geheime Rath Zachariä in den Heidelberger Jahrbüchern von 1840 entgegengesetzt hat, Leipzig 1840; L. Neumann, Gutachten über die gräflich Bentick'sche Sukzessionssache: mit besonderer Rücksichtnahme auf den Beschluß der hohen deutschen Bundesversammlung vom 12. Juni 1845, Wien 1845; A. Boden, Die von der ehemaligen Deutschen Bundesversammlung und der ehemaligen provisorischen Centralgewalt für Deutschland in dem Gräflich Bentinck'schen Erbfolgestreite beschlossene und auszuführen versuchte Cabinettsjustiz: aus den Bundestagsprotokollen etc. dargelegt, Frankfurt am Main 1850. – Zum Lippischen Streit siehe E. Fehrenbach, Der lippische Thronfolgestreit. Zum Problem des monarchischen

bayerischen Kollegen Joseph Pözl die Position, nicht der Deutsche Bund, sondern die ordentliche Gerichtsbarkeit sei zuständig. So waren es oft nicht nur innerdynastische Streitfälle, mit denen sich Zoepfl befasste, sondern auch solche, die gesamtdeutsche Interessen berührten. Es waren Streitfälle im Schatten der nationalen und internationalen Politik, die übrigens auch nach der Reichsgründung, etwa mit dem Inkrafttreten des BGB,[11] nach dem Übergang zur Weimarer Republik, ja sogar in der Bundesrepublik immer wieder auftauchten. Und noch immer, beispielsweise im Hause Leiningen (Michael Stolleis) oder im Welfenhaus, wird um legitime Nachfolge in Vermögen oder um Titel als Bestandteil des Namens gestritten.

Wegen der Verflechtung der von Zoepfl in Gutachten behandelten Fragen mit der deutschen Innenpolitik des 19. Jahrhunderts schien es den Herausgebern angemessen, auch übergreifende Beiträge zu erbitten, in denen der zeitgenössische Kontext deutlich werden konnte. Dies gilt etwa für das „tolle Jahr" 1848 (Frank Engehausen), für die mediatisierten protestantischen Häuser Leiningen, denen Zoepfl besonders verbunden war (Martin Furtwängler) und für das katholische Löwenstein-Wertheim, sowie generell für die Rolle des Adels im 19. Jahrhundert (Monika Wienfort), für die Mediatisierten und erst recht die damals noch regierenden Häuser im Zusammenhang der Reichsgründung durch Bismarck (Oliver Haardt).

Diese von ständischen Unterschieden geprägte Welt des Adels, mit der sich Zoepfl so intensiv auseinandersetzte, ist verfassungsrechtlich zwischen 1917 und 1919 untergegangen.[12] Gesellschaftspolitisch gilt dies allerdings nicht, auch nicht nach dem Zweiten Weltkrieg und nach den egalisierenden Wirkungen zweier deutscher Diktaturen. Immer noch ragen Familientraditionen und -vermögen aus der Zeit vor 1900 in unsere Gegenwart hinein. Denkmalgeschützte Schlösser, Waldbesitz, Theater und Konzertsäle, internationale Verwandtschaft und gewisse anti-egalitäre Rituale haben sich erhalten. Die Gegen-

Bundesstaats in Deutschland, in: K. Kluxen – W. J. Mommsen (Hg.), Politische Ideologien und nationalstaatliche Ordnung. Festschrift für Theodor Schieder, München und Wien 1998, 337–355; H. Reichold, Der Streit um die Thronfolge im Fürstentum Lippe 1895–1905, Münster 1967; A. Bartels-Ishikawa, Der Lippische Thronfolgestreit, Frankfurt 1995.

11 G. Meyer, Rechtsgutachten für Ihre Durchlauchten und Erlauchten für Fürsten und Grafen von Schönburg, betreffend die Stellung des Bürgerlichen Gesetzbuches für das Deutsche Reich zu der Autonomie der standesherrlichen Häuser, Ettlingen 1891. Zu Oertmann, Loening und Beseler siehe oben Anm. 3.

12 Vergleichend (Vereinigtes Königreich, Russland, Deutschland) D. Lieven, Abschied von Macht und Würden. Der europäische Adel 1815–1914, Frankfurt 1995; M. Wienfort, Alte Eliten in der neuen Republik, in: H. Dreier – Chr. Waldhoff (Hrsg.), Das Wagnis der Demokratie. Eine Anatomie der Weimarer Reichsverfassung, München 2018, 241–262.

stände der Gutachten von Heinrich Zoepfl strahlen auf diese Weise in die Gegenwart aus.

Dies allein würde aber ihre genauere Erforschung nicht hinreichend legitimieren können. Die Gutachten sind vielmehr auch deshalb von Interesse, weil sie Einblick in eine Fülle von Rechtsfragen geben, anhand derer wir das von sozialen und politischen Spannungen überreiche 19. Jahrhundert mit seinen Reflexen im Rechtswesen besser verstehen können. Wenn es um „Demagogen" ging, vor denen sich die Obrigkeit fürchtete, oder um „Erbjungfrauenrechte" in Fideikommissen, Beleidigungsklagen und Duelle, Namens- und Versorgungsrechte nichtehelicher Kinder von Adeligen, um Spielbanken und Schlosskapellen, um Rechte an der Kaminfegerei in Heidelberg und an einer Abdeckerei in Hilsbach, um eine „boshafte Denunciation zweier minderjähriger Grafen durch einen Lycealprofessor", um die Preiserhöhung des Leuchtgases in Frankfurt oder die Unfehlbarkeit des Papstes – stets wurde der fleißige Professor Zoepfl gefragt, und er antwortete umgehend. Seine Rechtsgutachten öffnen ein Fenster in die Lebenswirklichkeit des 19. Jahrhunderts, jedenfalls dorthin, wo sich die Lebenswirklichkeit zu Rechtsstreitigkeiten verdichtete.

Die Herausgeber danken der Leitung der Universitätsbibliothek für den Zugang zum Bestand und für die Bereitschaft, ihn digitalisiert der Öffentlichkeit zur Verfügung zu stellen. Die einzelnen Hinweise können dem ausführlichen Verzeichnis der Schriften Zoepfls in diesem Band entnommen werden. Ein zweiter wichtiger Ort war das Generallandesarchiv in Karlsruhe, das viele Nachlassteile Zoepfls und Akten zu den badischen Vorgängen der Zeit aufbewahrt. Herrn Direktor der Universitätsbibliothek, Dr. Veit Probst, Frau Dr. Maria Effinger, Frau Anja Konopka und allen an der Edition heiUP Beteiligten danken wir für tatkräftige Unterstützung, insbesondere aber auch Frau Sabine Mischner für die Vereinheitlichung der Texte und das Korrekturlesen.

Heidelberg und Frankfurt am Main, September 2019

Dorothee Mußgnug – Michael Stolleis

Klaus-Peter Schroeder

Heinrich Zoepfl (1807–1877) – Ein Heidelberger Gelehrtenleben[1]

Es war ein merkwürdiges Schauspiel, das sich den Studenten an der Großherzoglich-Badischen Ruprecht-Carolinischen Universität zu Heidelberg in den unruhigen Tagen des Jahres 1848 bot: Umschlungen von einer schwarzrotgoldenen Schärpe und gegürtet mit einem gewaltigen Schleppsäbel begrüßte Professor Heinrich Zoepfl den ersten Studenten aus Österreich mit „höchst freisinnigen Reden" vom Katheder der Aula herab.[2] Bis in die 1850er Jahre hinein galt er als ein Mann von liberaler Gesinnung, welcher sich noch in den ersten Monaten nach der Pariser Februarrevolution 1848 für eine Neugestaltung Deutschlands unter der Führung Österreichs eingesetzt hatte. Bemerkenswert ist seine unter den Eindrücken der Beratungen der Frankfurter Nationalversammlung verfasste Abhandlung „Bundes-Reform, deutsches Parlament und Bundesgericht. Ein Vorschlag in ernster Zeit". Im bezeichnenden Gegensatz zu den enttäuschten Liberalen war für Zoepfl, der nach 1848/49 immer stärker der konservativ-reaktionären Seite zuneigte, Deutschland nur vorstellbar im Rahmen einer Verfassung des Deutschen Bundes; eine engere völkerrechtliche Verbindung erschien ihm unmöglich. Als Süddeutscher, geprägt seit den Jugendjahren von dem ausgeglichenen Katholizismus bayerischer Provenienz, galt seine ganze Liebe Österreich, der alten Präsidialmacht des Deutschen Bundes. 1850 sandte ihn die Universität Heidelberg als ihren Vertreter in die Erste Kammer der badischen Ständeversammlung, welche ihn zu ihrem Abgesandten für das Staatshaus des Erfurter Unionsparlamentes wählte. Auf ganzer Linie scheiterte er dort mit dem Versuch, Preußen in die Bahnen Österreichs zu lenken. Es war sein letzter praktisch-politischer Auftritt. Zoepfl aber blieb ein entschiede-

1 Überarbeitete Fassung des Beitrags „Heinrich Zöpfl (1817–1877) – Eine Heidelberger Gelehrtenkarriere mit Hindernissen", in: B.-R. Kern/E. Wadle/K.-P. Schroeder/C. Katzenmeier (Hrsg.), Humaniora: Medizin – Recht – Geschichte. Festschrift für Adolf Laufs zum 70. Geburtstag, Berlin-Heidelberg 2006, S. 287–314.

2 Vgl. die Schilderung bei G. Weber, Heidelberger Erinnerungen. Am Vorabend der Fünften Säkularfeier der Universität, Stuttgart 1886, S. 235 f.; R. v. Mohl (Lebens-Erinnerungen, Bd. 1, Stuttgart 1902, S. 231) vermutet in dem Gebaren Zoepfls den Versuch eines „raschen Anlauf(s) zu Beliebtheit bei den Massen".

ner Anhänger des Deutschen Bundes und des Frankfurter Bundestages; die damit verbundene Ordnung erschien ihm als die normale Gestaltung des deutschen staatlichen Lebens. Mit einer Anzahl wissenschaftlicher Abhandlungen begleitete er den Weg des Bundestages bis zu dessen Untergang im Jahr 1866. Voller Misstrauen beobachtete Zoepfl dann die Gründung des Zweiten Deutschen Reiches unter einem protestantischen Kaiser. Ablehnend stand er dem leitenden Staatsmann dieser Epoche, Fürst Otto von Bismarck, gegenüber.

Rasch hatte sich Zoepfl, der noch in den schwierigen Zeiten des revolutionären Protests von Ostern 1849 bis 1850 als Prorektor amtete, dem Zeitgeist der nachfolgenden reaktionären Epoche angeschlossen. Aber in Heidelberg geriet er mit seinen ultrakonservativen Ansichten immer stärker in die Isolation.[3] Denn trotz des Aderlasses der fünfziger Jahre wetterten die neu berufenen liberalen Heidelberger Professoren, die das politische Forum der Neckarstadt beherrschten, offen gegen den in Misskredit geratenen Deutschen Bundestag und sprachen sich für die nationale Einheit unter Preußens Führung aus. Mit der liberalen Wende von 1860 begann auch für das Großherzogtum Baden eine neue Epoche. Voll Bitternis schrieb Zoepfl, als Anhänger der habsburgischen Partei großdeutsch orientiert, nach Karlsruhe: „Meine Stellung an der Universität Heidelberg hat in neuerer Zeit, theils durch die Berufung von v. Mohl, noch mehr durch die politische Richtung, welche der größere Theil meiner Collegen, namentlich meiner Altersgenossen eingeschlagen hat, und von denen ich mich umso mehr entferne, als ich hier Gelegenheit nehme, die Regierung nach meinen Kräften zu unterstützen – sehr vieles an ihrer früheren Annehmlichkeit verloren."[4] Als „Überbleibsel einer besseren Zeit" betrachtete ihn der österreichische Gesandte am Badischen Hof.[5]

Am 6. April 1807 wurde Heinrich Zoepfl als Sohn des Appellations-Gerichtsrats Johann Baptist Zoepfl und seiner Ehefrau Catharina in Bamberg geboren.[6] Nach dem Besuch des dortigen Lyzeums bezog er im April 1824 die Würzburger Hohe Schule, um sich in die Matrikel der Juristischen Fakultät ein-

3 S. in diesem Zusammenhang das abschätzige Urteil Robert von Mohls über die politischen Wandlungen Zoepfls: „Besser wurde natürlich nichts dadurch gemacht, dass er dem öffentlichen Urteile durch eine lächerliche Aufgeblasenheit entgegentreten zu können, welche bei seiner falstaffähnlichen Erscheinung sich besonders komisch ausnahm" (o. Anm. 1, S. 231 f.).

4 Schreiben vom 13.12.1850 (Generallandesarchiv Karlsruhe [zit. GLA Karlsruhe], 205/590).

5 Zit. nach E. Wolgast, Geschichte der Universität Heidelberg, Heidelberg 1986, S. 102.

6 Vgl. die Angaben bei D. Drüll, Heidelberger Gelehrtenlexikon 1803–1932, 2. Aufl., Heidelberg 1986, S. 951 f.; K.-P. Schroeder, ‚Eine Universität für Juristen und von Juristen' – Die Heidelberger Juristische Fakultät im 19. und 20. Jahrhundert, Tübingen 2010, S. 156 ff.; Ders., in: Kern/Wadle/Schroeder/Katzenmeier (o. Anm. 1), S. 278 ff.; A. v.

zuschreiben. Sein Studium an der Julius-Universität beschloss Zoepfl am 28. August 1827 mit der Promotion zum „Doktor beider Rechte … nach vorgängigem schriftlichen und mündlichen Examen durch öffentliche Vertheidigung von Thesen“ und der Ausarbeitung einer Dissertation zu dem Thema „Vergleichung der römischen Tutel und Cura mit der heutigen Vormundschaft über Unmündige und Minderjährige“.[7] Kurz danach immatrikulierte sich Zoepfl für das Wintersemester 1827/28 an der Heidelberger Juristischen Fakultät, wohl schon in der Absicht, sich an der Ruperto Carolina zu habilitieren. Er belegte Vorlesungen bei Anton Friedrich Justus Thibaut, Carl Eduard Zachariae und Karl Joseph Anton Mittermaier, die nur wenige Jahre später zu seinen Fakultätskollegen zählen sollten. Ende Mai 1828 ersuchte Zoepfl in einem ausführlichen Schreiben das Karlsruher Innenministerium, „an der großherzoglichen Universität Heidelberg Privat-Vorlesungen halten zu dürfen.“[8] Bereit war er ebenso, „alle Bedingungen zu erfüllen, an welche die Annahme als Privatdocent … geknüpft ist.“[9] Dies fiel ihm umso leichter, als er von den zuständigen bayerischen Behörden „zu den Verrichtungen des Militair-Dienstes“ als gänzlich ungeeignet befunden wurde und man ihn „aus der Militairpflichtigkeit völlig“ entlassen hatte.[10] In Karlsruhe trug man keine Bedenken, der Bitte Zoepfls zu entsprechen; auch die Heidelberger Fakultät und der Engere akademische Senat befürworteten sein Vorhaben.[11] Bereits am 17. August 1828 konnte er sich mit einer Studie über die „Tutela mulierum germanica“ habilitieren.

Nun aber begann auch für Zoepfl das langjährige „Purgatorium“ eines Heidelberger Privatdozenten.[12] Manche bewarben sich jahrelang vergeblich um eine außerordentliche Professur oder verharrten dauerhaft im Status eines Privatgelehrten. Mehrmals, jedoch immer wieder erfolglos, richtete Zoepfl seine Bittgesuche nach Karlsruhe: „Es sind bereits acht Jahre verflossen, seit ich in die Zahl der hiesigen Privatdocenten aufgenommen worden bin. Sollte ich nicht

Schulte, Zöpfl, Hermann, in: ADB 45 (1900), S. 432–434; M. Stolleis, Art. Zöpfl, Heinrich, in: A. Erler/E. Kaufmann/D. Werkmüller (Hrsg.), Handwörterbuch zur Deutschen Rechtsgeschichte, Bd. 5, Berlin 1998, Sp. 1774 f.; Ders., Geschichte des Öffentlichen Rechts in Deutschland, Bd. 2, München 1992, S. 92 f.; H. Strauch, Art. Zöpfl, in: F. v. Weech (Hrsg.), Badische Biographieen, 3. Theil, Karlsruhe 1881, S. 207–211.

7 Die Arbeit erschien im Druck 1828 zu Bamberg.

8 Vgl. Schreiben vom 26.5.1828 (Universitätsarchiv Heidelberg [zit. UAH], PA 2492).

9 Schreiben vom 26.5.1828 (UAH, PA 2492).

10 Interessant sind die Angaben in dem „Entlassungsschein“ vom 29.7.1828: „Grösse: 6 Schuh; Gesicht: voll; Gesichtsfarbe: gesund; Körperbau: untersetzt“ (Universitätsbibliothek Heidelberg, Heid. Hs. 1924).

11 Vgl. GLA Karlsruhe, 205/590 (31.5. und 17.6.1828).

12 S. P. Emundts-Trill, Die Privatdozenten und Extraordinarien der Universität Heidelberg 1803–1860, Frankfurt am Main 1997, S. 60 ff., 81 ff.

so glücklich sein, von hochpreislichem Staatsministerium nach dem Verlaufe einer solchen fortwährenden und ausschließlich der Ausbildung zum akademischen Lehrfache gewidmeten Zeit ... und der Verleihung des Characters eines außerordentlichen Professors würdig geachtet zu werden, so muß ich nicht ohne Grund befürchten, daß die Zurückweisung meines unterthänigsten Gesuchs für meine Zukunft von nachtheiliger Einwirkung sein möchte, da nicht leicht eine deutsche Hochschule bei vorkommenden Erledigungen einen Privatdocenten zu berufen sich bestimmen wird, indem bei Berufungen doch vorzüglich Rücksicht auf die äußere Anerkennung genommen zu werden pflegt, welche ein academischer Lehrer bereits durch die Regierung der Hochschule, an welche er sich auszubilden strebte, erhalten hat."[13]

Überwältigend ist die Fülle des Kanons juristischer Disziplinen, den Zoepfl von dem Beginn seiner Lehrtätigkeit an im Rahmen von Vorlesungen anbot: Rechtsenzyklopädie, Kirchenrecht, preußisches Zivilprozessrecht, Strafrecht, allgemeines und deutsches Staatsrecht, Lehenrecht, Rechtsphilosophie und Völkerrecht. Schon im Sommersemester 1833 hatte er auf ausdrücklichen Wunsch der Fakultät auch den „Vortrag der deutschen Reichs- und Rechtsgeschichte, welcher für die inländischen Studenten als so genanntes Zwangscollegium vorgeschrieben ist", übernommen.[14] Wenige Jahre später – Ende 1837 – forderte das Karlsruher Ministerium die Heidelberger Juristische Fakultät auf, „geeignete Vorschläge" hinsichtlich einer Vorlesung über das badische Landrecht zu unterbreiten und sich gleichfalls „darüber auszusprechen, ob nicht dieses Fach sogleich oder unter angemessener Zeitbestimmung zur gehörigen Vorbereitung dem Dr. Zoepfl nebst der deutschen Staats- und Rechtsgeschichte als weiteres Nominalfach unter seiner Ernennung zum Professor extraordinarius und unter Verwilligung eines entsprechenden, hierher gleichfalls in Vorschlag zu bringenden Extraordinariatsgehaltes zu übertragen sei."[15] Einen letztlich befriedigenden Beschluss hätten damit die langen Jahre des Privatdozentendaseins mit ihren kärglichen Einnahmen aus den Kollegiengeldern gefunden.[16]

Aber noch verschloss sich die Mehrheit der Fakultät unter ihrem Dekan Franz Eugen Roßhirt gegenüber dem Karlsruher Ansinnen. Ausschlaggebend für die professorale Karriere waren Erfolge in der Lehrtätigkeit und herausra-

13 Schreiben nach Karlsruhe vom 12.6.1836 (GLA Karlsruhe, 205/590).

14 Vgl. Schreiben vom 20.8.1833 (UAH, PA 2492).

15 Unter dem 24.11.1837 (UAH, PA 2492).

16 „Ich habe mich daher in die Nothwendigkeit versetzt gesehen, vier Privatissima, deren Übernahme ich bereits zugesagt und deren Honorare in Ermangelung eines Gehaltes aus der Staats- oder Universitäts- oder einer anderen öffentlichen Kasse für mich und meine Familie die vorzüglichste Subsistenzquelle bilden, aufzugeben" (unter dem 20.5.1837, GLA Karlsruhe, 205/590).

gende wissenschaftliche Publikationen. Rigoros hatte die Heidelberger Juristische Fakultät bereits 1823 erklärt, dass ein Extraordinariat nur an solche Personen vergeben werden könne, „von welchen man bereits mit genügender Gewissheit das Urteil zu fällen vermag, daß sie dereinst würdige Mitglieder des Collegii der ordentlichen Professoren seyn werden."[17] Hinsichtlich des konkreten Vorhabens des Karlsruher Innenministeriums gab man zu bedenken, dass „die Landrechte in Deutschland gewöhnlich dem Privatstudium, nach einer auf der Universität gegebenen allgemeinen Einleitung, überlassen werden"; nicht zu verkennen sei aber, dass bei einer intensiveren akademischen Beschäftigung mit jenem Rechtsgebiet auch der „ächt wissenschaftliche Geist in der Anwendung auf das unmittelbar practische Recht" vermittelt werde. Ausfüllen könne aber eine solche Lehrstelle nur ein Dozent, „der seines Stoffes Meister ist". Denkbar ungeeignet sei daher „der Dr. Zoepfl", da er „weder Studien im Code gemacht noch Gelegenheit gehabt hat, mit der Gesetzgebung und Praxis des Landes auf irgend eine Art bekannt zu werden." Seine Fortsetzung findet das überaus negative Votum der Fakultät auch hinsichtlich der Eignung Zoepfls als Dozenten: „Dr. Zoepfl lehrt zwar schon lange Zeit; allein er hat, da er fast alle Fächer der Rechtswissenschaft zum Gegenstande des öffentlichen Unterrichts genommen, weder als Lehrer noch als Schriftsteller sich gehörig exhibiren können, auch überhaupt Zeichen eines ausgezeichneten Talentes weder als Lehrer noch als Schriftsteller bisher gegeben."[18] In diesem Zusammenhang vertrat man ebenso die Ansicht, dass eine Aufwertung der deutschen Staats- und Rechtsgeschichte zu einem Nominalfach völlig überflüssig sei.

Gänzlich anderer Auffassung als die Mehrheit der Fakultätsmitglieder war jedoch der über die engen Grenzen Heidelbergs hinweg bekannte Rechtslehrer Karl Joseph Anton Mittermaier. In seinem separat den einschlägigen Akten beigefügten „Sondervotum" befürwortete er lebhaft die Einrichtung eines besonderen Lehrstuhls für badisches Recht. Durchaus denkbar erschien es ihm, Zoepfl damit zu betrauen, verfügt dieser doch nach der Überzeugung Mittermaiers über „große Gewandtheit, germanistische und römisch-rechtliche Vorkenntniße, praktischen Sinn und rastlosen Eifer, um bald das Fach tüchtig befruchten zu können."[19] Gleichfalls befürwortete Mittermaier die Institutionalisierung der Vorlesung „Deutsche Rechtsgeschichte" als eigenständiges Nominalfach. Mit großer Einfühlungsgabe und taktisch geschickt agierend, setzte sich Mittermaier vor diesem Hintergrund für den jungen Rechtsgelehrten

17 UAH, H-II-111/16, fol. 131.

18 Beschluß der Heidelberger Juristen Facultät vom 5.12.1837 (GLA Karlsruhe, 235/3117 fol. 71 ff.).

19 „Besondere Abstimmung des G. R. Mittermaier in Bezug auf das Ministerialreskript vom 24.11.1837" (GLA Karlsruhe, 235/3117 fol. 73).

Zoepfl ein: „Was die Eigenschaften des Dr. Zoepfl betrifft, so weiß ich wohl, daß er bisher vielerlei getrieben hat, aber das ist eben das Unglück junger Männer auf Universitäten, die als Docenten, wenn sie nicht in glückliche Verhältnisse kommen, ihre Kräfte zersplittern müssen und sich nicht so ausbilden können, als es der Fall wäre, wenn sie sich concentrieren könnten." Mittermaier beließ es jedoch nicht bei allgemeinen Aussagen, sondern wies die übrigen Fakultätsmitglieder auf ein Werk aus der Feder Zoepfls hin, welches bei ihren nicht sonderlich vorteilhaften Äußerungen über dessen Person und wissenschaftliche Leistungen völlig unberücksichtigt geblieben war: „Zoepfls deutsche Rechtsgeschichte ist ein buch, das ich durchaus nicht classisch nenne, das aber von selbständigem Studium (z. B. in bezug auf Rechtsbücher und ihren Zusammenhang) , von Gewandtheit des Verfaßers ... zeugniß gibt, so daß ich überzeugt bin, daß Zoepfl, wenn er in eine günstigere Lage kommt und nicht so sauer sein Brod verdienen muß, etwas Tüchtiges als Schriftsteller leisten kann."[20] In der Tat war das von 1834 bis 1836 zu Heidelberg in zwei Bänden erschienene Lehrbuch „Deutsche Staats- und Rechts-Geschichte" keine innovative Leistung Zoepfls, sondern folgte in weiten Strecken Karl Friedrich Eichhorns richtungsweisender Darstellung, die binnen kurzem zu einem „Markstein der wissenschaftlichen Entwicklung" (Landsberg) geworden war. Aufgrund des überaus positiven Votums Mittermaiers zögerte man in Karlsruhe nicht länger, Zoepfl Anfang November 1838 zum außerordentlichen Professor „unter der Verbindlichkeit, Vorlesungen über das badische Landrecht und den badischen Civilproceß zu halten", zu ernennen.[21]

Äußerst mühselig gestaltete sich aber der weitere Weg zum angestrebten Ordinariat. Lediglich eine „Zwischenstufe" stellte seine am 4. November 1842 erfolgte Ernennung zum ordentlichen Professor „zweiter Klasse" dar, blieb ihm doch die Aufnahme in die – finanziell einträgliche – Examensfakultät verwehrt.[22] Mit aller Entschiedenheit stemmte sich die Fakultät dagegen, Zoepfl den Lehrstuhl des 1843 verstorbenen Karl Salomo Zachariaes von Lingenthal zu übertragen: „Professor Zoepfl (wenn wir auch den Eifer desselben, da er fast über alle Theile der Rechtswissenschaft Vorlesungen gehalten hat, ein günstiges Urteil nicht versagen wollen,) hat sich dennoch nicht einen Anspruch erworben, in die Facultät als Mitglied mit allen Rechten der ordentlichen Professoren erster Klasse aufgenommen zu werden."[23] Von größter Bedeutung sei es, jemanden zu gewinnen, der wenigstens in den „Hauptfächern" Staats- und Kirchen-

20 Vgl. GLA Karlsruhe, 235/3117 fol. 73.

21 UAH, PA 2492.

22 GLA Karlsruhe, 2333/3117 fol. 108.

23 GLA Karlsruhe, 233/3117 fol. 101 f.

recht „Ausgezeichnetes" leistet – von Zoepfl könne man dies nicht behaupten, vielmehr wäre es „höchst bedenklich, wenn die Stelle eines so ausgezeichneten Rechtslehrers, wie der verstorbene Geheime Rath Zachariae war, nicht durch eine neue, die Intelligenz der Facultät erhebende Kraft ersetzt werden sollte."[24] Erst nachdem sämtliche Anläufe, einen bedeutenden Gelehrten – u. a. Wilhelm Eduard Albrecht (Leipzig) und August Wilhelm Heffter (Berlin) – zu berufen, gescheitert waren, besann man sich wieder auf Zoepfl.[25] Unter dem 25. April 1844 „geruhte gnädigst" Großherzog Leopold, dem „Professor Zoepfl das allgemeine und deutsche Staatsrecht, das Naturrecht, die deutsche Staats- und Rechtsgeschichte, das Völkerrecht und das Lehenrecht als Nominalfächer mit dem Anfügen zuzuweisen, daß er künftighin an den von der juristischen Facultät vorzunehmenden Prüfungen Antheil zu nehmen habe."[26] Gleichzeitig entband man ihn von der Verpflichtung, „Vorträge über das badische Recht zu halten" und gewährte ihm außerdem eine Zulage in Höhe von 300 Gulden (fl.), so dass sich sein Salär auf insgesamt 1200 fl. jährlich belief.

Zwischenzeitlich konnte Zoepfl seine wissenschaftliche Reputation mit einer Reihe von gelehrten Abhandlungen bedeutend steigern. Nicht nur in Jena und Dorpat war man auf ihn aufmerksam geworden, sondern auch in München. Im März 1847 erhielt er einen ehrenvollen Ruf an die bayerische Ludwig-Maximilian-Universität.[27] Obgleich ihm 1600 fl. und späterhin gar 2000 fl. geboten wurden, hielt er unbeirrt an Heidelberg fest; in Karlsruhe konnte man sich jedoch nur dazu bequemen, sein Salär um 200 fl. auf 1400 fl. zu erhöhen,[28] da „es nun auch nicht von solchem Werthe ist, den Hofrath Zoepfl der Universität Heidelberg zu erhalten."[29] Wenige Jahre später erhielt er im Dezember 1850 ein Angebot aus Würzburg. Zoepfl drohte, diesen Ruf anzunehmen, falls man ihn nicht mit dem 1847 nach Heidelberg berufenen Robert von Mohl gehaltsmäßig gleichstelle.[30] Aber erneut gab er sich mit einer bescheidenen Zulage in Höhe

24 Beschluß der Heidelberger Juristen Facultät vom 21.1.1844 (GLA Karlsruhe, 233/3117 fol. 133 ff.).

25 S. Schroeder, in: Kern/Wadle/Schroeder/Katzenmeier (o. Anm. 6), S. 288 ff.

26 GLA Karlsruhe, 233/3117 fol. 153.

27 Vgl. das Schreiben Zoepfls vom 2.5.1847 (GLA Karlsruhe, 205/590).

28 Aufgrund der angespannten finanziellen Situation sah sich Karlsruhe nicht in der Lage, die erbetene Gehaltszulage in Höhe von 600 fl. zu bewilligen (Schreiben vom 5.4. und 7.5.1847, GLA Karlsruhe, 76/9863).

29 Unter dem 4.5.1847 (GLA Karlsruhe, 205/590).

30 Vgl. Schreiben Zoepfls vom 13.12.1850 (GLA Karlsruhe, 205/90); die ablehnende Haltung Karlsruhes gegenüber Zoepfls Forderungen erklärte sich daraus, dass man in der Anfrage Würzburgs „überhaupt nichts näheres" fand, „was als eine Berufung betrachtet werden könne." (Unter dem 7.1.1851, GLA Karlsruhe, 205/590).

von 400 fl. zufrieden, wobei das Ministerium gegenüber dem 1845 zum Hofrat ernannten Zoepfl gleichzeitig den Wunsch aussprach, „daß er künftig wieder Vorlesungen über Kirchenrecht, welche als ein dringendes Bedürfniß bezeichnet werden, halten möge."[31] Erfolgreich setzte sich Zoepfl gegenüber diesem Ansinnen zur Wehr; trotz seines immensen Fleißes sah er sich nicht in der Lage, nach dem Tode Eduard Morstadts im Januar 1850 – neben den eigenen Kollegs – auch noch dessen Vorlesungen zum allgemeinen und deutschen Staatsrecht und das Fach Kirchenrecht zu übernehmen.[32] Auffallend rasch lenkte das Ministerium ein und kam auf seine Bitte nicht mehr zurück. Kontinuierlich erfolgten nunmehr die – bescheidenen – Gehaltssteigerungen: 1872 wurden ihm 2600 fl. ausgezahlt; nach Einführung der Markwährung 1875 erhielt er 4800 Mark neben 660 Mark Wohnungsgeld.

Nahezu von Beginn seiner akademischen Karriere an beteiligte sich Heinrich Zoepfl an der Spruchpraxis der Heidelberger Juristenfakultät.[33] Mit seinem Eintritt in das Spruchkollegium Ende des Jahres 1831 waren zwar die Personalsorgen Mittermaiers, der den Vorsitz führte, nicht behoben, aber doch wenigstens vermindert worden. Und Zoepfl bewährte sich bei der praktischen Arbeit mit den Spruchakten aus den unterschiedlichsten Rechtsgebieten, von denen er durchschnittlich zehn in jedem Jahr übernahm, zur vollsten Zufriedenheit Mittermaiers. Aber auch Mittermaier als Vorsitzender konnte die Spannungen nicht verhindern, welche durch die Aufnahme Karl Adolph von Vangerows – Nachfolger Thibauts auf dem berühmten Pandektenlehrstuhl – in das Kollegium 1840 entstanden waren. Zoepfl sah sich dadurch provoziert, dass ein jüngerer, in der Spruchpraxis vollkommen unerfahrener Kollege ordentliches Mitglied wurde. Der von ihm erhobene Protest richtete sich keineswegs gegen Vangerow selbst, wohl aber betrachtete er das Vorgehen als eine Missachtung seiner eigenen Person. Denn da er immer noch nicht zum Ordinarius ernannt worden war, kam ihm innerhalb des Spruchkollegiums lediglich die Stellung eines außerordentlichen Beisitzers zu. Um auf das Karlsruher Ministerium Druck auszuüben, stellte er seine Mitarbeit ein. Nachdem Zoepfl zwei Jahre später endlich sein Ziel mit der Bestallung zum ordentlichen Professor erreicht hatte, trat er im November 1844 als ordentlicher Beisitzer wieder in das Gremium ein.[34] Auf seine Mitarbeit legte man deshalb besonderen Wert, da er innerhalb des Spruchkollegiums nach dem Tode Zachariaes (1843) als Einziger das Fach Staatsrecht vertrat.[35]

31 Ministerium des Innern vom 21.2.1851 (UAH, PA 2492).

32 Vgl. Schreiben Zoepfls vom 12.3.1851 (GLA Karlsruhe, 205/590).

33 Ausführlich hierzu A. Jammers, Die Heidelberger Juristenfakultät im neunzehnten Jahrhundert als Spruchkollegium, Heidelberg 1964, S. 43 ff.

34 Jammers (o. Anm. 33), S. 58.

Beträchtliches Ansehen genoss er als gesuchter Experte auf dem Gebiet des hochkomplexen Privatfürstenrechts mit seinen „aus der Rumpelkammer des heiligen römischen Reiches stammenden Geheimnissen“ (Georg Jellinek), gegen das der allseits unbeliebte Kollege Karl Eduard Morstadt gehässige „polemisch-humoristische Leuchtkugeln“ abfeuerte.[36] Zoepfls Biograph Hermann Strauch aber bezeichnete ihn neben Johann Jakob Moser als den „größten und autoritativsten Kenner dieses Rechtszweigs.“[37] Trotz des Untergangs des Alten Reiches lebte das Privatfürstenrecht als Standesrecht des hohen Adels fort. Art. XIV der Deutschen Bundesakte vom 8. Juni 1815 gewährleistete u. a. die Standesqualität der fürstlichen und gräflichen Häuser, das Recht der Ebenbürtigkeit und die Aufrechterhaltung der nach „den Grundsätzen der früheren deutschen Verfassung ... noch bestehenden Familienverträge“; eine Rechtsnorm, die von den Staaten des Deutschen Bundes in den nachfolgenden Jahren durch Verfassungsbestimmungen oder besondere Gesetze in innerstaatliches Recht umgesetzt wurde. Gerne wurde Zoepfl bei den damit verbundenen Streitfragen als juristischer Konsulent von dem „Verein der Deutschen Standesherren“ wie auch von zahlreichen Dynastengeschlechtern und Adelsfamilien herangezogen. Zu seiner Klientel zählten u. a. das badische, hessische und oldenburgische Fürstenhaus, ferner die Stadt Frankfurt sowie Bischöfe und Erzbischöfe. Persönliche, über die Jahre hinweg gepflegte Verbindungen führten dazu, dass er im Hause Leiningen „Gegenvormund“ der minderjährigen Grafen Max und Emich der Linie Neudenau war und in dieser Eigenschaft auch den Verhandlungen zu den Familienverträgen des Hauses Amorbach beiwohnte.[38] Beeindruckend ist die imposante Zahl an gedruckten und handschriftlichen Gutachten, welche in der Heidelberger Universitätsbibliothek – teilweise in viele Sprachen übersetzt – aufbewahrt werden.[39] Wie schon bei seinem „großen“ Vorgänger Zachariae waren sie auch für Zoepfl „eine Quelle ebensowohl

35 Robert von Mohl, der 1847 nach Heidelberg berufen wurde, war nie Beisitzer im Spruchkollegium der Juristenfakultät.

36 S. K.-P. Schroeder, Verschiedene Szenen aus dem bewegten Leben des berüchtigten Heidelberger Rechtsprofessors Karl Eduard Morstadt, in: S. Saar/A. Roth/C. Hattenhauer (Hrsg.), Recht als Erbe und Aufgabe – Heinz Holzhauer zum 21. April 2005, Berlin 2005, S. 216–231.

37 In: v. Weech (o. Anm. 6), S. 208.

38 Mosbacher Vertrag vom 29.6.1867 (Gesetz- und Verordnungsblatt für das Großherzogtum Baden 1869, S. 424 f.). – „Gegenvormund“ ist eine spezielle Form der gesetzlichen Vertretung, die der Kontrolle des eigentlich bestellten Vormundes (hier: Gräfin Marie von Leiningen-Neudenau) im Bereich der Vermögenssorge dient.

39 Universitätsbibliothek Heidelberg, Heid. Hs. 1924–1944.

des Ruhmes als des Reichthums", die ihm eine auskömmliche Lebensgestaltung ermöglichten.[40]

Trotz eines immensen Vorlesungsprogramms in den ersten Jahren seiner Privatdozentenzeit, das nahezu sämtliche juristische Disziplinen umfasste, fand Zoepfl noch die notwendige Muße für wissenschaftliche Abhandlungen und die Herausgabe einer eigenen Zeitschrift „für gebildete Leser aus allen Ständen", der unter dem Titel „Microcosmos – Eine polemische Zeitschrift für Staatskunst und Staatsrechtswissenschaft" nur ein kurzes Leben beschieden war.[41] 1830 publizierte er die Untersuchung über die „Regierungsvormundschaft im Verhältniß zur Landesverfassung", 1832 folgten die Schrift „Ueber akademische Gerichtsbarkeit und Studentenvereine" wie auch eine Reihe weiterer kleinerer Studien.[42] Seinen eigentlichen Ruhm begründete er aber mit dem 1836 in erster Auflage vorgelegten und eingangs bereits benannten Lehrbuch „Deutsche Staats- und Rechts-Geschichte", also in einem Fach, das mehr und mehr zur Domäne Zoepfls wurde. Bereits in der zweiten Auflage entfernte sich Zoepfl von dem richtungsweisenden Werk Eichhorns, der das Bewusstsein dafür geschärft hatte, dass das Recht aus den „Entwicklungsverhältnissen und Kulturzusammenhängen einer Nation" hervorgeht.[43] Neu ist auch die Unterscheidung Zoepfls zwischen politischer Geschichte (Bd. 1) und Rechtsgeschichte (Bd. 2). Endgültig wurde in der dritten Auflage aus dem Jahr 1858 die „synchronistische", in Epochen gegliederte Darstellung der Geschichte der deutschen politischen und staatsrechtlichen Entwicklung aufgegeben und die „Deutsche Rechtsgeschichte" auf die Historie der Rechtsquellen und der privatrechtlichen Rechtsinstitute verengt.[44] Einen ‚Ausflug' in die Rechtspolitik unternahm er 1839 mit seiner „Denkschrift über die Rechtmäßigkeit und Zweckmäßigkeit der Todesstrafe und deren Abschaffung."[45] Dem Gebiet der *amoenitates juris* zuzuordnen sind die antiquarischen Arbeiten über „Das alte bamberger Recht als Quelle der Carolina"[46] und „Die peinliche Gerichtsordnung Kaiser Karl's V.

40 So R. v. Mohl, Die Geschichte und Literatur der Staatswissenschaften – in Monographien dargestellt, Bd. 2, Erlangen 1850, S. 519 f.

41 Vier Hefte in zwei Bänden (Heidelberg 1832).

42 Beide Abhandlungen wurden in Heidelberg publiziert.

43 Vgl. G. Dilcher, Art. Eichhorn, Karl Friedrich, in: M. Stolleis (Hrsg.), Juristen – Ein biographisches Lexikon, München 2001, S. 195 f.

44 Fortgeführt in der 4. Auflage von 1871/72, die in einem photomechanischen Nachdruck wieder leicht greifbar ist.

45 Heidelberg bei Winter 1839; vgl. hierzu K. v. Lilienthal, Heidelberger Lehrer des Strafrechts im 19. Jahrhundert, in: Heidelberger Professoren aus dem 19. Jahrhundert – Festschrift der Universität zur Zentenarfeier ihrer Erneuerung durch Karl Friedrich, Bd. 1, Heidelberg 1903, S. 240.

nebst der bamberger und der brandenburgischen Halsgerichtsordnung, sämmtlich nach den ältesten Drucken und mit den Projecten der peinlichen Gerichtsordnung Kaiser Karl's V. von den Jahrcn 1521 und 1529, beide zum ersten mal vollständig nach Handschriften herausgegeben."[47] Noch kurz vor seinem Tod besorgte er mit großer Sorgfalt eine synoptische Darstellung der genannten Rechtsbücher.[48] 1856 erschien Zoepfls Untersuchung zu einem Weistum aus dem frühen 9. Jahrhundert mit dem Titel „Die Ewna Chamavorum, ein Beitrag zur Kritik und Erläuterung ihres Textes";[49] eine Studie, die ihm in der Fachwelt heftige Kritik und den Vorwurf des Dilettantismus einbrachte.[50] Erstaunlich war seine große Belesenheit, die ihren breiten Niederschlag in dem drei Bände umfassenden Werk „Alterthümer des deutschen Reichs und Rechts" fand. Mit behaglicher Betulichkeit, aber auch in berührender Naivität zeichnete Zoepfl in diesem Rahmen eine Reihe von Miniaturbildern aus dem deutschen Rechtsleben der Vergangenheit nach;[51] seine Ausführungen zu der bis heute umstrittenen Bedeutung der Rolandssäulen sind zwar längst überholt, jedoch noch immer lesenswert.

Angeregt von seinen Vorlesungen über das badische Landrecht, verfasste Zoepfl eine bemerkenswerte Abhandlung „Ueber das germanische Element im Code Napoléon."[52] Sie bildete das wissenschaftliche Ergebnis eines längeren Studienaufenthalts in Paris, der gleichfalls die herausragende Stellung Heidelbergs – hingewiesen sei nur auf Mittermaier, Thibaut und Zachariae – im Rahmen des deutsch-französischen rechtswissenschaftlichen Austauschs Mitte des 19. Jahrhunderts unterstreicht.[53] Mit großer Sachkenntnis verfolgte Zoepfl die historischen Wurzeln einzelner Grundsätze und Institute des Code civil um

46 Heidelberg 1839.

47 Heidelberg 1842.

48 Heidelberg 1876.

49 Heidelberg 1856.

50 Vgl. nur v. Mohl (o. Anm. 2), S. 232: „Und er hatte auch so viel Verstand, sich von einem Felde zurückzuziehen, auf welches ihn seine Eitelkeit verlockt hatte, auf welchem aber nicht zu Hause zu sein ihm sehr eindringlich nachgewiesen worden war, nämlich von Untersuchungen über frühmittelalterliche Rechtsinstitute."

51 Leipzig 1860–1863.

52 In: Zeitschrift für deutsches Recht und deutsche Rechtswissenschaft 5 (1840), S. 110–132.

53 S. insb. G. Schulze, Thibaut und das französische Recht, in: C. Hattenhauer/K.-P. Schroeder/C. Baldus (Hrsg.), A. F. J. Thibaut (1772–1840) – Bürger und Gelehrter, Tübingen 2017, S. 253–265; O. Motte, Die „Kritische Zeitschrift für Rechtswissenschaft und Gesetzgebung des Auslandes" und die französische Rechtswissenschaft ihrer Zeit, in: R. Schulze (Hrsg.), Rheinisches Recht und europäische Rechtsgeschichte, Berlin 1998, S. 111–214 (111 ff., 118 m. Anm. 61).

nachzuweisen, dass sie auf älterem deutschen Recht (Sachsenspiegel, Schwabenspiegel) beruhen. Neben dem französischen Recht galt sein Interesse ebenso dem englischen Rechtskreis. In der von seinen Fakultätskollegen Mittermaier und Zachariae herausgegebenen „Kritische(n) Zeitschrift für Rechtswissenschaft und Gesetzgebung des Auslandes“ veröffentlichte er kleinere Artikel über die Ergebnisse rechtsgeschichtlicher Forschungen in England.[54]

In den Anfangsjahren seiner Dozentenlaufbahn legte Zoepfl den staatsrechtlichen Vorlesungen zunächst das berühmte Lehrbuch „Oeffentliches Recht des Teutschen Bundes und der Bundesstaaten“ Johann Ludwig Klübers zugrunde.[55] Aus diesen Kollegs erwuchsen späterhin die „Grundsätze des allgemeinen und konstitutionell-monarchischen Staatsrechts in Deutschland, nebst einem Abrisse des Bundesrechts“, eine durchaus konventionelle, aber doch höchst nützliche Zustandsbeschreibung des Bundes- und des gemeinen Länderstaatsrechts.[56] Georg Jellinek ist beizupflichten, wenn er dieses Werk als ein „unentbehrliches Hülfsmittel“ nachdrücklich jedem anempfiehlt, „der ein Interesse daran hat, den früheren Rechtszustand und die auf ihm fußenden Anschauungen kennen zu lernen.“[57] Seine Ergänzung findet es in dem umfänglichen Quellenwerk Guido von Meyers „Corpus iuris confoederationis Germanicae oder Staatsakten für Geschichte und öffentliches Recht des Deutschen Bundes“, dessen dritte Auflage ebenso Zoepfl besorgte.[58]

Sechsmal bekleidete Zoepfl während seiner langen Heidelberger Jahre das undankbare Amt des Dekans.[59] Unermüdlich bestieg er bis kurz vor seinem Tod das Katheder, um in gut besuchten Kollegs die Studenten in die Grundlagen der Jurisprudenz einzuführen. Frühmorgens um sechs Uhr begannen während des Sommersemesters die Vorlesungen, denen ein Diktat zu Grunde lag, das er mit den Hörern besprach und erläuterte; ebenso wenig versäumte es Zoepfl, mit bisweilen „derben“ Späßen ihre rasch erlahmende Aufmerksamkeit wieder aufzufrischen.[60] Ein früherer Hörer berichtete: „Ohne je das Detail zu vernachlässigen, betrachtete er die Rechtsbegriffe von dem freien Standpunkt eines Den-

54 Bd. 14 (1842), S. 339–353; zu der „Kritischen Zeitschrift“ vgl. Motte, in: Schulze (o. Anm. 53), S. 111 ff., 119 ff.

55 4. Auflage, Frankfurt a. M. 1840; s. zu diesem Werk insb. M. Stolleis, Geschichte des Öffentlichen Rechts in Deutschland, Bd. 1, München 1988, S. 83 ff.

56 Heidelberg 1841.

57 In: Heidelberger Professoren (o. Anm. 45), S. 269.

58 Reprint der 3. Auflage 1858–1869, Aalen 1978.

59 1845, 1851, 1856, 1862/63, 1864, 1867/68, 1873/74, vgl. die Angaben bei Drüll (o. Anm. 5), S. 312; H. Weisert/D. Drüll/E. Kritzer, Rektoren – Dekane – Prorektoren – Kanzler – Vizekanzler der Universität Heidelberg 1386–2006, Heidelberg 2007, S. 66.

60 Vgl. nur Strauch, in: v. Weech (o. Anm. 6), S. 210.

kers, nie von dem eines einseitigen Pedanten ... Zoepfl blieb jung und frisch mit seinen Schülern, fand bei ihnen neue Anregung und neuen Reiz."[61] Vorangegangen waren dem Tagewerk im Auditorium bereits drei bis vier Stunden angestrengter wissenschaftlicher Beschäftigung mit den unterschiedlichsten rechtswissenschaftlichen Themen. Im gesellschaftlichen Umgang, dem er große Aufmerksamkeit widmete, wird Zoepfl als eine „gutmütige, menschenfreundliche Seele" geschildert.[62] Humorvoll reagierte er auf die Begrüßung eines ehemaligen Zuhörers – „Sie haben sich gar nicht verändert, Herr Hofrat" – mit den Worten: „Ich und das Heidelberger Faß bleiben immer dieselben!" Und als ein titelsüchtiger Kollege sich in die ausgelegte Essensliste mit dem Zusatz „Ritter" einschrieb, konterte er gelassen mit der Notiz „Professor Zoepfl, Fußgänger."[63]

Eine glückliche Ehe, aus welcher vier Töchter hervorgingen, verband ihn seit 1832 mit Anna Leo aus Bamberg. 1874 verlieh ihm sein Landesherr den Titel eines Geheimen Hofrats und bei Gelegenheit des großherzoglichen Regierungsjubiläums im April 1877 den eines Geheimrats 2. Klasse.[64] Wenige Wochen später verstarb er am 4. Juli. Sein ehemaliger Schüler und späterer Biograph Strauch stellte resümierend fest, dass Zoepfls Schicksal „insofern ein tragisches gewesen ist", als er „durch Erziehung, Umgebung und Glauben veranlaßt worden war, die Partei der Vergangenheit zu ergreifen."[65] Zutreffend erscheint gleichfalls die Würdigung des wissenschaftlichen Werks Zoepfls durch seinen Fakultätskollegen Rudolf Heinze: „Was er geleistet und geschaffen hat, das hat der treue Arbeiter mit glücklicher Anlage bei gesundem Sinn und unübertrefflicher Ordnungsliebe zustande gebracht durch unermüdliche, redliche Thätigkeit und Anstrengung."[66]

61 So A. Kleinschmidt, Art. Heinrich Zöpfl, in: Illustrierte Zeitung (Leipzig 11.8.1877), S. 108.

62 S. Weber (o. Anm. 2), S. 236.

63 S. E. v. Jagemann, Fünfundsiebzig Jahre des Erlebens und Erfahrens, Heidelberg 1925, S. 28.

64 E. v. Jagemann (o. Anm. 63) berichtete: „Zöpfl stand damals zu liberalen Ministern im Gegensatz, die ihn nicht graduierten. Eines Tags fuhr er geradenwegs zum Großherzog in die Audienz, dessen Regierung er in den 50er Jahren eine Stütze gewesen, um sich zu beschweren, und erhielt dann auch schnell hintereinander in kurzen Etappen die Patente als Geheimer Hofrat und als Geheimer Rat" (S. 28).

65 In: v. Weech (o. Anm. 6), S. 211.

66 Zit. nach Weber (o. Anm. 2), S. 237.

Frank L. Schäfer

Zoepfls Hauptwerke

I. Zwei Handbücher und eine Monographie

Bereits auf den ersten Blick zählen die „Deutsche Rechtsgeschichte" (vier Auflagen 1834–1872) sowie das „Deutsche Staatsrecht" (fünf Auflagen 1841–1863) zu den Hauptwerken Zoepfls. Beide Werke durchliefen einen großen Wandel. Robert von Mohl, zeitweise ein Heidelberger Kollege Zoepfls und nie um kritische Worte verlegen, urteilte, sie seien in den Anfängen „freilich ärmliche Wische oder plumpe Plagiate" gewesen; „allein sie wurden allmählich sehr brauchbare und stoffreiche Bücher".[1] Unbestritten war das Privatfürstenrecht das dritte Standbein des Germanisten und Staatsrechtslehrers Zoepfl.[2] Die biographische Literatur hebt deshalb beispielhaft ein Buch hervor, das in der Reihe der Hauptwerke vorgestellt werden soll,[3] die 1853 erschienene Monographie „Ueber Mißheirathen in den deutschen regierenden Fürstenhäusern überhaupt und in dem Oldenburgischen Gesammthause insbesondere".

II. Erste Wandlung – Deutsche Rechtsgeschichte

Zoepfls Hauptwerk zur „Deutschen Rechtsgeschichte" veränderte sich von der Gründung des Deutschen Zollvereins bis zum frühen Deutschen Reich wie kein zweites Lehrbuch.[4] Es ist deshalb zu einem wichtigen Dokument für die Wissenschaftsgeschichte der juristischen Germanistik geworden.[5] Die Literatur

1 R. v. Mohl, Lebenserinnerungen von Robert von Mohl 1799–1875, Bd. 1, 1902, S. 232.

2 E. Landsberg, Geschichte der deutschen Rechtswissenschaft, Bd. III/2, Text, 1910, S. 547; H. Strauch, Heinrich Zöpfl, in: F. v. Weech (Hg.), Badische Biographieen, Teil 3, 1881, S. 207 (208).

3 Strauch (Anm. 2) S. 207 (208); Landsberg (Anm. 2) S. 547 f., nennt das Werk an vierter Stelle; er schiebt noch die Rechtsaltertümer ein.

bewertet Zoepfls Leistung grundsätzlich wohlwollend, auch wenn sie angesichts des Werkumfangs recht deutlich auf den kompilatorischen Charakter vieler Passagen hinweist. Ernst Landsberg nennt Zoepfl einen „fleißige[n] Sammler" und „geschickte[n] Darsteller",[6] Johann Friedrich von Schulte bezeichnet Zoepfls Deutsche Rechtsgeschichte als „sehr verdienstlich", aber in philologischen und antiquarischen Details nicht stichhaltig.[7] Kritischer urteilt Heinrich Brunner, das Werk „ist stoffreich, aber in den Details unzuverlässig und zu spröde gegen die Ergebnisse der Spezialuntersuchungen".[8] Unbestritten ist es jedenfalls Zoepfls Verdienst, als einer der ersten Germanisten die sog. politische Geschichte, d. h. die allgemeine Geschichte, von der Rechtsgeschichte im engeren Sinne getrennt zu haben.[9]

Anfänge in der Historischen Rechtsschule

Zoepfl gab seiner Rechtsgeschichte in der Erstauflage von 1834/36 den Titel „Deutsche Staats- und Rechts-Geschichte. Compendiarisch dargestellt zum Gebrauche bei akademischen Vorlesungen".[10] Der Titel ist in zweierlei Hinsicht aufschlussreich. Erstens bekannte sich Zoepfl mit dem Haupttitel „Deutsche Staats- und Rechts-Geschichte" zur Historischen Rechtsschule, die seit 1808 mit Karl Friedrich Eichhorns Werk diese Bezeichnung benutzte. Die Staatsgeschichte stand anders, als man auf den ersten Blick vermuten sollte, nicht für die Verfassungsgeschichte, sondern für die politische Geschichte. Zoepfl erzählte seine Staats- und Rechtsgeschichte chronologisch entlang der Linie der römisch-deutschen Könige und Kaiser. Dementsprechend umfangreich fallen

4 Dazu Landsberg (Anm. 2) S. 545 f.; A. Raunig, Heinrich Zoepfl: Ein konservativer Staatsrechtslehrer und Rechtshistoriker des 19. Jahrhunderts, Diss. Wien 1961, S. 88–91; F. L. Schäfer, Juristische Germanistik: Eine Geschichte der Wissenschaft vom einheimischen Privatrecht, 2008, S. 481 (485); K.- P. Schroeder, Heinrich Zöpfl (1807–1877): Eine Heidelberger Gelehrtenkarriere mit Hindernissen, in: B.-R. Kern/E. Wadle/K.-P. Schroeder/C. Katzenmeier (Hg.), Festschrift für Adolf Laufs, 2006, S. 287 (298–301).

5 Übersichten zur Germanistik: Schäfer (Anm. 4) S. 201–210, 478–504; M. Stolleis, Rechtsgeschichte, Verfassungsgeschichte, in: H.-J. Goertz (Hg.), *Geschichte: Ein Grundkurs, 3. Aufl., 2007,* S. 391–412; speziell zum 19. Jahrhundert R. Hübner, Karl Friedrich Eichhorn und seine Nachfolger, in: Festschrift für Heinrich Brunner, 1910, S. 807–838.

6 Landsberg (Anm. 2) S. 545.

7 J. F. v. Schulte, Zöpfl, Heinrich, in: ADB, 45 (1900), S. 432 (433).

8 H. Brunner, Deutsche Rechtsgeschichte, Bd. 1, 1. Aufl., 1887, S. 23.

9 Dazu Schäfer (Anm. 4) S. 485.

10 3 Abteilungen; unveränderter Nachdruck 1841, den Zoepfl nicht als eigene Auflage zählte.

die Partien zu den Herrscherbiographien und zur weiteren allgemeinen Geschichte aus, während die Rechtsgeschichte im engeren Sinne weniger als die Hälfte des Textes (deutlich weniger als 300 von 596 Seiten) einnimmt. Zoepfl bot ein Kurzlehrbuch an, das die Rechtsquellen den Fußnoten überließ.

Zweitens deutete Zoepfl mit dem Untertitel an, dass das Werk als Begleitbuch für seine eigenen Heidelberger Vorlesungen dienen sollte,[11] die er seit dem Sommersemester 1833 anbot.[12] Er löste in Heidelberg Ludwig Löw von und zu Steinfurth ab, der ebenfalls nach eigener Rechtsgeschichte gelesen hatte und nach Zürich gewechselt war.[13] Auch für die zweite badische Jurafakultät in Freiburg im Breisgau ist die frühe Benutzung des Werkes bezeugt.[14] Zoepfls Selbstanzeige in den Heidelberger Jahrbüchern gibt darüber hinaus preis, dass er mit seinem neuen Buch in eine Marktlücke vorstoßen wollte.[15] In den 1830er Jahren lagen nur wenige Gesamtdarstellungen zur Deutschen Rechtsgeschichte vor, noch weniger waren für Studenten brauchbar. Eichhorns vierbändiges Werk (vierte Aufl. 1834–36) war für Studenten zu umfangreich und zu teuer. Die weiteren Lehrbücher von Löw, Friedrich von Lindelof[16] und Georg Phillips[17] beschränkten sich auf die Verfassungsgeschichte oder blieben in anderer Weise fragmentarisch.[18] Phillips eigene umfängliche Deutsche Reichs- und Rechtsgeschichte erschien erst ab 1845, war dann aber unter den Studenten sehr beliebt.[19]

11 H. Zoepfl, Deutsche Staats- und Rechts-Geschichte. Compendiarisch dargestellt zum Gebrauche bei akademischen Vorlesungen, Abt. 1, 1834, S. VII.

12 Zunächst als „Deutsche Reichs- und Rechtsgeschichte, nach Dictaten: Dr. Zöpfl, 5 mal wöchentlich", siehe Anzeige der Vorlesungen, welche im Sommerhalbenjahre MDCCCXXXIII auf der [...] Universitaet zu Heidelberg gehalten werden sollen, 1833, S. 5.

13 L. v. Löw, Geschichte der Deutschen Reichs- und Territorial-Verfassung: auch zum Gebrauche bei academischen Vorlesungen, 1832.

14 Ankündigung der Vorlesungen, welche im Winter-Halbjahre 1837–38 auf der Großherzoglich Badischen Albert-Ludwigs-Universität zu Freiburg im Breisgau gehalten werden, 1837, S. 5: Warnkönig (eigentlich ein Romanist), Deutsche Staats- und Rechtsgeschichte.

15 H. Zoepfl, Anzeige, in: Heidelberger Jahrbücher der Literatur 29 (1836), S. 1036–1038.

16 F. v. Lindelof, Deutsche Reichsgeschichte, insbesondere historische Entwickelung des deutschen öffentlichen Rechts in gedrängter Uebersicht, 1827.

17 G. Phillips, Deutsche Rechtsgeschichte: mit besonderer Ruecksicht auf Religion, Recht und Staatsverfassung, 2 Teile, 1832/34.

18 Weitere Nachweise bei Schäfer (Anm. 4) S. 480 f.

19 G. Phillips, Deutsche Reichs- und Rechtsgeschichte, 1. Aufl. 1845, 4. Aufl. 1859.

Wie alle Germanisten seiner Zeit beschrieb Zoepfl in seinem Buch vorzugsweise die Rechtsgeschichte des Mittelalters. Diese Schwerpunktsetzung resultierte nicht mehr aus dem überholten Glauben an ein möglichst reines, von aller Rezeption fremden Rechts ungestörtes einheimisches Recht im Mittelalter, da sich die Germanisten in der ersten Hälfte des 19. Jahrhunderts allmählich mit dem Phänomen der Frührezeption des römischen Rechts anfreundeten. Vielmehr war die Schwerpunktsetzung Ausdruck einer strategischen Arbeitsteilung zwischen der Deutschen Rechtsgeschichte für das Mittelalter und dem Deutschen Privatrecht für die Frühe Neuzeit.[20] Für den kleineren Bereich der Frühen Neuzeit wollte Zoepfl nach Karl Joseph Anton Mittermaiers Vorbild auch den Einfluss des fremden, d. h. vornehmlich römischen Rechts einbeziehen, soweit es das einheimische Recht verändert oder gar ersetzt hatte.[21] Auch methodisch grenzte sich Zoepfls Rechtsgeschichte deutlich gegenüber dem Deutschen Privatrecht ab, das seine Aufgabe in der Bildung universaler, d. h. gemeiner einheimischer Rechtssätze für die Gegenwart sah. Selbst wenn ein Rechtssatz der Rechtsgeschichte im 19. Jahrhundert noch anwendbar sei, dürfe man in der Rechtsgeschichte nicht „dogmatisch" verfahren, sondern müsse sich auf die „rein historische Entwicklung und Darstellung" beschränken.[22] Aus heutiger Sicht schlug sich Zoepfl damit auf die Seite derjenigen, welche die Aufgabe der Rechtsgeschichte nicht in einer Hilfsfunktion als Zuarbeiterin des geltenden Rechts sehen.[23]

Zoepfls Kurzlehrbuch gliedert sich in fünf Zeitabschnitte in drei Abteilungen, die jeweils dem synchronistischen Aufbau folgen, wie er sich seit Wilhelm Gottlieb Tafinger und Johann Friedrich Reitemeier in der Rechtsgeschichte eingebürgert hatte und von Eichhorn meisterhaft exerziert worden war.[24] Die erste Abteilung umfasst zwei Zeitabschnitte: vom germanischen Altertum bis zum Tod des Merowinger-Herrschers Chlodwig I. (bis 511) sowie vom Anfang bis zum Zerfall des Frankenreichs (511–888). Die Konstruktion von „Familiengenossenschaft" und „Gaugenossenschaft" kann freilich nicht darüber hinwegtäu-

20 Dazu Schäfer (Anm. 4) S. 358, 486.

21 H. Zoepfl, Deutsche Staats- und Rechts-Geschichte, Abt. 1, 1834, § 3, S. 10; zu Mittermaier Schäfer (Anm. 4) S. 486. Zur Expertise im römischen Recht: H. Zoepfl, Vergleichung der römischen Tutel und Cura mit der heutigen Vormundschaft über Unmündige und Minderjährige, Diss. Würzburg 1828.

22 H. Zoepfl, Anzeige, in: Heidelberger Jahrbücher der Literatur 29 (1836), S. 1036 (1037).

23 Dazu zuletzt F. L. Schäfer, Tradition und Innovation: Juristische Germanistik als Rechtsgeschichte von 1968 bis zur Jahrtausendwende, in: A. Bruns (Hg.), Tradition und Innovation im Recht, 2017, S. 19 (54), m. w. N.

24 Siehe Schäfer (Anm. 4) S. 163, 209.

schen, dass Zoepfl wie alle anderen Germanisten für das Altertum nur Tacitus als Gewährsmann heranziehen konnte. Die zweite Abteilung (888–1272) widmet sich dem Heiligen Römischen Reich bis zum Ende des Interregnums. Mit „Reichsstaatsrecht, Reichsregierung und Reichsgesetze“ benutzte Zoepfl anachronistische Begriffe, wie sie für die Rechtsgeschichte bis in die 1960er Jahre hinein typisch waren. Die dritte Abteilung erstreckt sich in zwei Abschnitten (1273–1493 und 1495–1815)[25] vom Spätmittelalter bis zur Gründung des Deutschen Bundes. Nach Zoepfls Prämissen nehmen Spätmittelalter und Neuzeit einen vergleichsweise geringen Raum ein.

Der Weg zur modernen Rechtsgeschichte

Für die zweite, zehn Jahre jüngere Auflage fasste Zoepfl Mut zu so vielen Neuerungen, dass die Neuauflage einem neuen Lehrbuch gleichkam. Zu Recht fügte er auf dem Titelblatt die Bemerkung an, es handle sich um eine „durchaus umgearbeitete, vermehrte und verbesserte Auflage“. Zoepfl widmete das Werk Prinz Ludwig II. von Baden (1824–1858), dem er an der Universität Heidelberg die Rechtsgeschichte vorgetragen hatte. Die einschneidende Änderung spiegelt sich im neuen Aufbau des Werkes wider. Der erste Band von 1844 behandelt „Die deutsche Volks- und Staatsgeschichte bis zur Stiftung des deutschen Bundes“, der zweite Band in zwei Teilbänden 1846/47 dagegen „Die Geschichte des deutschen Rechtes“. Zoepfl hatte also die synchronistische Darstellung aufgegeben und trennte nunmehr bereits äußerlich die politische Geschichte von der Rechtsgeschichte. In den beiden Teilbänden zur Rechtsgeschichte stellte er 1846 zunächst die „Geschichte der deutschen Rechtsquellen“, d. h. die äußere Rechtsgeschichte, und dann 1847 die „Geschichte der deutschen Rechtsinstitute“, d. h. die innere Rechtsgeschichte (nacheinander öffentliches Recht, Privatrecht, Zivilprozessrecht und Kriminalrecht nebst Prozessrecht), dar. Der Umfang des Werkes stieg dadurch auf 925 Seiten an, wobei die rechtsgeschichtlichen Partien ganze 641 Seiten erreichten. Zoepfls Rechtsgeschichte verwandelte sich in ein ausgewachsenes Lehrbuch. Er begründete den Richtungswechsel methodisch und pädagogisch. Hatte er in der Erstauflage die „rein historische Entwicklung und Darstellung“ bevorzugt, wollte er jetzt nicht mehr „antiquarisch“, sondern „pragmatisch“ schreiben und damit „in das Recht der Gegenwart vorbereitend einleiten“.[26] Außerdem entspreche der stärkere Fokus auf die Rechtsgeschichte dem studentischen Interesse. Auch wenn sich heute die Verkaufs-

25 Das Jahr 1494 fehlt.

26 H. Zoepfl, Deutsche Staats- und Rechtsgeschichte: Ein Lehrbuch in zwei Bänden, Bd. 1, 1844, S. XII; ähnlich Bd. II/1, 1846, § 1, S. 1 f.

zahlen nicht mehr nachvollziehen lassen, ist anzunehmen, dass die Studenten, soweit sie sich überhaupt ein Lehrbuch leisten konnten, bevorzugt den zweiten Band des Werkes kauften. Neben der pragmatischen Methode betonte Zoepfl die „rationelle[n] Behandlung“ des Rechtsstoffes. Zweck der Rechtsgeschichte sei es, „das deutsche Rechtsleben in seiner Totalität zu erfassen, die Gründe für die einzelnen Erscheinungen desselben und deren inneren Zusammenhang nachzuweisen, und jene Rechtsideen zu erforschen und auszuzeichnen, in welchen die nationale Eigenthümlichkeit des deutschen Rechts beruht“.[27] Damit schloss sich Zoepfl der Sondergutsthese vieler Germanisten an, welche das Recht als Sondergut eines jeden Volkes mit spezifischen Eigenschaften betrachtete.[28] Diese These vertrug sich zugegeben nur sehr eingeschränkt mit der Erkenntnis, dass das deutsche Recht der Neuzeit sich sowohl aus einheimischen als auch aus fremden Rechtssätzen zusammensetzte.

In der Zweitauflage nahm die Geschichte der Rechtsquellen erstmals einen selbständigen Platz ein. Zoepfl erstreckte dabei seine Darstellung bis zur Gegenwart. Er schildert nicht nur den Usus modernus, das Naturrecht und die Germanistik, sondern auch den Umbruch nach 1800 durch die Kodifikationen (besonders den Code civil) und „[d]ie neueren Juristen-Schulen“. Im letzteren Abschnitt geht Zoepfl auf den Kodifikationsstreit zwischen seinem Heidelberger Kollegen Anton Friedrich Justus Thibaut und Friedrich Carl von Savigny sowie die Debatte zwischen der Historischen Rechtsschule und ihren Opponenten ein. Am wichtigsten schien dem Germanisten aber der Gegensatz zwischen der „romanisirende[n]“ und der „deutsche[n]“ Schule, denen er aber keine konkreten Namen zuordnete.[29]

Bei der „Geschichte der deutschen Rechtsinstitute“ wollte Zoepfl die verschiedenen Rechtsinstitute nicht mehr synchronistisch nach Epochen zusammenfassen, sondern „die Geschichte eines jeden einzelnen Rechtsinstitutes besonders in sich abgeschlossen und in zusammenhängender Entwickelung von seinem ersten Vorkommen an bis zu seinem Verfalle oder bis zu seiner heutigen Beschaffenheit“ darstellen.[30] Zoepfl bezeichnete das als eine „ethnographische“ Darstellungsweise. Da er bereits die politische Geschichte abgetrennt hatte, war es nur konsequent, auf der Mikroebene den Synchronismus aufzugeben. In der Durchführung beleuchtete Zoepfl jedoch nicht die Geschichte eines jeden einzelnen Rechtsinstituts, sondern bündelte diese nach Rechtsgebieten. Im Privatrecht befasste er sich nacheinander mit Familien-,

27 Zoepfl, a. a. O., Bd. 1, 1844, § 1, S. 1.

28 Schäfer (Anm. 4) S. 604 f.

29 H. Zoepfl, Deutsche Staats- und Rechtsgeschichte: Ein Lehrbuch in zwei Bänden, Bd. II/1, 1846, § 60, S. 203.

30 Zoepfl, a. a. O., Bd. II/1, 1846, § 4, S. 3.

Sachen- und Erbrecht und gliederte die drei Rechtsgebiete in jeweils drei Zeitabschnitte. Beim abschließenden Vertragsrecht, mit dem die Germanistik traditionell wenig anzufangen vermochte, fehlt die Dreiteilung mangels Masse.

Mit der dritten Auflage von 1858 setzte Zoepfl nur die Rechtsgeschichte des zweiten Bandes fort. Ergänzend publizierte er 1860/61 sog. Rechtsaltertümer zu Materien, die nicht recht in das Lehrbuch passen wollten.[31] Die allgemeine Geschichte, an deren Sinnhaftigkeit er bereits im Vorwort der zweiten Auflage gezweifelt hatte, fiel im Lehrbuch konsequenterweise weg, so dass sich der Titel in „Deutsche Rechtsgeschichte" änderte. Damit vollendete er die Abkehr vom Synchronismus. Zoepfl konnte hier auf das neue Lehrbuch Ferdinand Walters verweisen, der sich kurz zuvor ebenfalls auf die Rechtsgeschichte beschränkt hatte.[32] Im verbleibenden Teil änderte sich die Gliederung nicht. Im Vergleich zur zweiten Auflage erweiterte Zoepfl die Passagen zur Ministerialität (§ 30a), zum Familienrecht (§§ 81a–81d, 84a, §§ 89a–89e, §§ 90a, 90b, §§ 94a–94d, insbesondere zu Mund und Vormundschaft), zum Erbrecht (§§ 114a, 114b), zum Vertragsrecht (§ 124a), zum Zivilprozessrecht (§ 125a) sowie zu Kriminalrecht und Kriminalprozess (§ 129a). Praktischerweise behielt er die Paragraphenzählung bei, was die Suche nach Neuerungen wesentlich erleichtert. Die Ergänzungen betrafen besonders die Rechtsgeschichte der Frühen Neuzeit. Trotz des enormen Umfangs von nunmehr 1021 Seiten beschränkte er sich bei den Nachweisen aber weiterhin auf Rechtsquellen, unter welchen die Stammesrechte und Rechtsbücher dominierten. Dagegen verweigerte sich Zoepfl einer diskursiven Auseinandersetzung mit der zeitgenössischen rechtshistorischen Forschung. Literatur zur Rechtsgeschichte blieb somit bei den Nachweisen Mangelware. Mit der dritten Auflage lieferte Zoepfl zwar dem Umfang, aber nicht dem Inhalt nach ein Großlehrbuch ab.

Die abschließende vierte Auflage musste Zoepfl 1871/72 in drei Bände untergliedern, da er die Neuauflage nicht auf einen Schlag vorlegen konnte. Im Vergleich zur dritten Auflage blieb der Umfang des ersten Teils zu den Rechtsquellen sowie des dritten Teils zum Privatrecht, Kriminal- und Verfahrensrecht weitestgehend konstant. Dafür erweiterte Zoepfl den zweiten Teil zur Geschichte des öffentlichen Rechts beträchtlich, so dass das Lehrbuch auf 1234 Seiten anwuchs. Zoepfl erweiterte den Stoff zur Stellung des Kaisers, zum Reichsvikariat sowie zur Reichsstandschaft (§§ 67a–67k), zum Fürstenrat und Städtekollegium (§§ 68a, 68b) und zur Reichsjustizverfassung (§§ 73a–73e). Ferner weitete Zoepfl als Kenner des Deutschen Bundes die knappen Paragraphen

31 H. Zoepfl, Alterthümer des Deutschen Reichs und Rechts: Studien, Kritiken und Urkunden zur Erläuterung der deutschen Rechtsgeschichte und des praktischen Rechts, 3 Bde., 1860/61.

32 F. Walter, Deutsche Rechtsgeschichte, 1. Aufl. 1853, 2. Aufl. 1857.

zur Bundesverfassung zu einer Geschichte des Deutschen Bundes seit 1815 bis zu dessen Auflösung aus. Auch das Paulskirchenparlament (§§ 79a–79k) sowie die Anfänge des Deutschen Reichs (§§ 79l, 79m) fanden nunmehr ihren Platz im Lehrbuch. Im Paragraphen über „Die Bedeutung und die Mängel der deutschen Bundesverfassung" fand Zoepfl von der sicheren Warte des Deutschen Reichs aus deutliche Worte gegen die Bundesversammlung. Sie sei „hauptsächlich zur Darniederhaltung dieser Freiheitsbestrebungen benützt und auf die Rolle eines Polizeimeisters in Deutschland beschränkt" worden.[33] Zoepfl vollzog hier eine politische Wende um 180 Grad, denn wenige Jahre zuvor hatte er wie kein zweiter Staatsrechtslehrer als konservativer Befürworter der politischen Ordnung des Deutschen Bundes gegolten.

III. Zweite Wandlung – Deutsches Staatsrecht

Zoepfls Konservatismus und seine Rolle für den Deutschen Bund sind Thema des nächsten Hauptwerkes. Sein Deutsches Staatsrecht überspannte von 1841 bis 1863 nur wenig mehr als zwei Jahrzehnte.[34] Trotzdem durchlief auch dieses Werk eine bemerkenswerte Entwicklung.

Anfänge im Vormärz

Die Erstauflage von 1841 fiel mit gerade einmal 376 Seiten sehr kompakt aus.[35] In der Zeit zwischen dem Ende des Alten Reiches 1806 und der Gründung des Neuen Reiches 1871 konnte Zoepfl wie alle anderen Autoren kein Deutsches Staatsrecht im Sinne eines vollwertigen Reichsverfassungsrechts, sondern – wie es der Untertitel nannte – nur ein „gemeingültige[s] Recht in Deutschland" vorlegen. Das erklären im Haupttitel auch die Adjektive „allgemein" und „constitutionell-monarchisch", die das „Staatsrecht" qualifizieren. Zoepfl wollte in der Erstauflage die höchst umstrittene Frage, inwiefern man für den Deutschen Bund überhaupt von einem universalen deutschen Staatsrecht sprechen könne,

33 H. Zoepfl, Deutsche Rechtsgeschichte, Bd. 2, 1872, § 79i, S. 443.

34 Dazu Landsberg (Anm. 2) S. 546 f.; M. Friedrich, Geschichte der deutschen Staatsrechtswissenschaft, 1997, S. 191 f.; Raunig (Anm. 4) S. 49–54; M. Stolleis, Geschichte des öffentlichen Rechts in Deutschland, Bd. 2, 1992, S. 92 f., 324 f.

35 H. Zoepfl, Grundsaetze des allgemeinen und des constitutionell-monarchischen Staatsrechts: Mit Rücksicht auf das gemeingültige Recht in Deutschland, nebst einem kurzen Abrisse des deutschen Bundesrechtes und den Grundgesetzen des deutschen Bundes als Anhang, 1841.

noch nicht begrifflich beantworten. Parallel zum Deutschen Privatrecht stellte sich für das Deutsche Staatsrecht die Frage, ob seine Sätze lediglich ein wissenschaftliches System oder darüber hinaus auch eine Rechtsordnung mit verbindlichen Normen konstituieren sollten.[36] Gleichwohl musste sich Zoepfl dieser Frage bei der Stoffauswahl stellen. Er verfolgte dazu eine mehrgleisige Strategie: Zoepfl wollte seine Studenten sowohl in die Allgemeine Staatslehre einführen als auch eine abstrahierende Übersicht zum geltenden Staatsrecht der Mitgliedstaaten des Deutschen Bundes bieten. Dazu gesellte sich als Anhang auf den letzten 100 Seiten das Recht des Deutschen Bundes, der als Staatenbund nicht für die Darstellung eines echten Reichsstaatsrechts taugte. Auffallend ist, dass Zoepfl trotz seiner Prämissen bei der Stoffauswahl nicht nur weitestgehend auf Bezüge zum konkreten zeitgenössischen Staatsrecht in Form der Partikulargesetzgebung der deutschen Staaten verzichtete, sondern auch weitestgehend die Rechtsgeschichte ausblendete. Gleichwohl führte er die Volksrechte (Grundrechte) als Germanist über den Nationalcharakter der deutschen Verfassung bis auf Tacitus' Germania zurück.[37]

Zoepfl verfolgte in der politischen Dimension des Verfassungsrechts einen zurückhaltenden Kurs, der ihm später den Vorwurf des Konservatismus einbrachte. Er wollte keinesfalls eine „Reihe utopischer Phantasieen" vortragen, sondern die „gegebenen [Ideen] zum Bewusstsein" bringen und entwickeln.[38] Geschickt entzog er sich bei der Frage nach der besten Verfassung einer konkreten Festlegung.[39] Im abschließenden Teil zum Deutschen Bund liefert er eine deskriptive Übersicht zu den Verfolgungsmaßnahmen des Metternich'schen Systems, ohne diese kritisch zu kommentieren.[40]

Zoepfl lagen keine liberalen Reformen am Herzen, vielmehr wollte er sich auf die Darstellung des Status quo im Vormärz beschränken. Er bekannte sich daher explizit zu Art. 57 der Wiener Schlussakte von 1820, der den Begriff der landständischen Verfassung nach Art. 13 der Bundesakte sehr konservativ präzisierte:[41] Danach musste „die gesammte Staats-Gewalt in dem Oberhaupte des Staats vereinigt bleiben, und der Souverain kann durch eine landständische Verfassung nur in der Ausübung bestimmter Rechte an die Mitwirkung der

36 Dazu Stolleis (Anm. 34) S. 96–99, m. w. N.

37 H. Zoepfl, Grundsaetze des allgemeinen und des constitutionell-monarchischen Staatsrechts: Mit Rücksicht auf das gemeingültige Recht in Deutschland, nebst einem kurzen Abrisse des deutschen Bundesrechtes und den Grundgesetzen des deutschen Bundes als Anhang, 1841, § 77, S. 116.

38 Zoepfl, a. a. O., S. IV.

39 Zoepfl, a. a. O., § 85, S. 126 f.

40 Zoepfl, a. a. O., Anhang 1, §§ 50 ff., S. 320–527.

41 Zoepfl, a. a. O., S. V.

Stände gebunden werden". Zoepfl interpretierte die Norm in der Schlussakte als ein Bekenntnis gegen die Gewaltenteilung.[42] In anderen Worten sollte sein Lehrbuch beim Konstitutionalismus auf dem Boden des monarchischen Prinzips bleiben und keiner parlamentarischen Monarchie mit konsequenter Gewaltenteilung den Weg ebnen. Stattdessen hob er „das gegenseitige Vertrauen des Fürsten und des Volkes", die „Gerechtigkeit und Weisheit der Regierung und die Loyalität des Volkes und der Stände"[43] als ausreichende Sicherungsmechanismen hervor. Grenze der Legislative sei allein der Staatszweck,[44] die Justiz dürfe die Gesetze der Legislative nur in formaler Hinsicht prüfen.[45] Dazu passt, dass Zoepfl das Widerstandsrecht des Volkes weitestgehend auf den Rechtsweg beschränkte,[46] obwohl zu dieser Zeit keine Verfassungs- oder Verwaltungsgerichtsbarkeit existierte und die ordentliche Gerichtsbarkeit keine passenden Instrumentarien gegen hoheitliches Handeln bereitstellte.

Vernunftrechtliches Gedankengut, das die Tür zum Liberalismus geöffnet hätte, findet sich in der Erstauflage allenfalls in kleiner Dosierung. Am Beginn des Lehrbuchs sah Zoepfl in der „vernunftgemässen Beherrschung" ein wesentliches Element des Staatsbegriffs[47] und in der Staatsvernunft die Rechtfertigung für den Staat.[48] Dieses Vernunftrecht sollte sich allerdings den monarchischen Verhältnissen des 19. Jahrhunderts unterordnen. Denn die Gleichheit war in Zoepfls Konzeption nicht universal angelegt, sondern in eine konkrete Gesellschaftsordnung eingebettet. Dem Monarchen sollte wie selbstverständlich die Position des Herrschers (Souverän) und dem Volk die Rolle des Beherrschten zufallen.[49] Zoepfl behauptete weiter, die Souveränität bedürfe keines Beweises, lediglich die Herrschernachfolge müsse juristisch begründet werden.[50] Damit zementierte er die Herrschaftsverhältnisse der Erbmonarchie, ohne auf die überholte Figur des Gottesgnadentums abstellen zu müssen.

Zur untergeordneten Stellung des Vernunftrechts gesellte sich in der Erstauflage eine aus heutiger Sicht inkohärente Grundrechtsdogmatik. Zoepfl verstand unter den Volksrechten aus dem Blickwinkel politischer Partizipation primär die Meinungsfreiheit und benachbarte Freiheiten. Zoepfl stand der Pres-

42 Zoepfl, a. a. O., Anhang 1, § 57, S. 339.

43 Zoepfl, a. a. O., § 126, S. 197.

44 Zoepfl, a. a. O., § 130, S. 206.

45 Zoepfl, a. a. O., § 140, S. 230.

46 Zoepfl, a. a. O., § 53, S. 75–78.

47 Zoepfl, a. a. O., § 1, S. 1.

48 Zoepfl, a. a. O., § 31, S. 35 f.

49 Zoepfl, a. a. O., §§ 3, 8, S. 2, 6.

50 Siehe Zoepfl, a. a. O., § 49, S. 65.

sefreiheit wegen der Gefahr anonymer Äußerungen im Ansatz skeptisch gegenüber.[51] Andere Grundrechte wie die Eigentumsfreiheit besprach er gesondert bei den Privatrechten, die er aber dem öffentlichen Recht, d. h. der Dispositionsbefugnis des Gesetzgebers, unterordnete.[52]

Zoepfl brachte die zweite Auflage aufgrund der großen Nachfrage bereits im selben Jahr wie die Erstauflage auf den Markt. Deshalb korrigierte er nur Druckfehler. Die dritte Auflage wuchs 1846 ohne Register gerechnet auf immerhin 514 wesentlich kleiner bedruckte Seiten an. Dementsprechend fiel die Gliederung detaillierter aus, hinzu kamen in den Fußnoten Literaturhinweise und vergleichende Hinweise zu Verfassungsnormen europäischer und deutscher Staaten. Damit wandte sich Zoepfl von der Metaebene der Allgemeinen Staatslehre ab und hin zum geltenden Staatsrecht des 19. Jahrhunderts mit seinen konkreten Rechtsquellen. Trotz des größeren Umfangs hielt Zoepfl aber für die dritte Auflage am Grundkonzept seines Werkes fest. Im Detail unterteilte Zoepfl den ersten Abschnitt in der Einleitung zu Staat, Staatswissenschaft und Staatsrecht jetzt in einen Allgemeinen und einen Besonderen Teil. Ebenso nahm das Privatfürstenrecht nunmehr als „Das Familien- und Erbrecht der deutschen souverainen Familien“ eine eigene Unterabteilung ein.

Restauration – Experte für das Bundesrecht

Dafür fielen die Änderungen in der vierten Auflage von 1855/56 umso größer aus. Der Umbruch manifestierte sich bereits in einem neuen Titel: „Grundsätze des allgemeinen und deutschen Staatsrechts, mit besonderer Rücksicht auf die neuesten Zeitverhältnisse“. Der Umfang des nunmehr zweiteiligen Werkes hatte sich mit 1427 Seiten fast verdreifacht; aus dem Kurzlehrbuch war ein Großlehrbuch, wenn nicht gar ein Handbuch geworden. Robert von Mohl kommentierte den Aufwuchs mit den Worten, man sei „versucht, den Fallstaff'schen Spruch: der Kummer bläht den Menschen auf, hier zu parodieren.“[53] Gleichwohl begründete die vierte Auflage den guten Ruf Zoepfls als Autor eines Staatsrechtslehrbuchs. Mohl urteilte trotz aller Kritik im Ergebnis wohlwollend, Zoepfls Buch habe sich zu einem „sehr umfang- und inhaltsreichen Magazine staatsrechtlichen Wissens entwickelt“.[54] Landsberg weist Zoepfl auf dem Lehrbuchmarkt sogar eine herrschende Stellung zu.[55] In der Tat konkurrierte

51 Zoepfl, a. a. O., § 123, S. 188 ff.

52 Zoepfl, a. a. O., § 133, S. 213.

53 R. v. Mohl, Bemerkungen über die neuesten Bearbeitungen des allgemeinen deutschen Staatsrechts, in: Zeitschrift für Deutsches Staatsrecht und Deutsche Verfassungsgeschichte 1 (1867), S. 354 (380).

Zoepfls Großlehrbuch in der Zeit nach Johann Ludwig Klüber nur mit Heinrich Albert Zachariaes „Deutsche[m] Staats- und Bundesrecht".[56]

Ebenso stärkte Zoepfl mit der vierten Auflage seine Reputation als konservativster katholischer Staatsrechtslehrer,[57] da er das unter den liberalen Staatsrechtslehrern als restaurative Materie verpönte Recht des Deutschen Bundes jetzt in die allgemeine Konzeption des Deutschen Staatsrechts integrierte. Das soll Zoepfl unter den Zeitgenossen besonders die Anhängerschaft der norddeutschen Konservativen eingetragen haben,[58] da er als Katholik nicht im ultramontanen, sondern fest im deutschen Lager stand. Landsberg urteilt im Rückblick, Zoepfl sei mit seinem Werk in „immer konservativeres, bundestagsfreundlicheres Fahrwasser" geraten.[59]

Dieser Weg hatte sich bereits im Revolutionsjahr 1848 trotz Zoepfls Kritik an den herrschenden politischen Zuständen angedeutet. Zoepfl soll zwar auf dem Katheder der Heidelberger Aula mit einem großen Säbel und der dreifarbigen Binde auf der Brust gestanden haben.[60] Auch sprach er in seiner Schrift „Bundes-Reform, Deutsches Parlament und Bundesgericht" im selben Jahr offen die mangelnde Popularität des Deutschen Bundes an und rügte „scharf die mißtrauische Haltung des Bundestages, der jede freisinnige Regung des Volkes feindselig verfolge und den echten Liberalismus [...] mit Radikalismus gleichsetze".[61] Doch wollte Zoepfl bereits 1848 den Deutschen Bund nicht abschaffen oder im Wege der deutschen Einheit ersetzen, sondern reformieren und so die deutsche Einheit vollenden. Noch deutlicher treten Zoepfls Pläne 1850 in seiner Schrift „Deutsche Union und deutsches Reich" hervor, in welcher er sich als Katholik für die großdeutsche Lösung und die Gleichberechtigung Österreichs mit Preußen aussprach.

Anders als in den vorhergehenden Auflagen positionierte sich Zoepfl bereits im Vorwort deutlich zum normativen Gehalt des Deutschen Staatsrechts der Bundeszeit. Das Deutsche Staatsrecht war für Zoepfl erstens aus positivistischer Sicht die Summe des Bundesrechts und des Landesstaatsrechts.[62] Zweitens verstand er darunter aus juristischer Sicht sowohl ein gemeines deutsches

54 Mohl (Anm. 53) S. 354 (380); ebenfalls positiv ders., Die Geschichte und Literatur der Staatswissenschaften in Monographieen dargestellt, Bd. 2, 1856, S. 267.

55 Landsberg (Anm. 2) S. 546.

56 Übersicht bei Stolleis (Anm. 34) S. 83–96, 324–330, m. w. N.

57 Schulte (Anm. 7) S. 432 (433); weniger streng Strauch (Anm. 2) S. 208: gemäßigt konservativ.

58 Mohl (Anm. 1) S. 232.

59 Landsberg (Anm. 2) S. 547.

60 Mohl (Anm. 1) S. 231.

61 Raunig (Anm. 4) S. 58.

Staatsrecht (*ius publicum commune*), dessen Quellen (historische Reichsgesetze, Bundesgesetze, Herkommen) gemeinverbindlich für alle deutschen Staaten seien, als auch dic Summe des partikularen Staatsrechts (*ius publicum particulare*).[63] Zoepfl bezog hier also auch das Recht des Deutschen Bundes ein. Und drittens interpretierte er das Deutsche Staatsrecht aus rechtsvergleichender Sicht als nachweisbare Übereinstimmung unter den Landesstaatsrechten. Solche Parallelen seien keinesfalls zufällig, „als vielmehr die nothwendige Folge von dem wirklichen und lebendigen Dasein eines gemeinsamen nationalen Geistes".[64] Hier schwingt die Volksgeistlehre der Historischen Rechtsschule nach.[65] Zoepfl versuchte das gemeine deutsche Staatsrecht zu konkretisieren, wobei er sich offensichtlich die Rechtsquellenlehre zum gemeinen römischen Recht bzw. zum Deutschen Privatrecht als Vorbild nahm:[66] Quelle des gemeinen Staatsrechts sei das Herkommen aus dem deutschen Volksleben oder zumindest eine gemeinsame Rechtsidee (*communis ratio*). Teils sei dieses gemeine Recht im Landesstaatsrecht kodifiziert, teils handle es sich um historisch-gemeines Recht, das als subsidiäres Staatsrecht neben dem Landesstaatsrecht existiere. Nach dem Vorbild der alten Statutentheorie wollte er ferner Abweichungen des Landesstaatsrechts vom gemeinen Staatsrecht möglichst gering halten. Solche Abweichungen seien nicht zu vermuten und nachweisliche Abweichungen nur im geringstmöglichen Ausmaß anzunehmen.[67]

Für Zoepfl war das Deutsche Staatsrecht daher weitaus mehr als nur ein wissenschaftliches System von gelehrten Sätzen. Es handle sich beim Deutschen Staatsrecht um „eine grosse Anzahl allgemeiner Anschauungen und Grundsätze [...], welche in der Praxis Gültigkeit behaupten [...], obschon sie weder in die Form gemein verbindlicher Gesetze, noch in die Form eines juristisch erweislichen gemeinen Herkommens eingekleidet worden sind."[68] Deshalb fügte Zoepfl im Titel dem „allgemeinen" Staatsrecht das „deutsche" Staatsrecht hinzu. Der Streichung der Monarchie im Titel bemaß er daneben aber keine politische Bedeutung zu.[69] Zoepfl referierte weiter, er „gehe also von der Annahme des Daseins eines nationalen Ideenkreises in staatsrechtlicher Bezie-

62 H. Zoepfl, Grundsätze des allgemeinen und deutschen Staatsrechts, mit besonderer Rücksicht auf die neuesten Zeitverhältnisse, Teil 1, 1855, § 67, S. 118.

63 Zoepfl, a. a. O., Teil 1, § 70, S. 119.

64 Zoepfl, a. a. O., Teil 1, § 70, S. 120.

65 Stolleis (Anm. 34) S. 93.

66 Schäfer (Anm. 4) S. 298–300, 346–374, m. w. N.

67 H. Zoepfl, Grundsätze des allgemeinen und deutschen Staatsrechts, mit besonderer Rücksicht auf die neuesten Zeitverhältnisse, Teil 1, 1855, § 70, S. 121.

68 Zoepfl, a. a. O., Teil 1, S. VI.

69 Zoepfl, a. a. O., Teil 1, S. XI.

hung aus, der neben dem äusserlich erkennbar gewordenen Rechte seine Gültigkeit behauptet, ja diesem selbst, und zwar nicht blos in Bezug auf einzelne wenige Grundbegriffe, zur Grundlage dient."[70] Angesichts der höchst umstrittenen Natur des Deutschen Staatsrechts kann es nicht verwundern, dass Zoepfls Konzeption unter den Zeitgenossen nur in geringem Maße Zustimmung fand.[71] Die Mehrheit der zeitgenössischen Staatsrechtslehrer beschränkte den Status des Deutschen Staatsrechts auf ein wissenschaftliches System.[72]

Zoepfl wollte sich auch mit dem Methodenproblem auseinandersetzen, wie mangels eines Reichsstaatsrechts überhaupt die ‚allgemeinen' bzw. ‚gemeinen' Normen für ein Deutsches Staatsrechts zu destillieren seien. Das ist ebenfalls eine Frage, der sich parallel die juristischen Germanisten (zu denen Zoepfl selbst zählte) stellen mussten, um die Normen für das Deutsche Privatrecht als gemeines einheimisches Privatrecht überhaupt zu identifizieren.[73] Zoepfl zog als Grundlage seines Rechtsvergleichs zahlreiche Landesverfassungen heran: Hessen-Nassau 1814, Baden und Bayern 1818, Württemberg 1819, Großherzogtum Hessen 1820, Sachsen-Meiningen 1829, Sachsen-Altenburg und Königreich Sachsen 1831, Braunschweig 1832, Hannover 1840, Schwarzburg-Sondershausen 1849, Anhalt-Bernburg, Preußen und Sachsen-Weimar-Eisenach 1850, Sachsen-Coburg und Gotha, Kurhessen, Oldenburg, Reuß sowie Waldeck und Pyrmont 1852. Zoepfl legte ansatzweise auch offen, wie „die Scheidung des Gemeingültigen und des bloss Partikulären" zu vollziehen sei.[74] Im Ergebnis wollte er mit seinem Lehrbuch einen „vergleichenden *Corpus juris publici*" liefern. Er führte dazu die formalen Kriterien der Übereinstimmung und der bloßen Ähnlichkeit ein. Ab welcher Anzahl an Übereinstimmungen oder Ähnlichkeiten von einer Norm des Deutschen Staatsrechts zu sprechen sei, ließ Zoepfl aber offen. Da er die Komparatistik mit der chronologischen Darstellung der Rechtsquellen kombinierte,[75] kann man im Rückblick von einer historisch-vergleichenden Methode sprechen.

Weitaus wichtiger war für Zoepfl indessen die Integration des Bundesrechts in das Deutsche Staatsrecht. Er wollte es in einen „organischen Zusammenhang [...] bringen, damit nicht fernerhin das Bundesrecht, so, wie es bisher in den Lehrbüchern des deutschen Staatsrechts mehr oder minder der Fall war,

70 Zoepfl, a. a. O., Teil 1, S. VI.

71 Siehe nur Mohl (Anm. 53) S. 354 (381).

72 Dazu Stolleis (Anm. 34) S. 98 f., m. w. N.

73 Dazu Schäfer (Anm. 4) S. 375–407, m. w. N.

74 H. Zoepfl, Grundsätze des allgemeinen und deutschen Staatsrechts, mit besonderer Rücksicht auf die neuesten Zeitverhältnisse, Teil 2, 1856, S. V.

75 Zoepfl, a. a. O., Teil 2, S. VII.

wie ein zusammenhangsloser Anhang des deutschen Staatsrechts erscheine."[76] Die Literatur sprach Zoepfls Lehrbuch zu Recht den ersten Platz bei der Darstellung des Bundesrechts zu.[77] Resultat war ein Großlehrbuch mit Abschnitten zur Allgemeinen Staatslehre (Abschnitte 1–5), zu Begriff und Quellen des Deutschen Staatsrechts (Abschnitt 6), zur Verfassungsgeschichte des Heiligen Römischen Reiches und des Rheinbundes (Abschnitte 7 und 8), zum Bundesverfassungsrecht (Abschnitte 9 und 10) und im Schwerpunkt zum Deutschen Staatsrecht auf der Basis der Mitgliedstaaten des Deutschen Bundes (Abschnitte 11–20), wo Zoepfl das Staatsrecht im engeren Sinne mit dem Verwaltungsrecht kombinierte. Im Vergleich zu den vorherigen Auflagen stellte Zoepfl also die Reihenfolge des Bundesrechts und des Deutschen Staatsrechts (als Summe des Partikularstaatsrechts) um.

Die Gliederung deutet bereits an, dass Zoepfl in die vierte Auflage zahlreiche neue Materien aufnahm. Besonders stechen die historischen Partien zum Verfassungsrecht des Alten Reiches („Das Staatsrecht zur Zeit des deutschen Reiches") und zur Rheinbundzeit („Staatsrechtliche Veränderungen zur Zeit des Rheinbundes") hervor. Erstens, so Zoepfl, habe ihm die Tätigkeit in der Heidelberger Spruchfakultät und als Gutachter die enge Verbindung des gegenwärtigen Rechts mit der Vergangenheit gezeigt. Zweitens entspreche dies auch dem Wunsch anderer Praktiker. Und drittens habe die Aufnahme propädeutische Gründe, um mangelnde historische Vorkenntnisse zu kompensieren, da nicht alle Studenten die Vorlesung zur Deutschen Staats- und Rechtsgeschichte besuchten.[78] Daraus erwuchs bei Zoepfl eine dreifach historische Darstellungsweise: Erstens die historisch-vergleichende Auswahl der Normen des Deutschen Staatsrechts, zweitens historische Kapitel zum besseren Verständnis des gegenwärtigen Staatsrechts und drittens eine Entwicklungsgeschichte zu ausgewählten Lehren des gegenwärtigen Staatsrechts. Für den letzten Fall sprach Zoepfl von der „allgemeine[n] Doktrin in ihrer geschichtlichen Fortbildung, [...] sog. Dogmengeschichte", die das Recht der „Reichszeit, so wie das der Rheinbundszeit" und „die Bestimmungen der Bundesgesetze und der Landesgesetze" umfasse.[79] Diese Dogmengeschichte beinhaltete auch einen vergleichenden Blick auf das europäische Ausland, allen voran Großbritannien und Frankreich. Beispielhaft ist in dieser Hinsicht die Einleitung zu den Landständen, die

76 Zoepfl, a. a. O., Teil 1, S. X.

77 Landsberg (Anm. 2) S. 547; Mohl (Anm. 54) S. 267; Schulte (Anm. 7) S. 433; Strauch (Anm. 2) S. 207 (208); grundsätzlich auch Mohl (Anm. 53) S. 354 (380 f.), aber mit deutlicher Kritik am System und an der Rechtsquellenlehre.

78 H. Zoepfl, Grundsätze des allgemeinen und deutschen Staatsrechts, mit besonderer Rücksicht auf die neuesten Zeitverhältnisse, Teil 1, 1855, S. VII f.

79 Zoepfl, a. a. O., Teil 2, S. VII.

mit Großbritannien und Frankreich beginnt und dann die deutsche Verfassungsgeschichte von der Völkerwanderungszeit bis zur Gegenwart durchdekliniert.[80]

Ebenso erweiterte Zoepfl erheblich den Abschnitt zur Bundesverfassung und stellte ihn wie erwähnt dem eigentlichen Deutschen Staatsrecht voran. Er fügte einen neuen Abschnitt zur Entwicklung des Verfassungsrechts auf überstaatlicher Ebene seit 1848 hinzu, der die Paulskirche 1848/49, den Entwurf einer Reichsverfassung 1849, das Erfurter Unionsparlament 1850 (dessen Staatenhaus er selbst als badischer Abgesandter kannte), den Fürstenkongress zu Berlin 1850 und die Dresdner Konferenzen 1850/51 umfasste.[81] Angesichts der Revolution von 1848/49 und der folgenden preußisch-österreichischen Reaktion war dies politisch betrachtet ein heikles Unterfangen. Zoepfl sprach das offen an und versprach eine objektive Darstellung des Bundesrechts,[82] welche die Zeitgenossen und spätere Generationen allerdings als Hinwendung zum Konservativismus interpretierten. Justin von Linde, ein konservativer Gesandter am Bundestag und ehemals Zivilprozessualist, machte Zoepfl die Protokolle zu den Dresdner Konferenzen und weitere nicht für die Öffentlichkeit bestimmte Materialien zum Deutschen Bund zugänglich.[83] Ebenso widmete sich Zoepfl der revidierten Geschäftsordnung der Bundesversammlung von 1854. Die Darstellung des Bundesrechts wuchs sich in der Folgeauflage bis zu den Details der Verwaltung der Bundesfestungen aus.[84]

Zoepfls politische Haltung manifestierte sich nicht nur in der großen Linie bei der Integration des Bundesrechts, sondern auch in zahlreichen Details. Für Zoepfl war der Staatsherrscher (Monarch) weiterhin der Souverän und das Volk die Gesamtheit der Untertanen.[85] Der Gewaltenteilung der Aufklärung stellte er ein christlich-germanisches Staatsprinzip gegenüber, das er aus dem Prolog des Sachsenspiegels herauslesen wollte: Ein Fürst sei verpflichtet, „das ihm von der Vorsehung anvertraute Volk so zu regieren, wie er es vor Gott verantworten könne, und dass daher der Fürst die wohlerworbenen Rechte der Einzelnen oder ganzer Klassen der Unterthanen […] zu achten und zu schützen habe“.[86] Zoepfl sah deutlich die theoretische Konsequenz des christlichen Anteils seines

80 Zoepfl, a. a. O., Teil 2, §§ 326–330, S. 335–358.

81 Abschnitt 10: Die Versuche der Umgestaltung des deutschen Staatenbundes in ein Reich (Bundesstaat) und die Wiederherstellung der Bundesverfassung.

82 Zoepfl, a. a. O., Teil 1, S. IX.

83 Schulte (Anm. 7) S. 432 (432).

84 Kritisch dazu Mohl (Anm. 53) S. 354 (380).

85 H. Zoepfl, Grundsätze des allgemeinen und deutschen Staatsrechts, mit besonderer Rücksicht auf die neuesten Zeitverhältnisse, Teil 1, 1855, § 15, S. 24.

86 Zoepfl, a. a. O., Teil 1, § 53, S. 87.

Staatsprinzips, dass Juden in Deutschland weder voll politisch berechtigt noch zum Staatsdienst zugelassen werden könnten. Jedoch fügte er sogleich hinzu, das christlich-germanische Staatsprinzip solle die Judenemanzipation selbstverständlich in der Rechtspraxis nicht behindern.[87]

Beim Bundesrecht erwies sich Zoepfl als eifriger Notar, was ihm erneut den Vorwurf des Konservatismus eintrug. Er listete weitaus ausführlicher als früher die Repressionsinstrumente des Vormärz wie die „Central-Untersuchungs-Commission" auf, enthielt sich aber weiterhin einer Wertung. Dafür legte er die Interventionskompetenz des Bundes in den einzelnen Bundesstaaten weit aus und hob das monarchische Prinzip (Art. 57 Wiener Schlussakte) als Grenze des Landesverfassungs- und einfachen Landesrechts hervor. Zoepfl führte aus: „Hiermit ist das System der Theilung der Gewalten, oder die Einrichtung einer parlamentarischen Verfassung, d. h. einer solchen Art der Repräsentativverfassung, welche den Schwerpunkt der Regierung in die Landstände verlegt, bundesgrundgesetzlich ausgeschlossen, und die ungeschmälerte Erhaltung des monarchischen Prinzips zur bundesmässigen Pflicht erklärt worden."[88] Deshalb schilderte er auch nüchtern die Aufhebung des liberalen badischen Pressegesetzes von 1831 durch die badische Landesregierung auf Druck des Deutschen Bundes als legalen Akt.[89] 1848 hatte er genau diesen Umgang mit der Pressefreiheit noch kritisiert.[90] Es kann daher nicht verwundern, dass Zoepfls Abschnitt mit dem Titel „Kritik der deutschen Bundesverfassung" nur juristisch, aber keinesfalls politisch gemünzt war.[91] Zoepfl nannte offen Probleme wie die Stimmgewichtung, den großen Einfluss Preußens und Österreichs, gelangte aber für den Deutschen Bund – erwartbar – zu einem positiven Fazit. Fast schon zynisch liest sich heute sein Urteil, die Bundesverfassung habe den Untertanen und Landständen bedeutendere Rechte gewährt und größere Garantien eingeräumt als das Verfassungsrecht des Alten Reichs.[92] Dazu passend fiel seine Beurteilung der Paulskirchenverfassung negativ aus. Er bemängelte fehlende Abwehrmechanismen gegen eine Revolution, die aus seiner Sicht mangelnde Einbindung der regierenden Fürstenhäuser, die kleindeutsche Lösung und zuletzt die Reichskompetenz zur Steuererhebung in den Bundesstaaten.[93] Die militärischen Operationen nach der Auflösung des Paulskirchen-

87 Zoepfl, a. a. O., Teil 1, § 53, S. 87 f., insbesondere Fn. 7.

88 Zoepfl, a. a. O., Teil 2, § 334, S. 362.

89 Zoepfl, a. a. O., Teil 1, § 150, S. 336–341.

90 H. Zoepfl, Bundes-Reform, Deutsches Parlament und Bundesgericht: Ein Vorschlag in ernster Zeit, 1848, S. 7.

91 H. Zoepfl, Grundsätze des allgemeinen und deutschen Staatsrechts, mit besonderer Rücksicht auf die neuesten Zeitverhältnisse, Teil 1, 1855, §§ 175–180, S. 399–417.

92 Zoepfl, a. a. O., Teil 1, § 180, S. 417.

parlamentes überging Zoepfl. Die Belagerung der Bundesfestung Rastatt war ihm, dem badischen Professor, kein Wort wert. Dafür kritisierte er das Stuttgarter Rumpfparlament.[94] Einen wesentlich größeren Raum nahmen die Restauration der alten Bundesordnung sowie die Restauration in den einzelnen Bundesstaaten ab 1849 ein.

Die Partien nach dem Bundesrecht weisen dasselbe politische Gepräge auf. Gleich zu Beginn des Landesverfassungsrechts wandte sich Zoepfl dem Privatfürstenrecht zu. Er entzog sich geschickt dem Thema Revolution, indem er darauf hinwies, dass die Befugnis zur Revolution keine rechtliche, sondern eine tatsächliche (gemeint: politische) Frage sei.[95] Gemäß der Prämisse, der Monarch sei der Souverän, sprach Zoepfl von der repräsentativen Monarchie. Ganz Bildungsbürger, stellte Zoepfl für die Repräsentation des Volkes zuletzt die Bedingung auf, es müsse im Volk erst mehr Intelligenz vorhanden sein, als der Staatsdienst Personen aufnehmen könne, bevor an eine solche Repräsentation ernsthaft zu denken sei.[96]

Abschluss – Sammelsurium des Bundesrechts

Die fünfte, nach dem Frankfurter Fürstentag 1863 erschienene Auflage des Staatsrechtslehrbuchs erreichte mit 1765 Seiten den größten Umfang.[97] Zoepfl änderte im Titel die Wendung „allgemeines und deutsches Staatsrecht" in „gemeines deutsches Staatsrecht, mit besonderer Rücksicht auf das allgemeine Staatsrecht", um seine Fokussierung auf das positive Element des Deutschen Staatsrechts stärker zu betonen.[98] Inhaltlich stellt sich die letzte Auflage des Werks als eine behutsame Fortschreibung dar. Zoepfl verschob einige Abschnitte vom zweiten in den ersten Teil (Souveränität, Legitimation in den Einzelstaaten, Privatfürstenrecht und Hoheitsrechte), um das Volumen auszugleichen. Die inhaltlichen Änderungen fielen vergleichsweise gering aus. Zoepfl ergänzte folgende Paragraphen: Bevollmächtigung der Bundestagsgesandten für Viril- und Kuriatstimmen (§ 124a), freie Vereinbarungen der Bundesglieder (§ 145a), Mitteilungen der Motive über Kompetenzerklärungen der

93 Zoepfl, a. a. O., Teil 1, § 186, S. 453.

94 Zoepfl, a. a. O., Teil 1, § 189, S. 462.

95 Zoepfl, a. a. O., Teil 2, § 280, S. 201.

96 Zoepfl, a. a. O., Teil 2, § 344, S. 390.

97 H. Zoepfl, Grundsätze des gemeinen deutschen Staatsrechts, mit besonderer Rücksicht auf das allgemeine Staatsrecht und die neuesten Zeitverhältnisse, zwei Teile, 1863.

98 Zoepfl, a. a. O., Teil 1, S. VI.

Bundesversammlung an die Beteiligten (§ 152a), Bundesgrundgesetzliche Zusicherung von Abhilfe im Fall der Justizverweigerung (§ 156a), Bundesbeschluss über Rechtshilfe in bürgerlichen Rechtsstreitigkeiten (§ 156b), Zulässigkeit eines Gerichtsverfahrens über bestrittene Forderungen von Privatpersonen gegen den Deutschen Bund (§ 157a), Bundesversammlung als Bundesausträgalinstanz und das Austrägalgericht (§ 159a), Entscheidungsrecht der Bundesversammlung über die Qualifikation eines Falls zur austrägalgerichtlichen Entscheidung (§ 160a), angeblicher Einfluss der Auflösung des Heiligen Römischen Reiches auf die Lehre vom Missheiraten (§ 225a), Anfang der Regentschaft (§ 242a), Entsetzung des Souveräns und Ausschluss des Erbprinzen wegen Unfähigkeit (§ 279a), Rechtsverhältnis des Taxis'schen Reichspostlehens vom Lunéviller Frieden bis zur Auflösung des Rheinbundes (§ 303a), Postrecht des Hauses Thurn und Taxis nach der Bundesakte (§ 303b), Befugnis der Bundesversammlung zur Einmischung in Verfassungsstreitigkeiten aus der Garantie der landständischen Verfassungen (§ 337a), Anwendbarkeit der Wiener Schlussakte auf die Verfassungen der freien Städte (§ 337b), Bundesgesetzentwurf über die in den Bundesstaaten in bürgerlichen Rechtsstreitigkeiten zu gewährende Rechtshilfe (§ 446a), vorbereitende Schritte zur gemeinschaftlichen Zivil- und Kriminalgesetzgebung (§ 446b), Fortbildung und Ergänzung der ADWO von 1848 (§ 446c), Abfassung des ADHGB (§ 446d), bevorstehender Bundesbeschluss über Aufhebung öffentlicher Spielbanken (§ 477a), Verhandlungen über allgemeine Normen über Heimatverhältnisse (§ 477b), württembergischer Antrag auf gemeinsame Pharmakopöe und eines einheitlichen Medizinalgewichts (§ 477c), gemeinsame Gesetzgebung in der Handelspolitik, insbesondere für gleiche Maße und Gewichte sowie auf dem Gebiet der Patentgesetzgebung (§§ 479a–479c), Förderung von Handel und Verkehr abseits des Deutschen Bundes durch Zollverein, Münzvertrag der Zollvereinsstaaten, deutsch-österreichischen Postverein und deutsch-österreichischen Telegraphenverein (§§ 479d–479g), einzelne Beschlüsse über die Bundesfestungen (§§ 510a–510m), Bundesbeschlüsse in anderen militärischen Angelegenheiten (§§ 510n, 510o) und zuletzt Erlöschung und Aufhebung der Regalität (§ 543a).

Betrachtet man die Ergänzungen im Detail, wird schnell offenbar, dass sie ganz überwiegend den Fortschritten des Bundesrechts geschuldet waren. Immerhin besprach Zoepfl jetzt ausdrücklich die Grundrechte unter dem zeitgenössischen Begriff der Volksrechte. Ebenso ging er erstmals ausführlich auf die Grundrechte der Paulskirchenverfassung ein, da sie Eingang in die Reformen der Landesverfassungen gefunden hätten.[99] Zoepfl wies im Detail nach,

99 H. Zoepfl, Grundsätze des gemeinen deutschen Staatsrechts, mit besonderer Rücksicht auf das allgemeine Staatsrecht und auf die neusten Zeitverhältnisse, Teil 2, 1863, § 291, S. 223.

inwiefern die Bundesstaaten in ihren Verfassungen Normen enthielten, welche den einzelnen Grundrechten der Paulskirchenverfassung ähnelten.

IV. Privatfürstenrecht – Monographie „Mißheiraten"

Das letzte Hauptwerk in der Reihe ist die 1853 erschienene Monographie „Ueber Mißheirathen in den deutschen regierenden Fürstenhäusern überhaupt und in dem Oldenburgischen Gesammthause insbesondere". Sie untersucht die Existenz der sog. Missheirat als Rechtsinstitut am Schnittpunkt von Privatfürstenrecht, Personen-, Familien- und Erbrecht. Dahinter verbarg sich das soziale Problem einer Ehe zwischen Partnern, die verschiedenen Gesellschaftsschichten angehörten, eine sog. Mesalliance oder standesungleiche Ehe. Das Institut der Missheirat verbot solche standesungleichen Ehen nicht, diskriminierte aber familien- und erbrechtlich insbesondere die Abkömmlinge aus diesen Ehen. Weder erbten die Abkömmlinge vom standeshöheren Ehegatten, noch nahmen sie seinen Rang ein. Im Bereich des Privatfürstenrechts verhinderte die Missheirat die Thronfolge der Abkömmlinge aus einer Ehe zwischen dem hohen und dem niederen Adel. Die Missheirat stellte sich daher als politisch sehr brisantes Problem dar. Die morganatische Ehe sollte das rechtliche Vehikel sein, um die Schlechterstellung solcher Abkömmlinge durchzusetzen. Zoepfl publizierte zu diesem Problemkreis weitere Schriften.

Zoepfl verfolgte mit seiner Monographie „Ueber Mißheiraten" zwei Ziele. Erstens wollte er sich als vielgefragter Experte des Privatfürstenrechts für neue Auftragsgutachten empfehlen. Die Monographie selbst entsprang allerdings wohl keinem Auftrag. Vielmehr wollte Zoepfl nach eigenen Angaben aus der neutralen Position des Wissenschaftlers heraus die damals politisch höchst brisante Frage beantworten, ob die Linien Augustenburg und Glücksburg zur dänischen Thronfolge berechtigt seien, obwohl man ihnen für die Vergangenheit eine Missheirat vorwarf.

Zweitens wollte Zoepfl mit Johann Stephan Pütter abrechnen, einem der bedeutendsten Germanisten und Staatsrechtslehrer des 18. Jahrhunderts. Pütter hatte zur Missheirat eine gewichtige Monographie vorgelegt.[100] Während Zoepfl das Rechtsinstitut der Missheirat als gemeinrechtlichen, verbindlichen Rechtssatz des Privatfürstenrechts ablehnte, hatte es in Pütter einen seiner entschiedensten Verfechter gefunden. Zoepfl fuhr als Rechtshistoriker schwere Geschütze gegen Pütter auf. Schlüsselstelle war der Vorwurf, Pütter habe „Nebelbilder eines Uradels in den Urwäldern Germaniens mit einer Mißheirathslehre im Gefolge" entworfen.[101] An anderer Stelle lesen wir bei Zoepfl,

100 J. St. Pütter, Ueber Missheirathen teutscher Fürsten und Grafen, 1796.

Pütter habe „aus einem willkürlich und geschichtswidrig in die Urzeiten Deutschlands hineingetragenen Principe willkürliche Schlüsse gezogen und für historisches Recht ausgegeben".[102] Zuletzt warf Zoepfl seinem nicht mehr lebenden Kontrahenten vor, dieser habe ein „dialektisches Spiel mit selbstgeschaffenen Begriffen" betrieben, anstatt sich um eine historische Begründung zu bemühen.[103] Zoepfls Kritik an Pütter hatte – wohl nicht ungewollt – einen größeren Kollateralschaden zur Folge. Sie traf mit den germanischen Urwäldern nicht nur die älteren Germanisten des 18. Jahrhunderts, sondern auch viele Germanisten der ersten Hälfte des 19. Jahrhunderts (darunter Mittermaier und Karl August Rogge).[104] Ob Zoepfl mit dieser Kritik nicht nur aus methodischer Sicht eine veraltete Lehrmeinung angreifen, sondern auch die germanistische Forderung im Vormärz nach mehr demokratischer Partizipation torpedieren wollte, lässt sich nicht beantworten.

Ein abschließender Blick auf Zoepfls Argumentationsgang ist durchaus lohnend. Zoepfl wollte die Missheirat ebenfalls historisch, aber mit besseren Methoden untersuchen. Er verlegte die Anfänge des Rechtsinstituts nach Reichsitalien sowie in den Schwabenspiegel, von dem er annahm, er enthalte rund ein Drittel römisch-kanonisches Recht. Damit war Zoepfls Konzilianz gegenüber der Missheirat erschöpft. Er wollte nachweisen, dass sich das gemeine römische Recht der Frühen Neuzeit gegen dieses Rechtsinstitut gesperrt habe. Auch habe es seit dem 17. Jahrhundert nicht den Rang eines gemeinen Herkommens im Privatfürstenrecht erlangt, da keine historischen Beispiele auffindbar seien. Ebenso sprächen das kaiserliche Recht zur Standeserhöhung sowie die Wahlkapitulation Karls VII. aus dem Jahr 1742 dagegen. Zoepfls Fazit lautete, die Standesungleichheit müsse vom Familien- und Erbrecht scharf getrennt werden. Eine sozial nicht standesgemäße Ehe sei keinesfalls *de iure* eine Missheirat. Unstreitig beziehe sich das Institut der Missheirat nicht auf Verbindungen zwischen dem niederen Adel und Bürgern. Es sei daher inkonsequent, zwischen Hochadel und niederem Adel eine zusätzliche Schranke aufzubauen.

Zoepfl vertrat mit seiner Ablehnung der Missheirat im 19. Jahrhundert zusammen mit Klüber und Mittermaier eine – wie man heute zu sagen pflegt – Mindermeinung. Die Mehrheitsmeinung, zu der Koryphäen wie Georg Beseler, Eichhorn, Carl Friedrich von Gerber und Otto von Gierke sowie Romeo Maurenbrecher und Phillips zählten, sprach sich für die Missheirat als Institut des

101 H. Zoepfl, Ueber Mißheirathen in den deutschen regierenden Fürstenhäusern überhaupt und in dem Oldenburgischen Gesammthause insbesondere, 1853, S. 2.

102 Zoepfl, a. a. O., S. 32.

103 Zoepfl, a. a. O., S. 90.

104 Siehe Schäfer (Anm. 4) S. 606 f., m. w. N.

geltenden Privatfürstenrechts aus.[105] In der Gesamtschau zeichnet sich Zoepfls Monographie durch eine gut durchdachte und detaillierte Beweisführung aus. Er nahm hier die Methode der modernen Rechtsgeschichte vorweg, welche die Gefahr anachronistischer Begriffsbildungen betont und gegenüber einer vom Mittelalter bis zur Gegenwart reichenden Entwicklungsgeschichte deutliche Vorbehalte äußert. Zugleich ist Zoepfls Schrift ein Beispiel für die rege Gutachtertätigkeit der Rechtshistoriker im 19. Jahrhundert auf dem Gebiet des Privatfürstenrechts.

105 Im Detail Willoweit (Anm. 101) S. 154–170, mit umfangreichen Nachweisen.

Michael Stolleis

Das aufgeregte Jahr 1832

Die lange Reihe der Gutachten von Heinrich Zoepfl begann 1829, als er 22 Jahre alt war, mit einer Stellungnahme zu einem Untersuchungsverfahren in Hessen-Darmstadt. Schon ein Jahr später wurde er als Privatdozent von den braunschweigischen Landständen gebeten, sich zu den Wirren um die chaotische Regierungsweise von Herzog Karl II. (1804–1873)[1] und dessen Entmachtung zu äußern. Zoepfl gründete in dieser Zeit auch ein eigenes Publikationsorgan, den „Microcosmus: eine polemische Zeitschrift für Staatskunst und Staatsrechts-Wissenschaft", das ab 1832 in Heidelberg gedruckt wurde. Dort erschien die braunschweigische Stellungnahme in Heft 1. Im folgenden Heft wandte er sich Heidelberger Universitätsstreitigkeiten zu.[2] Insgesamt war sein damaliger Ton liberal. Er war etwa gleichaltrig mit den ihn umgebenden national und liberal gesinnten Heidelberger Burschenschaftern. 1848 steigerte sich das noch, als er mit schwarz-rot-goldener Schärpe auf dem Katheder erschien. Danach wandelte er sich aber zum Konservativen, was die überkommenen Rechte des Adels angeht. Stets hat man seinen enormen Fleiß und seine vielen Kenntnisse anerkannt, ihm aber auch den Mangel eines festen politischen Standpunkts vorgeworfen. Nach 1850 ist er jedenfalls der in Deutschland führende Gutachter für alle auf den Adel bezogenen Streitigkeiten, v. a. auf Anfragen des „Vereins der Deutschen Standesherren".[3] Später erwarben eine vergleichbare Reputation auf diesem Gebiet Hermann Schulze (Die Hausgesetze der deutschen Fürstenhäu-

1 P. Zimmermann, ADB 15 (1882) 281–285; W. Deeters, NDB 11 (1977) 266. Hierzu in diesem Band D. Mußgnug.

2 Ueber akademische Gerichtsbarkeit und Studenten-Vereine. Mit Rücksicht auf den in der zweiten Kammer der Badischen Landstände vom Abgeordneten Rettig ... erstatteten Bericht über eine Petition mehrerer Hochschüler zu Heidelberg, Heidelberg 1832. Es handelte sich um den langjährigen badischen Abgeordneten Friedrich Chr. Rettig (1781–1859).

3 Eine freimütige Beurteilung bei R. v. Mohl, Lebenserinnerungen, Bd. 1, Stuttgart und Leipzig 1902, 231 f. Siehe dazu H. Zoepfl, Über Hohen Adel und Ebenbürtigkeit nach dem deutschen Reichsstaatsrecht und dem deutschen Bundesrecht überhaupt und mit Rücksicht auf den gräflich Bentinck'schen Rechtsstreit insbesondere, Stuttgart 1853;

ser, 3 Bde., 1862, 1878, 1883) und Hermann Rehm (Modernes Fürstenrecht, 1904),[4] ohne aber wie Zoepfl permanent Gutachten zu liefern. Die Gesamtzahl der Auseinandersetzungen um Apanagen, Lehngüter und Fideikommisse, „Mißheiraten“, Standeserhöhungen oder Nobilitierungen bürgerlich geborener Kinder nahm wohl nach der Reichsgründung auch ab.

In die früheste Phase von Zoepfls beratender Tätigkeit fällt das Gutachten zugunsten des stud. iur. Heinrich Kaehler, von dem hier die Rede sein soll. Hinrich/Heinrich Kaehler war der 1804 geborene Sohn eines Glasermeisters Anton Kaehler aus Itzehoe. Als sein Vater verstorben war, heiratete seine Mutter, Cäcilia Wichand aus Wilster, 1815 Johann Schnell, einen Advokaten am holsteinischen Obergericht in Glückstadt.[5] Sein älterer Bruder Johann Kaehler (1802–1845) folgte nach seinem Jurastudium diesem Stiefvater und wurde ebenfalls Obergerichtsadvokat.[6] Als er mit 43 Jahren in Itzehoe starb, lag wohl ein bürgerliches Leben hinter ihm.

Dagegen verlief das Leben des jüngeren Bruders Heinrich abenteuerlich. Zunächst wurde dieser im Oktober 1823 in Kiel als *studiosus iuris* immatrikuliert.[7] Bald war er wohl auch Mitglied der 1817 gegründeten Burschenschaft Teutonia zu Kiel,[8] die dem Vorbild der 1815 in Jena gegründeten „Ur-Burschenschaft“ folgte. Bestimmend war hierbei, wie Ernst Rudolf Huber schrieb, „eine gemeinsame Grundhaltung… ein aus religiöser Schwärmerei, ethischem Doktrinarismus, altdeutscher Romantik, Haß gegen äußere und innere Tyrannei, Liebe zur Einheit und Größe des Vaterlands und unbändigem Freiheitsdrang

ders., Über Mißheiraten in den deutschen regierenden Fürstenhäusern überhaupt und in dem Oldenburgischen Gesammthause insbesondere, Stuttgart 1853; ders., Die neuesten Angriffe auf die staatsrechtliche Stellung der Standesherren, Karlsruhe 1867.

4 D. Gottwald, Fürstenrecht und Staatsrecht im 19. Jahrhundert. Eine wissenschaftsgeschichtliche Studie, Frankfurt 2009.

5 Für freundliche Auskunft danke ich dem Kirchenkreisarchiv Rantzau-Münsterdorf in Wrist.

6 Das holsteinische Obergericht in Glückstadt residierte ab 1806 im dortigen Wasmer-Palais. Präsident des Obergerichts war der Kanzler des Herzogtums, Graf Cay Lorenz von Brockdorff. Ab 1816 war das Gericht auch für Lauenburg zuständig. Es bestand bis 1867.

7 F. Gundlach (Hrsg.), Das Album der Christian-Albrechts-Universität zu Kiel 1665–1865, Kiel 1915, Nr. 8715 (Album novitiorum 1665–1837).

8 H. Dvorak, Biographisches Lexikon der Deutschen Burschenschaft, Bd. I, Teil 3: I–L, Heidelberg 1999, 48 nennt irrtümlich Iserlohn (statt Itzehoe) und kennt auch den Studienbeginn in Kiel nicht.

gemischter Komplex von Empfindungen, Leitgedanken und Willensantrieben".[9] Das schloss gelegentliche Gewalttätigkeiten, Duelle, Mensuren und andere Elemente des traditionellen „Pennalismus" keineswegs aus. Heinrich Kaehler verkörperte dieses studentische Milieu, und er war offenbar jemand, der Auseinandersetzungen nicht aus dem Weg ging.

Denn am Sonnabend, dem 1. September 1827, erschien in der „Staats und gelehrte Zeitung des hamburgischen unpartheyischen Correspondenten" folgender

Steckbrief

In der Nacht vom 12ten auf den 13ten d. M. hat der studiosus juris Heinrich Kaehler, gebürtig aus Itzehoe, welcher wegen eines mit einem geladenen Terzerol auf einen seiner Commilitonen gemachten Angriffs sich in Untersuchung befand, Gelegenheit gefunden, seiner Haft durch Aufbrechen der Gefängnisthür und Aussteigen aus dem Dache zu entkommen.
Da dem academischen Consistorio an der Habhaftwerdung des Entwichenen behuf der Abbüßung der ihm bevorstehenden Strafe sehr gelegen ist, so werden sämmtliche Behörden *in subsidium juris et sub oblatione ad reciproca* ersucht, auf den Entwichenen zu vigiliren und im Betretungsfalle ihn arretiren zu lassen, worauf, nach geschehener Anzeige, dessen Abholung unter Erstattung der Kosten sofort von hier aus verfügt werden wird. Kiel, im akademischen Consistorio, den 14ten Nov. 1827

Brinkmann, Dr. u. Rektor, Wittrock, Synd(icus)
Signalement

Der entwichene Studiosus juris Heinrich Kähler ist 24 Jahr alt, etwa 6 Fuß groß, von breiten Schultern, mit braunem schlichten Haar, hellen blauen Augen, starker gerader Nase, breitem Kinn, und besonders an mehrern starken von Hiebwunden herrührenden Narben im Gesicht kenntlich. Er trug schwarze tuchene Kleidung und war zugleich mit einem großen Mantel von dunkelblauem Tuche, am Kragen mit Rauchwerk gefüttert, versehen.

Nach seiner Flucht aus dem Kieler Universitätsgefängnis wechselte Kaehler nach Basel, wo er sich noch im November 1829 in der medizinischen Fakultät einschreiben ließ.[10] Die Immatrikulationsgebühr wurde ihm erlassen. Auch als

9 E. R. Huber, Deutsche Verfassungsgeschichte seit 1789, Bd. 1, 1957, 708 ff. (711); zu den patriotischen und antifranzösischen Anfängen der Burschenschaften in Heidelberg B.-R. Kern, Die Burschenschaft als geistige und politische Kraft, in: F. Strack (Hrsg.), Heidelberg im säkularen Umbruch. Traditionsbewusstsein und Kulturpolitik um 1800, Stuttgart 1987, 61–82.

10 Matrikel der medizinischen Fakultät 1712–1839, Sign. AN II 22, Universitätsarchiv Basel. Freundliche Mitteilungen von Dr. Ulrich Dill, Universitätsarchiv Basel sowie von Dr. Hermann Wichers, Staatsarchiv Basel-Stadt.

Antragsteller im dortigen Verzeichnis der Studierenden, die ein Stipendium und Freitische bekamen, taucht er auf. Im Dezember 1830 wechselte er wieder, dieses Mal nach Heidelberg, und blieb bei „stud. med“.[11] Auch die übrigen Angaben bestätigen seine Identität: 26 Jahre, lutherischer Konfession, gebürtig aus Itzehoe, die Mutter „verheiratet an Obergerichtsadvokat Schnell, Itzehoe“.[12] Ob Kaehler in Heidelberg wieder vom Medizin- zum Jurastudium wechselte, wissen wir nicht. In den späteren Prozessakten wird er stud. iur. genannt. Jedenfalls war er sofort wieder politisch aktiv, und zwar in der Burschenschaft Alte Franconia-Heidelberg sowie im Kontakt zur „radikalen“ Presse.

Die Presse war im Gefolge der Pariser Julirevolution von 1830 gerade in Baden in heftige Bewegung geraten. 1830 kam dort Großherzog Leopold (1790–1852) auf den Thron. In der Zweiten Kammer plädierte Carl Theodor Welcker am 18. März 1831 für Pressefreiheit[13] und setzte sich auch durch, so dass am Ende ein vergleichsweise sehr liberales „Gesetz über die Polizei der Presse und über die Bestrafungen der Preßvergehen“ am 28. Dezember 1831 beschlossen wurde.[14] Vor allem die Zensur, aber auch die notwendige amtliche Genehmigung, der Privilegierungszwang, waren mit Wirkung vom 1. März 1832 abgeschafft. Sofort erschienen zahlreiche Blätter[15] von der Art des „Westboten“ von Philipp Jakob Siebenpfeiffer oder der „Deutschen Tribüne“ von Johann Georg August Wirth. Umgehend wurde am 29. Januar 1832 auch der „Deutsche Vaterlandsverein zur Unterstützung der Freien Presse“ gegründet. Das Land war in „Gärung“. Der Deutsche Bund war entsprechend alarmiert, v. a. die Regierun-

11 G. Toepke, Die Matrikel der Universität Heidelberg, 5. Teil, von 1807–1846, Heidelberg 1904, 1830, Nr. 574.

12 Auch diese Angabe lässt sich bestätigen. Heinrich Kaehlers Mutter Cäcilia, geb. Wichand, verwitwete Kähler, heiratete am 21. Juli 1815 in Itzehoe den Obergerichtsadvokaten Johann Schnell, mit dem sie keine Kinder mehr hatte. Der Bruder Johann Kähler und der Stiefvater Johann Schnell waren als Advokaten am holsteinischen Obergericht in Glückstadt zugelassen.

13 C. Th. Welcker, Die ganze und vollkommene Preßfreiheit, nach ihrer sittlichen, rechtlichen und politischen Nothwendigkeit, und ihrer Uebereinstimmung mit deutschem Fürstenwort und nach ihrer völligen Zeitgemäßheit dargestellt in ehrerbietiger Petition an die Hohe deutsche Bundesversammlung, Freiburg 1830.

14 Bad RegBl 1832, 29. – Zur Lage in Baden grundlegend B. Wunder, Die badische Beamtenschaft zwischen Rheinbund und Reichsgründung (1806–1871), Stuttgart 1998.

15 M. M. Arnold, Pressefreiheit und Zensur im Baden des Vormärz. Im Spannungsfeld zwischen Bundestreue und Liberalismus, Berlin 2003, 111 ff., 227 ff., 252 zum „Wächter am Rhein“.

gen in Wien und Berlin drängten auf Unterdrückung. Nun begannen die so genannten Demagogenverfolgungen.[16]

In Mannheim nutzte ab 1. April 1832 der Student der Kameralwissenschaften Franz Stromeyer (1808–1847) seine Chance.[17] Er war 27 Jahre alt, Heidelberger Burschenschafter, und ließ nun täglich „Der Wächter am Rhein. Ein deutsches Volksblatt“ erscheinen.[18] Dabei stand er offenbar in engem Kontakt mit Siebenpfeiffer, der seinerseits gerade Publikationsverbot hatte und mitten in den Vorbereitungen für das Hambacher Fest steckte. Der „Wächter am Rhein“ brachte ab April immer neue scharfe Angriffe gegen Regierung, Despotismus, Zwingherrschaft und Willkür. Da Stromeyer das für einen Herausgeber nötige Mindestalter von 30 Jahren noch nicht erreicht hatte, benutzte er den unbekannten „Bürger und Ackersmann“ Franz Schlund als Strohmann. Die Regierung zweifelte an dessen intellektuellen Fähigkeiten und forderte den Direktor des Mannheimer Lyceums auf, den Geisteszustand Schlunds zu untersuchen, was dieser aber verweigerte. Auch der Stadtrat drückte sich um das von der Regierung verlangte Zeugnis mit der Auskunft, über Schlund sei nichts „notorisch“. Ungeachtet dessen wurden Stromeyer und Schlund vom Hofgericht Mannheim wegen Preßvergehens durch Ehrenkränkung und Schmähung in Nr. 3 des „Wächters am Rhein“ der großherzoglichen Regierung verurteilt, und zwar Stromeyer zu zwei Monaten, Schlund zu drei Wochen Gefängnis. Beide legten Berufung ein. Stromeyer beantragte einen Reisepass. Das wurde abgelehnt und er unter Hausarrest gestellt. Das Oberhofgericht Mannheim bestätigte am 7. September 1832 das Urteil.[19] Stromeyer und Schlund waren freilich verschwunden. Sie wurden durch Verfügung des Großherzoglich-Badischen

16 W. Siemann, Deutschlands Ruhe, Sicherheit und Ordnung. Die Anfänge der politischen Polizei 1806–1866, Tübingen 1985; M. Botzenhart, Reform, Restauration, Krise. Deutschland 1789–1847, Frankfurt 1985, 110 ff., 118–125; J. J. Nolte, Demagogen und Denunzianten, Berlin 2007.

17 NDB 16 (1990) 380. Die Geburts- und Sterbedaten werden nicht einheitlich angegeben, auch die Schreibweisen des Familiennamens variieren.

18 Nicht zu verwechseln mit „Der Wächter am Rhein: Ein Blatt zur Besprechung der öffentlichen Angelegenheiten“, Köln 1848, redigiert und verlegt von Carl Cramer, Köln in Deutschland.

19 Karlsruher Zeitung v. 7. September 1832, und ihr folgend Allg. Zeitung München 1832, 7–9, S. 748; ebenso der Bayer. Landbote Nr. 257 München v. 13. September 1832, 1403. In letzterem heißt es: „Mannheim. 7. Sept. Das Oberhofgericht hat in seiner geheimen Plenarsitzung von heute das gegen den Redacteur des Wächters am Rhein, Franz Schlund, und gegen Franz Stromeyer vom Hofgerichte ausgesprochene Strafurtheil von drei Wochen und zwei Monaten bestätigt. Es wurde auf die Akten erkannt, da weder einer der Angeklagten, noch ihr Vertheidiger, Hofrath Gerbel, bei Gericht erschienen waren, indem sie gegen den Ausschluß des Publikums von den Verhandlungen protestirten. Auch hat das Oberhofgericht ausgesprochen, daß gewöhnliche Injurien, die nicht

Hofgerichts im Dezember 1832 vergeblich aufgefordert, vor Gericht zu erscheinen, wie die Karlsruher Zeitung mehrmals meldete. Stromeyer ging über Straßburg in die Schweiz, wo er aber 1836 ausgewiesen wurde. Daraufhin hielt er sich wieder in Straßburg, Paris und London auf, verfasste utopische Schriften und lieferte am Ende sogar Berichte für die Geheimpolizei Metternichs.[20]

Von Mai bis Juli 1832 überstürzten sich die Ereignisse. Schon seit der Pariser Julirevolution von 1830 war die Heidelberger Burschenschaft in Aufruhr gewesen; eine studentische Petition an den badischen Großherzog vom 19. Mai 1831 war in der Zweiten Badischen Kammer debattiert und an die Regierung in Karlsruhe weitergeleitet worden. Am 27. Juli 1831 hatten die Studenten unter Führung des Burschenschafters Karl Heinrich Brüggemann (1810–1887) einen von der Universität genehmigten Ausflug nach (Bad) Dürkheim gemacht, um den Jahrestag der Julirevolution zu feiern. Wegen seiner dort gehaltenen mitreißenden Rede wurde Brüggemann als Redner zum Hambacher Fest eingeladen, jenem nun nationalen Ereignis, auf das sich alle Aufmerksamkeit, aber auch alle Aufregung wegen der Behinderungsversuche der bayerischen Regierung konzentrierte (Abbildung 1).

Die Köpfe des Hambacher Fests waren die bereits erwähnten Juristen und Autoren Johann Georg August Wirth (1798–1848) und Philipp Jakob Siebenpfeiffer (1789–1845). Auf die öffentliche Einladung auf den Sonntag, 27. Mai, ein Fest „für Erstrebung gesetzlicher Freiheit und deutscher Nationalwürde" zu feiern, reagierte das bayerische Regierungscollegium in Speyer am 8. Mai mit einem Versammlungs- und Aufenthaltsverbot. Es machte den verantwortlichen Freiherrn von Andrian-Werburg zu einer im Volk verhassten Figur.[21] Der Stadtrat von Neustadt protestierte gegen das Verbot, ebenso die Städte Frankenthal, Speyer, Kaiserslautern, Landau und Zweibrücken, schließlich sogar der von der Regierung berufene „Landrath der Provinz Rheinbaiern", der dann am 27. Mai auch vollzählig im Zug mitmarschierte. Der Regierungspräsident Andrian-Werburg nahm das Versammlungs- und Aufenthaltsverbot zwar halb zurück, konnte sich aber auch damit nicht durchsetzen. Die Teilnehmer des Festzugs

durch die Presse begangen werden, wie Civilprozesse, also mündlich und öffentlich in der Appellationsinstanz behandelt werden sollen. Franz Stromeyer ist hier für den Augenblick abwesend".

20 A. Gerlach, Deutsche Literatur im Schweizer Exil, Frankfurt 1975, 38 f.; H. Dvorak, Biographisches Lexikon der Deutschen Burschenschaft, Nd. I, Teilbd. 5, Heidelberg 2002, 552 f.

21 Ferdinand Frhr. v. Andrian-Werburg (1776–1851), nachdem er Regierungspräsident des bayerischen Rheinkreises gewesen war, wurde er 1832 Generalkommissar des Obermainkreises, 1837 Regierungspräsident von Unterfranken und Oberfranken, 1840 von Mittelfranken in Ansbach, wo er, seit 1848 im Ruhestand, auch verstarb.

Abbildung 1. Zug zur Burgruine Hambach, 27. Mai 1832.

kamen nun aus allen deutschen Territorien, v. a. Süd- und Westdeutschlands,[22] jedoch kaum aus Preußen, wie eine Adresse der Deutschen des Niederrheins auch lebhaft beklagte und auf Zensur und polizeiliche Unterdrückung hinwies.

Allein aus Heidelberg kamen schon am 25. Mai etwa 300 Studenten auf Leiterwagen, durchbrachen die Polizeikordons an der Mannheimer Brücke und fuhren nach Neustadt an der Haardt.[23] Die Begeisterung war groß. Man traf sich am Vorabend in Gaststätten und „auf dem Schießhause", die Glocken läuteten und auf den Bergen wurden Freudenfeuer entzündet. Man ordnete sich, bestimmte den Ablauf, diskutierte aber selbstverständlich auch über die Ziele, die über das Fest hinausreichten, also die deutsche Einigung, die Befestigung des Rechtsstaats, die künftige Regierungsform und die Mittel und Wege hierzu.

Den Spitzelberichten an den Bundestag ist zu entnehmen, dass der Heidelberger Jurastudent Heinrich Kaehler bei einer Zusammenkunft im Gasthaus

22 J. G. A. Wirth, Das Nationalfest der Deutschen zu Hambach, Neustadt a. H. 1832.

23 K.-P. Schroeder, „Tod den Scholaren!". Studentische Kriege, Revolten, Exzesse und Krawalle an der Heidelberger Universität von den Anfängen bis zum Ausgang des 20. Jahrhunderts, Heidelberg 2016, 114 ff.

Zum Schiff in Neustadt a. d. Haardt am 26. Mai die Frage aufwarf, „ob man wieder schwatzen wolle, oder ob man nicht gekommen sey, loszuschlagen?" Darüber wurde förmlich abgestimmt, die Mehrheit war gegen Losschlagen.[24] Das war für Kaehler eine Enttäuschung, vielleicht auch für andere aus der Gruppe der Heidelberger; denn einer von ihnen schrieb drei Wochen nach dem Hambacher Fest an den jungen Juristen Max Heinrich Rüder (1808–1880)[25] nach Eutin: „Wie wir nach Hambach zogen, trugen die meisten von uns den festen Glauben in sich, jetzt ihr Leben für die heilige Sache des Vaterlands aufopfern zu müssen".[26]

Nach dem Ende des Hambacher Fests kehrte Kaehler nach Heidelberg zurück und wirkte weiter als Mitarbeiter der Redaktion der radikalen Zeitung „Wächter am Rhein". Er war nun 28 Jahre alt und stand im 18. Semester. Ein Examen hatte er bisher nicht abgelegt und wohl auch das Jurastudium faktisch aufgegeben, zumal in aufregenden Zeiten. Gerade die Mitarbeit an der Zeitung brachte neues Ungemach für ihn, nämlich ein Verfahren wegen Hochverrats. Der Vorwurf beruhte auf Kaehlers Mitarbeit in der Redaktion dieser Zeitung. Sie erschien ab 1. April 1832 und endete mit Nr. 115 vom 26. Juli 1832, weil sie vom Bundestag in allen deutschen Staaten verboten wurde. Stromeyer und Schlund erhielten Berufsverbot für fünf Jahre. Für die Nummern 95 bis 103 war Kaehler vertretungsweise verantwortlich. In der Nummer 101 (Juli 1832) erschien nun ein anonymer Artikel „Deutschland", der ihm zugerechnet wurde, weil ein Vermerk auf dem beschlagnahmten Manuskript auf ihn hinwies; ob als Autor oder als Verantwortlichen für den Inhalt des Artikels, blieb umstritten. In der Redaktion war man sich offenbar im Klaren, dass es ein gefährlicher Artikel sei, denn der erwähnte Franz Schlund brachte die Druckausgabe am 11. Juli 1832 erst einmal zur Polizei, um sich zu vergewissern, dass nichts gegen diese

24 Protokolle der deutschen Bundesversammlung vom Jahre 1839, Frankfurt 1839, 813, 21. Sitzung v. 16. September 1839, Beilage 6 zu § 282.

25 Siehe H. Dvorak, Biographisches Lexikon der Deutschen Burschenschaft, dort Teilbd. 5, Heidelberg 2002, 133–135 zu Max Heinrich Rüder (1808–1880). Dieser hatte 1827–31 in Jena Jura studiert und war radikaler Jenenser Burschenschafter. 1832 lebte er in Eutin, wurde 1834 verhaftet, wegen Hochverrats angeklagt und zu einem Jahr Festungshaft verurteilt, die aber als verbüßt galt. Er durfte dann seine Ausbildung beenden, wurde Advokat in Oldenburg, 1848 Mitglied der Paulskirche, Mitglied der Kaiserdelegation, 1850 Mitglied des Erfurter Unionsparlamentes, um schließlich, immer konservativer werdend, 1857–79 als oldenburgischer Oberstaatsanwalt zu amtieren.

26 Darlegung der Haupt-Resultate aus den wegen der revolutionären Complotte der neueren Zeit in Deutschland geführten Untersuchungen. Auf den Zeitabschnitt mit Ende Juli 1838 von Friedrich Moritz Wagemann, Frankfurt 1838 (Bundes-Präsidial-Druckerei bei Benjamin Krebs), 23.

Nummer einzuwenden sei. Der Polizist las sie, äußerte sich aber nicht. Am Abend des 11. Juli erfolgte dann die Beschlagnahme.

Gegenstand des Artikels war zunächst der erste „Bundesbeschluß über die Maßregeln zur Aufrechterhaltung der gesetzlichen Ordnung und Ruhe in Deutschland“ vom 28. Juni 1832,[27] der die Bundesstaaten noch einmal energisch auf das „monarchische Prinzip“ (Art. 57 Wiener Schlussakte) festlegte, den Monarchen gegenüber den Ständeversammlungen den Rücken stärkte, v. a. bei Steuerverweigerungen, und eine Kommission zur Beobachtung der politischen Unruhen einrichtete. Noch einschneidender für die aufgeregte Öffentlichkeit war aber der zweite Bundesbeschluss vom 5. Juli 1832.[28] Er machte die Zensur wieder verbindlich, verbot politische Vereine und forderte das Folgende „unnachsichtlich zu bestrafen“: Volksversammlungen, Volksfeste, Tragen von Abzeichen („Cocarden“), das Hissen von Flaggen und Fahnen, das Errichten von Freiheitsbäumen. Alle einschlägig tätigen Individuen, so hieß es, seien gegenseitig auszuliefern, und die Bundesstaaten sollten sich militärisch unterstützen. Demzufolge wurde auch das freiheitliche badische Pressegesetz schon im Juli 1832 wieder aufgehoben. Für Pressevergehen wurde die Gerichtsöffentlichkeit aufgehoben.

Das war Öl ins Feuer gegossen. Der inkriminierte Artikel „Deutschland“ schäumte verbal über und empfahl recht deutlich gewaltsamen Widerstand. In dem Exemplar, das sich in den Strafakten findet,[29] sind die folgenden Sätze rot angestrichen: „Alle Anatomen sind der Meinung, daß die Brust eines meineidigen Fürsten sich gar leicht durchbohren läßt. – Die Brustknochen, die Rippen, die Muskeln derselben sind eben so beschaffen wie die anderer Menschen“. Offenbar hatte Kaehler in Basel tatsächlich Anatomievorlesungen gehört, die ihn zu solchen Sätzen inspirierten. Strafrechtlich war daran relevant, dass der Satz ziemlich eindeutig auf das Staatsoberhaupt zielte, den Großherzog von Baden, der als „meineidig“ gelten sollte, wenn er dem Druck des Bundestages nachgeben würde und die badischen Verfassung und das liberale Pressegesetz von 1831 brechen sollte.

Am 14. Juli 1832 wurde Kaehler in Mannheim vernommen. Er stritt die Autorschaft ab und gab an, er habe den Artikel nur abgeschrieben und den Namen des Autors könne er nicht nennen. Man glaubte ihm natürlich nicht. Am 20. Juli erhob der Staatsprocurator Klage, weil der Artikel den Fürstenmord als erlaubtes Mittel der Revolution dargestellt habe, v. a. wegen der Aussage, die Schmach solle „mit Blut abgewaschen“ werden, aber auch wegen „Verschwö-

27 Die sog. Sechs Artikel, siehe E. R. Huber, Dokumente zur deutschen Verfassungsgeschichte, Bd. 1, Stuttgart 1961, Nr. 42.

28 Huber (Anm. 27), Nr. 43.

29 Generallandesarchiv Karlsruhe, Sign. 234, Nr. 651 1832–34.

rung" und Gewaltandrohung gegen die Regierungen der Bundesstaaten. Tathandlung war der Druck des Artikels, ein Verstoß gegen § 18 des Preßgesetzes in der verschärften Form. Gefordert wurden zwei Jahre Zuchthaus, danach Landesverweisung sowie Vernichtung der Nr. 101 der Zeitschrift. Obwohl Kaehler am 3. August 1832 ein langes Gesuch einreichte, mit dem er um Niederschlagung des Verfahrens bat, wurde er vom Mannheimer Hofgericht am 8. August verurteilt: zwei Jahre Zuchthaus, Tragung aller Untersuchungskosten, Landesverweisung nach verbüßter Strafe, Vernichtung der noch fassbaren Exemplare der Zeitschrift. Unterschrieben war das Urteil: *v. Stengel, v. Jagemann, v. Marschall.*[30] Gegen dieses Urteil appellierte nun Heinrich Kaehler, wiederum mit einem langen Schriftsatz vom 28. September. Zugleich wandte er sich an den jungen Heidelberger Privatdozenten Heinrich Zoepfl, den er um juristische Unterstützung bat.

Dieser schrieb umgehend ein „Rechtsgutachten in Untersuchungssachen des stud. jur. Heinrich Kähler aus Itzehöe, wegen eines im Wächter am Rhein Nr. 101, mit der Ueberschrift ‚Deutschland' gedruckten Artikels" und ließ es in seiner neuen Zeitschrift drucken.[31] Zunächst formulierte er die Hauptfragen: 1. ob in dem Artikel ein „entfernter Versuch des Hochverraths" zu sehen sei, 2. ob er Kähler zuzurechnen sei. Um seine auf die Rechtsfragen konzentrierte Position zu unterstreichen und den Verdacht fernzuhalten, er stehe auch inhaltlich auf der Seite Kaehlers, betonte Zoepfl zunächst die Rolle des positiven Gesetzes: „Es gibt dem Richter eine geschlossene Philosophie, es schreibt ihm ein angemessenes Resonnement vor, von dem er in seiner richterlichen Function nicht abweichen darf, er mag es nach seinen individuellen Ansichten gut heißen oder nicht".[32]

Kaehler sei jedenfalls, so Zoepfl, nicht strafbar. Dies wird durch eingehende und wohlwollende Analyse des Textes belegt. Denn Kaehler habe nicht gedroht, sondern gewarnt. Das sei kein Privileg von höheren Staatsbeamten, sondern Pflicht jedes Staatsbürgers. Solche Warnungen seien übrigens auch von den Regierungen anderer Staaten im Deutschen Bund ausgesprochen worden. Kaehlers Warnungen vor den Folgen der Bundestagsbeschlüsse seien auch

30 Oberhofrichter Joseph Gabriel Frhr. v. Stengel (1771–1848), auch Autor eines 1832 gedruckten Aufsatzes „Über die Duelle auf deutschen Universitäten"; Hofgerichtspräsident Philipp Anton v. Jagemann (1780–1850) sowie der 1831 zum Hofgerichtsassessor ernannte August Marschall von Bieberstein (1804–1888).

31 Rechtsgutachten in Untersuchungs-Sachen des stud. jur. Heinrich Kaehler, aus Itzehöe, wegen eines im Wächter am Rhein Nr. 101 mit der Überschrift „Deutschland" gedruckten Artikels, Heidelberg [Winter] 1832, veröffentlicht auch in der Zeitschrift Microcosmus, 2. Semester, 2. Heft, 1–40. Einsehbar über Wikipedia bei Eingabe der Stichworte: Microcosmus Heinrich Kaehler.

32 Microcosmus (Anm. 31), 11.

gar nicht gegen „constitutionelle Fürsten" gerichtet, und schon gar nicht gegen den Großherzog von Baden, der gar nicht genannt werde. Den Richtern wurde damit zu verstehen gegeben, dass der Artikel primär auf die „nicht-constitutionellen" Länder Preußen und Österreich gezielt habe. Zoepfl legte auch dar, dass eine Anreizung zum Fürstenmord nicht vorliege, ebenso keine Anreizung der Untertanen zu offener Gewalttat. Der Artikel solle die Fürsten insgesamt aufrütteln, den Beschlüssen des Bundestages nicht zu folgen. Es fehle, so Zoepfl in einer ersten Schlussfolgerung, nicht nur am objektiven Tatbestand, sondern auch am Vorsatz. Ein *dolus* liege nicht vor.

Der Gutachter Zoepfl versuchte aber in § 12 seines Gutachtens noch mehr, indem er nachweisen wollte, Kaehler sei kein badischer Untertan, sondern als Student nur ein zeitweilig sich im Großherzogtum aufhaltender „Schutzgenosse". Das sollte helfen, den Vorwurf des versuchten Hochverrats zu entkräften, weil ein solcher nach gemeinem Strafrecht nur von Inländern (Staatsbürgern) begangen werden könne. Es war also ein Versuch, Studierende, die nur zeitweilig im Lande sind, von der Eigenschaft als „Staatsbürger und Staatsunterthanen" zu trennen.[33] Tatsächlich hatte das badische VI. Constitutionsedikt vom 4. Juni 1808 geregelt,[34] wer „Badener" sei. Dies konnte in der badischen Verfassung vom 22. August 1818 bei der Festlegung der Rechte der Badener (7 ff.) vorausgesetzt werden. Als 1840 die Landstände den Entwurf eines Strafgesetzbuchs diskutierten,[35] hieß es dort in § 3: „Jeder, welcher innerhalb der Grenzen des Großherzogthums eine strafbare Handlung verübt, wird, sey er Inländer oder Ausländer, nach den inländischen Strafgesezen gerichtet". Das war auch schon 1832 allgemeine Meinung. Die badische Verfassung von 1818 sagte in ihrem § 15: „Niemand darf in Criminalsachen seinem ordentlichen Richter entzogen werden". Wenn also Zoepfl versuchte, Kaehler zum „Schutzgenossen" zu machen, weil er keinen „Huldigungseid" geleistet habe, dann bestritt er im Grunde nur ein von ihm behauptetes Tatbestandsmerkmal des Hochverrats. Folgerichtig meinte er, ein Versuch des Hochverrats könne dem Heinrich Kaehler nicht „rechtlich imputiert werden" (§ 13). Aussichtsreich war dies allerdings kaum, denn Hochverrat, verstanden als Angriff auf die Verfassung und die staatlichen Einrichtungen Badens, konnte auch ein zeitweiliger Einwohner Badens begehen und dafür bestraft werden.

Heinrich Zoepfl, drei Jahre jünger als der Angeklagte, hatte sich alle Mühe gegeben. Das ihm aussichtslos erscheinende Leugnen Kaehlers, der Autor des

33 D. Gosewinkel, Einbürgern und Ausschließen. Die Nationalisierung der Staatsangehörigkeit vom Deutschen Bund bis zur Bundesrepublik Deutschland, Göttingen 2011, 43.

34 Rg.Bl. 1808 Nr. XVIII und XIX, 145.

35 Entwurf eines Strafgesetzbuchs für das Großherzogthum Baden nach den Beschlüssen der Kommission der zweiten Kammer der Landstände, Carlsruhe 1840, 9.

Artikels gewesen zu sein, ließ er fallen; denn Kaehler war ohnehin für den Inhalt des Blattes als diensttuender Redakteur verantwortlich. Deshalb bestritt Zoepfl die aggressive Absicht des Artikels generell und deutete ihn als patriotische Warnung vor den Maßnahmen des Bundestages. Das war gewiss auch so gemeint, entsprach aber nicht der Linie der badischen Regierung, die nun strikt den Vorgaben des Deutschen Bundes folgte. Den Vorwurf des versuchten Hochverrats konnte Zoepfl nur dadurch abzuwenden versuchen, dass er behauptete, Studenten seien „Schutzgenossen" und nur badische Staatsbürger könnten ihren Staat angreifen. Mehr war aus Zoepfls Sicht nicht zu tun.

Das Mannheimer Oberhofgericht blieb bei der rechtlichen Beurteilung, mäßigte aber das Strafmaß auf ein Jahr Zuchthaus.[36] Kaehler blieb im Bruchsaler Gefängnis, aber nur bis zum Jahresende 1832, denn „[e]iner Gruppe Burschenschafter unter Führung Morés gelang es im Dezember 1832, dem wegen seiner Tätigkeit als Redakteur des „Wächters am Rhein" (von Strohmeier in Mannheim herausgegeben) verhafteten Heinrich Kähler aus Itzehoe in Durlach zur Flucht zu verhelfen".[37] Die amtliche Korrespondenz zwischen Mannheim und Bruchsal gibt genauere Auskunft über die Befreiungsaktion in der Nacht vom 13./14. Dezember 1832, über die Verstärkung der Drahtgitter und Verbesserung der Aufsicht.[38] Auch die holsteinische Regierung in Glücksburg wurde wegen des Heimatsitzes Itzehoe informiert, man ließ Kaehler steckbrieflich suchen und beschloss auch, Stromeyer und Schlund wegen Beihilfe bei der „Entweichung Kaehlers" zu belangen.[39] Das war alles vergeblich. Kaehler blieb verschwunden. Er sei, so berichtete Eduard Dietz 1906, „in einem bereitgehaltenen Wagen über Philippsburg und dann ins Elsaß" entkommen.[40] Damit wählte er den gleichen Weg wie viele andere politische Flüchtlinge. Von Straßburg aus konnte man die Schweiz oder Paris erreichen, wie es auch die Organisatoren des Hambacher Fests und andere taten. Frankreich nahm die Flüchtlinge zwar

36 Strafakte Heinrich Kaehler, Landesarchiv Baden-Württemberg, Generallandesarchiv Karlsruhe, Sign. 234, Nr. 651 1832–34. Irrig die Mitteilung von E. Dietz, Das Frankfurter Attentat vom 3. April 1833 und die Heidelberger Studentenschaft, Heidelberg 1906, es habe sich um das Durlacher Gefängnis gehandelt.

37 E. Süss, Die Pfälzer im „Schwarzen Buch". Ein personengeschichtlicher Beitrag zur Geschichte des Hambacher Festes, des frühen pfälzischen und deutschen Liberalismus, Heidelberg 1956, 98 (richtig: Bruchsal).

38 So der Befehl der Regierung vom 29. Dezember 1832, 41 der Akte (Anm. 36).

39 So das Hofgericht Mannheim am 21. Oktober 1834 (Strafakte, a. a. O.).

40 Dietz (Anm. 36), 20.

wohlwollend auf, gab ihnen Pässe und Geld, verschärfte aber die Auflagen nach 1832.[41] Heinrich Kaehlers Spur verliert sich hier.

Vielleicht verlief sie ähnlich wie die seines Befreiers aus dem Bruchsaler Gefängnis, Hermann Moré (1812–1880). Dieser stammte aus Grünstadt (Pfalz) und war ein guter Schüler, wie die Schulberichte bezeugen.[42] Sein Vater Philipp Nikolaus Moré (geb. 1772), auch er Anhänger freiheitlicher und nationaler Ideale, war dort Notar. Der Sohn, inzwischen Jurastudent in Heidelberg und Burschenschafter, war 1832 mit seinem Vater auf dem Hambacher Fest gewesen und kannte auch Heinrich Kaehler. Im Dezember 1832 folgte die Befreiungsaktion in Bruchsal. Ein Vierteljahr später war Moré einer der Teilnehmer am sog. Frankfurter Wachensturm vom 3. April 1833. Dafür verurteilte ihn das Frankfurter Appellationsgericht am 28. September 1836 wegen „Theilnahme an dem hochverrätherischen Aufstande vom 3. April 1833“ sowie wegen Mordversuchs zu lebenslanger Zuchthausstrafe,[43] übrigens zusammen mit zwei weiteren Schul- und Studienfreunden aus Grünstadt[44] sowie mit dem später bekannt gewordenen Autor August Ludwig von Rochau aus Wolfenbüttel.[45] Einige der wegen des Wachensturms Verurteilten flohen am 10. Januar 1837 aus der

41 H. Schmidt, Die deutschen Flüchtlinge in der Schweiz und die erste deutsche Arbeiterbewegung 1833–36, Zürich 1899; O. Wiltberger, Die deutschen politischen Flüchtlinge in Straßburg von 1830 bis 1849, Berlin und Leipzig 1910; P. Neitzke, Die deutschen politischen Flüchtlinge in der Schweiz 1848/49, Kiel 1927; V. Valentin, Geschichte der deutschen Revolution, 2 Bde., Berlin 1930; ders., Das Hambacher Fest, Berlin 1932; P. Wentzcke, Straßburg als Zufluchtsort deutscher politischer Flüchtlinge in den Jahren 1819–1850, in: Elsaß-Lothringisches Jahrbuch XII. Bd., Frankfurt a. M. 1933.

42 Kurzer Bericht über den Stand des Königlichen Progymnasiums zu Grünstadt in Rheinbayern am Schlusse des Schuljahres 1826/27, Kirchheimbolanden 1827, wo es heißt, Moré habe sich durch ganz besonderen Fleiß ausgezeichnet.

43 Appellationsgericht zu Frankfurt, Urteil vom 28. September 1836 „in der Untersuchungssache gegen Wilhelm Zehler von Nürnberg und Genossen wegen hochverrätherischen Aufstandes“ wurden verurteilt wegen „Theilnahme an dem hochverrätherischen Aufstande vom 3. April 1833“ u. a. drei Grünstädter Schulfreunde, Eduard Fries (1811–1879), Ernst Matthiae (1812–1887) und Hermann Moré (1812–1880). Am 10. Januar 1837 waren u. a. Matthiae und Fries aus der Frankfurter Konstablerwache ausgebrochen, nicht jedoch Moré. Die Fahndungsakte befindet sich im Landesarchiv Baden-Württemberg, Abt. Hauptstaatsarchiv Stuttgart, Sign. E 301 Bü 168.

44 Eduard Fries (1811–1879), später Arzt in Sissach/Schweiz; Ernst Mathiae (1812–1887), Sohn des Gymnasialdirektors in Grünstadt, später Arzt und Komponist in Wülflingen bei Winterthur/Schweiz.

45 A. L. v. Rochau, Grundsätze der Realpolitik. Angewendet auf die staatlichen Zustände Deutschlands, 1. Teil, Stuttgart 1853, 2. Teil 1869, hrsgg. und eingeleitet von H.-U. Wehler, Frankfurt – Berlin – Wien 1972.

Frankfurter Konstablerwache, darunter auch seine Grünstadter Freunde.[46] Morés Strafe wurde 1837 in Festungsarrest umgewandelt, 1838 folgte die Begnadigung zur Verbannung nach Amerika.[47] Dorthin brach er am 24. Oktober 1838 von Bremerhaven aus auf, 26 Jahre alt. Später soll er französischer Offizier in Algier und Oberförster in Bitsch gewesen sein. Nach der Amnestie vom 5. März 1848 wurde Hermann Moré Bahnhofsvorsteher in Neustadt an der Haardt.[48] Wie soll man ihn sich vorstellen, im blauen Uniformrock der k. bayerischen Staatsbahnen, mit Trillerpfeife und Kelle an der Bahnstrecke Mannheim-Kaiserslautern-Paris, inzwischen Anhänger Bismarcks und pensioniert seit 1877, oder als Fußnote der gescheiterten demokratisch-patriotischen Revolution?

46 Ignatz Sartori, Ernst Matthiae, Eduard Fries, Wilhelm Obermüller, Wilhelm Zehler, Hermann Friedrich (Fahndungsakte im Landesarchiv Baden-Württemberg, Abt. Hauptstaatsarchiv Stuttgart, Sign. E 301 Bü 168).

47 Senatsprotokoll der Stadt Frankfurt v. 11. September 1838: „Es wird 1) die dem Studiosus Hermann Friedrich Moré von Grünstadt zuerkannte lebenslängliche Festungsstrafe ... aus Gnaden in Verbannung nach Nordamerika umgewandelt...“ (Beilagen 1–3 zu § 327 des Protokolls der 29. Sitzung der Deutschen Bundesversammlung vom 19. Oktober 1838).

48 Süss (Anm. 37), 98. Siehe auch W. Lampert, 1100 Jahre Grünstadt, Grünstadt 1975, 377, 380.

Dorothee Mußgnug

Julius Otto Ludwig Möller aus Königsberg (1819–1887)

Im Nachlass von Heinrich Zoepfl liegt das „Rechtliche Gutachten“, welches das „Heidelberger Spruchcollegium“ auf „Antrag eines Interessenten“ abfasste. „Der Herr Quärent“ ersuchte, so die Formulierung im Gutachten, um die „rechtliche Meinung“ zu der „Rechtsfrage: ob die königlich preußische Verordnung vom 1. Juni 1863, das Verbot von Zeitungen und Zeitschriften betreffend, für verfassungsmäßig oder verfassungswidrig zu erachten sei?“[1] Das Collegium[2] gab sein Gutachten[3] zur Veröffentlichung frei. Noch im selben Jahr druckte es der Verlag Wigand in Leipzig.[4] Auf einem der in der Heidelberger Universitätsbibliothek erhaltenen Druckexemplaren[5] ist mit Bleistift ergänzt: „Medizinalrath Prof. Dr. Möller in Königsberg“.[6] Dr. Johann Jacoby bestätigte am 18. September 1863 in Königsberg, dass Möller das Gutachten erhalten habe: „Es befindet sich zur Zeit

1 In den Akten des Universitätsarchivs Heidelberg finden sich keine Unterlagen zu diesem Gutachten. Das könnte auch daran liegen, daß die Quärenten sehr oft ihre Akten zurückerbaten. Aus Zoepfls Briefen an Mittermaier, den Präsidenten des Spruchkollegiums, geht nur hervor, daß er sich wiederholt um eine dauerhafte Zugehörigkeit zum Collegium bemühte (Universitätsbibliothek Heidelberg, Heid. Hs. 2746, 1723). A. Jammers, Die Heidelberger Juristenfakultät im neunzehnten Jahrhundert als Spruchkollegium, Heidelberg 1964, 58/59, 98–101, 178.

2 Das Gutachten unterzeichneten die Professoren: Mittermaier (als Präsident), Roßhirt, Bluntschli. Zoepfl, Renaud als ordentliche, Pagenstecher und der Universitätsamtmann Courtin als außerordentliche Mitglieder.

3 Als Möller im September 1863 seine Verteidigungsrede vortrug, verwies er auf das Gutachten.

4 Der Verlag brachte 1863 nicht nur das Heidelberger Gutachten, sondern auch die von Möller edierten „Actenstücke der wider mich geführten Disciplinaruntersuchung“ heraus. 1863 druckte er zudem die bislang nur anonym, der Verfasser war Johann Jacoby, erschienenen „Vier Fragen eines Ostpreußen“ nach, die zuerst 1841 im Mannheimer Verlag Hoff veröffentlicht worden waren.

5 Signatur der Universitätsbibliothek Heidelberg: Cod. Heid. 365, 77 (https://doi.org/10.11588/diglit.45372).

6 Im Adressbuch der Stadt Königsberg (1862, 1. Abt, 269), ist er aufgeführt als: J. O. Möller, ord. Prof., Medicinalrath, Dr. und pract. Arzt, Katholische Kirchstraße 6, 7.

in Berlin in den Händen des Redakteurs der Spenerschen Zeitung oder bei Justizrat Dorn, dem Verteidiger". Möller hege die Absicht, es selbst zu veröffentlichen.[7]

I. Der Sachverhalt

Nachdem das Preußische Abgeordnetenhaus am 18. Mai 1863 das umstrittene Kriegsdienstgesetz von seiner Tagesordnung abgesetzt hatte, sprach König Wilhelm ausdrücklich seine Übereinstimmung mit dem Ministerium aus (20. Mai 1863). Daraufhin verabschiedeten die Abgeordneten mit überwältigender Mehrheit (239:61 Stimmen) am 22. Mai eine Adresse an den König, in der sie nicht einen Wechsel der Personen, sondern einen „System-Wechsel", d. h. den Übergang zu einem parlamentarischen Regierungssystem, forderten. Der König wies am 26. Mai „dies Verlangen zurück"[8] und schloss am 27. Mai den Landtag.

In der Sitzung des Kronrats am 1. Juni 1863[9] trug Bismarck seinen Vorschlag zur Einschränkung der Pressefreiheit vor. Es gelang ihm, den widerstrebenden König Wilhelm davon zu überzeugen, dass die geplante Kabinettsordre, gestützt auf Art. 63 der preußischen Verfassung,[10] verfassungsgemäß sei. Noch am gleichen Tag erging die königlich-preußische Verordnung „Das Verbot von Zeitungen und Zeitschriften betreffend".[11] Zwar bestanden auch in Preußen seit 12. Mai 1851[12] und 21. April 1860[13] Gesetze zur ‚Regelung' der

7 J. Jacoby, Briefwechsel 1850–1877, hg. E. Silberner, Bonn 1978, Nr. 333, 286 f. Möller hielt nach seinem Tod die Gedenkrede auf den Freund und Kollegen.

8 „Dem Art. 45 der Verfassungsurkunde entgegen … will das Haus mich nöthigen, Mich mit Ministern zu umgeben, welche ihm genehm sind; es will dadurch eine verfassungswidrige Alleinherrschaft des Abgeordnetenhauses anbahnen. Dies Verlangen weise ich zurück"; dazu E. R. Huber, Deutsche Verfassungsgeschichte 3, 3. Aufl. Stuttgart 1988, 317 und ders., Dokumente zur deutschen Verfassungsgeschichte 2, 3. Aufl. Stuttgart 1986, Nr. 58–60, S. 69–74.

9 Protokoll der Kronrats-Sitzung abgedruckt bei: I. Fischer-Frauendienst, Bismarcks Pressepolitik, Münster 1963, 148 f. Über diese Pressordnung kam es zu einem schweren und in der Öffentlichkeit ausgetragenen Konflikt zwischen dem König und dem Kronprinzen, dazu Huber, Dokumente (Anm. 8) Nr. 63–68, 76–82.

10 Preußische Verfassungsurkunde 1850, Art. 63: „Nur in dem Falle, wenn die Aufrechthaltung der öffentlichen Sicherheit, oder die Beseitigung eines ungewöhnlichen Nothstandes es dringend erfordert, können, insofern die Kammern nicht versammelt sind, unter Verantwortlichkeit des gesammten Staatsministeriums, Verordnungen, die der Verfassung nicht zuwiderlaufen, mit Gesetzeskraft erlassen werden. Dieselben sind aber den Kammern bei ihrem nächsten Zusammentritt zur Genehmigung sofort vorzulegen".

11 Gesetzsammlung für die Königlich-Preußischen Staaten 1863, 349–351; Huber, Dokumente (Anm. 8) Nr. 61, 74–76.

Pressearbeit. Doch nun begründete der Innenminister Graf zu Eulenburg[14] eine schärfere Überwachung der Presse mit folgender Erklärung: „Das Staats-Ministerium hält es unter den gegenwärtigen Verhältnissen für die dringende und unerläßliche Aufgabe der Staatsregierung, ihrerseits auf jede Weise dahin zu wirken, daß die leidenschaftliche und unnatürliche Aufregung, welche in den letzten Jahren in Folge des Parteientreibens die Gemüther ergriffen hat, einer ruhigeren und unbefangenen Stimmung weiche. Hierzu scheint vor Allem erforderlich, daß der aufregenden und verwirrenden Einwirkung der Tagespresse kräftig und wirksam entgegen getreten werde".[15] Die nach dem Preßgesetz vom 12. Mai 1851 „lediglich" in die Hand der Gerichte gelegte „Einwirkung" reiche nach den Erfahrungen der jüngsten Zeit nicht aus. 1845 habe aufgrund der Allgemeinen Gewerbe-Ordnung gemäß den §§ 71–74[16] die Möglichkeit einer „administrativen Entziehung des Gewerbebetriebs" bestanden. Das 1860 ergangene „deklaratorische Gesetz" habe diese Beschränkung aufgehoben.[17] Nach Beobachtung der Verwaltungsbehörden sei die „bessere und besonnenere Haltung der Presse" aber nicht der „in die Hand der Gerichte

12 Gesetzsammlung für die Königlich-Preußischen Staaten 1851, 273–287.

13 Gesetzsammlung für die Königlich-Preußischen Staaten 1860, 185.

14 Graf Friedrich Albrecht zu Eulenburg (1815–1881), seit 1862 Innenminister.

15 Erklärung vom 1. Juni 1863, veröffentlicht im Königlich Preußischer Staats-Anzeiger Nr. 127, 3. Juni 1863, 1089 f.

16 Allgemeine Gewerbeordnung, Gesetzsammlung für die Königlich-Preußischen Staaten 1845, 20–21; § 71: Konzessionen können von den Verwaltungsbehörden zurückgenommen werden, „wenn aus den Handlungen des [Konzessions-]Inhabers der Mangel der erforderlichen und bei Ertheilung der Konzession ... vorausgesetzten Eigenschaften klar erhellt"; Entscheidung darüber fällt die Regierung durch Plenarbeschluß (§ 72). Sie leitet das Untersuchungsverfahren ein (§ 73); das Verfahren übernimmt die Staatsanwaltschaft (§ 74).

17 Gesetz betr. die Deklaration des § 54 des Gesetzes über die Presse vom 12. Mai 1851, vom 21. April 1860, Gesetzsammlung für die Königlich-Preußischen Staaten 1860, 185. Danach sollten die Konzessionsreglungen (§§ 71–74 der Allgemeinen Gewerbeordnung) auf „Buch- oder Steindrucker, Buch- oder Kunsthändler, Antiquare, Leihbibliothekare, Inhaber von Lesekabinetten, Verkäufer von Zeitungen, Flugblättern und Bildern" (§ 1 des Pressegesetzes vom 12. Mai 1851) keine Anwendung finden. „Gegen diese Gewerbetreibenden ist nur von dem zuständigen Richter ... auf den Verlust der Befugniß zum Gewerbebetrieb anzuerkennen". Vgl. die Kommentierung von Oberstaatsanwalt Schwarck, Das Gesetz über die Presse vom 12. Mai 1851, Berlin 1862.
Im Königlich Preußischen Staats-Anzeiger wies Graf zu Eulenburg darauf hin, daß der Justizminister bereits im Januar 1860 in Immediatberichten „eine ausdrückliche Verwahrung dagegen wiederholt[e], daß durch die Rechtsprechung ein hinreichender Schutz gegen den Mißbrauch des Betriebs der Preßgewerbe in allen Fällen gewährt werden könne".

gelegten Cognition“ über die Konzessionsentziehung zu verdanken, sondern vielmehr „der im Prinzip von der Regierung festgehaltenen Anwendbarkeit der §§ 71–74 der Allgemeinen Gewerbe-Ordnung auf die bei der Presse betheiligten Gewerbe“. Je mehr die Staatsregierung sich genötigt gesehen habe, „den unberechtigten und übertriebenen Erwartungen und Forderungen der Parteien Widerstand zu leisten“, desto „leidenschaftlicher und rückhaltloser mißbrauchte ein Theil der Presse die derselben gewährte Freiheit zur heftigsten und selbst gehäßigsten Opposition gegen die Regierung Ew. Königlichen Majestät und zur Untergrabung aller Grundlagen eines geordneten Staatswesens, so wie der Religion und der Sittlichkeit“. Zu Eulenburg fuhr fort: „Remedur [ist] durch die Rechtspflege kaum möglich. Die gehässigsten Angriffe und Insinuationen gegen die Staats-Regierung, ja gegen die Krone selbst, werden mit Vorbedacht so gefaßt, daß sie zwar für jedermann leicht verständlich, auch für die große Masse des Volkes zugänglich und von verderblicher Wirkung sind, ohne jedoch jederzeit den Thatbestand einer strafbaren Handlung, wie ihn der Richter in seiner Rechtsprechung zu Grunde legen muß, nachweisbar darzustellen“. Die „Blätter“ müssten deshalb auch „wegen ihrer Gesammthaltung zur Rechenschaft gezogen werden“. Das Staatsministerium habe sich entschlossen, den direkten Weg zu betreten „und das Verfahren geradezu auf das Verbot des einzelnen gefährlichen Preßerzeugnisses der bezüglichen Zeitung oder Zeitschrift zu richten“. Zu Eulenburg war der Ansicht: „Indem den verwerflichen Ausschreitungen einer zügellosen Presse Einhalt gethan wird, wird die Pressefreiheit selbst auf den Boden der Sittlichkeit und der Selbstachtung zurückgeführt werden, auf welchem sie allein gedeihen und sich dauernd befestigen kann“.

II. Das Heidelberger Gutachten

Zur Überprüfung der Verfassungsmäßigkeit und Rechtsgültigkeit der Presse-Verordnung stellte das Heidelberger Spruchcollegium folgende Überlegungen an:

Nach Art. 62[18] der Preußischen Verfassung dürfe die gesetzgebende Gewalt nur gemeinsam vom König und beiden Häusern des Landtages ausgeübt werden. Die alleinige Ausnahme (nach Art. 63) sei durch eine „dringende“ Bedrohung gerechtfertigt, worunter nach Art. 111[19] Krieg und „tumultarische Erhebung“ zu verstehen sei. Weder habe im Juni 1863 eine „Gefahr für die öffentliche Sicherheit“, noch ein „ungewöhnlicher Nothstand“ bestanden, viel-

18 Art. 62: „Die gesetzgebende Gewalt wird gemeinschaftlich durch den König und durch zwei Kammern ausgeübt. Die Übereinstimmung des Königs und beider Kammern ist zu jedem Gesetze erforderlich …“.

mehr habe die Verordnung selbst nur von einer Gefährdung der „öffentlicher Wohlfahrt“ gesprochen und die „Dringlichkeit“ erwähnt, mit der abgeholfen werden müsse. Offenbar sei die Regierung aber von dieser „Dringlichkeit“ ausgegangen und werde den Nachweis dazu dem kommenden Landtag liefern. „Uns“, so die Gutachter, fehle es an der „objektiven Grundlage“, einen „ungewöhnlichen Nothstand“ anzunehmen. Allein eine „erhebliche Mißstimmung im Lande“ könne aber mit einem in der Verfassung geforderten Notstand nicht gleichgesetzt werden. Dass die Verordnung so rasch nach dem Schluss des Landtages ergangen sei, werteten die Gutachter nicht als verfassungswidrig, denn es stehe der Krone jederzeit frei, einen Landtag zu schließen. Und weil das gesamte Staatsministerium die Verordnung gegengezeichnet habe, sei es auch ohne Bedeutung, dass das in Aussicht gestellte Gesetz über die Ministerverantwortlichkeit noch nicht ergangen sei.[20]

Die Heidelberger Gutachter sahen jedoch die in Art. 27 der Verfassung[21] jedem Preußen gewährte Pressefreiheit verletzt und eine „durch Administrativbehörden ... veränderte Censur“ wieder eingeführt. Denn nach der neuen Verordnung könnten nicht nur einzelne Artikel einer Zeitung nachträglich beanstandet werden, sondern die Presse werde nach Einschätzung der „Gesamthaltung“ gleichsam „präventiv“ beurteilt und zensiert. Ein Entzug buchhändlerischer Conzessionen auf solch administrativem Wege schränke zudem die Gewerbefreiheit ein und sei „eine der vielfach möglichen Beschränkungen der Preßfreiheit“. Eine ordentliche „gesetzgebende Gewalt“ werde aber nur in Übereinstimmung von König und beiden Häusern des Landtages vollzogen. „Wir erkennen es ... als eine der charakteristischen Eigenthümlichkeiten der constitutionellen oder repräsentativen Monarchie oder der landständischen Verfassung mit beschließenden Ständen, daß darin der Gegensatz der beiden hauptsächlichsten Wege, wie ... verbindliche Normen entstehen können, nämlich des Weges der Gesetzgebung und des Weges der Verordnung, vollkommen scharf ausgeprägt ist“.[22] Nach der preußischen Verfassung dürfe auch eine „Verordnung“ der „Verfassung nicht widerstreiten“ und müsse wie jedes Gesetz dem

19 Art. 111: „Für den Fall eines Krieges oder Aufruhrs können bei dringender Gefahr für die öffentliche Sicherheit die Artikel 5, 6, 7, 27, 28, 29, 30 und 36 der Verfassungs-Urkunde zeit- und distriktweise außer Kraft gesetzt werden. Das Nähere bestimmt das Gesetz“. Am 4. Juni 1851 war ein „Gesetz über den Belagerungszustand“ ergangen.

20 Unter den großen Konflikten zwischen Bismarck und dem Abgeordnetenhaus war die Diskussion um ein Gesetz zur Verantwortlichkeit der Minister im April/Mai 1863 nur eine der zeitgleich ablaufenden Streitpunkte; vgl. dazu Huber, Verfassungsgeschichte (Anm. 8) 312–316.

21 Art. 27: „Jeder Preuße hat das Recht, durch Wort, Schrift, Druck und bildliche Darstellung seine Meinung frei zu äußern. Die Censur darf nicht eingeführt werden; jede andere Beschränkung der Preßfreiheit, nur im Wege der Gesetzgebung“.

Art. 63 genügen, d. h. sie dürfe „der Verfassung nicht zuwiderlaufen“ und „nur“ im Wege der „Gesetzgebung“ erlassen werden. Die Gutachter verwiesen auf den „notorischen – geschichtlichen Entwicklungsgang“ der Jahre 1848–1850 in Deutschland, in dem die „individuelle Freiheit nach allen ihren Beziehungen ... ein hauptsächlicher Faktor bei allen Bewegungen des öffentlichen Lebens ... gewesen“ sei. Auch Art. 28 der Verfassung[23] stelle Preßvergehen unter die „Cognition“ der Gerichte und bestärke die Gutachter darin, dass „neben dem ordentlichen Richter“ keine „Administrativbehörde“ dazu autorisiert sei, Strafen zu verhängen. Das Heidelberger Spruchcollegium kam zu der einstimmig gefassten „rechtlichen Meinung“, dass „wesentliche Voraussetzungen und Erfordernisse, von welchen der Art. 63 der Verfassungsurkunde die Verfassungsmäßigkeit der Erlassung einer Verordnung mit Gesetzeskraft abhängig macht, bei der Verordnung vom 1. Juni 1863 nicht vorhanden sind, und daß namentlich der Inhalt dieser Verordnung mit mehreren Artikel der Verfassungs-Urkunde im Widerspruch steht“.

III. Der Disziplinarprozess gegen Julius Otto Ludwig Möller

Der „Quaerent“ des Heidelberger Gutachtens war der Königsberger Medicinal-Rath Professor Dr. Julius Otto Ludwig Möller. In seiner Aussage vor dem Disziplinargericht der Universität Königsberg am 7. Juli 1863 gab er zu Protokoll, er sei 44 Jahre alt, evangelisch, seit 1848 verheiratet, Vater von drei schulpflichtigen Kindern.[24] Die in der Disziplinar-Untersuchung angegebenen Ereignisse waren unbestritten: Möller war Mitglied der am 6. Juni 1861 gegründeten Deut-

22 Das Spruchcollegium führte weiter aus: Ein „provisorisches Gesetz“ sehe die preußische Verfassungsurkunde nicht vor. „Dieser Ausdruck sei eine „doctrinelle, nichts weniger als glückliche und nur zur Verwirrung der constitutionell-monarchischen Regierungsform aufgekommene, und überdies nur in wenige Verfassungs-Urkunden übergegangene Bezeichnung jener Klasse von landesherrlichen Verordnungen, welche unter gewissen, in der Verfassung aufgeführten Voraussetzungen, worunter immer die Rücksicht auf die Dringlichkeit einer Verfügung eine wesentliche Stelle einnimmt, ohne darum im Übrigen ihren Charakter als landesherrliche Verordnung abzulegen“.

23 Art. 28: „Vergehen, welche durch Wort, Schrift, Druck oder bildliche Darstellung begangen werden, sind nach den allgemeinen Strafgesetzen zu bestrafen“.

24 GStA PK, I. HA Rep. 76, I Sekt. 31 Lit. M Nr. 14: Möller, Prof. Dr. Julius Otto Ludwig, 1863–1864. Aus diesen Akten wird im Folgenden zitiert. Für Recherchehilfen danke ich dem Archivar Dr. Ulrich Kober, Berlin-Dahlem.
Möller veröffentlichte seine Dokumentation unter dem Titel: Actenstücke der wider mich geführten Disciplinaruntersuchung. Ein Beitrag zur neupreußischen Geschichte, Wigand Verlag Leipzig 1864. Seiner Dokumentation stellte er Börne-Zitate voran und erklärte in der Einleitung: „[I]ch glaubte allen meinen bisherigen Standesgenossen, den

schen Fortschrittspartei. Nach ihrer Satzung erklärten sich die Parteimitglieder „einig in der Treue für den König". Sie forderten aber auch „eine feste liberale Regierung", „die strenge und konsequente Verwirklichung des verfassungsmäßigen Rechtsstaats", „Aufhebung des Gesetzes vom 15. Februar 1854, betreffend die Konflikte bei gerichtlichen Verfolgungen wegen Amts- und Diensthandlungen, überhaupt wirkliche Verantwortlichkeit der Beamten, endlich Wiederherstellung der Kompetenz der Geschworenen für politische und Preßvergehen", dazu „endlichen Erlaß des in Art. 61 der Verfassung in Aussicht gestellten Gesetzes über Verantwortlichkeit der Minister".[25] Als Möller sich 1862 am „Wahl-Comité" der Fortschrittspartei „betheiligte", gab ihm der Unterrichtsminister seine „Mißbilligung" zu „erkennen".[26] Er hatte sich schon zuvor eine Strafe über 1 RTh. durch den Polizeirichter eingehandelt, weil im Vereinslokal eine Broschüre ohne Angabe des Druckorts auslag.[27]

Nach dem Ende des Landtages feierten die Wähler des Wahlkreises Königsberg-Fischhausen[28] ihre Landtagsabgeordneten am 9. Juni 1863 mit einem „Banquette". Als Vorsitzender des Wahl-Comités lud Möller sie ein, am 10. Juni 1863 ihren Urwählern einen „Rechenschaftsbericht" abzugeben. Diese Einladung gab die Königsberger „Hartungsche Zeitung" bekannt.[29] Zur Überwachung stellte die Regierung zwei Personen ab. Sie lieferten am 12. Juni 1863 ihren Bericht[30] und hielten fest: Auf Akklamation hin sei Professor Möller zum

preußischen Beamten – und die es werden wollen, die Ansichten über die Stellung des Beamten, welche gegenwärtig in maßgebenden Kreisen herrschen, zu ihrer Belehrung und Warnung vor Augen führen zu sollen, Königsberg, im März 1864".

25 W. Treue, Deutsche Parteiprogramme seit 1861, 4. Aufl. Göttingen 1968, 62 f.

26 Antrag der Staatsanwaltschaft, Königsberg 10. Juli 1863, Disziplinar Akten, GStA PK und Möller, Actenstücke, 5.

27 Verhandlung vom 7. Juli 1863, Disziplinar Akten, GStA PK.

28 Nach A. Schlott, Topographisch-statistische Übersicht des Regierungs-Bezirks Königsberg, Königsberg 1861, 22 lebten 1858 im Regierungsdepartement Fischhausen 40640 Einwohner.

29 In dem Konvolut der Disziplinarakten liegt als erstes Blatt ein „Extract" der „Kölnischen Zeitung", Ausgabe vom 15. Juni 1863. Darin meldete die Redaktion aus Königsberg (11. Juni 1863), dass der Medicinalrath Professor Moeller eine Versammlung der Urwähler und Wahlmänner des Wahlkreises abgehalten und eine Abstimmung über zwei Resolutionen veranlasst habe. In der Disziplinar-Untersuchung spielte die Frage eine Rolle, wer die Presse informiert habe; sie ließ sich nicht klären. Die Berliner Zeitung teilte ihren Lesern jedoch am 13. Juli 1863 mit, die „Thatsache [der Urwähler-Versammlung] ist zur Kenntniß des Ministeriums durch die taktlose Mittheilung des hiesigen [Königsberger] demokratischen Correspondenten der Kölnischen Zeitung gekommen".

30 Einer der beiden Beobachter war ein „Regierungs-Referendarius"; Disziplinar Akten, GStA PK.

Präsidenten der Versammlung gewählt worden. Nach dieser Wahl habe er einige Bemerkungen darüber gemacht, dass es nun nicht an der Zeit sei, lange Reden zu halten, „daß man sich vielmehr nur kurz erklären könne, um nicht mit den Behörden in Collision zu gerathen". Er habe der Versammlung zwei Resolutionen „zur eventuellen Abstimmung" vorgelegt. In der ersten erklärte man sich mit den Beschlüssen des Abgeordnetenhauses einverstanden. Das schloss das Einverständnis der Urwähler mit der Adresse ihrer Abgeordneten an den König (vom 22. Mai 1863) mit ein. Eine Debatte darüber, so die „Beobachter", sei abgeschnitten worden, als ein Anwesender „nach der Stimme zu urtheilen Dr. Jacoby",[31] die sofortige Abstimmung verlangte. In einer zweiten von Möller verlesenen Resolution stimmte die Versammlung der Ansicht zu, dass die Presse-Verordnung vom 1. Juni den „§§ 63 und 27 der Verfassungs-Urkunde" widerspreche. „Die Verbreitung [der Resolutionen] wurde ins Belieben des Comités gestellt". Man habe sich zur Veröffentlichung durch solche Blätter entschlossen, „welche nicht so wie das hiesige Lokalblatt der Fortschrittsparthei, Gefahren ausgesetzt sei".[32] Der „Beobachter-Bericht" schloss mit der Anmerkung: Bei der einstündigen Veranstaltung seien etwa 500 Personen anwesend gewesen. „Um den Saal zu füllen hatte man verschiedene Gäste, [welche ein Event im Garten des Saals besuchten] zur Teilnahme aufgefordert".

Am 18. Juni 1863 wurde Consistorialrath de la Croix mit der Wahrnehmung der Staatsanwaltschaft beauftragt.[33] Möller wurde zur Last gelegt, dass er als Mitglied des Wahl-Comités ein Fest für die Königsberger Abgeordneten vorbereitet habe und zudem „Urheber" der „feindseligen Erklärungen und Demonstrationen gegen Akte Se. Majestät des Königs und Allerhöchst Seiner Regierung" gewesen sei. Am 1. Juli 1863 erging die förmliche Einleitung eines Disziplinarverfahrens „wegen seiner mit der Stellung eines königlichen Beamten unverträglichen Betheiligung an regierungsfeindlichen Demonstrationen". Damit war auch der Antrag „zum Zweck der Dienst-Entlassung" aus seinen Ämtern als „Universitätslehrer und Mitglied des Medicinal-Collegiums" verbunden.[34] Die Medizinische Fakultät entgegnete sofort,[35] wie schwierig es sein

31 Auch Jacoby hatte sich der Fortschrittspartei angeschlossen.

32 Als Alternativen wurden genannt: „Danziger Zeitung", „Elbinger Anzeiger", „Preußisch Litauische Zeitung", die „Berliner Volkszeitung" und die „Nationalzeitung".

33 De la Croix war Konsistorialrat und zuständig für die Evangelische Kirche, für Unterricht und Medizinal-Angelegenheiten, insbesondere höheren Unterricht und Erziehungsanstalten; B. Holtz (Hg.), Die Behörde und ihr höheres Personal, Acta Borussica, Reihe 2, Abt. 1, Bd. 1, 2, Berlin 2009, 106.

34 Zitate aus den Disziplinar Akten, GStA PK.

35 Am 6. Juli 1863 unterzeichneten der Dekan und sechs Kollegen die Eingabe; Disziplinar Akten, GStA PK.

werde, für die Vorlesungen des Kollegen Möller (Spezialgebiet: Spezielle Pathologie) einen Vertreter zu finden. Die von ihm betreute Poliklinik könne „wegen ihrer Verpflichtungen gegen den städtischen Armenkreis nicht geschlossen werden", doch ein Assistent werde die Vertretung übernehmen. Auch wenn keineswegs alle Fakultätsmitglieder mit den politischen Ansichten des Kollegen übereinstimmten, so habe die Fakultät ausschließlich seine Bedeutung als Arzt[36] ins Auge zu fassen und bat darum, dass „doch uns das Härteste, eine Entlassung aus dem Lehramte, nicht auferlegt werde". In Berlin dagegen fürchtete man, daß die Studenten ihn mit einem Fackelzug ehren werden, doch es „verstehe sich von selbst, daß sowohl dieser als auch jede andere ähnliche Demonstration unbedingt verboten" und gegebenenfalls mit „energischer Strenge" eingeschritten werden müsse.[37]

In der Anklageschrift vom 3. August 1863[38] hielt der Consistorialrath de la Croix als Vertreter der Staatsanwaltschaft Möller Folgendes vor: Einem Urwähler stehe zwar das Wahlrecht zu, er dürfe sich auch innerhalb der gesetzlichen Schranken „in die Gestaltung der öffentlichen Verhältnisse" einmischen. Doch ein Beamter – wie Möller – „ist nicht zur Verrichthung einzelner Amtshandlungen engagiert, sondern er bildet ein Glied des Organismus der Verwaltung und darf sich – vorbehaltlich seiner individuellen Ueberzeugung in seinem öffentlichen Auftreten von der Solidarität mit der Staatsregierung nicht lossagen". Darin liege eine „wesentliche Beschränkung seiner Freiheit". Wer sich dem nicht unterwerfen könne, der tauge nicht zum Beamten. Der König habe die Adresse der Kammer am 26. Mai 1863 eindeutig verurteilt. Wer dennoch sein Einverständnis mit einer solchen Adresse bekunde, verletze die „durch den Diensteid angelobte Pflicht der Unterthänigkeit, der Treue und des Gehorsams gegen des Königs Majestät". Das Gleiche gelte für die zweite Resolution, die die Verfassungsmäßigkeit der Presseverordnung infrage stelle. „Auch wenn er von der materiellen Begründung der Resolution vollständig überzeugt war, durfte er sich daran nicht betheiligen. Denn ihn hat Niemand zum Richter gesetzt über die Verfassungstreue seiner Regierung und seines Königs. Als Urwähler hatte er keinen Beruf zu solchem Urtheil, und als Beamter hatte er den positiven Beruf zu schweigen". So aber habe er sich an Beschlüssen beteiligt, „welche nach Lage der Sache keinen andern Zweck haben konnten als den einer regierungsfeindlichen Demonstration". De la Croix trug deshalb darauf an, Möller aus allen seinen Ämtern zu entlassen.

36 1851 beschrieb er als erster die nach ihm benannte „Möller-Hunter-Glossitis", eine Atrophie der Zungenschleimhaut. Er gehörte auch zu den ersten, die Skorbut bei Jugendlichen beschrieben („Möller-Barlow- Krankheit").

37 11. Juli 1863, Disziplinar Akten, GStA PK.

38 10. Juli 1863, Disziplinar Akten, GStA PK und Möller (Anm. 24), 5–8.

Seinem Verteidiger, Justizrat Dorn, legte Möller folgende Argumente vor:[39] Der 1833 formulierte Diensteid habe, nachdem 1850 die Verfassung ergangen war, ein anderes Gewicht erhalten. Art. 108[40] fordere Treue gegenüber dem König und der Verfassung. Das bedeute, dass er als Beamter keine Sonderstellung einnehme, sondern seine vollen staatsrechtlichen Pflichten auszuüben habe. „Die Solidarität des einzelnen Beamten mit der Staatsregierung kann sich doch nur auf die ewigen sittlichen Werte des Staats beziehen, aber gewiß nicht auf die zufälligen politischen Grundsätze oder das Regierungssystem der gerade am Staatsruder befindlichen Personen“. Als Glied im Organismus des Staates könne er nicht zu einem „willenlosen Werkzeug“ herabsinken (S. 9). Auch ein Staatsdiener bleibe „Mensch und Bürger“. Deshalb könne von ihm nicht gefordert werden, „daß er sich außerhalb seines Amtes ... jeder Opposition enthalte“ (S. 11).[41] Die Garantie der Pressefreiheit gelte auch für ihn. Ein sehr großer Teil der Mitbürger sei der gleichen Überzeugung gewesen. „ ... [U]nd da uns kein anderer Weg zur Wahrung unsers Rechts offen stand, kein anderes Forum als das der öffentlichen Meinung, so haben wir wenigstens einen gemeinsamen Protest gegen jenen Eingriff in unsere Gerechtsame erheben wollen“ (S. 12). Die allgemeine Achtung und das öffentliche Vertrauen habe er durch seine politische Arbeit nicht verloren.[42]

Am 7. November 1863 erging das Urteil:[43] Möller wurde wegen „Dienstvergehen“ aus dem Dienst entlassen und hatte die Kosten des Verfahrens zu tragen. In der Begründung hieß es: Der durch Möller ausgebrachte „Toast“ auf solche Abgeordneten, die sich im Abgeordnetenhaus für die Adresse an den König – und damit für die Forderung eines „Systemwechsels“ – ausgesprochen hätten, und das nachdem der König am 26. Mai in einer solchen Adresse „den Mangel ehrfurchtsvoller Gesinnung gegen des Königs Majestät“ und das „Verlangen [der Abgeordneten] nach einer verfassungswidrigen Alleinherrschaft“

39 Möller (Anm. 24), 8–15.

40 Art. 108: „Die Mitglieder der beiden Kammern und alle Staatsbeamte leisten dem Könige den Eid der Treue und des Gehorsams und beschwören die gewissenhafte Beobachtung der Verfassung“.

41 Möller bezog sich auch auf ein Urteil des Obertribunals, das sich zugunsten seines Freundes Jacoby und dessen anonym erschienener Schrift „Vier Fragen“ ausgesprochen hatte, Möller (Anm. 24), 11.

42 Als Beweis konnte Möller nicht nur die Fürsprache seiner Kollegen und des Magistrats vorlegen, sondern auch eine „mit etwa 16. bis 17. hundert Unterschriften versehenen Adresse, Inhalts welcher Schriftstücke die Unterzeichner dem Angeschuldigten ihre volle Hochachtung und ihr Vertrauern zu erkennen geben“, Disziplinar Akten, GStA PK und Möller (Anm. 24), 21: auf 52 Bogen etwa 1700 Unterschriften. Diese Liste liegt in den Disziplinarakten.

43 Disziplinar Akten, GStA PK und Möller (Anm. 24), 20–25.

zurückgewiesen hatte, ein solcher Toast müsse als „Ausdruck der Sympathie" gelten und stelle eine „direkt gegen die Allerhöchste Willensäußerung und die Regierung Seiner Majestät gerichteten feindselige Demonstration" dar. Noch schwerer wiege, dass am 10. Juni unter Möllers Präsidium die Versammlung die Presseverordnung vom 1. Juni als verfassungswidrig verurteilt habe. „Die Betheiligung an diesen (regierungsfeindlichen) Demonstrationen aber seitens des Angeschuldigten als eines königlichen Beamten und die Art und Weise seiner Betheiligung enthält ein Dienstvergehen der allerschwersten Art, nämlich eine schwere Verletzung seiner Amtspflichten und ein der Achtung, des Ansehens und Vertrauens, die sein Beruf erfordert, unwürdiges Verhalten". Die Verpflichtung zu Treue und Gehorsam beziehe sich auf „die gesammte Haltung des Beamten", nicht nur auf einzelne Amtsgeschäfte.[44]

In seiner Appellationsschrift (2. Januar 1864) wandte Justizrath Dorn ein: Als Regierungshandlungen (in vorkonstitutioneller Zeit) noch allein vom König ausgingen, „konnte jede Opposition ... als ein gegen den Willen seiner Majestät gerichtetes Auflehnen gelten". Doch nun hätten Minister das Regierungshandeln zu verantworten, und eine Opposition gegen die Regierung könne nicht als ein Bruch der Treue und des Gehorsams gegen den König ausgelegt werden. „Ein Beschuldigter darf verlangen, daß er nach dem gegenwärtig geltenden Staatsrecht beurtheilt werde". Für die Staatsanwaltschaft hielt de la Croix entgegen:[45] „Den Beweis aber ..., daß nach Emanation der Verfassungs-Urkunde der Begriff der Treue gegen des Königs-Majestät ein anderer geworden sei, hat der Angeschuldigte nicht geführt. Auch jetzt steht verfassungsmäßig dem Könige allein die vollziehende Gewalt zu. Gegen das, was vom Könige oder seinen berufenen Organen in Ausübung dieser Gewalt ausgeht, steht dem Beamten nur das Recht der Gegenvorstellung bis an die Stufen des Thrones und äußerstenfalls das Recht des Austritts aus dem Staatsdienst zu". Eine Milderung des Strafmaßes komme nicht in Betracht, denn Möllers Handlungsweise sei „ganz unberufen" gewesen und konnte keinen anderen „Zweck haben ..., als den der Oppositionsmacherei". Er habe „nicht ungewarnt seine Betheiligung an den Bestrebungen der Umsturzparthei fortgesetzt". Dass er als Arzt tüchtig sei, werde nicht bezweifelt, das könne ihm „aber hier nicht zu Statten kommen".

44 In der Urteilsbegründung hieß es weiter: „Durch seine Betheiligung an denen Demonstrationen, welche sich in feindseliger Weise unmittelbar gegen die Allerhöchste Willensäußerung [auf] die Regierung Seiner Majestät gerichtet waren, [habe er] die Treue und den Gehorsam, welche er dem Könige geschworen, verleugnet". Er sei auch als akademischer Lehrer kein Vorbild für die Jugend gewesen; Disziplinar Akten, GStA PK und Möller (Anm. 24), 25.

45 Berlin, 19. Januar 1864, Disziplinar Akten, GStA PK.

„Die Verhandlung zweiter Instanz fand in der Sitzung des K. Staatsministeriums vom 9. Februar d. J. (1864) statt".[46] Möllers Berufung wurde als „unbegründet" zurückgewiesen.[47] Der Angeschuldigte lasse nicht erkennen, dass „seine Handlungsweise [aus einer] Übereilung oder aus leidenschaftlicher Erregung hervorgegangen" sei, er vermeide vielmehr „jede Andeutung, welche hoffen und erwarten lassen könnte, daß er sich in Zukunft der Theilnahme an politischen Demonstrationen gegen die Regierung enthalten werde. Er behauptet vielmehr das Recht des Beamten gegen das Staats-Ministerium politische Opposition zu machen und durch öffentliche Kundgebungen die Akte der Regierung Seiner Maj. des Königs anzugreifen. Dieser principielle Standpunkt, durch welchen der Angeschuldigte sich systematisch mit der bestehenden Staatsverfassung und insbesondere mit seiner Amtspflicht in den entschiedensten Widerspruch stellt, erfordert eine strenge Beurtheilung". Auch seine Behauptung, die in Königsberg beschlossenen Resolutionen seien lediglich gegen die Minister gerichtet gewesen, treffe nicht zu. „Die erste der beiden oben erwähnten Resolutionen der Versammlung vom 10. Juni v.J. drückt das Einverständniß mit den bisher von dem Abgeordnetenhause vertretenen Grundsätzen aus. Diese Adresse war an des Königs Majestät gerichtet und Allerhöchstdieselben haben darauf in der von den Ministern nicht contrasignierten Antwort vom 26. Mai v.J. unter Zurückweisung der verschiedenen vom Hause vorgetragenen, unbegründeten Beschwerden und Behauptungen die entschiedenste Mißbilligung der Adresse zu erkennen gegeben. Die zweite Resolution aber, bei welcher sich der Angeschuldigte betheiligt hat, erklärt die Verordnung vom 1. Juni v.J. für verfassungswidrig, obwohl dieselbe von der Königs Majestät erlassen worden ist". Möllers Vergehen könne deshalb nur mit einer Dienstentlassung bestraft werden.

In dem Disziplinarverfahren spielte die Frage, ob die Presseverordnung vom 1. Juni 1863 verfassungswidrig sei oder nicht, keine Rolle. Die Opposition gegen die Verordnung war jedoch inzwischen weit verbreitet. Nicht nur das Heidelberger Spruchcollegium, auch die Spruchcollegien der Universitäten Göttingen und Kiel[48] gaben ablehnende Voten ab.

46 Möller (Anm. 24), 28 und Disziplinar Akten, GStA PK.

47 R. Paetau (Bearb.), Acta Borussica, Reihe 1, Bd. 5, Hildesheim 2001, Nr. 323, 9. Februar 1864, 215. In den Disziplinar Akten, GStA PK liegt eine beglaubigte und gesiegelte Abschrift des Urteils, Berlin 14. März 1864.

48 Rechtsgutachten der Juristen-Fakultät auf der Christian-Albrechts Universität zu Kiel über die Preußische Preßverordnung vom 1. Juni 1863, erschienen im Verlag Reimer, Berlin 1863. Der Verleger Reimer und Prof. Dr. Gneist erbaten das Gutachten; dazu auch Rechtsgutachten der Juristenfakultät auf der Königlich Hannoverschen Georg-August-Universität zu Göttingen über die Preußische Preßverordnung vom 1. Juni 1863, Berlin 1863.

König Wilhelm löste das Preußische Abgeordnetenhaus am 27. Mai 1863 auf, die Neuwahlen fanden am 25. Oktober statt, die erste Sitzung war auf den 9. November angesetzt. Die „Provinzial-Correspondenz"[49] meldete dazu u. a.: „Die Regierung hat seit dem Schlusse des Landtages nur eine wichtige Maßregel ergriffen: sie hat durch die Preßverordnung dem früheren zügellosen und leidenschaftlichen Treiben der Zeitungen einige Mäßigung auferlegt. Sie hegt das Vertrauen, hierdurch auf die Beruhigung der öffentlichen Meinung soweit gewirkt zu haben, um eine unbefangenere Würdigung ihres Strebens erwarten zu dürfen". Doch selbst eine neue Version der Verordnung, nach der den Gerichten wieder die Entscheidungsbefugnis zukommen sollte, lehnte das Abgeordnetenhaus am 19. November 1863 ab.[50] Das Herrenhaus dagegen begrüßte die Verordnung (17. November 1863): Es könne nur mit Dank als eine dem Lande erwiesene Wohltat anerkannt werden, „wenn die Regierung ... den dringendsten Übelständen ... Schranken setze" und billigte die Verordnung mit 77:8 Stimmen.[51]

Am 21. November zog die Regierung die Presseverordnung vom 1. Juni 1863 durch eine Bekanntmachung im Gesetzblatt förmlich zurück,[52] am 19. Januar 1864 erklärte das Abgeordnetenhaus sie für ungültig. Alle diese Entscheidungen blieben für Möller ohne Relevanz. Für ihn selbst zählte nur das Schlusswort in seinen „Actenstücken": „Ich bereue keinen Schritt, den ich gethan. Denn ich bin mir bewußt, das Recht des Landes, das Recht meiner bisherigen Standesgenossen nach Kräften vertheidigt zu haben. Und ich kann den Ausgang kaum bedauern. Gestellt zwischen Ehre und Vortheil, kenne [ich] nur den Wahlspruch: Alles verloren – nur die Ehre nicht! Königsberg im März 1864".[53] Möller musste den Unterhalt für seine Familie nun allein aus seiner Praxistätigkeit bestreiten.[54] Seine politische Arbeit gab er darüber nicht auf. Er

Der Volltext ist einzusehen über: http://www.ub.uni-koeln.de/cdm/ref/collection/mono19/id/32223.

49 Ausgabe vom 9. November 1863, gedruckt und verlegt in der Königlichen Geheimen Ober-Hofbuchdruckerei (R. Decker).

50 Fischer-Frauendienst, Bismarcks Pressepolitik (wie Anm. 9), 20.

51 Königlich Preußischer Staatsanzeiger, Ausgaben vom 17. und 20. November 1863, 2328, 2353.

52 Gesetzsammlung für die Königlich-Preußischen Staaten, Ausgabe vom 24. November 1863, 705: „Auf Antrag des Staatsministeriums, in Gemäßheit des Art. 63 der Verfassung" bestimmte „§ 1: Die unter dem 1. Juni d. J. erlassene Verordnung ... wird hiermit aufgehoben und tritt mit dem heutigen Tage außer Kraft. § 2 Das Staatsministerium wird mit der Ausführung dieser Verordnung beauftragt. Berlin 21. November 1963".

53 Möller (Anm. 24), 31.

54 Im Laufe des Disziplinarverfahrens gab er 1863 an, dass ihm als Professor 600 RTh, als Medicinalrat 250 RTh zustünden.

war Mitglied des ostpreußischen Provinziallandtages (1881–1884) und ließ sich als Mitglied der Deutschen Fortschrittspartei, bzw. Deutschen Freisinnigen Partei, in den Reichstag wählen (1881–1887).[55] Am 29. August 1887 starb er in Königsberg.

55 Angaben aus der Datenbank: BIORAB-Kaiserreich, Personendaten: Professor Dr. Julius Möller (eingesehen am 22.5.2019).

Klaus-Peter Schroeder

„Was stehet nun noch der Emancipation der Juden im Wege?"

Nur in wenigen Bibliotheken des deutschsprachigen Raums findet sich noch die bemerkenswerte, mehr als 50 Druckseiten umfassende Streitschrift „Ein Wort über die Emancipation der Bekenner Mosaischen Glaubens in Baden".[1] Der Autor bleibt zwar anonym, im Deckblatt weist er jedoch darauf hin, dass die 1831 im Verlag Winter zu Heidelberg erschienene Pasquille aus der Feder eines „christlichen Badenser(s)" stammt. Badener oder auch „Badenser" war der Katholik Heinrich Zoepfl, Verfasser dieser Kampfschrift, noch nicht lange, denn erst mit der Übertragung einer Privatdozentur an der Heidelberger Ruperto Carolina hatte er 1828 die badische Staatsangehörigkeit erlangt; gleichzeitig schied er, geboren 1807 in Bamberg, aus dem bayerischen Untertanenverband aus. Unmittelbarer Anlass, sich auf diese hochbrisante Thematik näher einzulassen, bildeten die Debatten im badischen Ständehaus über die rechtliche Gleichstellung der jüdischen Einwohner mit „den übrigen Staatsbürgern in den politischen und bürgerlichen Rechten".[2] Neue Hoffnungen auf ihre volle Gleichberechtigung verbanden die Badener Juden mit dem Reformlandtag des Jahres 1831, nachdem in der Vergangenheit vermeintliche Fortschritte von den unterschiedlichsten Kräften immer wieder umgangen oder zumindest gehemmt wurden.[3]

Als eigentliche „Magna Charta" der im Großherzogtum Baden lebenden Juden gilt das 43 Artikel umfassende „Constitutionsedict der Juden" vom 1. Februar 1809, welches am 1. Juli 1809 in Kraft trat.[4] Im Prinzip war damit die

1 Universitätsbibliothek Heidelberg (UBH), Cod. Heid. 365, 94. – Angeboten wurde die bereits im Band 24 der „Heidelberger Jahrbücher der Literatur" von 1831 angezeigte Broschüre zu einem Preis von 24 Kreuzern (S. XXIII).

2 Vgl. K. Steinacker, Art. Emancipation der Juden, in: C. Rotteck/C. Th. Welcker (Hrsg.), Staats-Lexikon oder Encyklopädie der sämmtlichen Staatswissenschaften für alle Stände in Verbindung mit vielen der angesehensten Publicisten Deutschlands, Bd. 7, Altona 1847, S. 22.

3 Ausführlich hierzu R. Rürup, Die Judenemanzipation in Baden, in: ZGO 114 (1966), S. 241–300 (272 ff.).

völlige Emanzipation der jüdischen Minderheit in wichtigen Bereichen verwirklicht. Wie nicht anders zu erwarten, stieß die Durchführung jenes wegweisenden, von vielen ausländischen Stimmen als „Muster einer weisen und liberalen Gesetzgebung" gerühmten Edikts auf vielfältige Schwierigkeiten und mancherlei Vorbehalte.[5] Ein weiterer, wichtiger Schritt zur vollständigen Gleichstellung der Juden erfolgte mit der Aufhebung der Schutzgelder der Juden durch die Gewerbesteuerordnung vom 6. April 1815.[6] Dennoch bestanden erhebliche Zweifel hinsichtlich der bereits eingeleiteten Schritte: So war in § 8 des Ersten Konstitutionsedikts vom 14. Mai 1807 zwar festgelegt worden, dass Staatsbürger, die nicht einer der drei christlichen Konfessionen angehörten, „von exekutiven Dienststellen des Staates nicht ausgeschlossen sind." Da jedoch von Beginn an Unklarheiten darüber bestanden, was unter „exekutiven Stellen" zu verstehen ist, waren Juden praktisch weiterhin vom Staatsdienst gänzlich ausgeschlossen. Völlig kompromisslos lehnte der Akademische Senat der Universität Heidelberg noch 1815 die Anstellung eines Privatdozenten israelitischer Konfession ab: „Der Stand eines akademischen Lehrers muß als zu ehrwürdig geachtet werden, als daß er durch Intrigengeist, Eigennutz und Zudringlichkeit eines jüdischen Mitgliedes entweihet werden dürfte. Denn daß diese Gesinnungen bei den Juden im Ganzen vorherrschen, kann nach der täglichen Erfahrung nicht geleugnet werden."[7] Nur wenige Jahre später, 1818, stellte das badische Innenministerium in bemerkenswerter Offenheit klar, „daß dasjenige, was das Edikt von 1809 zu ihrem Vortheil festsetzt, nicht allein näher bestimmt, sondern sehr beschränkt werden müsse, wenn die völlige Gleichstellung derselben nicht zum großen Nachtheil der Christen gereichen solle."[8]

Im Gefolge der durch den Wiener Kongress eingeleiteten politischen und rechtlichen Umwälzungen diskutierte man auch in Baden im Anschluss an Art. 16 der Bundesakte erneut über die Problematik einer völligen rechtlichen Gleichstellung der Juden.[9] Jener Artikel enthielt lediglich eine allgemeine Zusicherung der Beratung und Entscheidung über die Frage der Judenemanzipation durch die Bundesversammlung wie auch eine Garantie des gegenwärtigen

4 Großherzoglich-Badisches Regierungsblatt 1809, Nr. 6, S. 29–44; Rürup (o. Anm. 3), S. 255 f. i. V. mit Anm. 60.

5 S. C. Würtz, Johann Niklas Friedrich Brauer (1754–1813) – Badischer Reformer in napoleonischer Zeit, Stuttgart 2005, S. 259 ff.; Rürup (o. Anm. 3), S. 258 ff.

6 Großherzoglich-badisches Regierungsblatt 1815, Nr. 5, S. 21 ff.

7 Zit. nach M. Richarz, Der Eintritt der Juden in die akademischen Berufe – Jüdische Studenten und Akademiker in Deutschland 1678–1848, Tübingen 1974, S. 170.

8 Zit. nach Rürup (o. Anm. 3), S. 261.

9 Entgegen ihren Absichten setzten Österreich und Preußen auf dem Wiener Kongress keine einheitlichen Regelungen für die Ausgestaltung der Judenemanzipation durch.

Rechtszustandes der Juden in dem jeweiligen Staat des Deutschen Bundes; erhalten bleiben sollte ihnen danach die „von den Bundesstaaten bereits eingeräumten Rechte."[10] Charakteristisch sind die Verschwommenheit und die zu nichts verpflichtende Fassung dieses Artikels. Bis zum Ende des Deutschen Bundes kam jener Bestimmung nur papierner Wert zu; über vorbereitende Kommissionssitzungen gelangte man nicht hinaus. Verpasst war damit die Chance, auf dem Wiener Kongress eine einheitliche Emanzipationsregelung für den gesamten Deutschen Bund durchzusetzen.

Aber in der von Art. 16 ausgehenden, neuen öffentlichen Diskussion gewannen nunmehr emanzipationsfeindliche Stimmen das Übergewicht. Zu ihrem Chor zählten die Heidelberger Professoren Heinrich Paulus und Jakob Friedrich Fries. Letzterer wurde nach seinem Wechsel an die Universität Jena 1817 im Zusammenhang mit der Ermordung Kotzebues suspendiert.[11] Beträchtlichen Widerhall fand während der Heidelberger Semester des Philosophielehrers und Kantschülers Fries seine judenfeindliche Streitschrift mit dem bezeichnenden Titel „Über die Gefährdung des Wohlstandes und des Charakters der Deutschen durch die Juden", 1816 zu Heidelberg publiziert. Die Juden sind, so hieß es, „eine international verflochtene Gemeinschaft prellsüchtiger Trödler und Händler, eine Pest und Völkerkrankheit, die es mit Stumpf und Stiel auszurotten gilt."[12]

Vergeblich sucht man gleichfalls in der liberalen Verfassung des Großherzogtums Baden vom 22. August 1818 nach feststellbaren Fortschritten und grundlegenden Änderungen im Bereich der Judenemanzipation. Bezeichnend ist § 7 der Verfassungsurkunde, welcher besagt: „Die Staatsbürgerlichen Rechte der Badener sind gleich in jeder Hinsicht, wo die Verfassung nicht namentlich und ausdrücklich eine Ausnahme begründet".[13] Und solche Ausnahmen finden sich nur wenige Sätze weiter in § 9: „Alle Staatsbürger von den drey christli-

10 In letzter Minute hatte man in der Bundesakte das Wörtchen „in" durch „von" ersetzt, was die durch die französische Gesetzgebung eingeleitete Emanzipation praktisch von der Garantie ausnahm.

11 Zu Paulus und seinen einflussreichen, 1817 publizierten „Beiträge(n) von jüdischen und christlichen Gelehrten zur Verbesserung der Bekenner des jüdischen Glaubens", die noch die Debatten des Badischen Landtages über die Emanzipationsfrage negativ bestimmten, vgl. Rürup (o. Anm. 3), S. 273 f.; D. Drüll, Heidelberger Gelehrtenlexikon, 2. Aufl., Heidelberg 2019, 1803–1932, S. 596 f.; zu Fries ebda., S. 257 f.

12 Zunächst publiziert als Rezension in: Heidelbergische Jahrbücher der Litteratur 1816, S. 241 ff.; danach als Separatdruck veröffentlicht. – Ausführlich zu dieser Streitschrift J. Katz, Vom Vorurteil bis zur Vernichtung: Der Antisemitismus 1700–1933, München 1989, S. 85 ff.; M. Krauss, Zwischen Emanzipation und Antisemitismus (1802 bis 1862), in: P. Blum (Hrsg.), Geschichte der Juden in Heidelberg, Heidelberg 1969, S. 154–216 (175 ff.).

chen Confessionen haben zu allen Civil- und MilitarStellen und KirchenAemtern gleiche Ansprüche" und in § 19: „Die politischen Rechte der drey christlichen Religionstheile sind gleich." Überdies wurde in § 37 die Wählbarkeit zum Abgeordneten in der Zweiten Kammer ebenfalls an die christliche Konfession gebunden; das aktive Wahlrecht stand Juden allerdings ohne jegliche Einschränkungen zu. Schwierigkeiten ergaben sich aber bei der Interpretation des § 9, den man anfänglich so verstand, dass Juden von sämtlichen Staatsämtern ausgeschlossen sind. Eine solche Auslegung stand jedoch im klaren Widerspruch zu der Garantie des gegenwärtigen Rechtszustandes nach Art. 16 der Bundesakte, da Juden bereits 1807 der Zugang zu den „exekutiven Dienststellen des Staates" eröffnet worden war. Nach 1830 einigte man sich auf die Interpretation, dass § 9 zwar keinen Anspruch der Juden auf Zulassung zum Staatsdienst begründet, dem Großherzog aber das Recht zustehe, nach eigenem Ermessen Juden zum Staatsdienst zuzulassen.[14] Noch hielt man sie, wie die nachfolgenden parlamentarischen Debatten aufzeigten, nicht für „reif" zur Erlangung weiterer Rechte. Gleichfalls konnte man sich nicht dazu entschließen, in den Gemeinden jüdischen und christlichen Schutzbürgern gleiche Rechte zuzugestehen.[15] Offen sprach der Abgeordnete Hitzig aus, dass die in der Verfassung verankerte Rechtsgleichheit zumindest vorläufig den Juden keinesfalls unbeschränkt zustehe.[16]

Der allgemeine Stimmungsumschwung setzte sich in den Beratungen der Zweiten Kammer 1822/23 zu Karlsruhe fort. Auch der liberale Heidelberger Abgeordnete Friedrich Christian Winter warnte unmittelbar nach den Unruhen des Jahres 1819 in seiner Vaterstadt vor einem weiteren Voranschreiten auf dem Weg zur Rechtsgleichheit, da man dann „durch dieses allzu schnelle Emporheben der Juden ein altes mir von Grund der Seele verhaßtes Vorurteil, kaum auf dem Wege gewesen, sich zu verlieren, wieder hervorgerufen und hervor gereizt hat."[17] Einen gänzlich anderen Ton schlug der freisinnige Freiburger Rechtsprofessor Johann Georg Duttlinger gelegentlich der Debatte über eine Verbesserung des jüdischen Religions- und Schulunterrichts 1822/23 an: „Man hasse und verfolge ihn (sc. den Juden) und verlange, daß er Teilnahme und Liebe für uns habe; man unterdrücke ihn und klage ihn an, daß er sich nicht erhebe; man stoße und werfe ihm vor, daß er nicht voranschreite; man wolle Bürgertugenden von ihm und entziehe ihm die Rechte des Bürgers; man verlange Fortbil-

13 Zit. nach dem Abdruck im Großherzoglich-Badischen Staats- und Regierungs-Blatt Nr. 18, S. 101 ff. (102).

14 Hierzu Rürup (o. Anm. 3), S. 262 i. V. mit Fußn. 88.

15 Zit. nach Rürup (o. Anm. 3), S. 266.

16 Rürup (o. Anm. 3), S. 267.

17 Zit. nach Rürup (o. Anm. 3), S. 266.

dung der Juden und entziehe ihm die Mittel, die alleine dazu führen könnten; man schließe ihn aus, weil er nicht gebildet sei, und lasse ihn ungebildet, weil er ausgeschlossen sei.“[18] Aber diese Stimme blieb vereinzelt. Denn die judenfeindlichen Pamphlete zeitigten Wirkung: Nahezu 2500 antisemitische Bücher, Broschüren, Zeitungsartikel und Flugschriften, deren Ton immer gehässiger wurde, erschienen in der Zeit zwischen dem Wiener Kongress und der Revolution von 1848. So nimmt es kein Wunder, dass sich die in der Bevölkerung tief sitzenden antijüdischen Ressentiments verstärkten.

Längst erschallten während der Krisenjahre um 1820 in einzelnen Regionen und Gemeinden Süddeutschlands wieder die berüchtigten Hep-Hep-Rufe. Während der letzten Tage des Monats August 1819 entlud sich dann auch in Heidelberg der angestaute, von demagogischen Hetzern entfesselte Volkszorn: Eine aufgestachelte Menschenmenge erstürmte die Häuser jüdischer Klein- und Trödelhändler, gelegen in der Unteren Straße und am Heumarkt;[19] ihre Wohnungen wurden geplündert, Hausrat und Waren zerstört. Ein als rabiat bekannter Müllermeister kündigte gar „im Rausch“ die Ermordung aller Juden an. Er wurde noch am gleichen Tag von der Polizeibehörde festgenommen und im Rathaus arretiert. Ihren Beschluss fanden die sich bis in die Abendstunden hineinziehenden Krawalle durch das beherzte Eingreifen von etwa 200 Studenten. Da die kommunale Polizei und das Militär den Exzessen scheinbar machtlos gegenüber standen, stellten die Studenten mit dem Ruf „Burschen heraus“ – dem jeder Akademiker gemäß dem studentischen Ehrenkodex mit dem Schläger in der Hand Folge zu leisten hatte – die Ruhe wieder her.[20]

Erst sehr spät wurde Juden der Zugang zur Universität ermöglicht. In der sorgfältig geführten Matrikel der Heidelberger Universität erscheint als erster jüdischer Student, welcher sich unter dem 11. April 1808 für das juristische Fach einschrieb, ein David Samuel aus Mamelsdorf, gelegen in Bayerisch Franken.[21] Bis zum Jahr 1810 folgen noch vier Jurastudenten jüdischen Glaubens nach, bis 1819 weitere 15.[22] Bei der „Doktorpromotion“, einer rein universitären Prüfung, bestanden keinerlei Hürden für jüdische Kandidaten. Nicht völlig

18 Zit. nach Rürup (o. Anm. 3), S. 267 i. V. mit Fußn. 104.

19 S. zu diesen Vorfällen im Einzelnen Krauss, in: Blum (o. Anm. 12), S. 181 ff.

20 Zit. nach W. Pfitzner, Der Heidelberger Judensturm 1819. Bericht eines Augenzeugen, in: Akademische Monatshefte 3 (1886/87), S. 207–209 (208 f.); Universitätsarchiv Heidelberg (UAH), Senatsprotokolle 1819 über die Sitzung vom 26.8.1819 (S. 71–75).

21 Vgl. G. Toepke/P. Hintzelmann, Die Matrikel der Universität Heidelberg, Bd. V, Heidelberg 1907, S. 13.

22 U. a. Nathan Stiefel aus Frankfurt a. M., M. L. Gottschalk aus Frankfurt a. M. und Carl Leopold Goldschmidt, gleichfalls aus Frankfurt a. M. (vgl. Toepke/Hintzelmann [o. Anm. 21], S. 16, 20, 23).

problemfrei gestaltete sich freilich für den jüdischen Doktoranden die Ablegung des Promotionseides, der noch die christliche Eidesformel „Ita me Deus adjuvet et sacrosanctum ejus evangelium" enthielt und für einen Juden in dieser Form nicht akzeptabel war. Der Staatsrechtslehrer Carl Salomo Zachariae war es, welcher als eine alle Seiten befriedigende Lösung vorschlug, sich zukünftig auf die schlichte Bekräftigung „Ita me Deus adjuvet" zu beschränken, was im Kreis seiner Fakultätskollegen einhelligen Beifall fand.[23] Erzielt war damit die völlige rechtliche Gleichstellung von Kandidaten mosaischer und christlicher Konfession. Die Vergabe des juristischen Doktortitels an Juden war bei der Großherzoglich-Badischen Ruperto Carola keine Seltenheit. Auch dies trug im Kreis jüdischer Studierwilliger zur Attraktivität Heidelbergs im Allgemeinen und seiner Juristischen Fakultät im Besonderen bei.[24]

Im bezeichnenden Gegensatz zu Preußen und Bayern stand im Großherzogtum Baden Juden der Zugang zu Staatsämtern – zu „exekutiven Dienststellen" – grundsätzlich offen.[25] Mayer David Ullman, gebürtig aus einer der angesehensten Rabbinerfamilien Mannheims, konnte als erster jüdischer Jurastudent die Staatsprüfung ablegen und 1815 die Ausbildung als Rechtspraktikant aufnehmen; immatrikuliert hatte er sich am 19. Oktober 1809 an der Heidelberger Universität für das Fach Kameralistik.[26] Verschlossen blieb aber auch Ullman ebenso wie seinen ihm nachfolgenden Glaubensbrüdern der Zugang zu Staatsämtern, sprach doch späterhin die badische Verfassung von 1818 allein von den christlichen Konfessionen. Die restaurative Grundstimmung seit 1815 wirkte sich, offen sichtbar für alle, gegen die Emanzipation der Juden aus, wodurch letztlich eine Integration der jüdischen akademischen Elite in Staat und Gesellschaft verhindert wurde. In der alltäglich geübten Praxis des Großherzogtums Baden galten Juden während des gesamten Vormärzes als nicht geeignet für den Staatsdienst. Unter der Führung Karl von Rottecks sprach sich die Mehrheit der Liberalen gelegentlich der zahllosen Landtagsdebatten über die Judenfrage gegen eine nachhaltige Erweiterung der Emanzipation aus, solange nicht eine grundlegende Reform der jüdischen Religion erfolgt sei.[27]

Überraschend liberal verhielt sich vor diesem Hintergrund der badische Staat aber bei der Zulassung von jüdischen Juristen zur Anwaltschaft. Ohne weitere Bedingungen konnten sie als Advokaten bestallt werden, war doch der

23 Vgl. S. Baur, Vor vier Höllenrichtern ... Die Lizentiats- und Doktorpromotionen an der Juristischen Fakultät der Universität Heidelberg, Frankfurt am Main 2008, S. 133.

24 In Berlin vertrat man hingegen die These, dass „boni mores violantur si quis Doctor iuris utriusque creetur, qui religioni Christianae non addictus sit."

25 Vgl. Richarz (o. Anm. 7), S. 206 ff.

26 Unter dem 18.4.1813 (Toepke/Hintzelmann, Bd. V [o. Anm. 21], S. 39).

27 Ausführlich hierzu Rürup (o. Anm. 3), S. 277 ff.

akademische Beruf des Anwalts mit keiner Beamtung verbunden. Dies galt auch für Privatdozenten, da nach Erlangung der Dozentur gleichfalls kein Anspruch auf eine Professur oder ein sonstiges universitäres Amt bestand. Bis 1818 wurden drei Privatdozenten an der Universität zugelassen, drei weitere folgten nach 1836: An keiner einzigen Hochschule im deutschsprachigen Raum habilitierten sich so viele jüdische Akademiker wie im Heidelberg des Vormärzes. Nicht bereit zeigte sich aber die Heidelberger Juristische Fakultät, Privatdozenten mosaischen Glaubens als gleichberechtigte Mitglieder in ihre Reihen aufzunehmen. Dies musste Sigmund Zimmern leidvoll erfahren, welcher zwar zur Habilitation zugelassen wurde, dem man aber aufgrund seiner jüdischen Konfession die Ernennung zum „Professor extraordinarius" verweigerte. Als Dekan arbeitete Anton Friedrich Justus Thibaut ein ausführliches Gutachten der Fakultät zur Causa Zimmern aus. In diesem zeigte er in schonungsloser Offenheit die unüberwindbaren Schranken bei der Frage auf, einen Juden als gleichberechtigtes Mitglied des Kollegiums zu akzeptieren.[28] Zugeleitet wurde es zunächst dem Engeren Akademischen Senat, welcher sich nicht allein den Ausführungen der Juristischen Fakultät anschloss, sondern sich veranlasst sah, weitere Ablehnungsgründe anzuführen, deren Schwerpunkte auf der Vorstellung eines „christlichen Staats" lagen: „Der Geist des Christentums ist durchaus der Geist der akademischen Korporationen. Die Universitäten, und namentlich die älteste in Deutschland, Heidelberg, sind aus und in der christlichen Religion entstanden. ... Sowie andre Glaubensgenossen eintreten (der Privatdozent gehört noch nicht zum corpus), so wird ihr inneres Band und Wesen aufgelöst. Die nächste äußere Folge wäre ein öffentlicher Indifferentismus, besonders unsern Zeiten gefährlich, und dessen Unheil nicht abzusehen ist. Wir brauchen nur zu berühren, wie die Throne und Altäre durch denselben erschüttert werden, und was alsdann den Juden selbst wegen ihrer gefürchteten Geldmacht und ihres Nationalzusammenhanges drohte ... Insbesondere zeigt es sich auch, wie sehr es dem Geiste des Ganzen widerspricht, wenn ein Jude Professor der Jurisprudenz würde, da ein jeder Professor, auch der außerordentliche Professor in seiner Fakultät das Recht hat, in allen darin vorkommenden Disziplinen Vorlesungen zu halten. Sollte der Jude auch kanonisches und Kirchenrecht, Rechtsphilosophie und Geschichte, die so tief in das Christentum eingreift, lesen dürfen, so ist leicht abzusehen, wohin das führen würde. Endlich würde durch eine solche Anstellung die Universität Heidelberg die erste sein, welche ein in ganz Deutschland, ja Europa übel angesehenes Beispiel gäbe."[29] Zimmern wusste,

28 Zit. nach R. Polley, Anton Friedrich Justus Thibaut (ADF 1772–1840) in seinen Selbstzeugnissen und Briefen, Teil 2: Briefwechsel, Frankfurt am Main 1982, Nr. 299 a S. 584; veröffentlicht bei W. Küper (Hrsg.), Heidelberger Strafrechtslehrer im 19. und 20. Jahrhundert, Heidelberg 1986, S. 1–42 (16 i. V. mit Fußn. 9).

dass diese Begründung ebenso scheinheilig wie vorgeschoben war. Nun erst sah er keinen anderen Ausweg mehr als die viel beschworene „Karrieretaufe";[30] am 11. September 1821 trat Sigmund Zimmern in Karlsruhe zum lutherisch-reformierten Bekenntnis über. Nur wenige Wochen nach seiner Taufe wurde Sigmund Zimmern im Oktober 1821 zum ordentlichen Professor der Rechte ernannt.[31]

Mit Friedrich Carl von Savigny wusste sich Thibaut darin einig, dass Juden der Zugang zu akademischen Lehrämtern verschlossen bleiben müsse: „Wir bitten insbesondere die Folgen zu erwägen, die es haben müßte, wenn es je dahin kommen könnte, daß ein bedeutender Teil der juristischen Lehrstellen mit Juden besetzt wäre. Zwar ist nicht zu besorgen, daß jemals das Judentum durch sie herrschend werden würde, allein unstreitig würde in den Lehrvorträgen dieser Männer entweder ein feindseliger und gehässiger Sinn gegen das Christentum und die damit innig verwebte Bildung und Verfassung unsres Staates herrschen oder (im günstigsten Fall) wenigstens ein vollkommen gleichgültiger und neutraler Sinn. Diese Lehrer also würden unfehlbar, soviel an ihnen läge, wenngleich vielleicht unabsichtlich, ihre Schüler zwar nicht zu Juden machen, wohl aber zu Nichtchristen, sowie zu Nichtdeutschen und Nichtpreußen."[32] Der Zutritt zu der akademischen Welt war ihnen allein mit dem Glaubenswechsel, dem oft benannten „Entréebillet in die bürgerliche Gesellschaft" (Heinrich Heine), eröffnet.

Dieser kompromisslosen Härte musste sich auch Gabriel Riesser beugen, der einer alten Hamburger Rabbinerfamilie entstammte. Ebenso standhaft wie unbeirrt weigerte er sich trotz aller damit verbundenen beruflichen Nachteile, „den geforderten Eingangszoll der Lüge zu entrichten."[33] Erfolglos bemühte er sich 1828 in Heidelberg um eine Privatdozentur.[34] Enttäuscht notierte Riesser, dass sein „harmloser Wunsch, sich eine Zeit lang als Dozent an einer deutschen Universität zu versuchen: ein Recht, das bekanntlich nach der altherkömmli-

29 Zit. nach J. Braun, Sigmund Zimmern (1796–1830) – ein deutsch-jüdisches Gelehrtenschicksal, dargestellt anhand von Auszügen aus Akten und Briefen, in: SavZRG (germ. Abt.) 108 (1991), S. 210–236 (224 ff.).

30 So treffend Richarz (o. Anm. 7), S. 137 Anm. 12.

31 Beschluss v. 11.10.1821 (Generallandesarchiv Karlsruhe [GLA Karlsruhe], 205/587); Senatsprotokoll v. 29.10.1821 (UAH, A-160/154, S. 52).

32 Abgedruckt bei J. Braun, Die Haltung Thibauts zu Promotion, Habilitation und Professur jüdischer Rechtsgelehrter, in: C. Hattenhauer/K.-P. Schroeder/C. Baldus (Hrsg.), A. F. J. Thibaut (1772–1840) – Bürger und Gelehrter, Tübingen 2017, S. 35–52 (49).

33 Zit. nach Richarz (o. Anm. 7), S. 184.

34 Vgl. K.-P. Schroeder, „Eine Universität für Juristen und von Juristen" – Die Heidelberger Juristische Fakultät im 19. und 20. Jahrhundert, Tübingen 2010, S. 97.

chen freien Sitte der deutschen Universitäten einem jeden Doktor ohne weiteres ... zusteht", abschlägig beschieden wurde „aus dem einzigen ausdrücklich zugefügten Grunde, weil die Zahl der in der juristischen Fakultät vorhandenen Privatdozenten bereits mehr als hinreichend sei."[35] Bemerkenswert ist, dass für die Fakultät „der Umstand, daß Dr. Riesser jüdischer Confession zugethan ist", diesmal kein Grund war, „gegen die Aufnahme des Bittstellers" zu votieren.[36] Er scheiterte jedoch an der ablehnenden Stellungnahme von Senat und Ministerium.[37] Ein erneuter Antrag, in dem Riesser eindringlich auf seine privaten Beziehungen in Heidelberg und die mit einer Ablehnung verbundenen Nachteile hinwies, änderte an der starren Haltung von Innenministerium und Senat nichts.[38]

Für Heinrich Zoepfl bildeten drei Umstände den äußeren Anlass für sein flammendes Plädoyer einer völligen rechtlichen Gleichstellung jüdischer Einwohner mit den übrigen badischen Staatsbürgern. Neben den für die Frage der Judenemanzipation enttäuschenden Verhandlungen auf dem liberalen badischen Reformlandtag des Jahres 1831 handelte es sich um die Causa Riesser wie auch dessen 1831 erschienene, 64 Seiten umfassende „klassische Schrift" über „Die Stellung der Bekenner des mosaischen Glaubens in Deutschland". Dies ist umso bemerkenswerter, als er sich damit gegen Thibaut, den unbestrittenen Doyen der Juristischen Fakultät, stellte. Und Zoepfls Position innerhalb der Fakultät erschien keineswegs gesichert; aus gutem Grunde blieb deshalb seine Autorenschaft zunächst im Dunkeln. Nur drei Jahre zuvor hatte er sich mit einer Untersuchung über die „Tutela mulierum germanica" habilitiert; völlig ungewiss war aber seine weitere akademische Laufbahn. Erst zehn Jahre später wurde er am 8. November 1838 zum „Professor extraordinarius" ernannt. Ein unbestreitbar liberales politisches Profil zeichnete ihn während der ersten Jahre seiner Dozententätigkeit an der Heidelberger Juristischen Fakultät aus. In Übereinstimmung wusste er sich dabei mit Karl Joseph Anton Mittermaier und weiteren Fakultätskollegen wie Georg Friedrich Walch und Daniel Heinrich Willy.

35 Zit. nach F. Friedländer, Das Leben Gabriel Riessers – Ein Beitrag zur inneren Geschichte Deutschlands, Berlin 1926, S. 30. – In den Fakultätsakten heißt es: „da eine mehr als hinreichende Anzahl von Docenten des juristischen und namentlich des romanistischen Lehrstuhls an dieser Universität bereits vorhanden ist" (UAH, H-II, 111/24 Bl. 75). Vgl. ebenso den Bericht des Kurators der Universität an das Ministerium des Innern vom 18.1.1830 (GLA Karlsruhe, 205/460), wie auch den Erlass des Ministeriums vom 20.1.1830: „da im juristischen Lehrfach eine mehr als hinreichende Zahl von Docenten ... vorhanden" sei.

36 Stellungnahme der Juristischen Fakultät vom 11.1.1830 (UAH, H-II, 111/24 Bl. 769).

37 Vgl. hierzu auch Krauss, in: Blum (o. Anm. 12), S. 215 f.

38 Bericht des Kurators der Universität vom 3.3.1830 (GLA Karlsruhe, 205/460); Sitzungsprotokoll des Engeren Senats vom 14.2.1830 (UAH, RA 809 Bl. 136).

Nur schwer zu bestimmen ist die politische Position Carl Salomos Zachariae von Lingenthal, welcher trotz einer konservativen Grundausrichtung in überraschend vielen Fragen liberale Positionen vertrat. Auch in diesem Bereich bleibt er eine „rätselhafte Sphinx".[39] Noch schwerer einzuordnen ist Conrad Eugen Franz Rosshirt, der seit 1819 in Heidelberg lehrte. Beschrieben wird er als „Papist und Ultramontaner", der bedingungslos, aber keineswegs aggressiv die katholische Kirchenlehre verfocht.[40]

Unmissverständlich und mit seltener Klarheit fordert Zoepfl für die jüdischen Mitbürger das Recht ein, „voller Staatsbürger zu seyn und an allen Vortheilen, Ehren und Rechten eines solchen Antheil zu nehmen." Denn – so Zoepfl weiter – „es gibt nicht eine einzige Staatsbürgerpflicht, deren Erfüllung man nicht von den Juden mit gleicher Strenge fordert, wie von den christlichen Unterthane." An die Vertreter in der badischen Ständeversammlung richtet er seinen eindringlichen Appell, „dahin mit aller Kraft zu wirken, dass die widerrechtliche Ungleichheit der gleichbelasteten Staatsbürger aus der Verfassung verschwinde." Und von der Regierung erwartet er, dass sie „auf dem nächsten Landtage den ersten Schritt thun werde, den gerechten Forderungen der israelitischen Unterthanen, den Wünschen des aufgeklärten Theiles der christlichen Religionsverwandten Realisirung zu verschaffen." Seine Forderung geht dahin, „die letzte Scheidewand zwischen den israelitischen und christlichen Einwohnern aufzuheben, und sie im Genusse aller staatsbürgerlichen Rechte gleich zu stellen." Gegen Ende des Plädoyers stellte sich für Zoepfl noch eine Gewissensfrage: „Sobald der Jude zu einer der christlichen Confessionen übertritt, so steht ihm nichts mehr im Wege, bei sonstiger Befähigung jedes Staatsamt zu erhalten: ist aber ein convertirter Jude – er sey aus Ueberzeugung oder aus anderen Gründen übergetreten – achtungswerther – kann er mehr Vertrauen erwecken, als derjenige, der aus Ueberzeugung fest an dem Glauben seiner Väter hält?" Zoepfl beschließt seine Kampfschrift mit der Aufforderung an die Ständevertreter nun endlich zu beweisen, „dass nicht Privat-Vortheil und Eigennutz – Kasten-Geist und Oppositions-Sucht die Grundlagen Eueres Liberalismus sind. Zeiget Eueren Mitbürgern – zeiget Deutschland – dass Badens Deputirte einen höheren Zweck ihrer Versammlung anerkennen, als Privilegien für sich und ihre Standes-Angehörigen zu erwirken. Lasset unser Baden – so ausgezeichnet durch treue Anhänglichkeit an seinen allgeliebten Fürsten – dem übrigen Deutschland auch auf der Bahn reiner Humanität als glänzendes Beispiel vorleuchten!"

Nur eine verschwindend kleine Minderheit – lediglich zwei Abgeordnete stimmten für eine volle und sofortige Gleichberechtigung – unter den liberalen

39 S. Schroeder (o. Anm. 34), S. 31.

40 Schroeder (o. Anm. 34), S 133.

Abgeordneten der badischen Zweiten Kammer ging so weit, sich gleich Zoepfl ebenso eindeutig wie rückhaltlos für die Emanzipation der Juden auszusprechen: „Liberale, denen es um die Volksgunst zu tun ist, haben meist Bedenken getragen, sich offen und entschieden für die Juden zu erklären; denn populair ist die Sache der Juden nicht.“[41] Zu beachten ist gleichfalls, dass die öffentliche Meinung, das oft beschworene „gesunde Volksempfinden“, gespeist über Jahrhunderte hinweg mit tradierten Befürchtungen und Vorurteilen, einer Judenemanzipation gänzlich ablehnend entgegenstand. Es verwundert daher nicht, dass das revolutionär anmutende Plädoyer des jungen Heidelberger Rechtsgelehrten für eine völlige Gleichstellung der jüdischen Einwohnerschaft Badens innerhalb des stimmgewaltigen Chors der Gegner nahezu ungehört verhallte. Auch in den nachfolgenden Jahren rekurrierte man von Landtag zu Landtag auf den Kammerbeschluss von 1831, wonach eine Reformation des Judentums die Voraussetzung für eine weitergehende Emanzipation der Juden bildet. Mit der Revolution von 1848 schien sich jedoch der Emanzipationsgedanke endgültig durchzusetzen. Aber wiederum konnte auch im Großherzogtum Baden nur eine Teillösung erreicht werden, nachdem der Sturm der revolutionären Bewegung abgeklungen war. Zwar hatten Juden 1848/49 die staatsbürgerliche Gleichberechtigung erlangt, aber verweigert wurde ihnen noch die volle gemeindebürgerliche Gleichberechtigung. Den endgültigen Abschluss der Judenemanzipation in Baden brachte dann das Jahr 1862 mit dem „Gesetz, die bürgerliche Gleichstellung der Israeliten betreffend“, das alle bis dahin noch geltenden Sonderbestimmungen gegenüber Juden beseitigte. Mit Genugtuung wird auch Zoepfl notiert haben, dass die Forderungen, die er in seiner dreißig Jahre zuvor publizierten Kampfschrift erhoben hatte, nun endlich erfüllt wurden. Gänzlich erfolglos war diese Abhandlung aber nicht geblieben, denn sie bildete den Hintergrund für die Beauftragung des nunmehr schon über die Grenzen Heidelbergs bekannten Großherzoglich-Badischen Hofrats und Ordinarius für Staatsrecht Dr. Heinrich Zoepfl durch die jüdische Gemeinde Frankfurts. Sie wünschte 1852 ein „Rechts-Gutachten über die fortdauernde Gültigkeit der in der freien Stadt Frankfurt den Israeliten, Landbewohnern und Beisassen gesetzlich verliehene Gleichstellung mit den christlichen Stadtbürgern“.[42]

Im sogenannten Reluitionsvertrag vom 28.Dezember 1811 war den Frankfurter Juden durch Großherzog Karl Theodor von Dalberg, dem ehemaligen Fürstprimas des Rheinbundes, die vollständige rechtliche Gleichstellung gegen eine Ablösungssumme von 440 000 Gulden zugestanden worden. Nach dem Zusammenbruch der Dalbergschen Herrschaft erklärte der Frankfurter Senat

41 Zit. nach dem Artikel „Emanzipation der Juden“ in: Brockhaus. Allgemeine deutsche Realenzyklopädie für die gebildeten Stände, 9. Aufl., Stuttgart 1844, S. 688.

42 UBH, Heid. Hs. 1938, Verzeichnis II Nr. 12; Druckfassung: UBH, Cod. Heid. 365, 76.

diesen Vertrag Ende Januar 1814 für rechtsunwirksam, so dass für die Juden Frankfurts wieder die „Judenstättigkeit" von 1616 mit all ihren diskriminierenden Einschränkungen Geltung beanspruchte.[43] Nahezu völlig obsolet wurden die Dalbergschen Reformen durch die Constitutions-Ergänzungs-Acte von 1816, welche die jüdische Rechtsgleichheit definitiv beendete. Unversehens zurückversetzt sah sich die israelitische Gemeinde in die städtische Rechtsordnung des Mittelalters; aufgehoben blieb einzig der Ghettozwang. Im Widerspruch zu Art. 16 der Bundesakte beanspruchte Frankfurt nach Art. 7 der Constitutions-Ergänzungs-Acte „wie jeder christliche Staat ... die bürgerlichen Recht seiner jüdischen Einwohner nach den eigenen Lokalitäten so zu regulieren, dass der Nahrungs- und Gewerbsstand der christlichen Bürgerschaft, als des wesentlichsten Bestandtheils des christlichen Staates, daneben bestehen kann."[44] Die Frankfurter Juden blieben ausgeschlossen von der Wahl in sämtliche öffentliche Ausschüsse, von der Teilhabe an der Gesetzgebenden Versammlung – legislatives Organ der Frankfurter Verfassung –, und wurden weitgehend beschränkt in den Bereichen des Handels, des Immobilienerwerbs und der Freizügigkeit. In dem unveröffentlichten Entwurf eines „Regulativs" aus dem Jahr 1817 fand die Judenpolitik des Senats mit der Restauration der alten „Judenstättigkeiten" von 1616 und 1807/08 ihren bezeichnenden Niederschlag. Begrenzen wollte man die Zahl der jüdischen Familien durch eine niedrige Ehequote, güterrechtlich diskriminiert sahen sich die jüdischen Ehefrauen, stark beschnitten werden sollten ebenso die Rechte der jüdischen Bevölkerung im Vergleich zu den christlichen Einwohnern.[45] Die Gesetzgebende Versammlung lehnte diesen Entwurf aber als zu weitgehend ab. Die von der israelitischen Gemeinde angestrebte Revision des Entzugs ihrer Rechte zog sich über acht Jahre hin und führte zu der Ratsverordnung vom 1. September 1824, durch welche sämtliche früheren Judengesetze aufgehoben wurden und sie ihre privatrechtliche Gleichstellung erreichten.[46] Ausgeschlossen blieben die „israelitischen Bürger", wie nun die staatsrechtliche Bezeichnung der Frankfurter Juden lautete, weiterhin von sämtlichen öffentlichen Gremien und Ämtern.

43 Vgl. D. Preissler, Frühantisemitismus in der Freien Stadt Frankfurt und im Großherzogtum Hessen (1810 bis 1860), Heidelberg 1989, S. 60 ff.

44 Die Intervention der europäischen Großmächte im August 1816 zu Gunsten der Juden verlief im Sande; der Senat beharrte auf seiner judenfeindlichen Haltung. Im Rahmen einer sogenannten „Bekanntmachung" begründete der Senat dies mit dem Schutzbedürfnis der christlichen Bevölkerung, das auch den Ausschluss der Juden von politischen Ämtern verlange (vgl. Preissler [o. Anm. 43], S. 80 ff.).

45 Zum Inhalt im Einzelnen s. Preissler (o. Anm. 43), S. 84 ff.

46 Ausführlich hierzu S. Scheuermann, Der Kampf der Frankfurter Juden um ihre Gleichberechtigung (1815–1824), Frankfurt am Main 1933, S. 99 ff.

Erst durch die Revolution 1848/49 rückte die Vollendung der Judenemanzipation in greifbare Nähe. Nur scheinbar waren mit der Annahme der „Grundrechte des Deutschen Volkes“ durch die Nationalversammlung am 21. Dezember 1848 sämtliche früheren Beschränkungen für die Frankfurter Juden entfallen, beanspruchten sie doch mit der Verkündung im Reichsgesetzblatt vom 28. Dezember unmittelbare Verbindlichkeit in Reich und Ländern. § 7 (Art. II § 137 Reichsverfassung) legte fest, dass die Deutschen vor dem Gesetz gleich und öffentliche Ämter für alle Befähigten gleich zugänglich seien, und § 16 (Art. V § 146 Reichsverfassung) der Grundrechte bestimmte, dass das religiöse Bekenntnis nicht den Genuss der bürgerlichen und staatbürgerlichen Rechte bedinge oder beschränke. Am 9. Januar 1849 wurden diese Grundrechte in der Stadt Frankfurt als dem dritten deutschen Staat publiziert. Einstimmig angenommen wurde vom Frankfurter Senat unter dem 20. Februar 1849 das sechs knappe Artikel umfassende „Gesetz über die bürgerliche und staatsbürgerliche Gleichheit der Staatsangehörigen“, welches in „Gemäßheit der Grundrechte“ alle bisherigen Unterschiede zwischen Bürgern und Israeliten, Beisassen und Landbewohnern für aufgehoben erklärte.[47] Mit dem Scheitern der Nationalversammlung erwies sich aber auch die beabsichtigte Einführung, geschweige Durchsetzung einer neuen, demokratischen Verfassung für Frankfurt als unmöglich. Vor dem Hintergrund einer völlig veränderten politischen Situation verzichtete der Senat auf eine längst fällige fortschrittliche Verfassungsreform. Die Demokraten resignierten und so standen die anbrechenden 1850er Jahre im Zeichen der erstarkten Reaktion. Insbesondere die den Juden 1848/49 gewährte politische Gleichberechtigung stieß nun auf scharfen Widerstand innerhalb der Bürgerschaft Frankfurts. Es folgten die Aufhebung der Grundrechte durch den Bundestag am 23. August 1851 sowie der Beschluss des Frankfurter Senats, gemäß der Anweisung des Bundestages vom 12. August 1852 die Gesetze vom 19. Oktober 1848 (Wahlgesetz) und vom 20. Februar 1849 (Gleichstellungsgesetz) „außer Wirksamkeit zu setzen“, d. h. für nicht gültig und die dadurch herbeigeführten Änderungen für illegal zu erklären.[48] Ausgesprochen wurde die Erwartung, wünschenswerte Veränderungen der Stadtverfassung einzig auf dem durch die sogenannte Constitutions-Ergänzungs-Acte von 1816 vorgezeichneten Wege durchzuführen und diese als alleinige Rechtsgrundlage wieder anzuerkennen.[49]

47 Veröffentlicht im Amtsblatt der freien Stadt Frankfurt am 22.2.1829; s. P. Arnsberg, Die Geschichte der Frankfurter Juden seit der Französischen Revolution, Bd. 1, Darmstadt 1983, S. 546 f.

48 Vgl. Arnsberg (o. Anm. 47), S. 557 f.

49 S. R. Schwemer, Geschichte der Freien Stadt Frankfurt am Main (1814–1866), Bd. III/2, Frankfurt am Main 1918, S. 31 ff., 140 ff.

Dies war die verzweifelte Situation, in der sich die Israelitische Gemeinde voller Hoffnung an den ihr bestens bekannten Heidelberger Staatsrechtslehrer Heinrich Zoepfl wandte, konnte sie doch von ihm eine positive Stellungnahme zu ihrer Rechtsauffassung erwarten, insbesondere zur fortbestehenden Gültigkeit des Gesetzes vom 20. Februar 1849 über ihre bürgerliche und staatsbürgerliche Gleichheit. Und Zoepfl enttäuschte seine Auftraggeberin nicht. Für ihn bestand „kein rechtlich haltbarer Zweifel" an der formellen Gültigkeit der Gesetze. Darüber hinaus vertrat er die Auffassung, dass durch das Verfassungsgesetz vom 19. Oktober 1848 die staatsbürgerliche Gleichstellung aller Staatsangehörigen nicht definitiv begründet, sondern nur deren Einführung vorbereitet wurde. Der Grundsatz sowohl der staatsbürgerlichen als auch der bürgerlichen Rechtsgleichheit aller Staatsangehörigen sei erst durch das in Übereinstimmung mit den Grundrechten des deutschen Volkes erlassene Gesetz vom 20. Februar 1849 für die Freie Stadt Frankfurt in praktische Wirksamkeit getreten. Ebenfalls habe der Frankfurter Senat in einem Vortrag vom 11. November 1851 den Hinweis für „genügend" erachtet, „daß die Gleichberechtigung sämmtlicher Staatsangehöriger durch das Gesetz vom 20. Febr. 1849 in die Landesgesetzgebung übergegangen ist." Wenig Verständnis bei der Israelitischen Gemeinde fand aber die Auffassung Zoepfls, dass das Gesetz vom 19. Oktober 1848 nur eine beschränkte, aber keinesfalls eine vollständige politische Gleichberechtigung der Juden, Landbewohner und Beisassen enthalte: „Es hat die Ausdehnung der Souveränität von der christlichen Bürgerschaft auf die Gesammtheit aller Staatsangehörigen eingeleitet, aber sie noch nicht definitiv gewährt." Zoepfl verwies bei seiner Argumentation auf den „streng-juristischen Standpunkt", wonach „das Zugeständnis einer formell durchzuführenden Aenderung des Prinzipes der alten Verfassung, welches von Seiten der christlichen Bürgerschaft in dem Gesetze vom 19. October 1848 allerdings enthalten ist, mit der vollendeten Durchführung für gleichbedeutend gehalten wurde, obgleich letztere noch nicht formell eingetreten war."

Daran schloss er eine Analyse der Bedeutung des Gesetzes vom 20. Februar 1849 an, das den Juden zum zweiten Mal die rechtliche Gleichstellung brachte. Für Zoepfl bedurfte es keines weiteren Beweises, dass durch das Einführungsgesetz vom 28. Dezember 1848 – wie bereits ausgeführt – die staatsrechtliche und bürgerliche Gleichstellung „aller Frankfurter Staatsangehörigen ohne Unterschiede ausgesprochen" worden war. Die Zustimmung der städtischen politischen Körperschaften zu diesem Gesetz hielt er für entbehrlich. „Vollkommen klar" ergab sich für ihn aus der Entstehungsgeschichte jenes Gesetzes vom 20. Februar 1849 und aus dem Zusammenhang mit der Durchführung der Grundrechte des deutschen Volkes, „daß bei seiner Erlassung durchaus keine Rücksicht darauf genommen war, ob im Uebrigen eine neue Verfassung für Frankfurt zu Stande kommen würde oder nicht. Vielmehr ist die vollständige staatsrechtliche und bürgerliche Gleichstellung aller Staatsangehörigen im Gesetze vom 20. Februar 1849 vollkommen unabhängig von allen Bedingungen ausgesprochen und ist diesem Gesetze der Charakter eines auf verfassungsmäßigem Wege zu Stande gekommenen organischen Verfassungsgesetzes beizulegen.“ Damit gab sich Zoepfl aber noch nicht zufrieden, sondern er fragte weiter danach, ob jenes Gesetz noch „in rechtlicher Wirksamkeit“ stehe. Denn zweifelhaft sei, ob durch die „Kundmachung“ von Bürgermeister und Rat vom 31. Dezember 1849 und die damit verbundenen nachfolgenden Ereignisse das Verfassungsgesetz vom 19. Oktober 1848 wieder beseitigt worden sei. Inhalt jener „Kundmachung“ war, dass das Mandat der verfassungsgebenden Versammlung erloschen und die in der Constitutions-Ergänzungs-Acte begründete Gesetzgebende Versammlung wieder einzuberufen sei: Im Gefolge dieses Akts „hat der Senat der freien Stadt Frankfurt mit der Revolution gebrochen und mit Entschiedenheit einen conservativen Standpunkt eingenommen.“ Mit Rückgriff auf Art. 16 der Bundesakte stellte Zoepfl fest, dass in Preußen „die vollständige Rechtsgleichheit der Israeliten grundverfassungsmäßig ausgesprochen und aufrecht erhalten wird, daß in Bayern Mitglieder israelitischen Glaubensbekenntnisses in der zweiten Kammer sitzen, daß in Oesterreich und Baden Israeliten wirkliche Staatsämter begleiten ... so kann es wohl nicht anders als befremdlich erscheinen, daß die Bundesversammlung gerade in der freien Stadt Frankfurt die Zurücknahme eines Gesetzes (vom 20. Febr. 1849) betreiben sollte, auf dessen Grundlage hin die israelitische Bürgerschaft bereits über drei Jahre hindurch sich ohne allen Schaden und Nachtheil für die freie Stadt und den deutschen Bund, ja sogar notorisch nicht ohne Nutzen für das conservative Prinzip, im Besitzstande staatsbürgerlicher und bürgerlicher Gleichheit befindet.“ Auch würde die Bundesversammlung – so Zoepfl weiter –, wenn sie die Gesetze vom 19. Oktober 1848 und 20. Februar 1849 für „nicht loyal und gültig entstanden“ erklärte, eine „unsägliche Verwirrung“ in der Frankfurter Staatsverwaltung herbeiführen, „indem sodann auch alle im Gefolge des Gesetzes vom 19. October 1848 entstandenen Steuer-, Finanz- und Staats-Anlehens-Gesetze ungültig sein würden.“ Mit Verve wies er auch auf die grundlegende bundesrechtliche, keineswegs nur „locale“ Bedeutung der Behandlung der Frankfurter Israeliten in der vorliegenden Causa hin. Denn es ging um nichts weniger als um die Frage, „ob durch Bundesbeschluß ein Grundsatz in das deutsche Staatsleben eingeführt und gleichsam durch diese Präcedenz sogleich befestigt werden solle, bei dessen Aufnahme die Selbständigkeit aller Bundesstaaten, so weit sie in den Grundgesetzen des deutschen Bundes anerkannt und garantirt ist, offenbar nichts mehr als ein bloßer Schatten sein würde.“

Sein Ergebnis lautete daher: „Bei dieser Sachlage dürfte nun der Senat der freien Stadt Frankfurt in dem Falle sein, weder die Ungültigkeit der beiden gedachten Gesetze, ihrem Inhalte nach, noch auch der Frage ihrer Entstehung nach, anerkennen zu können." Unbeeindruckt von den Ausführungen des Heidelberger „öffentlichen ordentlichen Professors des Staatsrechts" zeigten sich aber der Bundestag und der ihm folgende Frankfurter Senat. Das Gutachten Zoepfls beeinflusste jedoch den Senatsbeschluss vom 14. Oktober 1852 insoweit, als dass der Senat die Gesetze nicht für ungültig erklärte, sondern sie gemäß dem Bundesbeschluss vom 12. August 1852 nur außer Wirksamkeit setzte. Hinsichtlich des Gesetzes vom 20. Februar 1849 blieb gar die privatbürgerliche Gleichstellung in Kraft, aufgehoben wurde allein die staatsbürgerliche Gleichstellung der Juden.

Die Proteste der Frankfurter Israelitischen Gemeinschaft ließen nicht lange auf sich warten. Gerüchte gingen um, dass die reichsten jüdischen Familien beabsichtigten, Frankfurt zu verlassen und nach Hamburg überzusiedeln. Letztlich fanden sie sich jedoch mit ihrem Schicksal ab, nachdem ihnen das „Organische Gesetz" vom 12. September 1853 das aktive und passive Wahlrecht mit Einschränkungen zurückgab: Bis zu vier Israeliten durften in die Gesetzgebende Versammlung gewählt werden; auch zu Staatsämtern erhielten sie Zutritt, abgesehen vom Senat, der ständigen Bürgerrepräsentation, den Richterstellen und den Verwaltungsämtern christlichen „Eigentums".[50] Dennoch stellte dies einen überaus wichtigen Schritt auf dem Weg zur vollständigen Emanzipation dar. Aber erst mit dem aus einem einzigen Artikel bestehenden Gesetz vom 7. Oktober 1864 wurde den Frankfurter Juden zum dritten Mal die Gleichberechtigung zugestanden: „Die bisher noch bestandenen Beschränkungen der staatsbürgerlichen Rechte der Bürger israelitischer Religion sind aufgehoben."[51] Heinrich Zoepfl wird dies in Heidelberg sicherlich mit Befriedigung zur Kenntnis genommen haben.

50 Vgl. Arnsberg (o. Anm. 47), S. 594 f.

51 S. R. Roth, Die Herausbildung einer modernen bürgerlichen Gesellschaft – Geschichte der Stadt Frankfurt am Main, Bd. 3, Ostfildern 2013, S. 420 f.

Frank Engehausen

Heinrich Zoepfl als politischer Publizist 1848–1850

Im politischen Spektrum der Heidelberger Professorenschaft des 19. Jahrhunderts ist Heinrich Zoepfl scheinbar klar zu verorten: nämlich ein ganzes Stück abseits des Liberalismus, der an der Ruperto Carola – zumindest in den 1840er und den 1860er Jahren – tonangebend war. Allerdings schwankten Zoepfls politische Anschauungen durchaus, wie sein Kollege an der Heidelberger Juristischen Fakultät Robert von Mohl in seinen Lebenserinnerungen in maliziösen Bemerkungen festhielt: Zoepfl, lange Jahre „Anhänger der unbeschränkten Fürsten- und Kirchengewalt", habe „im Jahre 1848 einen raschen Anlauf zur Beliebtheit bei den Massen und zu fast revolutionärem Gebaren gemacht", um dann aber „wieder einzulenken zu der Lehre von der Autorität". Um diese von Mohl konstatierte „Wankelmütigkeit in staatlichen [...] Dingen"[1] soll es in den folgenden Ausführungen gehen, die Zoepfls „fast revolutionäres Gebaren" anhand seiner politischen Publizistik der Jahre 1848 bis 1850 beleuchten.

Zoepfl, der bis dahin mit tagespolitischen Äußerungen nicht an eine breitere Öffentlichkeit getreten war, scheint unmittelbar nach der französischen Februarrevolution und beim Übergreifen von Unruhen auf die Staaten des Deutschen Bundes Ende Februar 1848 den Entschluss gefasst zu haben, seine staatsrechtlichen Kenntnisse in den aktuellen politischen Diskurs einzubringen. Seine Schrift „Bundes-Reform, deutsches Parlament und Bundesgericht. Ein Vorschlag in ernster Zeit", erschienen 1848 im Heidelberger Verlag C. F. Winter, hat er zwar selbst nicht datiert; ihre Veröffentlichung lässt sich jedoch auf wenige Tage eingrenzen. In der „Frankfurter Oberpostamts-Zeitung" vom 11. März 1848 wurde sie von Seiten des Verlags als „erste zensurfreie Schrift aus Baden" beworben, und in der Beilage der Augsburger „Allgemeinen Zeitung" vom 16. März wurde bereits kritisch Bezug auf Zoepfls tagespolitische Analy-

1 R. v. Mohl, Lebenserinnerungen, Bd. 1, Stuttgart u. Leipzig 1902, 231. Im Ton freundlicher, aber in der Sache ganz ähnlich urteilte Georg Weber über Zoepfls politische Wandlung: Man könne auf ihn die Worte des Dichters Gottfried von Straßburg anwenden, „daß der heilige Christ windschaffen wie ein Aermel ist"; G. Weber, Heidelberger Erinnerungen. Am Vorabend der fünften Säkularfeier der Universität, Stuttgart 1886, 234.

sen genommen.[2] Geben diese beiden Daten Anhaltspunkte für die Fertigstellung der Publikation, so lässt sich aus dem Text selbst schließen, dass Zoepfl noch Anfang März an dem Manuskript gearbeitet hatte, denn er verwies auf den Beschluss des Bundestags vom 3. März 1848, der den Einzelstaaten die Aufhebung der Pressezensur freistellte.[3]

Die Motive seiner Schrift machte Zoepfl in deren Einleitung sehr deutlich. Das Wiedererstehen der Republik in Frankreich hielt er für „eine Begebenheit, eben so unerwartet als welterschütternd". Zoepfl hatte dabei besonders die Auswirkungen auf Deutschland im Blick. „Die einzige Frage ist nur, die alle beschäftigt: was ist zu thun, was kann, was wird in Deutschland geschehen, um den möglichen Sturm von Außen zu beschwören, einer fremden Einmischung, der Ueberfluthung der deutschen Gränzen durch französische Heeresmassen einen Damm entgegenzusetzen, und den Zustand der Ordnung im Innern Deutschlands zu erhalten"?[4] An der Beantwortung dieser Frage, meinte Zoepfl, habe jeder mitzuwirken, „der ein Herz hat für sein Vaterland", insbesondere aber, womit er offenkundig sich selbst und andere Staatsrechtslehrer meinte, diejenigen, „die ihr Beruf dahin führen mußte, die Schwächen der deutschen Verfassungszustände, den kranken Punkt in denselben und die verwundbare Seite des Bundes genauer als Andere kennen zu lernen". Hieraus erwuchs seine Absicht, „derbe Bausteine beizutragen zu einem gemeinsamen Bau, und um der

2 Vgl. H. Dippel (Hg.), Visionen eines zukünftigen Deutschlands: Alternativen zur Paulskirchenverfassung 1848/49, Bd. II, Teilbd. 1, Berlin 2017, 13, Anm. 4. In Dippels breit angelegter Sammlung von Verfassungsentwürfen aus der Revolution erscheint Zoepfls Text als zweiter nach Gottlieb Christian Schülers „Flüchtige Gedanken eines Deutschen über eine Centralbehörde für Deutschland", deren Erscheinungsdatum für den 9. März angenommen wird.

3 Vgl. ebd., 23. Zoepfls Schrift wird auch im Folgenden nach Dippels Edition (dort S. 13–38) zitiert.

4 Ebd., 13. Das Gefahrenszenario einer Wiederholung des gewaltsamen französischen Revolutionsexports seit 1792 war in den ersten Märztagen 1848 in Deutschland nahezu omnipräsent – auch während der Beratungen der Heidelberger Versammlung vom 5. März, die den Ausgangspunkt für den Zusammentritt der deutschen Nationalversammlung bildete (und die Zoepfl in seiner Schrift nicht erwähnte, weil er sein Manuskript zu diesem Zeitpunkt wohl schon abgeschlossen hatte). Die in Heidelberg versammelten Protagonisten der liberalen Bewegung setzen in ihrer Abschlusserklärung allerdings einen anderen Akzent als Zoepfl und beschworen nicht die Gefahr eines militärischen Übergreifens der französischen Revolutionäre, sondern die Risiken einer deutschen gegenrevolutionären Intervention in Frankreich. Vgl. F. Engehausen, Die Heidelberger Versammlung und der Beginn der deutschen Revolution, in: Ders. und F. Hepp (Hg.), Auf dem Weg zur Paulskirche. Die Heidelberger Versammlung vom 5. März 1848, Ubstadt-Weiher 1998, 11–30, hier 17 f.

weiteren Entwickelung des nationalen Bewußtseins, um der Kritik eine Grundlage zu geben".[5]

In der Beurteilung der Politik des Deutschen Bundes seit seiner Gründung 1815 beließ es Zoepfl bei einer Generalabrechnung. Der Bundestag habe „nun einmal die gerechten Erwartungen der Nation, und seine Verheißungen bei der Zeit seiner Gründung, die nationalen Interessen Deutschlands zu wahren, Deutschland zu einer achtunggebietenden Stellung unter den Staaten Europas zu erheben, die bürgerliche und politische Freiheit im Innern zu gewähren und zu schützen, nicht erfüllt: er hat sich durchaus unfähig gezeigt, die geringste gemeinnützige Anordnung für Deutschland zu Stande zu bringen".[6] Doch solle das „Geschehene der Vergangenheit überlassen" bleiben, stattdessen gelte es, „die wenigen Momente rasch" zu „benützen", „die Deutschlands guten Genius vielleicht noch von dem Schicksale vergönnet sind, um ein Werk der Einigkeit und Ordnung, das einzig noch mögliche Bollwerk gegen den Sturm von Außen, zu Stande zu bringen". Er wolle zeigen, „was nach unserer Ansicht zu thun möglich und nothwendig, aber rasch zu thun ist".[7]

Hierfür ging Zoepfl die Bundesverfassung systematisch durch und zeigte ihre Schwachstellen auf. Eine erste erblickte er bereits in ihren Regelungen zum Territorialbestand ihrer Mitglieder, insbesondere in der Beschränkung der Bundeszugehörigkeit Preußens auf seine Länder, die Teile des Alten Reiches gewesen waren. „Nur wenn Preußen mit der ganzen Masse seiner Länder in das Bundesgebiet" eintrete, „nur wenn es den Beruf erkennt, den ihm die Vorsehung vorgezeichnet hat, eine rein deutsche, und damit die erste Großmacht des deutschen Bundes zu sein, [...] nur dann ist Deutschland wahrhaft auf der Stufe der Macht, zu der es Gott berufen hat, dann, und nur dann ist die deutsche Einheit wahrhaft hergestellt und verbürgt. Dann hat Deutschland einen Mittelpunkt, um den sich naturgemäß alle übrigen Staaten schaaren werden, es hat Deutschland dann einen Schwerpunkt, der den Verwickelungen, die für uns mehr oder minder aus der Verbindung heterogener Nationalitäten unter Oesterreichs Szepter erwachsen müssen, das Gegengewicht halten kann",[8] meinte Zoepfl und sprach damit das Kardinalproblem der Austarierung des Verhältnisses der beiden Großmächte an, an dessen Lösung die deutsche Nationalversammlung ein Jahr später scheitern sollte.

Für ebenso dringend geboten wie eine Stärkung Preußens im Gefüge der Bundesmitglieder hielt es Zoepfl, den Bundeszweck zu erweitern, wobei er den

5 Dippel, Visionen II,1 (wie Anm. 2), 13.

6 Ebd., 15.

7 Ebd., 16.

8 Ebd., 17.

„Schutz der deutschen Nationalität“ mit Verweis auf die aktuellen zeitgenössischen Kontroversen mit Dänemark um Schleswig und Holstein als ersten Aspekt nannte.[9] Zoepfl nahm indes nicht nur eine machtstaatliche Perspektive ein, sondern erklärte freiheitliche Garantien für unverzichtbar: etwa den „Schutz und die Erhaltung der Landesverfassungen gegen einseitige und willkührliche Aufhebung oder Veränderung von Seiten der Landesregierungen“,[10] die Gewährleistung „volle[r] Preßfreiheit“[11] und generell die Definition und Sicherung für das „gesamte Deutschland wirksamer staatsbürgerlicher Rechte der einzelnen Deutschen“.[12] Diese sollten auch das freie „Associationsrecht“ umfassen, das unumgänglich sei, damit sich „die vaterländische freisinnige, aber allem Umsturz und Unwesen absolut feindliche Gesinnung klar und laut“ aussprechen könne – nicht zuletzt zur Abwehr „jeder Parthei, die im Dunkel schleichend etwa wühlen und für den Umsturz werben möchte“.[13]

Von zentraler Bedeutung war für Zoepfl, die Organisationstruktur des Deutschen Bundes zu ändern, wodurch das Prinzip der Führung und Handlungsfähigkeit zu stärkerer Geltung gebracht werden sollte. Zwei Gremien, in denen alle Bundesmitglieder Mitspracherechte besaßen und sich damit in der Vergangenheit häufig gegenseitig paralysiert hatten – das bisherige Plenum der Bundesversammlung und ihr Engerer Rat –, sollten die exekutiven Befugnisse abtreten. Diese Befugnisse sollten übergehen an ein auf Zeit („etwa nicht unter drei und nicht über fünf Jahre“) zu wählendes Bundesministerium (ein „Bundesministerial-Chef“ und „vier oder sechs andere Bundestagsgesandte“),

9 Vgl. ebd., 19 f. Eng verknüpft damit war Zoepfls Forderung, einen „Centralpunkt“ zu schaffen, von „welchem aus alle nationalen Interessen Deutschlands [...] geleitet werden“. Zu deren Aufgabenfeldern erklärte er die Einrichtung von Gesandtschaften und Konsulaten, aber auch die „Vorsorge für die Errichtung einer deutschen Kriegsmacht, einer deutschen Seemacht“ (ebd., 21).

10 Ebd., 22.

11 Ebd., 23.

12 Ebd., 22. Die bisherigen Bestimmungen hierüber in den Artikeln 16 und 18 der Bundesakte hielt Zoepfl für ganz „ungenügend“.

13 Ebd., 24. Zoepfl gab an dieser Stelle einen kleinen Einblick in seine persönlichen Revolutionswahrnehmungen in Heidelberg und verwies auf die am 29. Februar 1848 in der Aula der Universität stattgefundene und von seinem Fachkollegen Karl Josef Anton Mittermaier geleitete Bürgerversammlung, der er wegen des aufkeimenden Radikalismus „nicht ohne Besorgnisse“ entgegengesehen habe, deren Verlauf aber seine Besorgnisse zerstreut habe: „[W]ir haben erfahren, daß sich die constitutionell-monarchische Gesinnung des Volkes mit einer Kraft und Entschiedenheit aussprach, die der Wühlerei und der Umsturzpartei, wenn eine solche etwa vorhanden gewesen wäre, sowohl die Lust wie die Möglichkeit benehmen mußte, einen Versuch zu wagen, sich geltend zu machen, und die ihr die Erfolglosigkeit solcher Bestrebungen klar vor Augen legen mußte“.

wodurch Zoepfl die Grundsätze der konstitutionellen Monarchie auf die Bundesorganisation übertragen zu können hoffte, indem ein „solches Bundesministerium oder Bundesstaatsrat [...] zu der Bundesversammlung in dasselbe Verhältniß treten" werde „wie das Ministerium einer Monarchie zu dem Souverain".[14] Ganz treffend war die Gleichsetzung der Bundesversammlung mit dem Souverän nicht, da Zoepfl an der Souveränität auch eine „deutsche Nationalrepräsentation" teilhaben lassen wollte, die erst noch zu schaffen war. So empathisch er ihre prinzipielle Bedeutung beschrieb – ihre Einrichtung wäre das größte Ereignis „dieses Jahrhunderts und Epoche machend in der Weltgeschichte"[15] –, so vage blieben Zoepfls Vorschläge für ihre Zusammensetzung: An erster Stelle nannte er eine Berücksichtigung der Standesherren, deren Privilegien er schon vor 1848 mit zahlreichen Rechtsgutachten zu festigen und zu erweitern versucht hatte und die er nun mit „drei oder vier Curiatstimmen"[16] im Plenum und im Engeren Rat des Bundestags ausstatten wollte.

An die Seite des so punktuell in seiner Zusammensetzung reformierten Bundestags sollte eine „besondere Nationalrepräsentation" treten, wobei Zoepfl zumindest ad hoc nicht an eine Volkswahl dachte, sondern an eine Gruppe Delegierter aus den einzelnen Mitgliedsstaaten nach dem bisherigen Stimmenverhältnis im Plenum der Bundesversammlung. Diese 69 Nationalrepräsentanten sollten von den Ständeversammlungen der Einzelstaaten ausgewählt werden, wobei Zoepfl offenließ, was in den Ländern geschehen solle, in denen es keine Ständeversammlungen gab, und wie die Landtage agieren sollten, die aus zwei Kammern bestanden. Mehr als das Auswahlverfahren interessierte ihn das Ergebnis: „[W]ir wünschen die Bildung einer Versammlung, die mehr durch ihre ausgezeichnete[n] Persönlichkeiten das Gewicht ihrer Stimmen begründen, als eine zahlreiche Versammlung, die unvermeidlich auch viele minder begabte Individuen in sich schließen muß, deren Stimmen nicht gewogen, sondern nur gezählt werden".[17] Dass diese Nationalrepräsentation im Vergleich mit den Parlamenten in Frankreich oder England kümmerlich erscheinen mochte, war Zoepfl offenkundig bewusst, denn er gab zu bedenken, „daß es sich vorerst nur um die Beschaffung einer Grundlage für die weitere Entwicklung handelt".[18] Damit deutete er an, dass nicht nur die Zusammensetzung der Nationalrepräsentation revisionsbedürftig sei, sondern auch das Stimmenverhältnis im Bundestag insgesamt, das ja 1815 zu Ungunsten der beiden Großmächte Preu-

14 Ebd., 27.

15 Ebd., 29.

16 Ebd., 31.

17 Ebd., 33.

18 Ebd., 32.

ßen und Österreich gestaltet worden war und für die bisherige Immobilität des Bundes hauptverantwortlich war.

Weniger vorsichtig zeigte sich Zoepfl bei der Beschreibung der Kompetenzen der künftigen Nationalrepräsentation. Sie sollte „unauflöslich" sein, das Recht der Selbstversammlung besitzen, Kontrollrechte gegenüber dem Bundesministerium wahrnehmen und v. a. ein umfassendes Vetorecht besitzen: „Der deutsche Bund kann keinen Beschluß als Gesetz promulgieren, keinen Staatsvertrag abschließen, keine Truppen ausheben noch Festungen anlegen, keinen Krieg erklären, noch auch Frieden schließen, ohne vorhergängige Zustimmung der Nationalrepräsentation. Desgleichen bedürfen auch die von den Bundesregierungen für die Erfüllung der Bundeszwecke erforderlichen Geldbeiträge die Zustimmung der Nationalrepräsentation".[19] Neben die umfassende parlamentarische Kontrolle der Bundespolitik stellte Zoepfl schließlich noch die verfassungsrechtliche: Es sollte ein Bundesgericht eingesetzt werden, um über Kompetenzstreitigkeiten sowohl zwischen Organen der Länder als auch zwischen denen des Bundes zu entscheiden, über „Successionsfragen" und „endlich über eine jede Sache, zu deren Entscheidung keine andere deutsche Justizbehörde competent ist".[20]

Seinen Vorschlag zu einem solchen durchgreifenden Umbau der Bundesverfassung schloss Zoepfl mit dem dringenden Appell: „Noch ist es Zeit – heute noch – morgen vielleicht nicht mehr. Was das Volk bedarf in diesem kritischen Momente, das weiß es: es ist die nationale Repräsentation. Wird der Bund sie berufen, ja dann ist Deutschland einig und gerettet: wird er es unterlassen, so wird voraussichtlich die Nationalrepräsentation sich selbst constituiren, und ob der Bund dann noch hoffen darf, an ihrer Spitze sich zu halten, ist wohl die Frage. Daher rufen wir noch einmal den Regierungen Deutschlands zu: gebet rasch, was nicht zu verweigern ist, nur die rasche und die volle Gabe kann die Einigkeit des deutschen Volkes und des Bundes, die Ruhe im Innern und den Sieg nach Außen verbürgen"![21]

Zoepfls nachdrückliches Plädoyer, die Autorität des Deutschen Bundes unmittelbar durch die Einsetzung einer von Landtagen bestückten „Nationalrepräsentation" zu befestigen, bewegte sich durchaus im Rahmen der politischen Diskussionen, die innerhalb des deutschen Liberalismus in den ersten Revolutionswochen des Jahres geführt wurden.[22] Unmittelbare Wirkung konnten dieser und ähnliche Vorschläge indes nicht entfalten, da sie von den politischen

19 Ebd., 34.

20 Ebd., 37.

21 Ebd., 38.

22 Einen nahezu identischen Vorschlag machte Zoepfls Heidelberger Kollege, der Historiker Georg Gottfried Gervinus, auf der Heidelberger Versammlung am 5. März, drang

Tagesereignissen überholt wurden. Bereits am 5. März, als die Tinte in Zoepfls Manuskript vermutlich gerade erst getrocknet war, beschlossen die in Heidelberg versammelten Protagonisten der liberalen Nationalbewegung, die Bundesreform selbst anzugehen und bereiteten die Einberufung des Vorparlaments vor, das am 31. März in Frankfurt zusammentrat und die Weichen für die Volkswahl eines deutschen Parlaments stellte.[23] Ob dieses eine Verfassung eigenständig geben oder diese mit dem Deutschen Bund beziehungsweise den Einzelstaaten vereinbaren sollte, wurde zwar in der Schwebe gehalten; klar war aber, dass die verfassungspolitische Neuordnung Deutschlands nicht, wie von Zoepfl vorgeschlagen, durch eine schrittweise Reform des Deutschen Bundes in seiner eigenen Regie erfolgen würde, sondern dass die Nationalbewegung selbst deren Tempo und Richtung vorgeben würde.

Wie Zoepfl darauf reagierte, dass sein Erstversuch als politischer Publizist ins Leere gelaufen war, ist in den Quellen nicht zu erkennen. Entmutigen ließ er sich allerdings nicht, denn bereits wenige Wochen später trat er erneut mit einer politischen Programmschrift hervor. Wann Zoepfl „Constitutionelle Monarchie und Volks-Souveränität“[24] verfasst hat, lässt sich, anders als bei seiner Bundesreformschrift, nur aus dem Text selbst erschließen. Der Terminus ante quem dürfte der 18. Mai 1848 sein, die Eröffnung der deutschen Nationalversammlung, auf die Zoepfl die Hoffnung richtete, sie möge das „Organ des deutschen Geistes“ sein, „von dem wir [...] die Herstellung einer Staatsverfassung, wie sie dem deutschen Nationalcharakter, und den Anforderungen der Gegenwart entspricht“, erwarten.[25] Der Terminus post quem ergibt sich durch Zoepfls Verweis auf den im Gefecht bei Kandern am 20. April gescheiterten Umsturzversuch der badischen Revolutionäre um Friedrich Hecker, der vor „einigen Tagen“ gezeigt habe, dass die „Masse der Nation“ eine „Beseitigung“ des monarchischen Prinzips nicht wünsche.[26]

Auch wenn der Hecker-Zug belegt hatte, dass der populäre Rückhalt der Republikaner selbst in ihrer Hochburg Baden noch schwach war,[27] hielt Zoepfl es für angebracht, die Zusammenhänge und Gegensätze von Volkssouveränität, Republik und Monarchie noch vor Zusammentritt der deutschen Nationalver-

damit aber unter den Versammelten nicht durch; vgl. Engehausen, Heidelberger Versammlung (wie Anm. 4), 23 f.

23 Vgl. F. Engehausen, Die Revolution von 1848/49, Paderborn 2007, 70–80.

24 Mit dem Untertitel: Eine Frage der Zeit als Beitrag zur Begründung des neueren Staatsrechtes, Frankfurt/Main 1848.

25 Ebd., 8.

26 Ebd., 12.

27 Vgl. F. Engehausen, Kleine Geschichte der Revolution 1848/49 in Baden, Karlsruhe 2010, 71–91.

sammlung in seiner Schrift systematisch zu erörtern. Als Ausgangspunkt seiner Argumentation diente ihm die französische Februarrevolution, deren Auswirkungen sich in Deutschland „glücklicher Weise“ nur lokal in gewaltsamen Ausbrüchen und Blutvergießen bemerkbar gemacht hätten. Allerdings gebe es einen „Umschwung der öffentlichen Meinung, das Aufgeben der bisherigen, der Eintritt neuer Prinzipien des öffentlichen Rechtes in Deutschland, ist eine Thatsache“. Man werde keine Bedenken tragen dürfen, „sie eine vollendete Thatsache zu nennen, ja wir halten es für ein Glück für Deutschland, wenn und daß wir sagen dürfen: unsere Revolution ist fertig“.[28]

In Anbetracht des noch bevorstehenden Zusammentritts der Nationalversammlung, an den Zoepfl große Hoffnungen knüpfte, mag sein Diktum der „fertigen Revolution“ provokant anmuten. Anders als in seiner wenige Wochen zuvor verfassten Schrift ging es ihm jedoch dieses Mal nicht darum, einen detaillierten Verfassungsentwurf zu präsentieren, der der Endpunkt einer „Revolution“ hätte sein können; vielmehr wollte Zoepfl grundsätzlich das System der konstitutionellen Monarchie legitimieren, dessen allgemeine Durchsetzung ihm sicher schien, auch wenn über ihre konkrete Ausgestaltung in Deutschland noch entschieden werden musste. Als Beleg hierfür diente ihm neben den einmütigen Beschlüssen des Vorparlaments auch die Abdankung des bayrischen Königs Ludwig I. am 20. März 1848, dessen Worte zum Thronverzicht Zoepfl zitierte: „Eine neue Richtung hat begonnen, eine andere als die in der Verfassungsurkunde enthaltene, in welcher ich nun 23 Jahre geherrscht“. Dasselbe musste sich nun, so Zoepfl, „ein jeder Fürst in Deutschland sagen. Mit König Ludwig ist nicht blos ein System in Bayern, es ist in Deutschland nach einer dreißigjährigen Herrschaft vom Throne gestiegen“.[29]

Die entscheidende Frage für Zoepfl war nun, wie das im März 1848 zum Durchbruch gelangte „republikanische Element“ in Deutschland seine politische Geltung finden solle: „so wie in Frankreich, auch in republikanischen Formen […] oder in Verbindung mit dem monarchischen Prinzipe“?[30] In der mitunter weitschweifigen Abwägung der Vor- und Nachteile beider Optionen votierte Zoepfl schließlich für die konstitutionelle Monarchie, „aber nicht im bisherigen, sondern in dem Sinne, welchen wir oben angegeben haben, d. h. in der von der Zeit geforderten Umbildung als Republik mit monarchischer Institution“. Er verteidigte „diese Staatsform insbesondere darum, weil wir überhaupt an keine absolute Güte, an keinen absoluten Vorzug einer Staatsform glauben können, sondern stets die Staatsform fordern zu müssen glauben, welche dem besonderen Volkscharakter und den gegenwärtigen Bedürfnissen und Interessen des

28 Zoepfl, Constitutionelle Monarchie (wie Anm. 24), 3.

29 Ebd., 4.

30 Ebd., 11.

Abbildung 1. Heister, Franz; Bauer, J. B., Eröffnung der Nationalversammlung in der Paulskirche zu Frankfurt den 18. Mai 1848, Druckgraphik, Frankfurt am Main, 1848, Kreidelithographie.

Volkes am meisten entspricht: weil wir ernstlich davon ausgehen, daß die Staatsform für den Menschen, für das Volk, aber nicht der Mensch oder das Volk für die Staatsform da ist" (Abbildung 1). Hinzu komme, dass die konstitutionelle Monarchie „eine unseren gegenwärtigen Verhältnissen mehr entsprechende und stärkere Sicherung und Gewährleistung der Freiheit" verspreche, „als nach unserem Dafürhalten die reine fürstenlose Republik in diesem Augenblick gewähren könne". Und schließlich erblickte Zoepfl „nur in der Beibehaltung der constitutionell-monarchischen Staatsform eine Gewähr der Einheit des ganzen deutschen Volkes und eine Bürgschaft gegen das Zerfallen Deutschlands in drei oder vier gesonderte, und sodann voraussichtlich sich alsbald feindlich gegenüberstehende und gegeneinander selbst zerfleischende wüthende Ländermassen".[31]

31 Ebd., 20. Zoepfl betrachtete das Problem nicht als Macht-, sondern als reine Vernunftfrage und gab sich sogar überzeugt, „daß Deutschlands Fürsten, nicht weniger deutsch gesinnt und deutsche Männer, wie jeder andere im Volke, nicht zaudern wür-

Im weiteren Gang seiner Argumentation führte Zoepfl dann noch manches für die konstitutionelle Monarchie ins Feld und wies einige zentrale Verheißungen der Republik zurück, etwa die Annahme, dass sie den öffentlichen Wohlstand fördere und die soziale Frage löse: „Die sociale Reform, die Besserstellung der arbeitenden Klassen kann aber in der Monarchie wenigstens eben so wohl, wie in der reinen Republik geleistet werden; dazu bedarf es des gewaltsamen Umsturzes der Verfassungen nicht". Zur Wahrung der Interessen der arbeitenden Klassen sei die konstitutionelle Monarchie sogar grundsätzlich besser geeignet, „weil sie ein über den Parteien stehendes stabiles Element in sich hat", während in der reinen Republik „der Gegensatz des Bürgertums (der sog. Bourgeoisie, d. h. der Besitzenden, der Kapitalisten, der Geschäftsherrn, der Handwerksmeister) gegen den Arbeiter nothwendig schroffer hervortreten muß".[32]

Diesen vermeintlich unvermeidlichen Gegensatz nahm Zoepfl schließlich zur Grundlage seiner Warnung an das Bürgertum, beim Kokettieren mit einem republikanischen Umsturz nicht die eigenen wirtschaftlichen Interessen zu vergessen. Werde „die reine Republik nicht von Haus aus, wie dies in Nordamerika der Fall war und noch ist, auf der Grundlage des besitzenden Bürgerthums ausgeführt, will sie im Bunde mit dem Communismus eingeführt werden, dann kann mit dem Sturze des Königthums durch diesen unnatürlichen Bund über kurz oder lang nur Anarchie herbeigeführt werden, und diese wird sodann nothwendig einer Reaktion den Weg bahnen, welche die Zustände unter dem muthwillig gestürzten constitutionellen Königthum vergeblich zurückersehnen, und das leichtsinnige und unzeitige Wegwerfen der constitutionell-monarchischen Institutionen schmerzlich bedauern lassen wird"![33] Folglich schloss Zoepfl seine Schrift auch in der Überzeugung, „daß die constitutionelle Monarchie, dem gegenwärtigen vernünftigen Volkswillen entspricht und allein nur entsprechen kann, aber eine solche constitutionelle Monarchie welche nicht einzelne, sondern alle republikanischen Institutionen in sich aufnimmt, welche der Begriff eines freien Bürgerthums und die Gewährleistung seines ungehinderten Bestehens erfordert. Ist die constitutionelle Monarchie so umgebildet und entwickelt, wie wir es hiernach fordern, und wie sie es in einigen Staaten bereits ist, in den anderen sicher in der nächsten Zeit werden wird, so wird sie

den, ihre Scepter auf dem Altare des Vaterlandes mit freiem Entschlusse niederzulegen, und daß sie diese Niederlegung nicht einmal als ein Opfer, sondern als eine Pflicht betrachten würden, wenn das wahre Wohl der Nation mit der Fürstlichkeit und unter deren Leitung nicht mehr sollte bestehen können und wenn überhaupt die Verhältnisse sich so gestalten würden, daß ihre Wirksamkeit dem Staate nicht mehr von Nutzen sein könnte" (ebd., 17).

32 Ebd., 24.

33 Ebd., 28.

auch wesentlich beitragen, unsere sociale Frage zu einer glücklichen Lösung zu führen; sie wird es mehr, als es sogar die reine Republik jener Art vermöchte, welche wir unter den gegenwärtigen Verhältnissen zu schaffen im Stande wären".[34]

Welche Wirkung Zoepfl Ende April oder Anfang Mai 1848 mit seinem engagierten Plädoyer für die konstitutionelle Monarchie und seinen Warnungen vor einem republikanischen Umsturz erreichte, lässt sich kaum abschätzen. Mehr noch als der allenfalls halb geglückte Versuch, die konstitutionelle Monarchie zu einer im Grunde republikanischen Ordnung umzudeuten – oder anders formuliert: die Unterschiede zwischen beiden Staatsformen zu verschleiern –, dürfte einer breiten Rezeption der Schrift die Vielstimmigkeit der öffentlichen politischen Debatten dieser Wochen entgegengestanden sein. So ist zu vermuten, dass Zoepfl, dem zudem einschlägiges vormärzlich-liberales Profil fehlte, kaum gehört wurde. Ebenso unsicher ist, wie Zoepfl selbst die Resonanz auf seine beiden Schriften der Monate März bis Mai 1848 wahrgenommen und wie er die revolutionäre Entwicklung der folgenden Monate eingeschätzt hat. Sie weiterhin als politischer Publizist zu begleiten, hatte er jedoch offenkundig wenig Neigung.

Zoepfl zog sich allerdings nicht vollständig in die Wissenschaft und ins Private zurück, sondern wurde spätestens im April 1849 von Amts wegen wieder in die Politik hineingezogen, als er das Prorektorat der Universität Heidelberg übernahm.[35] Dieses trug nach der gewaltsamen Niederschlagung der badischen Mairevolution auch eine Mitverantwortung an den politischen Säuberungen der Ruperto Carola, die sich ebenso gegen radikale Studenten richtete wie gegen demokratisch profilierte Professoren und Privatdozenten.[36] Dass Zoepfl 1849 mit fliegenden Fahnen ins reaktionäre Lager überlief und konsequent vergessen machen wollte, was er im Frühjahr 1848 über die Zeitenwende hin zu republikanischen Prinzipien öffentlich vorgetragen hatte, wäre indes eine stark vereinfachende Darstellung. Für ihn war das Bemühen um die Errichtung eines deutschen Nationalstaats auf der Grundlage einer liberal geprägten Verfassung mit dem Ende der Revolution noch keineswegs abgeschlossen.

Vielmehr begleitete Zoepfl mit großer Sympathie die Pläne der preußischen Regierung, das Reichsgründungskonzept der Paulskirche in konservativ modifizierter Form in einem Bündnis von Preußen abhängiger Staaten durchzu-

34 Ebd., 29.

35 Vgl. H. Weisert, D. Drüll und E. Kritzer, Rektoren – Dekane – Prorektoren – Kanzler – Vizekanzler – Kaufmännische Direktoren der Universität Heidelberg 1386–2006, Heidelberg 2007, 21.

36 Vgl. E. Wolgast, Die Universität Heidelberg 1386–1986, Berlin u. a. 1986, 101.

setzen. Dem zu diesem Zweck schon Ende Mai 1849 geschlossenen Dreikönigsbündnis Preußens mit Sachsen und Hannover trat auch Baden bei,[37] und Zoepfl wurde zu einem Akteur der badischen Politik in dieser Sache, als er am Jahresanfang 1850 als Vertreter der Universität Heidelberg in die Erste Kammer des Landtags in Karlsruhe eintrat.[38] Er begnügte sich dort nicht mit einem Beobachterposten, sondern trat gleich als Kommissionsberichterstatter auf, als die Erste Kammer zu beschließen hatte, ob sie einer Adresse der Zweiten Kammer beistimmen sollte, die den Beitritt Badens zu dem Bündnis mit Preußen vom Mai 1849 ausdrücklich guthieß und nachträglich genehmigte.

Zoepfl bejahte diese Frage im Namen der Kommission mit Nachdruck und versuchte sich in seinem Bericht an einer zeitgeschichtlichen Deutung der preußischen diplomatischen Initiative. Er erinnerte dabei zunächst daran, dass im März 1848 „das Ringen des deutschen Volkes nach einer zeitgemäßen, volksthümlichen und würdigen Umgestaltung seiner politischen Verfassung" auch von der Bundesversammlung, die schließlich an der Berufung der Nationalversammlung mitgewirkt habe, als ein „unabweisbares Bedürfnis" anerkannt worden sei. Für das Werk dieser Nationalversammlung, die am 28. März 1849 beschlossene Reichsverfassung, fand Zoepfl recht verklausulierte, aber nicht grundsätzlich ablehnende Worte: Sie sei „unter den schwierigsten Verhältnissen, durch zum Theile unnatürliche Verbindungen der entgegengesetzten Parteien zustande gebracht worden" und habe dann „in einer Reihe der mächtigsten deutschen Staaten" keine Anerkennung gefunden. Noch sei dieses Ereignis „zu neu, noch sind die Leidenschaften nicht genügend abgekühlt, um dasselbe nach allen Seiten hin richtig zu deuten. Die Geschichte aber wird später darüber ihr unbestochenes Urtheil abgeben, ob dieses an sich so schmerzliche Mißlingen des ersten Versuchs einer neuen Reichsgestaltung ein Glück oder ein Unglück für Deutschland war".[39]

37 Vgl. Engehausen, Revolution (wie Anm. 23), 247–255; G. Mai (Hg.), Die Erfurter Union und das Erfurter Unionsparlament, Köln u. a. 2000.

38 Zur Vertretung der Universität Heidelberg im badischen Landtag vgl. D. Mußgnug, Heidelbergs Vertreter im Badischen Landtag 1819–1918, in: Heidelberg – Stadt und Universität. Sammelband der Vorträge des Studium Generale der Ruprecht-Karls-Universität Heidelberg im Sommersemester 1996, Heidelberg 1997, 69–93 (70–72).

39 [Heinrich Zoepfl] Kommissionsbericht über die Vorlage der Regierung, bezüglich auf den Beitritt zum Bündnisse vom 26. Mai 1849 und das provisorische Gesetz vom 7. Dezember 1849 über die Wahlen zum Volkshause des Parlaments, resp. über die von der zweiten Kammer unter dem 13. März 1850 beschlossene Adresse an Seine Königliche Hoheit den Großherzog, in: Verhandlungen der Stände-Versammlung des Großherzogthums Baden in den Jahren 1850 und 1851. Enthaltend die Protokolle der ersten Kammer und deren Beilagen, Karlsruhe 1851, Beilage Nr. 28 zum Protokoll der 5. Sitzung vom 18. März 1850, 47.

Auf ein klares Urteil über das Scheitern der Frankfurter Reichsverfassung konnte Zoepfl an dieser Stelle auch deshalb verzichten, weil es sein eigentliches Anliegen war, die Konformität des Dreikönigbündnisses mit dem Bundesrecht nachzuweisen. Diese war für ihn gegeben, da die Bundesversammlung selbst die grundsätzliche Reformbedürftigkeit der Bundesverfassung anerkannt habe und Bündnisse einzelner Bundesmitglieder untereinander im Rahmen der Bundesakte von 1815 durchaus möglich seien.[40] In seinen Ausführungen ging Zoepfl auch auf die nationalpolitischen Schritte der badischen Regierung ein, die er nachträglich billigte. Zwar habe Baden zusammen mit einer Reihe anderer Mittel- und Kleinstaaten zunächst der Frankfurter Reichsverfassung zugestimmt, sei daran aber nicht gebunden gewesen, als die radikalen Revolutionäre diese als Vorwand benutzten, „um ihre anarchistischen Bestrebungen dahinter zu verbergen, und die Nation mit gewissenlosen Frevel in einen unheilvollen Bürgerkrieg zu stürzen".[41] Als sich dieser Bürgerkrieg dann im eigenen Lande zugespitzt habe, vollzog die badische Regierung den „dankenswerthen Schritt [...], schleunig die Hülfe jener deutschen Großmacht anzurufen, welche an der Erhaltung der Ruhe und der staatlichen Ordnung im westlichen Deutschland und insbesondere in den Rheingegenden, am unmittelbarsten betheiligt ist". Auch in dem in diesem Zusammenhang erfolgten Beitritt Badens zum Dreikönigsbündnis konnte Zoepfl und mit ihm die Kommission „nur die fortwährende Bethätigung derselben vaterländischen Gesinnung erblicken, welche alle Handlungen und Erklärungen der Großherzoglichen Staatsregierung seit dem Beginne des deutschen Verfassungswerkes geleitet hat".[42]

Die anstehenden Schwierigkeiten – die Überführung des temporären Bündnisses in eine feste bundesstaatliche Ordnung und die Verständigung mit jenen Mitgliedern des bisherigen Deutschen Bundes, die sich dieser Ordnung nicht anschließend wollten – verschwieg Zoepfl in seinem Bericht nicht. Allerdings streifte er sie nur, wie er auch lediglich in einem Satz erwähnte, dass das Bündnis selbst inzwischen durch den Austritt Hannovers erheblichen Schaden genommen hatte. Vielmehr betonte Zoepfl im Namen der Kommission abschließend, dass er in dem Bündnisvertrag vom 26. Mai 1849 weiterhin „einen wesentlichen, insbesondere den Bedürfnissen des Großherzogthumes ent-

40 Vgl. ebd., 50: Das „Charakteristische des Vertrages vom 26. Mai besteht somit darin, daß er nicht, wie die Reichsverfassung vom 28. März, die Grundlage des alten Bundesrechtes vollständig verläßt und dasselbe bei Seite stellt, und ein ganz neues Recht gründen will, sondern daß er vielmehr die Bundesakte vom 8. Juni 1815, sowie den dadurch gestifteten deutschen Bund als fortwährend faktisch und rechtlich bestehend ausdrücklich anerkennt und voraussetzt".

41 Ebd., 47.

42 Ebd., 48 f.

sprechenden Fortschritt auf der Bahn einer zeitgemäßen Entwickelung des gesamten deutschen föderativen Organismus" erblicke.[43]

Mit seiner Befürwortung einer badischen Beteiligung an dem preußischen Bundesreformprojekt empfahl sich Zoepfl für weitere politische Aufgaben. Nach langem Zögern hatte sich die preußische Regierung am Jahresende 1849 dazu entschlossen, ihr Bündnis zu festigen und Wahlen zu einer verfassungsvereinbarenden Bundesversammlung auszuschreiben, die Ende März 1850 in Erfurt zusammentrat. Die zunächst gewählte prätentiöse Bezeichnung als „Reichstag" wurde, da sich Hannover und Sachsen an den Wahlen nicht beteiligten, in „Parlament der Deutschen Union" geändert. Dieses bestand aus einem nach dem Dreiklassenwahlrecht gewählten Volkshaus und einem Staatenhaus, in das die Mitglieder des Bündnisses – die Regierungen im Zusammenspiel mit den Landtagen – Abgeordnete entsenden konnten; unter den badischen war Zoepfl als Vertreter der Ersten Kammer.[44]

Die Beratungen des Erfurter Parlamentes waren kurz und schwierig: Da die Demokraten die Wahlen aus Protest gegen das Dreiklassenwahlrecht boykottiert hatten, bildeten die gemäßigten Liberalen die Linke der verfassungsvereinbarenden Versammlung. Obwohl sie an dem von Preußen vorgelegten Verfassungsentwurf, der eine konservativ modifizierte Version der Paulskirchenverfassung war und zum Beispiel dem Bundesoberhaupt ein absolutes Veto zuschrieb, manches zu kritisieren hatten, plädierten sie für dessen En-bloc-Annahme, da sie fürchteten, dass jeglicher Widerstand von ihrer Seite der preußischen Regierung nur ein willkommener Anlass wäre, das Bundesreformprojekt ganz fallen zu lassen. Die Konservativen im Volks- und im Staatenhaus hielten den Verfassungsentwurf dagegen für zu liberal und zu zentralistisch, drängten deshalb auf Änderungen an zahlreichen Details und konnten erst nach einigen parlamentarischen Auseinandersetzungen überstimmt werden.[45]

Dass die Inkraftsetzung der Erfurter Unionsverfassung somit unter keinem guten Stern stand, focht den parlamentarischen Novizen Zoepfl nicht an. Zwei Jahre nach dem Erscheinen seiner beiden Revolutionsschriften trat er erneut als

43 Ebd., 53.

44 Vgl. F. Engehausen, Die badischen Liberalen und die preußische Unionspolitik 1849–1850, in: C. Rehm, H.-P. Becht und K. Hochstuhl (Hg.), Baden 1848/49. Bewältigung und Nachwirkungen einer Revolution (Oberrheinische Studien Bd. 20), Stuttgart 2002, 159–186, hier: 180; H.-P. Becht, Badischer Parlamentarismus 1819 bis 1870. Ein deutsches Parlament zwischen Reform und Revolution (Handbuch der Geschichte des deutschen Parlamentarismus), Düsseldorf 2009, 663–665.

45 Vgl. J. Lengemann, Das Deutsche Parlament (Erfurter Unionsparlament) von 1850. Ein Handbuch: Mitglieder, Amtsträger, Lebensdaten, Fraktionen, München und Jena 2000, 23–27.

politischer Publizist hervor und veröffentlichte im April 1850 in Erfurt seine Schrift „Deutsche Union und deutsches Reich",[46] mit der er sich an die „deutschen Staatsmänner und Parlamentsmitglieder" wandte. Anlass zu weiteren Erörterungen der Erfurter Unionsverfassung sah Zoepfl nicht, da er diese offenkundig schon für eine politische Realität hielt; stattdessen griff er sehr viel weiter aus und widmete sich der Frage, wie die Union in eine deutsche Gesamtverfassung eingegliedert werden könne. Er nahm dabei unmittelbar Bezug auf die Verfassungspläne, die in Zusammenhang mit dem Ende Februar 1850 geschlossenen Vierkönigsbündnis publik geworden waren – die der Union abtrünnigen Staaten Sachsen und Hannover hatten sich mit Bayern und Württemberg in einer Gegenallianz zusammengefunden.[47] Anders als viele, die in diesen Plänen lediglich eine Obstruktionstaktik erblickten, nahm Zoepfl sie ernst und präsentierte seine Überlegungen, wie die inzwischen in drei Blöcke zerfallenen Mitglieder des Deutschen Bundes in einen neuen bundesverfassungsrechtlichen Rahmen integriert werden könnten. Er ging dabei von den drei Annahmen aus, „daß die deutsche Union zu Stande kommt und fort besteht; daß die vier Königreiche derselben nicht beitreten; daß Oesterreich [...] darauf beharrt, mit seinen sämtlichen Staaten in den weiteren deutschen Staaten-Verein einzutreten".[48]

Um die drei Blöcke zusammenzufassen, hielt Zoepfl eine weite Auslegung der künftigen Bundeszwecke für nötig. Als gemeinsame „Reichs-Angelegenheiten" nannte er die völkerrechtliche Vertretung (unbeschadet der Aufrechterhaltung bestehender Gesandtschaften einzelner Staaten), die Entscheidung über Reichskrieg und Friedensschluss, die „Oberleitung der bewaffneten Macht zu Land und zur See", die „Beförderung und Entwickelung des gemeinsamen Handels und der Zollangelegenheiten" sowie die „Feststellung und Gewährleistung der Rechte, welche den Angehörigen aller Staaten zustehen sollen (sog. Grundrechte)". Um diese Bundeszwecke zu erfüllen, müsse die Bundesorganisation nachhaltig umgestaltet werden, meinte Zoepfl und verwies zur Begründung auf die „Ereignisse des Jahres 1848", die überdeutlich „die Unzulänglichkeit des alten Bundesorganismus gezeigt haben" und auch das „im Volke" lebendige „Bedürfnis einer größeren Einigung", das von „den Regierungen befriedigt werden" müsse.[49]

Statt der bisherigen kollektiven Leitung des Bundes schlug Zoepfl die Übertragung der exekutiven Befugnisse auf Österreich und Preußen vor, die

46 Mit dem Untertitel: Entwurf einer allgemeinen Reichsverfassung mit Inbegriff der deutschen Union, Erfurt 1850.

47 Vgl. E. R. Huber, Deutsche Verfassungsgeschichte seit 1789. Band II: Der Kampf um Einheit und Freiheit 1830 bis 1850, 3. Auflage Stuttgart u. a. 1988, 893 f.

48 Zoepfl, Deutsche Union (wie Anm. 46), 5.

49 Ebd., 7 f.

jeweils einen „Reichsstatthalter" ernennen und gemeinsam als „Reichs-Oberster" agieren sollten, mit Frankfurt oder Nürnberg als Sitz der Reichsregierung. Dorthin sollten alle Staaten Bevollmächtigte schicken; zudem waren „Fürstentage" vorgesehen, die einer Mediatisierung der Mittel- und Kleinstaaten vorbeugen sollten.[50] Ob in diesem Konstrukt auch noch Platz für eine gewählte gesamtdeutsche Nationalrepräsentation sei, erschien Zoepfl als zweifelhaft. Er gab zu bedenken, dass „der preußische Reichstag zu Berlin, das Unions-Parlament in Erfurt, der österreichische Reichstag in Wien" jeder für sich schon groß genug seien, um für „ganz Deutschland [zu] genügen", und dass auf die Dauer „unerschwingliche Kosten" für den Unterhalt so vieler Parlamente entstehen würden.[51] Gleichwohl scheute er davor zurück, hier eine Leerstelle in der Verfassung zu lassen, und nannte prophylaktisch Bestimmungen für die Zusammensetzung eines „Reichstags": Er sollte aus einem Staatenhaus bestehen mit 120 Mitgliedern, die von den Einzelstaaten – von Regierungen und Parlamenten gemeinsam – zu ernennen waren, und einem Volkshaus mit 300 Mitgliedern, von denen 100 auf Österreich, 100 auf die Union und 100 auf die Staaten, die nicht der Union angehörten, entfallen sollten. Lediglich für die Wahl der Unionsabgeordneten wollte Zoepfl Regelungen treffen: Sie sollten nicht aus einer Volkswahl hervorgehen, sondern indirekt vom Unionsparlament gewählt werden.[52] Zoepfls Unsicherheit, wie weit dem parlamentarischen Prinzip Rechnung zu tragen sei, schlug sich auch in den Bestimmungen über Arbeitsweise und Kompetenzen des Reichstages nieder: Zwar sollte er grundsätzlich an der Reichsgesetzgebung mitwirken, die auch in den Händen der Reichsstatthalter und der Landesregierungen lag; er war aber nur alle drei Jahre und dann auch nur für höchstens drei Monate einzuberufen.[53]

Als seien ihm die Inkohärenzen seines Entwurfs bewusst, gab sich Zoepfl im Nachwort seiner Schrift überaus bescheiden: Es sei nicht seine Absicht gewesen, „einen vollendeten, in allen seinen Einzelheiten durch[ge]führten Verfassungsentwurf zu geben. Hierzu ist es noch zu frühe an der Zeit. Der Verfasser konnte nur beabsichtigen, einen Anstoß zum reiflichen Nachdenken zu geben, und die Regierungen so wie die Vertreter der deutschen Nation zu veranlassen, sich darüber aufzuklären, was möglich ist, was sein kann, oder nicht". Die Sperrigkeit des eigenen Entwurfs nutzte Zoepfl dann noch für ein kurioses Argument: Vielleicht werde ja nun erkannt, „wie künstlich, complicirt, und zum Theil schwerfällig der Organismus des weiteren Bundes (des Reiches)

50 Vgl. ebd., 10–12.

51 Ebd., 20.

52 Vgl. ebd., 23 f.

53 Vgl. ebd., 26 f.

nothwendig werden muß, wenn er neben der Union aufgebaut werden soll" – insbesondere von den verantwortlichen Politikern in jenen Staaten, die der Union bislang ferngeblieben seien aus „Furcht vor der Mediatisierung [...] durch Preußen". Sie sollten deshalb erneut bedenken, „ob die vier Königreiche ihre wahren Interessen nicht weit mehr fördern, wenn sie in die deutsche Union eintreten, als wenn sie auf der neuen Organisation eines weiteren Bundes – (des Reiches) – neben der Union beharren".[54]

Wie mit seiner Schrift über die Bundesreform vom März 1848, die von den Tagesereignissen bereits überholt war, als sie in den Buchhandel kam, argumentierte Zoepfl auch im April 1850 ins Leere hinein. Denn mit der Vertagung des Erfurter Unionsparlaments nach der En-bloc-Annahme des Verfassungsentwurfs durch seine beiden Häuser begann die letzte Phase des Siechtums dieses Bundesreformprojekts, das die preußische Regierung ohnehin nur halbherzig betrieben hatte und das sie unter dem Eindruck der sich erheblich verschärfenden Spannungen mit Österreich in der Olmützer Punktation vom November 1850 endgültig aufgab. Zoepfl hatte also, wird man bilanzieren dürfen, eine unglückliche Hand bei der Wahl der Themen seiner tagespolitischen Publizistik und der Zeitpunkte, an denen er mit seinen Schriften an die Öffentlichkeit trat. Nicht ganz so leicht fällt das Urteil über den materiellen Gehalt seiner politischen Publizistik. Zwar spiegelt sich in ihr durchaus die von Mohl attestierte „Wankelmütigkeit" Zoepfls in „staatlichen Dingen" wider – etwa in der Abkehr von der Wertschätzung republikanischer Elemente als konstitutiv für moderne Formen der Monarchie im April 1848 hin zur selbstverständlichen Anerkennung von Dreiklassenwahlrecht und einer rein funktionalen Einordnung des Reichstags in seinen Verfassungsplan zwei Jahre später. Gleichwohl wird man Zoepfl als politischem Publizisten der Jahre 1848 bis 1850 zugutehalten dürfen, dass er damit ein Verhalten zeigte, das unter den gemäßigten Liberalen, denen er sich selbst in dieser Lebensphase vermutlich zugehörig gefühlt haben dürfte, durchaus nicht untypisch war.

54 Ebd., 31 f.

Monika Wienfort

Adel im 19. Jahrhundert. Die Standesherren

In der historischen Forschung ist man sich lange einig gewesen, dass das 19. Jahrhundert in Europa, das „bürgerliche Zeitalter", eine Epoche des Niedergangs für den Adel darstellt. Zu offensichtlich schien die Krise des Adels als traditionellem Herrschaftsstand v. a. zu Beginn des 19. Jahrhunderts, als in der Auflösung des Heiligen Römischen Reiches Deutscher Nation, unter napoleonischer Herrschaft und dann in der Konstituierung der deutschen Staaten nach 1806 zahlreiche Privilegien verlorengingen und die „Moderne" begann. Der differenzierende Blick der neueren Adelsforschung, die in Deutschland im Wesentlichen durch Heinz Reif mit seiner bahnbrechenden Studie über den westfälischen Adel in Gang gebracht worden ist, hat die von Rudolf Braun am Ende der 1980er Jahre vorgetragene These vom „Niedergang im Obenbleiben" an Beispielen empirisch bestätigt. Insgesamt zeichnet sich für das 19. Jahrhundert der Eindruck ab, dass die Einheitlichkeit von Adel als Stand zunehmend verlorenging. Vielmehr entwickelte sich seit dem späten 18. Jahrhundert mindestens zweierlei Adel: zum einen die „Obenbleibenden", die dynastischen Familien und die Großgrundbesitzer, die bis zum Ende des 19. Jahrhunderts auf den Listen der reichsten Einwohner des Deutschen Kaiserreiches vordere Plätze besetzten. Adlige Großgrundeigentümer übernahmen hohe politische Ämter, waren politisch in den Ersten Kammern der deutschen Landtage vertreten und prägten über ihre gesellschaftliche Präsenz Fürstenhöfe und Residenzstädte, Hoftheater, Uniformen und Ballmoden. Aus dem öffentlichen Leben der Oberschichten des Kaiserreiches waren sie nicht wegzudenken. Dieser zahlenmäßigen Minderheit stand zum anderen die Mehrheit der Adligen gegenüber, die nicht über Landbesitz und auch kaum über sonstiges Vermögen verfügte. Während die Männer als Offiziere und Verwaltungsbeamte auf Erwerb angewiesen blieben, gerieten nicht wenige Frauen aus landlosen Adelsfamilien, meist durch den Verlust eines männlichen Ernährers, im 19. Jahrhundert in Existenznot. Von einem traditionellen „Herrschaftsstand" konnte hier lange vor der Abschaffung rechtlich-politischer Privilegien des Adels in der Weimarer Reichsverfassung keine Rede mehr sein.[1]

I. Die Mediatisierung 1803/1815

In diesem sich deutlich ausdifferenzierenden Tableau „des" deutschen Adels im 19. Jahrhundert nehmen die Standesherren einen besonderen Platz ein. Fragt man nach den „Verlierern" der Umwälzungen um 1800, gerät diese Gruppe von Fürsten und Grafen als erste in den Blick. Mit der Mediatisierung, die ehemals reichsunmittelbare Herrschaftsträger einer Landeshoheit unterstellte, wurden seit dem Frieden von Lunéville 1801 beinahe sämtliche Reichsstädte, die Reichsritter sowie Fürsten und Grafen in die sie umgebenden Staaten (v. a. Baden, Württemberg, Bayern, Preußen) eingegliedert. Auch wenn es nur bedingt angemessen scheint, von den Territorien des Alten Reiches als „souverän" zu sprechen, verloren die Standesherren ihre territoriale Unabhängigkeit und damit ein wesentliches Merkmal politischer Herrschaft. Trotzdem fällt es nicht leicht, gerade die Gruppe der Standesherren, die um 1800 aus ca. 90 Familien bestand, umstandslos als „Verlierer" des säkularen Wandels um 1800 anzusehen. Mit der Gründung des Deutschen Bundes 1815 und den Konferenzergebnissen bis zur Wiener Schlussakte von 1820 wurde die Mediatisierung zwar nicht rückgängig gemacht. Aber die Standesherren erschienen nun als bevorzugte Staatsbürger auch gegenüber den bereits existierenden Standesherren aus dem landsässigen Adel. Sie wurden reprivilegiert und durchaus ökonomisch gestärkt, v. a., um ihre politische Loyalität gegenüber den konsolidierten Landesherrschaften zu sichern.[2]

Diese neuen Standesherrschaften bestanden mehrheitlich aus großen Grundbesitzungen. Es lässt sich zumindest für die erste Hälfte des 19. Jahrhunderts darüber streiten, ob hier „Unterlandesherrschaften" eingerichtet wurden, die dem Ideal staatsbürgerlicher Gleichheit Hohn sprachen oder ob es sich nicht letztlich doch nur um eine durch allerlei Ehrenrechte und Prädikate verbrämte konsequente Einordnung in einen Untertanenverband handelte. Aus der Sicht mancher zeitgenössischer Juristen blieb die Bewertung ambivalent: „Die Mediatisierten werden, nach dem ihnen in der Bundesakte angewiesenen Rechtsstand, immer in jedem Staate als privilegierte Klasse und insoweit als Ausnahme von seiner sonstigen betreffenden Gesetzgebung erscheinen können,

1 Heinz Reif, Westfälischer Adel 1770–1860. Vom Herrschaftsstand zur regionalen Elite, Göttingen 1979; ders., Adel im 19. und 20. Jahrhundert, München 1999; ders., Adel, Aristokratie, Elite: Sozialgeschichte von Oben, Berlin 2016; Rudolf Braun, Konzeptionelle Bemerkungen zum Obenbleiben: Adel im 19. Jahrhundert, in: Hans-Ulrich Wehler (Hrsg.), Europäischer Adel 1750–1950, Göttingen 1990, S. 87–95; Johanna Singer, Arme adlige Frauen im Deutschen Kaiserreich, Tübingen 2016.

2 Karina Urbach, Art. Standesherren, in: Eckart Conze (Hrsg.), Kleines Lexikon des Adels. Titel, Throne, Traditionen, München 2005, S. 220; Monika Wienfort, Der Adel in der Moderne, Göttingen 2006, S. 32.

weil sie ohnedies gar nicht und nur aufgrund solcher Privilegien zu jenen Staaten gehören," meinte der Marburger Staatswissenschaftler Karl Friedrich Vollgraff.[3]

In jedem Fall veränderte sich die Stellung der Standesherren wiederum nach der Reichsgründung, v. a. mit den Reichsjustizgesetzen 1877. Im Einführungsgesetz zum Gerichtsverfassungsgesetz vom 21. Januar 1877 wurde den Standesherren aber immerhin noch das „Recht auf Austräge" (also ständische Schiedsgerichte) zugesichert. Ohne den Schutz des Deutschen Bundes wurden allerdings ihre rechtlichen Privilegien angreifbar, auch wenn sich ihre ökonomische Situation stabilisierte und die soziale Zugehörigkeit zur europäischen Hochadelsgesellschaft erhalten blieb.[4]

II. Verfassungsrecht und Adelshistoriographie

Heinz Gollwitzer präsentierte in den 1950er Jahren – noch ohne den Kontext einer modernen Adelsforschung – eine eindrucksvolle Kultur- und Mentalitätsgeschichte der Standesherren im Spannungsfeld von sozialer Gruppe und individueller Persönlichkeit. In dieser Pionieruntersuchung geht es auch um die zahlreichen Statuskonflikte, die zwischen 1806 und dem Ende des Jahrhunderts das Verhältnis zu den Landesherren prägten. In Preußen wurden die Standesherren mit Zuvorkommenheit behandelt, von ihnen als Untertanen war nicht die Rede. Daher lag hier der Eindruck von relativer Autonomie in „Unterlandes-

3 Karl Vollgraff, Die deutschen Standesherren. Ein Überblick über ihre Lage und Verhältnisse, Jena 1844, S. 77. Vgl. zu Vollgraff Michael Stolleis, Geschichte des öffentlichen Rechts, Bd. II, München 1992, S. 151 f., 203 f.

4 Vgl. zur politischen und ökonomischen Geschichte des Adels in der ersten Hälfte des 19. Jahrhunderts Elisabeth Fehrenbach, Adel und Bürgertum im deutschen Vormärz, in: HZ 258.1994, S. 1–28; dies., Das Scheitern der Adelsrestauration in Baden, in: Eberhard Weiß (Hrsg.), Reformen im rheinbündischen Deutschland, München 1984, S. 251 ff. Elisabeth Fehrenbach, Das Erbe der Rheinbundzeit. Macht- und Privilegienschwund des badischen Adels zwischen Restauration und Vormärz, in: AfS 23.1983, S. 99–122, hier S. 108, stellt zumindest für die Fürsten Leiningen und Löwenstein eine hohe Verschuldung fest. Allerdings erhandelten beide Fürsten in Bayern hohe Entschädigungen für ehemalige Rechte, so dass sich die Verschuldung verringerte. Vgl. Hanns Hubert Hofmann, Adelige Herrschaft und souveräner Staat. Studien über Staat und Gesellschaft in Bayern im 18. und 19. Jahrhundert, München 1962, S. 380. Zur zeitgenössischen Debatte um die Stellung in der Gerichtsverfassung vgl. Hermann Rehm, Die standesherrliche Schiedsgerichtsbarkeit, Straßburg 1912. Vgl. zum Ende der standesherrlichen Gerichtsbarkeit und des Präsentationsrechtes für Richter an staatlichen Gerichten Rolf Schier, Standesherren. Zur Auflösung der Adelsvorherrschaft in Deutschland (1815–1918), Heidelberg 1978, S. 129.

herrschaften" nahe. Allerdings übten nur die Fürsten Solms-Braunfels, Wied und Bentheim-Steinfurt die standesherrlichen Rechte im vollen Umfang aus, da die übrigen Standesherren gegen Entschädigung sukzessive auf manche Rechte verzichtet hatten. In Württemberg gestaltete sich das Verhältnis zwischen dem Souverän und den Mediatisierten zunächst besonders schwierig. Der König von Württemberg forderte die Ablegung des Huldigungseids, den prompt vier Mediatisierte verweigerten. In Baden schien das Verhältnis äußerlich zwar weniger konfrontativ, allerdings war gerade hier die antiadlige Reformpolitik des Staates insgesamt sehr erfolgreich. In Bayern schonte der König die Standesherren, indem er auf eine öffentliche Huldigung verzichtete und auch ökonomisch zu größeren Zugeständnissen bereit war.[5]

Statuskämpfe zwischen den Mediatisierten einerseits und den Landesherren andererseits mündeten immer wieder in einzelne Rechtskonflikte, die ihren Ausgangspunkt in den entscheidenden Verfassungsdokumenten nahmen, v. a. der Bundesakte und der Rheinbundakte von 1806 als weiterhin wichtiger verfassungsrechtlicher Grundlage. Tendenziell konnten sich die fürstlichen und gräflichen mediatisierten Familien zur Zeit des Wiener Kongresses politisch auf die Großmächte Österreich und Preußen stützen, während die Mittelstaaten in Süddeutschland (Württemberg, Baden, Bayern) besonderen Wert darauf legten, die Standesherren an ihre auf Dauer angelegte Eingliederung in den Staat zu erinnern. Gerade den Mittelstaaten mit ihren deutlich vergrößerten Staatsgebieten kam es auf die Behauptung der staatlichen Souveränität gegenüber den Standesherren besonders an. Politisch jedenfalls gingen Preußen und Österreich nicht so weit, den Standesherren Kuriatstimmen in der Bundesversammlung zu verschaffen. Verfassungsrechtlich waren die Mediatisierten den Souveränen damit eindeutig nicht „gleichgestellt": Sie blieben politisch auf die Einzelstaaten beschränkt, wenngleich ein Teil der Standesherren über Sitz und Stimme in mehreren Landtagen verfügte.[6]

Bereits in der zeitgenössischen verfassungsrechtlichen Literatur wurde darauf hingewiesen, dass eine politische Privilegierung der Standesherren in einem Staatenbund von souveränen Staaten schwierig oder gar unmöglich schien. Man erhält daher den Eindruck, es habe sich bei den geplanten Kuriatstimmen für die Standesherren eher um eine symbolisch gemeinte Illustration

5 Heinz Gollwitzer, Die Standesherren. Die politische und gesellschaftliche Stellung der Mediatisierten 1815–1918, Göttingen, 2. Aufl. 1964; Matthias Schwengelbeck, Die Politik des Zeremoniells. Huldigungsfeiern im langen 19. Jahrhundert, Frankfurt a. M. 2007, S. 102.

6 Vgl. Art. 6 und 14 der Deutsche Bundesakte vom 8. Juni 1815, in: Wolfgang Hardtwig/Helmut Hinze (Hrsg.), Vom Deutschen Bund zum Kaiserreich 1815–1871, Stuttgart 1997, S. 35–43, hier S. 40, 42 f.

der Ebenbürtigkeit gehandelt. Als – wenngleich unvollkommener – Ersatz für die Kuriatstimmen kann das Zugeständnis des Rekurses auf die deutsche Bundesversammlung gewertet werden, für den sogar eine ständige Kommission eingerichtet wurde. Einerseits strebten die Standesherren einen übereinstimmenden Rechtszustand in sämtlichen deutschen Staaten an, andererseits blieben die Entscheidungen der Bundesversammlungskommission auf Einzelfälle bezogen: Wenn die Kommission den Mediatisierten zugestand, die Grundablösung zu verweigern, war für die Regierungen der Einzelstaaten der Einbruch in die Souveränitätsrechte offensichtlich.[7]

Die fehlende Gleichstellung mit den Souveränen erlaubte aber auch eine je spezifische politische Positionierung in einem liberal-konservativen Kräftefeld der Einzelstaaten, die Gollwitzer mit Zuschreibungen wie „deutsche Whigs", oder „liberalem Hochadel" charakterisiert hat. Während liberale Positionen im deutschen Landadel die Ausnahme bildeten, wurde diese politische Orientierung der Fürsten Erwein Schönborn, Ludwig Wallerstein oder des Grafen Karl Giech in vormärzlichen Verfassungsfeiern und durch öffentliche Begrüßung des Abbaus von Adelsprivilegien in der Revolution von 1848/49 manifest. Allerdings scheiterte eine Abschaffung des Adels im Zusammenhang des Scheiterns der Revolution insgesamt, und die Mehrheit des Adels blieb seit den 1850er Jahren bei einer konservativen und im Zweifel staatsnahen Position.[8]

Im Ergebnis gewährte der Artikel XIV der Bundesakte von 1815 den Standesherren weitreichende Sonderrechte, die diese Gruppe an die Souveränität der Dynasten heranführte, ohne sie ihnen letztlich zuzugestehen. Von nun an verfügten die Standesherren über die Gerichtsbarkeit in erster und zweiter Instanz, Freistellung von der Militärpflicht, Steuerprivilegien, Berg- und Forstrechte, Verwaltungshoheit, Autonomie in Familien- und Vermögensangelegenheiten (z. B. ein Erbrecht in Gestalt von Fideikommissen) und die erbliche Mitgliedschaft in den Ersten Kammern der Landtage. Hinzu traten Rechte, die auch landsässige adlige Großgrundbesitzer mindestens bis zur Revolution 1848/49 in mehreren deutschen Staaten besaßen: das Kirchen- und Schulpatronat sowie Jagd- und Fischereirechte.[9]

7 Vgl. den Standpunkt der Standesherren in: Auszug aus den von den Mitgliedern des Vereins der deutschen Standesherren übergebenen Darstellungen der Rechtsverhältnisse ihrer Häuser, Tübingen 1876; zum Konflikt über die Grundablösung in Hessen vgl. Vollgraff, Standesherren, S 80.

8 Karl Salomo Zachariä, Die Souveränitätsrechte der Krone Württemberg in ihrem Verhältnisse zu den standesherrlichen Eigentumsrechten des Fürstlichen Gesamthauses Hohenlohe, Heidelberg 1836, S. 119 f. Vgl. Schier, Standesherren, S. 16–18; Gollwitzer, Standesherren, S. 210; Oliver Groß, Die Debatten über den Adel im Spiegel der Grundrechtsberatungen in den deutschen Parlamenten 1848/49, Frankfurt a. M. 2013.

Über all dem blieb die politische Unzufriedenheit der Standesherren erhalten, die seit 1813 in einem Verein der Mediatisierten zusammengeschlossen waren und 1815 ein Komitee für die Verhandlungen auf dem Wiener Kongress gründeten. Der Vater des österreichischen Außenministers Clemens von Metternich, Franz Georg von Metternich, wurde zum Vorsitzenden gewählt. Ihre überschaubare Gruppengröße erleichterte diese erste Gründung eines modernen Interessenverbandes für den Adel und wurde 1863 in einem „Verein der deutschen Standesherren“ fortgesetzt. In der Frage der Ehre zeigten sich die staatlichen Mitglieder des Deutschen Bundes letztlich großzügig. Die von den Standesherren vermisste Souveränität sollte in den 1820er Jahren durch Ehrerbietung gewährende Anredeformen kompensiert werden. 1825 wurde den ehemals reichsfürstlichen Familien das Prädikat „Durchlaucht“ zugestanden und 1829 schuf man für die gräflichen Familien ein neues Prädikat „Erlaucht“. Damit wurde einmal mehr die Repräsentation gegenüber der rechtlichen Gleichstellung betont.[10]

III. Einzelstaaten und deutsche Nation

In der Geschichte der Standesherren im späten 19. Jahrhundert spiegelt sich eine zunehmende nationale Integration, die diese kleine Gruppe multiregional einband. Für die protestantischen Familien hatte das schon länger gegolten, während die Katholiken ihre Distanz zur protestantisch geprägten deutschen Nation im Kaiserreich oft bis nach dem Ende des Kulturkampfes beibehielten. Im Zusammenhang mit der Entstehung des politischen Katholizismus fanden manche Standesherren dann eine neue politische Heimat. Im Kaiserreich wurden die Rechte der Standesherren entsprechend besonders vom katholischen Zentrum verteidigt, während sich die protestantischen Standesherren an den Konservativismus banden.[11]

Fürst Aloys Löwenstein-Wertheim-Rosenberg saß zu Beginn des 20. Jahrhunderts in vier Ersten Kammern (Baden, Württemberg, Bayern, Hessen). Er

9 Monika Wienfort, Patrimonialgerichte in Preußen. Ländliche Gesellschaft und bürgerliches Recht 1770–1848/49, Göttingen 2001; Hans Wilhelm Eckhardt, Herrschaftliche Jagd, bäuerliche Not und bürgerliche Kritik, Göttingen 1976; Eckart Conze, Art. Patronat, in: ders. (Hrsg.), Lexikon, S. 196 f.

10 Wolfram Siemann, Metternich, München 2016, S. 523.

11 Vollgraff, Standesherren, S. 92; Schier, Standesherren, S. 130–32, zu den Stellungnahmen von Ludwig Windthorst und Peter Reichensperger. Zur Zusammenarbeit von Standesherren und Landadel vgl. Markus Raasch, Der Adel auf dem Feld der Politik. Das Beispiel der Zentrumspartei in der Bismarckära (1871–1890), Düsseldorf 2015.

benannte häufig seinen Bruder als Vertreter und machte die Familie so zum Verbindungsglied zwischen den Mittelstaaten. Einige katholische Standesherren waren Mitglieder der österreichischen Hocharistokratie und stellten auch nach dem Ende einer „großdeutschen" Perspektive in der Einigungspolitik die Verbindung zum Habsburger Reich her. Auch internationale Verbindungen blieben wichtig. Die Halbgeschwister der Queen Victoria, Karl und Feodora von Leiningen – letztere heiratete 1828 den Fürsten Ernst zu Hohenlohe-Langenburg –, lenkten das familiäre Interesse der britischen Monarchin auf die Gruppe der deutschen Standesherren.

Laut Bundesakte sollten die Mediatisierten die „ersten" Standesherren im Staat sein, da es in manchen Staaten auch noch landsässige Standesherren und Titularfürsten gab, und zumindest die Standeserhöhungen von Adligen in den Fürstenstand im Kaiserreich die Anzahl dieser Titelträger noch erweiterte. Im Ergebnis gehörten die Mediatisierten damit im 19. Jahrhundert zum „hohen Adel", der sich durch die Privilegien des Privatfürstenrechts vom Landadel abgrenzte. Da der mediatisierte Adel in den deutschen Staaten damit zwar nicht in der politischen Rolle, aber in der rechtlichen Lage den dynastischen Familien nahestand, deren Privilegien in einem monarchischen System kaum infrage standen, dauerte das Abschmelzen der Rechte der Mediatisierten deutlich länger als beim Landadel. Erst 1899 wurde ein „Bayerisches Gesetz, die Ablösung der Steuer-, Umlagen- und Zollfreiheit der Standesherren betr." beschlossen, das die entsprechenden Privilegien gegen Entschädigungen aufkündigte.

IV. Ebenbürtigkeit, standesungleiche und morganatische Ehen

Der Adel als persönliche Eigenschaft bezog sich in sämtlichen europäischen Gesellschaften auf Herkunft und Abstammung, auf die Genealogie. Die adlige Familienordnung schöpfte ihre Legitimation wesentlich aus ihrer Struktur langer Dauer über die Generationen hinweg, obwohl es in den deutschen Staaten durchaus Personaladel gab. Es handelte sich grundsätzlich eben um Erb- und Geburtsadel, nicht um durch individuelle Leistung erreichten Status. Daher verband die Adelsfamilie in ihrem Selbstverständnis Vergangenheit, Gegenwart und Zukunft. Für den regierenden Adel, dem sich die Standesherren im 19. Jahrhundert in ihrem Selbstverständnis als „hoher Adel" soweit wie möglich angleichen wollten, verdichtete sich diese Idee in der Vorstellung der Dynastie. Entsprechend bedeutsam war für den hohen Adel die Ehe, die in der traditionellen wie bürgerlichen Gesellschaft des 19. Jahrhunderts allein in der Lage war, legitime Nachkommen hervorzubringen. Der hohe Adel nutzte die Paritätsforderung für seine Ehen zunehmend zur Selbststilisierung und zur Abgrenzung von anderen sozialen Gruppen. Im Zusammenhang mit der durch die

Bundesakte stark betonten Ebenbürtigkeit der Standesherren mit den dynastischen Familien wurde die Differenz zwischen hohem und niederem Adel im Vergleich zum Ancien Régime noch bedeutsamer.[12]

In den Konzepten von Ebenbürtigkeit und Standesgleichheit ging es aber nicht nur um ein „immaterielles" Selbstverständnis, sondern auch um rechtliche Kategorien, die in Verbindung mit dem Erbrecht erhebliche materielle Auswirkungen haben konnten. Den Standesherren war in der Bundesakte das Recht auf ein besonderes Familien- und Erbrecht in Gestalt von Hausgesetzen analog zum dynastischen Adel zugestanden worden. In der deutschen Rechtswissenschaft bildete sich das Privatfürstenrecht als das Recht, das den Fürsten als Privatperson betraf, seit dem 18. Jahrhundert als eigenständiger Bereich heraus. Angesichts des im Vergleich mit anderen europäischen Ländern großen Kreises der Betroffenen von ca. 20 dynastischen Familien und den mediatisierten Häusern sowie einer entsprechenden Anzahl von Standes- und Erbkonflikten erlebte das Privatfürstenrecht in Deutschland im 19. Jahrhundert eine Blütezeit, bevor es mit der Abschaffung der Monarchie in der Revolution von 1918/19 verschwand bzw. in das Privatrecht verschoben wurde.[13]

Zwar waren in der napoleonischen Zeit auch deutsche Herrscherhäuser eheliche Verbindungen mit Napoleons Familie eingegangen und hatten damit politische Anpassungsfähigkeit und persönliche Flexibilität dokumentiert. Die Anforderung der Standesgleichheit beider Partner in der Ehe wurde nach 1815 jedoch wieder bekräftigt und verstärkt. Generell hielten sich auch die Standesherren an das endogame Heiratssystem und schlossen Ehen bevorzugt untereinander entlang der konfessionellen Trennlinien. Den mediatisierten Familien war die Ebenbürtigkeit mit den dynastischen Familien zugestanden worden, in der Praxis zeigten die regierenden Familien aber nur wenig Neigung, Ehen mit Söhnen und Töchtern der Standesherren einzugehen. Allerdings war der Heiratsmarkt im Segment des hohen Adels, nicht zuletzt wegen der konfessionellen Barrieren, sehr eingeschränkt. In Sachsen dachte die königliche Familie 1850 ernsthaft über eine Eheschließung der Tochter Sidonie mit dem Erbprinzen von Thurn und Taxis nach, nachdem man den Antrag eines Fürsten Windisch-Graetz eher entrüstet zurückgewiesen hatte. Fürst Karl Egon II. zu Fürstenberg, der reichste badische Standesherr, der die badische Prinzessin Amalie heiratete und damit zur engen Verwandtschaft des badischen Herrscherhauses

12 Dietmar Willoweit, Standesungleiche Ehen des regierenden hohen Adels in der neuzeitlichen deutschen Rechtsgeschichte, München 2004.

13 Vgl. August Wilhelm Heffter, Die Sonderrechte der souveränen und mediatisierten vormals reichsständischen Häuser, Berlin 1871; Hermann Rehm, Prädikat und Titelrecht der deutschen Standesherren, München 1905.

gehörte, konnte diese Heirat als bedeutsamen gesellschaftlichen Erfolg ansehen.[14]

Zwei Konzepte sorgten in den Ehen des hohen Adels im 19. Jahrhundert besonders für Konflikte: erstens die „Mißheirat", also eine Ehe, in der ein Partner als nicht ebenbürtig angesehen wurde, und zweitens die „morganatische Ehe", mit der die erbrechtlichen Probleme der Nichtebenbürtigkeit insofern „geheilt" wurden, als es sich zwar um eine kirchenrechtlich voll gültige, aber mit Blick auf die Hausnachfolge minderberechtigte Ehe handelte. In der Regel erfolgte hier keine Aufnahme des Ehepartners (in der Praxis des 19. Jahrhunderts überwiegend Frauen aus niederem Adel oder Nobilitierte) in das fürstliche Haus und die Nachkommen solcher Verbindungen besaßen kein Recht auf die Thronfolge bzw. konnten nicht die Hausnachfolge antreten. Diese rechtlichen Konzepte waren übrigens nicht überall verbreitet. Das englische Common Law kannte weder Missheirat noch morganatische Ehe und folgte insgesamt einem alternativen Adelskonzept, in dem der Status eines „Peers" jeweils nur einem (männlichen) Familienmitglied zukam und sich die Adelsfamilie im Übrigen rechtlich aus „Commoners" zusammensetzte.[15]

Im Grundsatz verlangten die Hausgesetze der standesherrlichen Familien für die Ehen der Familienmitglieder Ebenbürtigkeit und nur wenige Nachkommen verstießen gegen dieses Prinzip. Gleichwohl gelangte ein solcher Fall schließlich vor das höchste deutsche Gericht. 1880 beschäftigte sich das Reichsgericht als dritte Instanz mit der Frage, ob die Ehe eines Mannes aus dem hohen Adel als „Mißheirat" anzusehen sei. Fürst Ludwig zu Sayn-Wittgenstein-Sayn hatte 1867 in der Schweiz die Berliner Bankierstochter Amalie Lilienthal geheiratet. Der Chef des Gesamthauses Sayn-Wittgenstein, Fürst Alexander zu Sayn-Wittgenstein-Hohenstein, und andere Familienmitglieder wollten erreichen, dass Fürst Ludwig wegen dieser „Mißheirat" auf den Fürstentitel und das Wappen der Familie verzichtete. Da Fürst Ludwig mit seiner Familie im Ausland lebte, vermied man offenbar zunächst eine gerichtliche Auseinandersetzung. Zum Gerichtsfall wurde die Angelegenheit schließlich nach dem Tod des Fürsten Ludwig, als dessen Bruder Fürst Friedrich eine Klage einreichte, um seiner Schwägerin das Recht absprechen zu lassen, als Witwe den Titel einer Fürstin von Sayn-Wittgenstein-Sayn zu führen. Fürst Friedrich von Sayn-Wittgenstein-Sayn stützte seine Klage auf die Sayn'schen Hausgesetze. Wie die beiden frühe-

14 Silke Marburg, Europäischer Hochadel. König Johann von Sachsen (1801–1873) und die Binnenkommunikation einer Sozialformation, Berlin 2008, S. 265.

15 Vgl. J. Held, Art. Mißheirat, in: Carl v. Rotteck/Karl Theodor Welcker (Hrsg.), Staatslexikon oder Encyclopädie der Staatswissenschaften (...), Bd. 10, Altona 1840, S. 76–93, einer langen Abhandlung, in der nachgewiesen werden sollte, dass unstandesgemäße Ehen in „germanischer" Rechtstradition seit Jahrhunderten üblich waren.

ren Instanzen bestätigte das Reichsgericht 1880 die Zulässigkeit und Rechtmäßigkeit einer Zivilklage, erkannte die Sayn'schen Hausgesetze an und erklärte die Witwe Amalie für nicht berechtigt, den Titel einer Fürstin zu führen. Unter Berufung auf das Recht des Alten Reiches begründete das Reichsgericht seine Entscheidung, in der es „nur" um die Führung des Titels, nicht etwa um die Hausnachfolge, ging: „Da feststeht, daß die Frau Beklagte von Geburt dem Bürgerstande angehört, so haben die Vorderrichter mit Recht die Ehe derselben mit dem Fürsten Ludwig, einem Mitgliede des hohen Adels, für eine Mißheirat erklärt", und es fuhr zuspitzend fort, dass „jedenfalls die Ehen hochadliger Männer mit Frauen bürgerlichen Standes nach den geltenden allgemeinen Grundsätzen des Staats- und Privatfürstenrechts unter den Begriff der unstreitig notorischen Mißheiraten fallen."[16] Die Ehe und das Eheschließungsrecht wurden damit zu einem zentralen Element der „Standesherrlichkeit" des hohen Adels erklärt, der vom Prinzip der justiziellen Gleichheit der Staatsbürger zwar nicht ausgenommen, aber in bestimmten Feldern separiert wurde. So ging es bei der Entscheidung nicht um die Frage, ob diese Ehe überhaupt rechtsgültig war, sondern bloß um charakteristische Folgen einer gültigen Ehe, hier der Übergang von Namen, Titel und Wappen des Ehemannes auf die Ehefrau. Wie in anderen Fällen von standesungleichen Ehen wurde festgestellt, dass die Ehefrau nicht an den Standesvorrechten des Mannes teilnahm.

Die Probleme einer standesungleichen Eheschließung wurden im hohen Adel des 19. Jahrhunderts bevorzugt in der „morganatischen Ehe" aufgefangen, für die von vornherein eine Standesungleichheit festgestellt wurde. Zwar blieben morganatische Ehen in den dynastischen Familien angesichts der Hausgesetze im 19. Jahrhundert selten. König Friedrich Wilhelm III. von Preußen hatte nach dem Tod der Königin Luise die Gräfin Auguste von Harrach morganatisch geheiratet und zur Fürstin von Liegnitz erhoben. Allerdings schloss auch der österreichische Thronfolger Franz Ferdinand noch im Jahr 1900 eine morganatische Ehe mit Gräfin Sophie Chotek, die ihr den Titel einer Fürstin und später Herzogin von Hohenberg zusprach, ihre Söhne aber von der Thronfolge ausschloss. In der österreichischen Öffentlichkeit ging man davon aus, dass Franz Ferdinand nach einer Thronbesteigung versuchen würde, seinen Söhnen aus dieser Ehe das Recht auf die Thronfolge zu verschaffen. Wegen des Attentats von Sarajevo am 28. Juni 1914, dem Erzherzog Franz Ferdinand und seine Ehe-

16 RG, 07.05.1880 – III 336/79, in: RGZ 2, 145, https://opinioiuris.de/entscheidung/1916 (abgerufen am 2.3.2018). Heinrich Zoepfl, Über hohen Adel und Ebenbürtigkeit, Stuttgart 1853, S. 139, vertrat dagegen die Ansicht, nur die Heirat von hochadligen Männern mit „leibeigenen" oder „unfreien" Frauen seien als „unstreitig notorische Mißheiraten" anzusehen, was offensichtlich nahelegte, den Tatbestand solcher Missheirat zu einem extremen Ausnahmefall zu erklären.

frau zum Opfer fielen und das den Ersten Weltkrieg auslöste, konnte es zu einem solchen Projekt nicht mehr kommen.[17]

Die morganatische Ehe, die bildlich auch „Ehe zur linken Hand" genannt wurde, betraf in der Praxis des 19. Jahrhunderts einige der herausragenden dynastischen Familien. Anfang des 19. Jahrhunderts schloss der österreichische Erzherzog Johann eine morganatische Ehe mit der Postmeistertochter Anna Plochl. Seit der Eheschließung des badischen Markgrafen Karl Friedrich mit Luise Karoline Geyer von Geyersberg 1787 und den Nachfolgeproblemen in Baden nach 1815 war die Öffentlichkeit für die problematischen Folgen solcher Ehen sensibilisiert. Angesichts des Mangels an Thronfolgekandidaten wurde diese Ehe letztlich aufgewertet und Luise Karolines Sohn konnte 1830 Großherzog von Baden werden. Ein anderes Beispiel bildete die Familie Battenberg, die für die Nachkommen des Prinzen Alexander von Hessen-Darmstadt und seiner morganatischen Ehefrau Gräfin Julia Hauke kreiert wurde. Zwar blieb den Nachkommen ein Recht auf die Thronfolge in Hessen verwehrt, aber der Sohn Ludwig machte in der britischen Marine Karriere und nahm 1917 den Namen und Titel Louis Mountbatten, 1. Marquess of Milford Haven an, während sein Bruder Heinrich Prinzessin Beatrice, eine Tochter der Queen Victoria, heiratete. Queen Victoria hatte in Briefen an ihre Tochter Kronprinzessin Victoria von Preußen deutliches Unverständnis für die dynastische Ebenbürtigkeit und das Konzept der morganatischen Ehe in Deutschland bekundet. Die britische Königin meinte, solches Statusbewusstsein würde eine dringend erforderliche „Blutauffrischung" der monarchischen Familien in Europa verhindern.[18]

Die morganatischen Ehen von männlichen Mitgliedern der deutschen Fürstenhäuser blieben aus Sicht der fürstlichen Familien bedauerlich, aber tolerierbar, wenn es sich um ein nichterbendes Familienmitglied handelte oder ein „Ersatz"-Thron- bzw. Hausnachfolger bereitstand. 1861 heiratete Prinz Leopold von Sachsen-Coburg-Gotha die Pianistin und Schauspielerin Konstanze Geiger. Konstanze Geiger wurde als „Freifrau von Ruttenstein" in den Adelsstand erhoben, und die ehemalige Schauspielerin und der Prinz lebten fortan in Gotha und Paris und widmeten sich ihren kulturellen Interessen. Im selben Jahr 1861 schloss Fürst Karl zu Hohenlohe-Langenburg die Ehe mit der Metzgerstochter Marie Gratwohl. Im Zusammenhang mit dieser Eheschließung verzichtete Karl zugunsten seines Bruders auf die Standesherrschaft, behielt aber den Titel „Fürst". Auch nach der Einführung des Bürgerlichen Gesetzbuches ließen

17 Zu Erzherzog Franz Ferdinand vgl. Katrin Unterreiner, „Meinetwegen kann er gehen". Kaiser Karl und das Ende der Habsburgermonarchie, Wien 2017, S. 9.

18 Monika Wienfort, Marriage, Family and Nationality. Letters from Queen Victoria and Crown Princess Victoria 1858–1885, in: Karina Urbach (Hrsg.), Royal Kinship. Anglo-German Family Networks 1815–1918, München 2008, S. 117–30, hier S. 127.

die Ausführungsgesetze morganatische Ehen im hohen Adel weiterhin zu. Die Abschaffung der Adelsprivilegien in der Weimarer Reichsverfassung beendete in Deutschland im Übrigen dann auch das Institut der morganatischen Ehe.[19]

V. Fideikommisse

Im „Adel als Erinnerungsgemeinschaft“, ein Begriff, der in der deutschen Historiographie durch den Dresdner Historiker Josef Matzerath eingeführt wurde, wird die kulturelle Identität einer sozialen Gruppe zusammengefasst. Adel, so scheint es jedenfalls, wurde transnational durch ein Zeitbewusstsein geprägt, dass Vergangenheit, Gegenwart und Zukunft nicht nur in einen kulturellen, sondern auch in einen rechtlichen Zusammenhang brachte.[20] Dieser zeitliche Zusammenhang wurde in dem schon seit dem 17. Jahrhundert verbreiteten Rechtsinstitut des Fideikommisses deutlich. Man verstand darunter ein einheitliches Sondervermögen, das v. a. aus Grund und Boden und zugehörigen Gebäuden (Schlösser, Gutshäuser), aber auch aus Kapital (Geldfideikommiss) bestehen konnte. Für dieses separierte Vermögen galten besondere Bedingungen: im Regelfall Unteilbarkeit in der männlichen Primogeniturerbfolge, Verbot der Veräußerung und Einschränkung der Kreditaufnahme. Die Fideikommisse antworteten auf ein strukturelles Problem der Adelsherrschaft, in der durch andauernde Erbteilungen der Besitz zersplittert wurde und am Ende der Verlust der Bedeutung der Familie drohte. Wenn man so will, bot das Fideikommiss eine Möglichkeit der Besitzkonzentration, die den ältesten Erben der Hauptlinie zum Verwalter und Nutznießer des Familienbesitzes machte, während es die nachgeborenen Söhne und die Töchter auf Unterhalts- und Ausgleichszahlungen beschränkte.[21]

In vielen europäischen Ländern handelte es sich um ein traditionelles Adelsprivileg, das daher bereits in der Aufklärung als Verletzung des bürgerlichen Gleichheitsprinzips öffentliche Kritik auf sich gezogen hatte. Die Französische Revolution schaffte die Fideikommisse ab und in ihrer Folge gerieten diese auch in den napoleonisch dominierten deutschen Staaten in Bedrängnis. Aller-

19 Eva Schumann, Morganatische Ehe, in: Handwörterbuch zur deutschen Rechtsgeschichte (HRG), Bd. III, Sp. 1626–28.

20 Josef Matzerath, Adelsprobe an der Moderne. Sächsischer Adel 1763–1866, Stuttgart 2006.

21 Jörn Eckert, Der Kampf um die Familienfideikommisse in Deutschland, Frankfurt a. M. 1992; Klaus Heß, Junker und bürgerliche Großgrundbesitzer im Kaiserreich. Landwirtschaftlicher Großbetrieb, Großgrundbesitz und Familienfideikommiss in Preußen (1867/71–1914), Stuttgart 1990.

dings wandelte sich die Situation zu Beginn des 19. Jahrhunderts, als Napoleon in Frankreich mit den Majoraten ein ähnliches Rechtsinstitut für den Besitz von Grund und Boden einführte und Preußen mit dem Oktoberedikt von 1807 den Rittergutsbesitz für das Bürgertum öffnete. Nach 1815 ließen die deutschen Staaten Neustiftungen von Fideikommissen wieder zu, um die zumindest partielle Rückkehr zu vorrevolutionären Zuständen praktisch und symbolisch zu markieren. In Bayern blieb die Stiftung von Fideikommissen in der Verfassung von 1818 dem Adel vorbehalten, obwohl bürgerliche Fideikommisse, die im 18. Jahrhundert gestiftet worden waren, bestehen blieben. Von der Möglichkeit, Fideikommisse neu zu stiften, machten im 19. Jahrhundert zahlreiche Adlige, aber auch manche Bürger Gebrauch. Insgesamt stellte das Rechtsinstitut des Fideikommisses im 19. Jahrhundert eher ein verbindendes Element zwischen hohem und niederem Adel dar.[22]

In den Fideikommissen wurde die Vorstellung von einer generationenübergreifenden Familie praktiziert, was dem Adel besonders entgegenkam. Auf dem Kontinent wurden Fideikommisse nämlich „für die Ewigkeit" institutionalisiert. Adel ließ sich so als Abfolge von Generationen verstehen, die sich mit dem fideikommissarisch gebundenen Grundbesitz unwiderruflich in einer Region verankerten. Während die Mehrheitsbevölkerung im 19. Jahrhundert meist in der Kernfamilie lebte, schien gerade die wohlhabende standesherrliche Adelsfamilie stets größer. In der Öffentlichkeit wurde die durch Verwandtschaft und Verschwägerung gekennzeichnete Kernfamilie im „bürgerlichen" Sinn zum „Haus" mit seinen unterschiedlichen Linien. Daraus ergab sich ein Zusammengehörigkeitsgefühl der Familienzweige, das oft auch ganz praktische Bedeutung hatte: etwa in der Rangfolge von Erbansprüchen. Persönliche Konkurrenzsituationen wurden durch das Ethos einer überpersönlichen Gemeinschaft des „Hauses" oder der Gesamtfamilie ergänzt und moderiert.[23]

Viele standesherrliche Besitzungen waren bereits im 18. Jahrhundert als Fideikommisse eingerichtet worden. Im 19. Jahrhundert kamen Neustiftungen in besonderen familiären Situationen aber noch vor. Fürst Ludwig von Oettingen-Wallerstein stiftete 1837 das Fideikommiss Leutstetten zu Gunsten einer

22 Als Beispiel für ein bürgerliches Fideikommiss, das aus einer Bibliothek bestand: Ediktalladung, 2.6.1826, in: Königlich-baierisches Intelligenzblatt des Unterdonau-Kreises 1826, S. 279.

23 Monika Wienfort, Gerichtsherrschaft, Fideikommiss und Verein – Adel und Recht im „modernen" Deutschland, in: Jörn Leonhard/Christian Wieland (Hrsg.), What Makes the Nobility Noble? Comparative Perspectives from the Sixteenth to the Twentieth Century, Göttingen 2011, S. 90–113; dies., Constitutionalism, Inheritance, and Orders of Property. Land Laws in 19th century Britain and Germany, in: K.-L. Grotke/M. J. Prutsch (Hrsg.), Constitutionalism, Legitimacy, and Power: Nineteenth-Century Experiences, Oxford 2014, S. 143–159.

Tochter und ihrer männlichen Nachkommen. Auch die Fürsorge und Solidarität von Vätern gegenüber ihren nachgeborenen Söhnen, die dem Ursprungsmotiv des Fideikommisses im Grunde diametral widersprach, konnte eine Gründung in Gang setzen. Graf Otto von Quadt-Wykradt-Isny stiftete ein neues Fideikommiss in Grafenaschau zu Gunsten eines nachgeborenen Sohnes, das neben das Haupt-Fideikommiss Isny trat. In Bayern wurden in der zweiten Hälfte des 19. Jahrhunderts insgesamt 74 neue Fideikommisse mit 68 000 ha Boden gegründet, von denen einige auch durch standesherrliche Aktivitäten zustande kamen.[24]

Graf Ottos jüngerer Bruder Friedrich Quadt-Wykradt-Isny gründete unter Berufung auf die standesherrliche Autonomie als Nachgeborener eines standesherrlichen Hauses in den 1880er Jahren mit dem Fideikommiss eine eigene Familienlinie in Moos. Als ersten Fideikommissinhaber berief er seinen ältesten Sohn aus zweiter Ehe, obwohl es einen Sohn aus der ersten Ehe gab. Der Stifter verpflichtete die zukünftigen Fideikommissbesitzer auf eine Wirtschaft als „sorgsamer Hausvater" und traf zahlreiche Bestimmungen, die die Versorgung von Witwen und nichterbenden Kindern sichern sollten. Mit Blick auf die Sukzessionsrechte im Hauptgut Isny forderte der Stifter eine Erklärung von drei Häuptern standesherrlicher Familien über die „Standesmäßigkeit" einer Ehe.[25]

Grundsätzlich mussten Fideikommisse im 19. Jahrhundert von den einzelnen Staaten genehmigt werden. Es wurden jährliche Mindesterträge des Grundbesitzes festgelegt, in Preußen 7500 Mark Ertrag, in Bayern 2550–3400 Mark und in Braunschweig 9000 Mark. Höher waren die Anforderungen für die Aufnahme in den Herrenstand in Baden mit 26 000 Mark, während in Bayern für die erblichen Reichsräte 30 600 Mark gefordert wurden. Die Mediatisierten fanden sich nach 1871 mit der weiter bestehenden Zuständigkeit der Einzelstaaten ab, v. a., weil sie fürchteten, bei reichsrechtlichen Regelungen könnten auch die Hausgesetze in die Sphäre des Reiches geraten. Angesichts der lange konservativeren Zusammensetzung der Landtage sollte eine Zuständigkeit des Reichstages auf jeden Fall vermieden werden.[26]

24 Regierungsblatt für das Königreich Baiern Nr. 38, 24.7.1837 (Gründung des Fideikommisses Leutstetten); Lujo Brentano, Familienfideikommisse und ihre Wirkungen, Berlin 1911, S. 25. Zu den Fideikommissen in Bayern generell Michael Stolleis, Die bayerische Gesetzgebung zur Herstellung eines frei verfügbaren Grundeigentums, in: ders., Konstitution und Intervention. Studien zur Geschichte des öffentlichen Rechts im 19. Jahrhundert, Frankfurt a. M. 2001, S. 47–129, hier S. 78 ff.

25 Oskar Zängerle, Statut für das Fideikommiss des Grafen Friedrich von Quadt-Wykradt-Isny, Kempten 1886, S. 21, 27.

26 Gollwitzer, Standesherren, S. 157; Brentano, Familienfideikommisse, S. 8.

Der Historiker René Schiller hat die Zunahme der Fideikommissstiftungen in Preußen im letzten Drittel des 19. Jahrhunderts als Anzeichen für eine nachlassende Familiensolidarität des Adels und als Reaktion auf eine wachsende Verschuldung im Erbfall durch Auszahlung der weichenden Erben gedeutet. Für die Standesherren, deren Stammgüter mehrheitlich bereits fideikommissarisch gebunden waren, wurde allerdings das Interesse, auch die nachgeborenen Söhne zu versorgen und grundbesitzende Nebenlinien zu gründen, bedeutsamer. Jedenfalls scheinen wirtschaftliche Schwierigkeiten nicht die Hauptursache gewesen zu sein. Noch immer verfügten zahlreiche Standesherren über ein großes Allod-Vermögen, das auch Töchter zu reichen Erbinnen machte. Die Schriftstellerin Gräfin Julie von Quadt-Wykradt-Isny verfasste katholische Erbauungsschriften und stiftete 1906 für das Franziskanerkloster Kelkheim im Taunus zur Seelsorge für die Katholiken in der Diaspora zunächst 160 000 Goldmark.[27]

Der langfristige Erfolg der Strategie der Fideikommissstiftung in einer zunehmend industriellen Gesellschaft lässt sich angesichts der Auflösung im 20. Jahrhundert nicht leicht einschätzen. Insgesamt scheinen Fideikommisse die Verschuldung des Großgrundbesitzes insgesamt durchaus eingedämmt zu haben, obwohl eine existenzbedrohende Verschuldung einzelner großer Adelsbesitzungen nicht verhindert werden konnte. Auch der Schutz vor einer Zersplitterung des Landbesitzes war durchaus wirksam. Allerdings hatte der Erhalt des „splendor familiae" durch Fideikommisse auch für den Adel seinen Preis: Jüngere Söhne und Töchter, auch Witwen aus den insgesamt weniger wohlhabenden Familien, die im 19. Jahrhundert neu einen Fideikommiss stifteten, gerieten ggf. schneller in recht prekäre Lebensumstände, von den Nachkommen der jüngeren Kinder zu schweigen. Die Konzentration des materiellen Besitzes der Adelsfamilie in einer Hand schuf Ungleichheiten und Abhängigkeiten, die sich in familiären Auseinandersetzungen äußern konnten.

VI. Militärdienstfreiheit

Seit den Befreiungskriegen spielte die Wehrpflicht in der Vorstellung von „Nation" auch in Deutschland eine zentrale Rolle. Von der Wehrpflicht ausgenommen zu sein, rückte die Söhne der Standesherren einmal mehr in die Nähe

27 René Schiller, Vom Rittergut zum Großgrundbesitz. Ökonomische und soziale Transformationsprozesse der ländlichen Eliten in Brandenburg im 19. Jahrhundert, Berlin 2003, S. 307. Quadt, Frau Gräfin Julie, in: Sophie Pataky (Hrsg.), Lexikon deutscher Frauen der Feder, Bd. 2, Berlin 1898, S. 160; Franziskanerkloster Kelkheim, in: rhein-main-wiki.de, abgerufen am 13.3.2018.

der Prinzen aus souveränen Häusern, für die dieses Privileg ebenfalls galt. Vor allem in den süddeutschen Staaten trat keineswegs jeder Wehrpflichtige den Dienst auch an, insofern hatten die Prinzen ebenso mit vielen Bürgersöhnen einiges gemeinsam. Aber die Ausnahme symbolisierte eine Distanz von Einzelstaat und Nation, zumal dann, wenn die Nachkommen der Standesherren nicht in den militärischen Dienst Österreichs oder Preußens traten, sondern sich im Ausland, z. B. in Großbritannien, ausbilden ließen. In den 1860er Jahren wurde die standesherrliche Militärfreiheit von der württembergischen Regierung, allerdings letztlich erfolglos, zur Debatte gestellt. In der württembergischen Kammer der Abgeordneten hatte zunächst ein neues Kriegsdienstgesetz eine Mehrheit gefunden, in dem ausschließlich die Prinzen des Königlichen Hauses von der Kriegsdienstpflicht ausgenommen wurden.[28]

Während die Befreiung vom Militärdienst den Standesherren in der ersten Hälfte des 19. Jahrhunderts dazu gedient hatte, ihre Distanz gegenüber den Landesherrschaften demonstrativ zu dokumentieren, lag den katholischen Familien nach dem Ende des Kulturkampfes zunehmend daran, ihre Zugehörigkeit zu Staat und Nation freiwillig und als Offiziere zu zeigen. Nach der Reichsgründung diente Franz Joseph von Thurn und Taxis im preußischen Eliteregiment der Garde du Corps. Einige Chefs der fürstlichen Häuser, z. B. Fürst Wilhelm Wied, Fürst Hermann zu Hohenlohe-Langenburg und Fürst Karl Egon II. zu Fürstenberg sind Generale à la suite in der preußischen Armee gewesen, d. h. sie nahmen den Rang ohne entsprechende Aufgaben wahr, konnten aber in Uniform auftreten. Da auch die männlichen Mitglieder der regierenden Familien im 19. Jahrhundert überaus häufig in der Öffentlichkeit Uniform trugen und militärischer Rang bei Hof eine zentrale Rolle spielte, half der Generalsrang, den Status der Mediatisierten zu stabilisieren. Zahlreiche Angehörige mediatisierter Familien, an der Spitze der Reichskanzler Fürst Chlodwig Hohenlohe, engagierten sich in Politik und Diplomatie des Kaiserreichs.[29]

Allerdings galt die Militärfreiheit nicht für die österreichischen Standesherren, die daher vollständiger in die Adelshierarchie der Habsburgermonarchie integriert wurden. 1882 lehnte Kaiser Franz Joseph es ausdrücklich ab, den Standesherren weitergehende Privilegien zuzugestehen. Anlass war die Auseinandersetzung um die Einziehung von Prinz Alfred Windisch-Graetz gewesen, die in Österreich auch öffentlich Aufsehen erregt und nach dem Tod des Fürs-

28 Ute Frevert, Die kasernierte Nation. Militärdienst und Zivilgesellschaft in Deutschland, München 2001, S. 71–81 zu den Verhältnissen nach 1815. F. K. zu Hohenlohe, Das Verfahren der Königlich Württembergischen Regierung gegen die Standesherren, 1868; Gollwitzer, Standesherren, S. 181 f. über Fürst Ernst Leiningen und Prinz Viktor Hohenlohe-Langenburg.

29 Gollwitzer, Standesherren, S. 302, 147.

ten Windisch-Graetz 1876 in der Befreiung des Erben von der Militärdienstpflicht gemündet hatte.[30]

VII. Das Recht der Autonomie: die Hausgesetze

Die Mehrzahl der regierenden und standesherrlichen Familien blickte zu Beginn des 19. Jahrhunderts auf eine Reihe von Erbvergleichen und andere Hausgesetze zurück, die teilweise schon vor mehreren Jahrhunderten vereinbart worden waren. Unter „Hausgesetzen" verstand man privatrechtliche Verträge, in denen meist die männlichen Familienmitglieder (Agnaten) Verabredungen über die Anforderungen für eine standesgemäße Ehe und über Besitz- und Erbrecht eingingen. Angesichts der hohen Sterblichkeit in der Frühen Neuzeit waren besonders die Festlegungen für die Sukzession zentral, die den Erbgang für den Territorialbesitz für zahlreiche Eventualitäten regelten. Mit den Hausgesetzen blieb die Einheit der verschiedenen Familienzweige im hohen Adel teils über Jahrhunderte erhalten. Einerseits betonte das Recht für die Standesherren, weiterhin wie die souveränen Familien Hausgesetze erlassen zu können, die Kontinuität zum Alten Reich. Andererseits bedeuteten Autonomie der regierenden Familien und Autonomie der Standesherren nicht dasselbe: Während die Autonomie der Dynasten nicht ausdrücklich beschränkt wurde, erstreckte sich die Autonomie der standesherrlichen Familien nach der Reichsgründung auf Wunsch der Landesregierungen nur auf „Familienverhältnisse und Güter". Der Wunsch der Standesherren, reichsrechtliche Garantien ihrer Rechte zu erhalten, wurde deutlich zurückgewiesen. Außerdem ließen sich die Landesherren neue Hausgesetze ihrer standesherrlichen Bürger nun zur Bestätigung vorlegen; gewiss eine Formalie, die aber dennoch die Autonomie der Standesherren relativierte.[31]

Die Hausgesetze stellten zunächst fest, wer Mitglied des fürstlichen Hauses war und betonten im Regelfall eine starke Stellung des Familienchefs. Töchter schieden bei ihrer Verheiratung aus dem Haus aus, ebenso Witwen bei einer Wiederverheiratung mit einem Nicht-Mitglied des Hauses. Wie im historischen Adel generell, orientierte sich die Stellung der Frauen zum Haus an ihrer Relation zu einem männlichen Mitglied, während die Männer ihre Zugehörigkeit

30 Hannes Stekl/Marija Wakounig, Windisch-Graetz. Ein Fürstenhaus im 19. und 20. Jahrhundert, Wien 1992, S. 156.

31 Gollwitzer, Standesherren, S. 158. Vgl. als Beispiel das Fürstlich Leiningische Hausgesetz vom 23. Oktober 1897, in: http://www.heraldica.org/topics/royalty/HGLeiningen.htm, abgerufen am 13.3.2018; Hermann Schulze, Die Hausgesetze der regierenden deutschen Fürstenhäuser, Jena 1883; Schier, Standesherren, S. 136.

unabhängig vom Familienstand behaupteten. Mit dem Hausgesetz wurde zwischen dem Hausvermögen einerseits und dem Privatvermögen des jeweiligen Fürsten andererseits unterschieden. Das Hausvermögen blieb unteilbar und unveräußerlich. Der jeweilige Chef des Hauses wurde als Verwalter und Nutznießer angesehen. Entsprechend begrenzt wurde die Kreditaufnahme. Dieses Hausvermögen bestand v. a. aus Grund und Boden, der „Standesherrschaft". Verschiedentlich wurden aber auch bewegliche Gegenstände eingefügt, im Leiningischen Hausgesetz von 1897 wurden z. B. die Silbergeräte der Familie, die Möblierung der Schlösser sowie das Archiv eigens erwähnt. Das Hausgesetz regelte v. a. die Sukzession, für die Abstammung aus einer hausgesetzmäßigen Ehe, Vorzug des männlichen Geschlechts und Primogeniturprinzip und meist eine bestimmte Konfessionsangehörigkeit festgelegt wurden.

Für Söhne, Töchter und Agnaten ergab sich damit eine besondere Abhängigkeit: Der jeweilige Fürst hatte als Haupt des Fürstlichen Hauses die Befugnis, alle „für die Erhaltung der Ehre, Ordnung und Wohlfahrt des Fürstlichen Hauses" angemessenen Maßregeln zu treffen. „In dieser Beziehung sind sämtliche Mitglieder des Fürstlichen Hauses seiner Aufsicht und seinem Verfügungsrecht unterworfen."[32] Die Apanagen der Hausangehörigen waren in das Ermessen des Hauschefs gestellt, nur für den volljährigen Erbprinzen legte das Hausgesetz eine Mindestsumme fest. Erst nach dem Tod eines Hauschefs erhielten dessen nichterbende Söhne und die Töchter vom neuen Inhaber eine festgelegte Summe als Apanage, von der sie ggf. den Lebensunterhalt ihrer eigenen Familien bestreiten mussten. Bei ihrer Verheiratung sollten die Prinzessinnen einen Erbverzicht leisten, im Gegenzug erhielten sie eine Mitgift. Die Erblichkeit dieser Apanagen wurde begrenzt, so dass sich über die Generationen hinweg insgesamt eine größer werdende wirtschaftliche Ungleichheit zwischen dem Familienchef auf der einen und den Agnaten auf der anderen Seite ergab. Im Leiningischen Hausgesetz wurde überdies auch die Gesamtsumme der Apanagen und Unterhaltsgelder im Verhältnis zum Reinertrag des Stammgutes begrenzt, um eine Überlastung des Besitzes zu vermeiden.

Die Hausgesetze erfüllten im 19. Jahrhundert also v. a. zwei Funktionen: Erstens sollte der gesellschaftliche Status der fürstlichen Familie gesichert werden, v. a. mit dem Erfordernis der „hausgesetzmäßigen Ehe". Das Leiningische Hausgesetz von 1897 verzichtete auf die Festlegung von präzise definierten Kriterien für die Gewährung der Zustimmung des Familienchefs zu einer Eheschließung bzw. stellte sie in sein Ermessen. Von „Adel" oder gar „hohem Adel" und Ebenbürtigkeit war in diesem Hausgesetz explizit nicht die Rede. Somit verfügte dieses Hausgesetz einerseits über eine gewisse Flexibilität, andererseits erweiterte es den Spielraum des Familienchefs noch über das Übliche

32 Fürstlich Leiningisches Hausgesetz 1897, § 24.

hinaus. Zweitens ging es im Hausgesetz um eine Richtlinie für die Verwaltung des Familienvermögens, das unveräußerlich und unteilbar in der Hand von Generationen von Familienchefs verbleiben sollte.

VIII. Schluss

In den Gründungsunterlagen des „Vereins der deutschen Standesherren" von 1863 hatten sich die Motive des Zusammenschlusses der Mediatisierten folgendermaßen angehört: „Noch aber ist es nicht zu spät, in dieser Richtung vorzugehen, denn noch ist Einzelnes zu erlangen, Manches zu retten, Vieles zu verhüten, vor allem die naheliegende, schon jetzt vollbegründete Gefahr, daß mit der fortschreitenden politischen Nullificierung des Standes man auch an seine höchstpersönliche Qualifikation, an die Mitgliedschaft des hohen Adels, die Ebenbürtigkeit mit den Regentenhäusern, herantreten werde."[33] Gemessen an dieser zentralen Befürchtung, kann man nach der Existenzkrise der Mediatisierung von einem erfolgreichen 19. Jahrhundert für die Standesherren sprechen. Die politischen Privilegien mit den Sitzen in den Ersten Kammern blieben bis 1918 ebenso erhalten wie die Ebenbürtigkeit mit den regierenden Familien und das Recht auf Autonomie in Familienangelegenheiten. Zwar war eine Annäherung an den Landadel bei den Gerichtsrechten und Steuerprivilegien unübersehbar und insofern beschritten die Mediatisierten wie der niedere Adel den Weg in eine bürgerliche Eigentümergesellschaft bereits vor der Revolution von 1918/19. Die Abschaffung der Monarchie, der rechtlich-politischen Privilegien des Adels als Stand und das Ende der Hofgesellschaft in der Revolution 1918/19 stellten für die Standesherren einen bedeutsamen Einschnitt dar. Mit den nun „ehemals regierenden Familien" blieben sie aber auch in diesem Punkt eng verbunden.

33 Promemoria, betreffend die Gründung einer dauernden Association der ehemals reichständischen jetzt mittelbar gewordenen fürstlichen und gräflichen Häuser, o. J., in: Gollwitzer, Standesherren, S. 392–96, hier S. 393.

Martin Furtwängler

Zwischen Herr und Untertan. Die Fürsten und Grafen zu Leiningen als Standesherren in Baden (1806–1848)

In einem Epitaph auf ihren Schwiegersohn Fürst Emich Karl zu Leiningen (1763–1814) schreibt die Herzogin Auguste zu Sachsen-Coburg-Saalfeld (1757–1831) 1814: „Bedrückt und aufgebracht über den Fall seines Hauses [...] waren die letzten Jahre seines Lebens ein immerwährender Kampf feindseliger Gefühle, ein rastloses Streben nach dem, was er nicht erlangen konnte: Unabhängigkeit“.[1]

Schmerz und Bitterkeit kennzeichneten nach der Aussage der Herzogin also die letzen Lebensjahre des Fürsten, gemischt mit einem Anflug von Resignation und der Sehnsucht nach einer verloren scheinenden besseren Zeit. Die konkrete Ursache für diese Verdrossenheit lag beim Tod des Fürsten knapp sieben Jahre zurück. Auf dem Höhepunkt seiner Macht hatte Napoleon (1769–1821) mit dem Vertrag vom 12. Juli 1806, der Rheinbundakte, eine Reihe meist mittlerer deutscher Territorialstaaten im Rheinbund zusammengefasst. Gleichzeitig traten diese aus dem Verband des Heiligen Römischen Reiches deutscher Nation aus. Dies führte letztlich zur Niederlegung der Kaiserkrone durch Franz II. (1768–1835) und bedingte das Ende des Reiches. Als Belohnung für ihr Bündnis mit Frankreich durften sich diese ehemaligen Reichsstände die Territorien von meist kleineren Standesgenossen einverleiben. Insgesamt wurden damals rund 80 mindermächtige hochadlige Grafen und Fürsten mediatisiert. Darunter befanden sich auch die Häuser der Fürsten zu Leiningen sowie als Nebenlinien des Hauses diejenigen der Grafen von Leiningen-Billigheim und Leiningen-Neudenau.

Die Auswirkungen der Mediatisierung für die Adligen und für ihre Untertanen waren beträchtlich. Schon bei der Aufteilung der Herrschaftsräume nahm man auf traditionelle Zusammengehörigkeiten keinerlei Rücksicht. Die einzelnen Gebiete eines Fürsten oder Grafen konnten nun in den Territorien mehrerer neuer Landesherren liegen. Die Leininger hatten diesbezüglich zunächst

1 Zitiert nach W. Heins, Amorbach und Coburg. Ein Beitrag zur Genealogie deutscher und europäischer Fürstenhäuser im 19. Jahrhundert, in: 700 Jahre Stadt Amorbach, Amorbach 1953, 196.

jedoch Glück. Das Fürstentum kam als Ganzes unter die Oberhoheit des neuen Großherzogs von Baden, ebenso die Kleinterritorien der beiden gräflichen Häuser. Schon 1810 wurden jedoch die beiden Ämter Miltenberg und Amorbach des Fürstentums dem Großherzogtum Hessen zugeschlagen und gelangten 1815 mit Ausnahme einiger Ortschaften an das Königreich Bayern. Diese Trennung erschwerte die Verwaltung der eigenen Besitzungen für die Leininger erheblich, zumal sich ihre Residenz und damit ihre zentrale Verwaltung in Amorbach befand und somit vom größten Teil der Standesherrschaft abgeschnitten war.

An Befugnissen verloren die Mediatisierten alle Rechte, die direkt an der Souveränität hafteten. Darunter verstand man das Recht der Gesetzgebung, die obere Gerichtsbarkeit, die Oberpolizei, die Militärgewalt und die Steuerhoheit. Die Rheinbundakte beließ den Mediatisierten jedoch eine ganze Reihe herrschaftlicher Vorrechte in Justiz und Verwaltung, so u. a. die niedere und die mittlere Gerichtsbarkeit in bürgerlichen und peinlichen Sachen, die Ortspolizei, die Forstgerichtsbarkeit und -polizei oder auch das Patronatsrecht. Außerdem sicherte sie ihnen zahlreiche patrimoniale Befugnisse und Ehrenrechte zu. Auf dieser Grundlage sollten auch die in den jeweiligen Gebieten erwirtschafteten Einkünfte geteilt werden. Eine vollständige Entfeudalisierung fand durch die Rheinbundakte somit nicht statt. Vielmehr nahm diese bald als Standesherren bezeichnete Adelskategorie formal gesehen eine Zwitterstellung zwischen Herr und Untertan ein. In vielerlei Hinsicht blieben die Bestimmungen der Rheinbundakte jedoch vage. Und dies gab den neuen Landesherren Raum zu weitreichenden Interpretationen. Von Rechtssicherheit konnte deshalb für die Mediatisierten vorerst keine Rede sein.

Wie haben nun die Leininger auf diese neue Situation reagiert? Wie haben sie sich mit den ihnen jetzt übergeordneten Monarchen und deren Verwaltungen auseinandergesetzt? Wie haben sie sich in einer für sie grundlegend veränderten Welt zurechtgefunden? Diese Fragen sind Gegenstand der folgenden Überlegungen. Zeitlich begrenzt wird der Beitrag durch die Revolution von 1848/49, da diese für die Lebenssituation und das politsche Gewicht der Standesherren einen weiteren tiefen Einschnitt markierte.

Die Mediatisierung war für die Leininger wie auch für die Standesherren insgesamt ein Schock. Allerdings kam dieser nicht ganz unerwartet. Denn schon in den Jahren 1793/94 hatten die Fürsten und Grafen zu Leiningen ihre angestammten Besitzungen verloren, als das revolutionäre Frankreich die linksrheinische Pfalz besetzte und 1801 schließlich annektierte. Zwar hatte man nach langen Jahren des Kampfes mit dem Reichsdeputationshauptschluss 1802/03 umfangreiche Gebiete im Odenwald als Entschädigung erhalten,[2] doch lebte die Furcht weiter, im Endeffekt die eigene Unabhängigkeit zu verlieren. Schließlich waren für das Entschädigungsgeschäft schon die reichskirchlichen Territorien und die Reichsstädte geopfert worden. Und für den schier unersättlichen Gebietshunger der Mittelstaaten wie Baden und Bayern waren nun nicht mehr viele Opfer übrig. Die Politik der mindermächtigen Fürsten und Grafen in diesen Jahren stand deshalb unter dem Primat der Selbsterhaltung. Dabei blieben deren Anstrengungen zur Verteidigung der Reichsverfassung und damit zur Sicherung der eigenen traditionellen Lebenswelt aber nur halbherzig. Vielmehr trachtete man danach, es den Mittelstaaten gleichzutun, im Bunde mit Frankreich zu wachsen und sich als souveräner Staat zu etablieren.[3] Doch spätestens Anfang 1806 wussten die Leininger, dass diese Politik gescheitert war. Die eigene Unabhängigkeit war nicht mehr zu retten. Deshalb versuchten die Fürsten zu Leiningen sich wenigstens den angenehmsten Oberherrn zu sichern. Mit Hilfe eines bilateralen Schutz- und Erbvertrages wollte das Haus Leiningen unter die Oberhoheit von Bayern gelangen. Doch dieser Versuch schlug fehl, Napoleon ließ den Vertrag auf badischen Einspruch hin nicht gelten.

Trotz all dieser rational anmutenden politischen Schritte behielt der Gedanke an eine Mediatisierung auch für die Leininger, wie für ihre Standesgenossen, etwas Irreales, etwas, an das man eigentlich nicht glauben wollte. Zu ungeheuerlich erschien der Verlust der eigenen Selbständigkeit für die Vorstellungskraft der Reichsfürsten und -grafen. Denn durch die Mediatisierung zerbrach für die mindermächtigen Reichsstände die Selbstverständlichkeit wie auch die traditionelle Basis der eigenen hochadligen Stellung. Nun war man nicht mehr Reichsstand mit Sitz und Stimme auf dem Reichstag, nun hatte man eben nicht mehr nur einen Kaiser über sich, der zudem nur die Rolle eines Ersten unter Gleichen eingenommen hatte. Nun war man zum Untergebenen eines oder mehrerer Fürsten herabgewürdigt worden, deren Standesgenosse man zuvor gewesen war und mit denen man sich grundsätzlich als auf einer Stufe stehend betrachtete. Wie viele ihrer Leidensgenossen in ganz Deutschland konnten deshalb auch die Fürsten und Grafen zu Leiningen die Mediatisierung nur als eine „Unterjochung“ ansehen. Wie tief der hohe Adel dadurch getroffen war, verdeutlicht nicht zuletzt die Tatsache, dass er versuchte, diesen eigenen Untergang zu mystifizieren. Häufig sprach man vom „Schicksal“ oder vom Willen einer „höheren Gewalt“, wenn auf das Zustandekommen der eigenen Unterwerfung Bezug genommen wurde.[4] Dahinter steckte wohl der Wunsch, sich

2 Vgl. zur Politik des Hauses Leiningen nach 1793/94 E. Kell, Das Fürstentum Leiningen. Umbruchserfahrungen einer Adelsherrschaft zur Zeit der Französischen Revolution, Kaiserslautern 1993, 133–176.

3 Vgl. Kell, Fürstentum Leiningen, 168.

4 M. Furtwängler, Standesherren in Baden. Politische und soziale Verhaltensweisen einer bedrängten Elite, Frankfurt a. M. u. a. 1996, 47 f.; Generallandesarchiv Karlsruhe (künftig GLAK) 48 Nr. 5654, Brief von Karl Friedrich Wilhelm zu Leiningen an den Großherzog von Baden vom 10.5.1807.

und anderen begreiflich zu machen, dass das eigene Unglück nicht in menschlichen Kategorien gemessen werden könne.

Während der gesamten ersten Hälfte des 19. Jahrhunderts blieb der Gedanke an die Mediatisierung deshalb eine empfindliche Wunde, die fast alle Standesherren stark schmerzte. Allerdings nahm dieses Verlustgefühl bei den Fürsten zu Leiningen, im Gegensatz zu anderen Häusern wie etwa Löwenstein-Wertheim, im zweiten Drittel des 19. Jahrhunderts zumindest etwas ab. Ursache dafür war wohl ein Generationswechsel, der damals in vielen Familien stattfand. Mit Fürst Karl (1804–1856) übernahm nun mehr und mehr ein Mann die Leitung des Hauses, der seine Sozialisation nicht im Alten Reich erhalten hatte. Der Verlust der alten Stellung war für ihn und seine Generation eher ein historisches Ereignis, als eine persönliche Erfahrung und deshalb einfacher hinnehmbar.

Grundsätzlich war die Rheinbundzeit für die Standesherren die vielleicht härteste Phase ihres neuen Daseins. Vor allem bedrückte die Standesherren, dass die meisten Staaten des Rheinbundes innerhalb weniger Jahre dazu übergingen, ihre Befugnisse drastisch zu beschneiden, um ein modernes, einheitlich aufgebautes Staatsgebilde zu schaffen. Gemäß der damals herrschenden Souveränitätsdoktrin des modernen Staates sollte es darin eben keine Zwischen- oder Sondergewalten wie die Standesherren mehr geben. An die Bestimmungen der Rheinbundakte hielt sich niemand, und Napoleon ließ seine Bundesgenossen aus machtpolitischen Erwägungen heraus gewähren. So sahen sich die Standesherren der neuen Staatsgewalt schutzlos ausgeliefert. Sie verloren im Großherzogtum Baden bis 1813 schrittweise praktisch alle ihre Herrschaftsrechte.

Die Leininger hatten zudem noch unter einer besonders prekären finanziellen Situation zu leiden. Schon infolge des Reichsdeputationshauptschlusses hatten die Häuser nämlich sowohl die auf den alten linksrheinischen Territorien lastenden Schulden übernehmen müssen als auch die Verbindlichkeiten, die an den neuen Entschädigungslanden hafteten. Artikel 30 der Rheinbundakte bestimmte nun, dass die Souveräne im Verhältnis so viel von den kleinfürstlichen Schulden zu tragen hatten, wie sie von deren Einkünften einzogen. Doch Baden legte dieses Prinzip bei der sogenannten Revenuen-, Lasten- und Schuldenabteilung sehr zu seinen Gunsten aus. Im Ergebnis nahm sich der badische Staat den größten Teil der Einnahmen und überließ dafür gerade den Fürsten zu Leiningen den Löwenanteil an den Schulden. An den Konsequenzen dieses fragwürdigen Vorgehens hatte das Haus bis fast ans Ende des 19. Jahrhunderts zu tragen.[5] Bei beiden gräflichen Häusern kam diese Aufteilung nicht einmal

5 Erst unter Fürst Ernst zu Leiningen (1830–1904), regierend von 1856 bis 1904, gelang es dem Haus, die Schuldenlast vollständig abzutragen; vgl. H. Nehlsen, Zweihundert Jahre Fürstenhaus Leiningen zu Amorbach, in: Literatur in Bayern 72 (2003), 15.

zustande. Aufgrund ihrer katastrophalen Finanzlage mussten sie Konkurs anmelden und wurden 1807 unter badische Verwaltung gestellt.[6]

Die Leininger verfielen wie viele Häuser des mediatisierten hohen Adels aufgrund dieser allgemeinen Entwicklung in tiefe Resignation. Ihr Selbstwertgefühl und ihr Selbstverständnis als Mitglieder eines herrschenden hohen Adels wurde besonders durch den Verlust von Herrschaftsrechten schwer verletzt.[7] Denn diese Rechte hatten es ihnen zunächst erlaubt, sich trotz der Mediatisierung weiterhin als Herren anzusehen. Dies galt im Verhältnis zu den Souveränen, denen gegenüber man weiterhin als ebenbürtig gelten wollte; ebenso aber in Bezug auf die ehemaligen Untertanen, gegenüber denen man ‚Autorität und Ansehen' zu bewahren wünschte. Diese Punkte bildeten das Fundament des eigenen Selbstwertgefühls. Jede Schmälerung oder gar Aufhebung eines Hoheits- oder sonstigen Vorrechts bedingte somit einen Verlust an Identität, ja das eigene Leben erfuhr dadurch quasi eine ‚Sinnentleerung'.

Bei manchen Standesherren ging die Resignation sogar so weit, dass sie ihre Besitzungen an den Staat verkauften oder wie Graf Wilhelm zu Leiningen-Billigheim (1737–1809) sich zumindest mit dem Gedanken trugen,[8] dies zu tun. Auch bei Fürst Emich Karl zu Leiningen machte sich ein gewisses Gefühl der Niedergeschlagenheit breit. Ihn veranlassten die neuen Verhältnisse, sich wieder verstärkt seinen musischen Neigungen zu widmen, um seinem Schmerz mit einer Art Flucht aus der Wirklichkeit zumindest zeitweise zu entgehen.[9]

Doch beim Fürstenhaus Leiningen war dies nur einer der Aspekte der Reaktion auf die Mediatisierung. Darüber hinaus versuchten die führenden leiningischen Beamten die Rechte des Hauses gegenüber Baden so gut es ging zu verteidigen und das Fürstentum durch eine eigene Interpretation der Rheinbundakte als ein Staat im Staate zu etablieren. Außerdem, und das bringt schon das Epitaph der Herzogin von Sachsen-Coburg-Saalfeld von 1814 zum Ausdruck, wollte das fürstliche Haus Leiningen in den ersten Jahren seiner standesherrlichen Existenz die Hoffnung nicht aufgeben, die ersehnte Unabhängigkeit zurückzuerlangen. Die zunehmend restriktive Politik des badischen Staates förderte diesen von vornherein vorhandenen Wunsch noch zusätzlich.[10] Für eine Realisierung der eigenen Unabhängigkeit war jedoch Hilfe von außen

6 Furtwängler, Standesherren, 69, 164.

7 Ebenda, 69 f.

8 GLAK 72/Leiningen/4, Brief des Grafen Wilhelm zu Leiningen an den Großherzog vom 19.6.1807.

9 Vgl. Kell, Fürstentum Leiningen, 242; R. Krebs, Amorbach im Odenwald. Ein Heimatbuch, Amorbach 1923, 114.

10 Fürstlich Leiningisches Archiv Amorbach (künftig FLA) 2/20/6, Brief des Fürsten Karl Emich zu Leiningen (Konzept), wohl 1807.

unabdingbar. Vor allem das Zentrum der Macht in der damaligen Zeit – Paris – übte eine magische Anziehungskraft aus. Auch von den Leiningern wurden zahlreiche diplomatische Aktivitäten in der französischen Hauptstadt lanciert, die zeitweise Hoffnungen weckten,[11] letztlich jedoch nur Schall und Rauch waren, da der französische Kaiser keinerlei Interesse daran hatte, den mindermächtigen deutschen Hochadel wieder in den Sattel zu heben.

Die Verwirklichung der eigenen Restitutionswünsche konnte unter solchen Vorzeichen nur bei einer Veränderung der Machtverhältnisse in Europa erreicht werden. Diese lag in der damaligen Zeit auch durchaus im Bereich des Möglichen. Schließlich wollten die kriegerischen Auseinandersetzungen zu Beginn des 19. Jahrhunderts kein Ende nehmen, und jeder neue Waffengang stellte das bestehende machtpolitische Kräfteverhältnis in Europa infrage. Insgesamt herrschte bei Leiningen wie bei vielen anderen Standesgenossen in der Rheinbundzeit ein ständiges Wechselbad der Gefühle zwischen Resignation und Hoffnung.

Als schließlich Napoleons Stern nach dem Russlandfeldzug 1812 zu sinken begann, schien die Zeit für die eigene Renaissance endlich reif zu sein. Dabei wurde der traditionelle Reichspatriotismus der Mediatisierten und ein modernes Nationalgefühl zur ideologischen Grundlage der standesherrlichen Forderungen und Ziele. Man trat nun mit Nachdruck für die Wiedererrichtung eines deutschen Reiches ein und machte sich stark für die Freiheit des Vaterlandes, sah aber gleichzeitig in der Beseitigung der französischen Vorherrschaft in Deutschland auch das erste Etappenziel auf dem Weg zur eigenen Wiedergeburt. Nicht von ungefähr kämpften zahlreiche Mitglieder standesherrlicher Häuser im kaiserlich-österreichischen Heer gegen Napoleon. Die Fürsten zu Leiningen bezeugten hierbei zunächst nur ihre ideelle Anteilnahme, indem der Fürst aus Freude über den Einmarsch der alliierten Truppen in Paris in Amorbach am Karfreitag 1814 die Kirchenglocken läuten ließ. Außerdem setzte man politische Nadelstiche, die sich direkt gegen die ehemaligen Rheinbundstaaten richteten und den eigenen Anspruch auf Unabhängigkeit zum Ausdruck brachten. So plante das Fürstenhaus Leiningen gemeinsam mit den Fürsten zu Löwenstein-Wertheim für Anfang Februar 1814, den badischen Beamten den Zugriff auf die Akten der ehemals fürstlichen Justizkanzleien zu verwehren, indem man diese versiegelte. Doch im Falle der Leininger kam dieses Ansinnen zu spät. Die badische Regierung hatte bereits Ende Januar die meisten Akten nach Mannheim abtransportieren lassen.

Politisch bedeutsamer als diese Episode war jedoch der Aufruf zur Gründung eines Mediatisiertenvereins, den eine standesherrliche Konferenz im

11 FLA 2/33/1, Brief des leiningischen Beauftragten Reutlinger an den Geheimen Rat von Schmitz vom 11.1.1810.

Dezember 1813 in der leiningischen Residenz Amorbach verfasste. Dieser Verein sollte die Kräfte der Standesherren bündeln und ihre Interessen im Hauptquartier der alliierten Mächte wie auch beim zukünftigen Friedenskongress vertreten. Auf dieses Zeichen hatten die meisten Standesgenossen in Deutschland nur gewartet. Die Mehrzahl von ihnen trat dem Verein bei, der schließlich während des Wiener Kongresses (1814–1815) 57 Häuser umfasste.[12] In der Stadt an der Donau sollte dann die Entscheidung über die politische Zukunft der Standesherren fallen. Viele von ihnen begaben sich deshalb selbst nach Wien oder schickten zumindest Gesandte, obwohl man offiziell nicht zu den Beratungen zugelassen war. Da Fürst Emich Karl am 4. Juli 1814 verstarb, wurden die Interessen seines noch minderjährigen Sohnes Karl von dem Geheimen Rat von Schmitz in Wien vertreten. Die gräflichen Häuser konnten sich derartige Missionen schon aus finanziellen Gründen nicht leisten. Doch letztendlich sollten sich die Hoffnungen der Mediatisierten auch hier nicht erfüllen. Die europäischen Großmächte hatten kein Interesse daran, den früheren territorialen Flickenteppich in Deutschland wiederherzustellen.

Damit war der Traum von der Wiedererlangung der alten Stellung de facto ausgeträumt.[13] Unterschwellig blieb die Sehnsucht bei vielen Standesherren aber weiter bestehen. Auch in der fürstlich leiningischen Beamtenschaft wurden derartige Hoffnungen nach 1815 zuweilen noch artikuliert. So schrieb der leiningische Domänenrat Heres 1827 an Fürst Karl, dessen 1819 geborene Halbschwester Victoria die künftige englische Königin sein würde: „Früher oder später wird wieder Krieg in Europa entstehen und dabei wird England immer eine wichtige Rolle spielen. England kann es nicht schwer fallen, die Restauration des Fürstlichen Hauses Leiningen zu stipulieren […] Es wird nur darauf ankommen, ob England Ew. Durchlaucht begünstigen will".[14] Um es vorwegzunehmen: Es wollte nicht. Die englische Diplomatie zeigte schon in Friedenszeiten keinerlei Neigung, sich für die Verwandtschaft der künftigen Königin einzusetzen.[15] Eine Hilfe für das Fürstenhaus nach einer kriegerischen Auseinandersetzung war deshalb eher unwahrscheinlich. Auch Fürst Karl selbst

12 Die beiden gräflichen Häuser Leiningen-Billigheim und Leiningen-Neudenau waren hierbei jedoch nicht vertreten, vermutlich aus finanziellen Gründen; vgl. Dr. Geyger, Beiträge zur Geschichte der teutschen Standesherren 1814 und 1815, aus Briefen und Berichten etc., Karlsruhe 1868, 7, 204 ff. (Mitgliederlisten).

13 Fürst Emich erkannte dies schon frühzeitig und notierte bereits im Mai 1814 resignierend: „Wir bleiben Mediatisierte, die Souveräns Herren", zitiert nach Nehlsen, Zweihundert Jahre, 10.

14 FLA 2/47/1, Heres an Fürst Karl zu Leiningen (Abschrift) vom 27.4.1827.

15 FLA 2/23/5, Brief des englischen Außenministers Lord Dudley an Sir John Conroy, den Sekretär der Herzogin von Kent (Abschrift) vom 13.10.1827.

unternahm nichts in diese Richtung, er stand den Ausführungen von Heres wohl eher ablehnend gegenüber.[16] Letztlich erwuchs aus derartigen Sehnsüchten nach dem alten status quo bei den Standesherren insgesamt nach 1815 kein politisch wirksames Handeln mehr. Insoweit nahm man beim hohen Adel die tatsächlichen Verhältnisse als gegeben hin.

Ungeachtet der Enttäuschung der Standesherren über den Ausgang des Wiener Kongresses brachte diese Konferenz doch wesentliche Verbesserungen für die Situation der Mediatisierten. In der Bundesakte, dem neuen Grundgesetz für den auf dem Kongress geschlossenen Deutschen Bund, waren ihre Rechte vornehmlich in Artikel 14 verankert. Dieser stand materiell der Rheinbundakte von 1806 zwar etwas nach, beließ den Standesherren aber in ähnlichen Umfang zahlreiche Justiz-, Polizei- und Ehrenrechte und sicherte ihnen die Ebenbürtigkeit, d. h. die prinzipielle ständische Gleichrangigkeit mit den souveränen Monarchen zu. Außerdem behielten sie ihre Feudalabgaben und -pflichtigkeiten als Privateigentum. Darüber hinaus verschaffte Artikel 13 den Standesherren das Recht auf einen erblichen Sitz in den ersten Parlamentskammern der Staaten, denen sie angehörten. Der eindeutige Vorteil gegenüber der Rheinbundakte lag jedoch darin, dass der neue Bund die Rechtsstellung der Mediatisierten politisch garantierte. Die Standesherren konnten sich bei Verletzung oder bei Nichtgewährung ihrer Rechte durch einen Einzelstaat beim Bund beschweren und sein Einschreiten verlangen. Dies erwies sich zwar in der Praxis als langwierige und komplizierte Angelegenheit, war aber in einigen Fällen durchaus von Erfolg gekrönt. Allerdings blieb auch der Artikel 14 bei der Formulierung der standesherrlichen Hoheits- und Ehrenrechte unbestimmt. Sie mussten daher in das jeweilige einzelstaatliche Recht übertragen werden. Je nach Einstellung der Verhandlungspartner auf staatlicher wie auf standesherrlicher Seite kam es entweder schnell zur notwendigen Übereinkunft über die Ausgestaltung der standesherrlichen Rechte oder aber die Unterhandlungen zogen sich hin – zuweilen gar über Jahrzehnte.

Die Grafen von Leiningen-Billigheim und Leiningen-Neudenau einigten sich bereits 1825 und damit recht schnell mit Baden über die Ausgestaltung ihrer staatsrechtlichen Verhältnisse. Dabei spielte wie bei den anderen kleineren Standesherren in Baden die eigene Finanzsituation eine entscheidende Rolle. Seit dem Konkurs 1807 hatte sich ihre finanzielle Lage kaum gebessert.[17] Dementsprechend konzentrierten sich die gräflichen Häuser auf die eigene

16 Vgl. Furtwängler, Standesherren, 173 ff.; vgl. auch H. Nehlsen, Fürst Karl zu Leiningen (1804–1856). Schüler Karl Friedrich Eichhorns, standesherrlicher Reformer, Präsident des ersten Paulskirchenkabinetts, in: ders., Bayerische Rechtsgeschichte vom frühen Mittelalter bis zum 20. Jahrhundert, Frankfurt a. M. u. a. 2011, 105–164.

17 Vgl. hierzu Furtwängler, Standesherren, 164 ff.

finanzielle Konsolidierung, weshalb sie ihre Hoheitsrechte bei den Verhandlungen mit Baden im Wesentlichen als Verhandlungsmasse ansehen mussten. Die Aufgabe dieser Rechte wurde dann auch in Form von finanziellen Zugeständnissen[18] sowie durch die Gewährung von größeren Einflussmöglichkeiten in den Gemeinden ihrer Standesgebiete kompensiert – die Grafen erhielten v. a. das Recht, aus drei Kandidaten, welche die Gemeinde bestimmte, den Gemeindevorsteher auszuwählen.[19] Letzteres war für die Grafen trotz der eigenen finanziellen Engpässe sehr wichtig, um einen möglichen Statusverlust gegenüber den übrigen Mitgliedern des hohen Adels in Baden zu vermeiden[20] und als Einzelhaus nicht sozial abzusinken. An diese letzten Reste des Scheins der alten herrschaftlichen Stellung hielten die Leininger Grafen in der Folgezeit geradezu verbissen fest. Dies zeigte sich zunächst in dem harschen Protest, den gerade der Graf zu Leiningen-Billigheim zusammen mit dem niederen Adel beim Bundestag gegen die badische Gemeindeordnung von 1831 einlegte, die diese Ernennungsrechte des Adels auf Gemeindeebene beschränkte.[21] Genauso zeigte es sich darin, dass es gerade die kleinen Häuser waren, die nach Rückerstattung dieser Rechte durch die provisorischen Gesetze von 1837 auf ihnen bis 1848 bestanden. Diese Umstände deuten gleichzeitig wieder darauf hin, dass für die kleinen Standesherren die Aufgabe der eigenen Hoheitsrechte prinzipiell schmerzhaft gewesen sein muss. Diese Annahme bestätigte z. B. Graf Wenzel zu Leiningen-Neudenau, der im Zuge der staatsrechtlichen Einigung mit Baden in einem Brief an den Großherzog schreibt: „Es entgeht der tiefsten Einsicht und dem großmütigen Herzen Eurer Königlichen Hoheit die schwere Bürde der Opfer nicht, welchen sich dasselbe [d. h. das Gräfliche Haus Leiningen-Neudenau, der Vf.] nunmehr freiwillig unterwirft".[22]

18 Vgl. GLAK 233 Nr. 5406, von Gulat, Bericht über die Verhandlungen mit Leiningen-Billigheim vom 1.12.1825; GLAK 233 Nr. 5406, Brief von Graf Karl zu Leiningen-Billigheim an die Großherzogliche Immediatkommission vom 14.11.1824.

19 Vgl. Furtwängler, Standesherren, 152.

20 GLAK 233 Nr. 5406, Denkschrift des leiningen-billigheimischen Bevollmächtigten Einsmann an die badische Immediatkommission vom 11.1.1825; H. H. Dunkhase, Das Fürstentum Krautheim. Eine Staatsgründung um Jagst und Tauber 1802–1806 (1839), Diss. phil. Würzburg 1967, 284.

21 Vgl. hierzu: E. Fehrenbach, Das Erbe der Rheinbundzeit: Macht- und Privilegienschwund des badischen Adels zwischen Restauration und Vormärz, in: Archiv für Sozialgeschichte 23 (1983), 115 f.; W. Hilger, Die Verhandlungen des Frankfurter Bundestages über die Mediatisierten von 1816–1866, Diss. masch. München 1956, 83 ff.; Chr. Zeile, Baden im Vormärz. Die Politik der Ständeversammlung sowie der Regierung zur Adelsfrage, Grundentlastung und Judenemanzipation 1818 bis 1843, Diss. phil. München 1989, 102 ff.

Das Fürstenhaus Leiningen gehörte hingegen lange Zeit zu den Häusern mit ausgeprägtem Widerstandswillen. Auch im Vormärz richtete sich die Politik des Hauses zunächst darauf aus, die eigenen Rechte im Verhältnis zum souveränen Staat so auszugestalten, dass sich die Standesherrschaft als ‚Staat im Staate' etablieren ließ. Vor allem drängte man darauf, eine tatsächliche Rechteübernahme zu erhalten, d. h. man wollte einen möglichst geringen Einfluss des Staates bei der Ausübung der eigenen Hoheitsrechte. Damit verbunden war die Forderung nach einer Unveränderbarkeit der standesherrlichen Befugnisse. Eine solche Regelung wäre jedoch zum Hemmschuh für jedwede gesamtstaatliche Modernisierung geworden. Beide Ziele der Leininger standen den Interessen der souveränen Staaten, denen sie angehörten, zwangsläufig entgegen. Denn wie in der Rheinbundzeit waren die Ministerien in Karlsruhe und – etwas adelsfreundlicher – in München auch nach 1815 bestrebt, die Rechtsgleichheit aller Untertanen und die Einheitlichkeit des Staatsaufbaus zu gewährleisten.

Die leiningischen Vorstellungen waren ein Programm, das letztendlich die politische und staatliche Entwicklung seit 1806 negierte. Der fürstenbergische Landesadministrationschef Graf Franz von Enzenberg (1775–1843)[23] charakterisierte denn auch die Verhaltensweise des leiningischen Abgesandten von Schmitz bei den Verhandlungen über ein Adelsedikt in Baden 1819 recht drastisch, indem er ihm unterstellte, dass er „für seinen Fürsten gar nicht Landstand sein [wolle] und alles auf den Stand von 1806 zurück[zu]führen" wünsche.[24] Doch diese politische Zielrichtung des Hauses entsprang damals nicht so sehr einer programmatischen Grundhaltung der fürstlichen Familie selbst, sondern war vielmehr Ausdruck von Vorstellungen, denen die fürstliche Beamtenschaft nachhing, die im ersten Jahrzehnt nach 1815 die Politik des Hauses nahezu allein bestimmte. Zum Teil noch geprägt durch die Zeiten des Reichsfürstendaseins,[25] fiel es gerade Leuten wie den altgedienten Räten von Schmitz und Steppes schwer, auf die Ausübung und Umsetzung von Hoheitsrechten in

22 GLAK 233 Nr. 5333, Brief des Grafen Wenzel Joseph zu Leiningen-Neudenau an den Großherzog vom 11.3.1822; vgl. Hilger, Verhandlungen, 81.

23 Vgl. zur Person und zum Werdegang des Grafen von Enzenberg: M. Harris, Joseph Maria Christoph Freiherr von Lassberg 1770–1855. Briefinventar und Prosopographie. Mit einer Abhandlung zu Lassbergs Entwicklung zum Altertumsforscher, Heidelberg 1991, 261.

24 FFA Oberhoheitsakten/Div. II/Sub.Div. Ae/Fasz. 3, Brief des Grafen von Enzenberg an Fürst Karl Egon II. zu Fürstenberg vom 23.1.1819.

25 Von Schmitz war schon vor 1806 in leiningischen Diensten gestanden; vgl. Kell, Fürstentum Leiningen, 157. Gleiches galt auch für Steppes; vgl. A. Steppes, Geschichte meiner Entlassung aus Fürstlich Leiningischen Diensten, München 1828, 3 f. Gerade bei von Schmitz wurde immer wieder deutlich, dass er sich als Diplomat eines unabhängigen, ‚souveränen' Fürsten gerieren wollte, der alten Zeit also nachtrauerte, was sogar

ihrem Dienst zu verzichten. Denn diese bildeten ja auch einen Bestandteil ihres eigenen Ansehens und waren somit Grundlage ihres Selbstwertgefühls. Möglich wurde diese Dominanz der Beamten nach dem Tod von Fürst Emich Karl 1814 durch die Minderjährigkeit des Fürsten Karl Emich. Seine Mutter, die Fürstin Victoire (1786–1861), hatte zwar die Vormundschaft inne, bis ihr Sohn 1823 die Volljährigkeit erreichte, doch nach ihrer Heirat mit Herzog Eduard August von Kent (1767–1820) 1818 verbrachte sie die meiste Zeit in England. Solange die Vormundschaft andauerte bzw. solange der junge Fürst nach ihrem Ende kein eigenes und von der Haltung seiner alten Räte abweichendes politisches Profil entwickelt hatte, war kaum ein Abrücken von diesem Kurs zu erwarten. Die Beamten selbst waren dazu jedenfalls nicht bereit.[26]

Erst Mitte der 1820er Jahre wurde die Dominanz der konservativen Beamten teilweise gebrochen. Hintergrund war die Offenlegung der desolaten Finanzsituation des Hauses, die von den Beamten vor der Fürstenfamilie bis dahin verborgen gehalten worden war. 1825 ordnete der schließlich misstrauisch gewordenen Fürst eine Überprüfung der Finanzverwaltung durch einen neutralen Fachmann an. Dafür wählte er den Finanzberater des Herzogs von Sachsen-Hildburghausen, Laurenz Hannibal Fischer (1784–1868), und dieser brachte die katastrophale Lage ans Licht.[27] Fischer übernahm daraufhin auf Wunsch des Fürsten die Leitung der leiningischen Verwaltung, die verantwortlichen Räte wurden entmachtet oder entlassen. Gegen den Widerstand der immer noch starken alten Beamtengarde setzte Fischer auch durch, dass der Fürst 1827 wegen der prekären finanziellen Lage entschädigungslos auf die zweite Instanz der Justiz und Polizei in Bayern verzichtete.[28] Mit Baden begann Fischer 1825 ebenfalls neue Verhandlungen. Auch hier sollte das Hauptaugenmerk auf den finanziellen Aspekten des Ausgleichs liegen. Die Hoheitsrechte stellte Fischer zur Disposition. In einem Brief an den badischen Verhandlungsführer, den Ritter von Gulat, bringt er diese Haltung klar zum Ausdruck, indem er schreibt: „Helfen Sie uns aus der Geldnot und wir wollen Sie mit Regenten-

intern auf Unverständnis stieß. So kritisiert der leiningische Rat von Mieg 1816, dass von Schmitz versuche, sich auf Kosten des unmündigen Prinzen in der Welt herumzutreiben und bemüht sei, sich das Ansehen einer diplomatischen Wichtigkeit zu geben; GLAK 121 Nr. 3, Brief von Miegs an den Fürsten Franz Wilhelm zu Salm-Reifferscheidt-Krautheim vom 9.1.1816.

26 GLAK 48 Nr. 6675, Bericht der Immediatkommission (von Gulat) an das Großherzogliche Ministerium der auswärtigen Angelegenheiten vom 18.10.1823.

27 L. H. Fischer, Die Verwaltungverhältnisse des fürstlichen Hauses Leiningen, Amorbach 1828; G. Wild, Das Fürstentum Leiningen vor und nach der Mediatisierung, Diss. iur. Mainz 1954, 115 ff.

28 H. H. Dunkhase, Fürst Karl zu Leiningen – ein liberaler Standesherr, in Fränkische Lebensbilder 5 (1973), 234 f.; Wild, Fürstentum Leiningen, 112.

und Hoheitsansprüchen nicht einen Augenblick mehr inkommodieren".[29] Im März 1826 einigten sich beide Männer in Karlsruhe auf einen Entwurf für eine Übereinkunft.[30] Deren Inkrafttreten wurde jedoch durch den einhelligen Widerstand der restlichen leiningischen Beamtenschaft verhindert. Die Falken in Amorbach sprachen sich einstimmig für die Beibehaltung der Hoheitsrechte, insbesondere der zweiten Instanz in Justiz- und Polizeisachen aus, da dies die einzige Auszeichnung sei, „welche an das frühere Landeshoheitsverhältnis erinnert und dem abstrahierenden Begriff der Ebenbürtigkeit unterstützend zur Seite tritt" und „daß endlich dieses ausschließlich standesherrliche Recht nicht leicht wieder erworben werden kann, während mancherlei Zufälle die Erwerbung pekuniärer Vorteile und die Verbesserung des Finanzzustandes erleichtern können".[31] Der junge Fürst verweigerte Fischer daraufhin seine Unterstützung und entzog ihm auch die Leitung der Verhandlungen mit Baden, die von nun an Domänenrat Heres führte. Die Gründe für diesen Schwenk des Fürsten sind nicht eindeutig auszumachen. Vieles spricht jedoch dafür, dass seine politische und sachliche Unerfahrenheit hierfür den Ausschlag gab.

Dennoch waren Fischers Aktivitäten nicht vergebens. Der Fürst holte nämlich ein unabhängiges Gutachten über die Positionen seiner Räte ein, das im Wesentlichen Fischer stützte.[32] Inhaltlich erfolgte deshalb in den nächsten Jahren eine Anbindung des Fürsten an dessen Prämissen. Die Ausgestaltung der Hoheitsrechte büßte ihre Bedeutung gegenüber dem seit der Rheinbundzeit vorhandenen Wunsch nach einer Revision der Revenuen-, Lasten- und Schuldenabteilung von 1807 bzw. nach dem Erlangen einer Entschädigung für die damals erlittenen Verluste immer mehr ein. Dieser Punkt bildete nun das Haupthindernis für einen Beitritt Leiningens zu den von Baden offerierten Bedingungen, nach denen der Fürst von Fürstenberg bereits 1823 einen Vertrag mit dem Großherzogtum geschlossen hatte.[33] Doch da die „alte Partei der Kompromißlosen"[34] in Leiningen die Verhandlungen leitete und auch Fürst Karl hier

29 FLA 2/23/5, Brief von Fischer an von Gulat (Konzept) vom 1.12.1825.

30 GLAK 48 Nr. 6699, Entwurf eines Vertrages zwischen Leiningen und Baden, genehmigt von Baden am 5.4.1826; von Gulat, Vorstellung der mit Leiningen und Löwenstein gepflogenen Unterhandlungen vom 30.5.1829.

31 FLA 2/24/5/Fasz. 3, Protokoll der Beratung des Fürsten zu Leiningen mit seinen Räten vom 26/27.4.1826.

32 FLA 2/24/5/Fasz. 3, Brief des coburgischen Beamten Freiherrn von Wangenheim an den Fürsten zu Leiningen vom 24.7.1826.

33 GLAK 233 Nr. 5408, Bericht von Gulats über die Forderungen Leiningens (Abschrift) vom 2.11.1826; FLA 2/24/6/Fasz. 3, Verhandlungsprotokoll zwischen der badischen Kommission und dem leiningischen Bevollmächtigten Heres vom 5.3.1838. Zur Begründung dieser neuerlichen Revisionsforderung, die ja dem Vergleich von 1809 zwischen Leiningen und Baden über die Entschädigung für die Revenuen-, Lasten- und Schuldenabtei-

eine harte Haltung an den Tag legte,[35] zogen sich die Auseinandersetzungen über diesen Punkt und damit der Abschluss eines Vertrages über die staatsrechtliche Stellung Leiningens in Baden jahrelang hin. Erst als Ende der 1830er Jahre abzusehen war, dass von Baden weiterreichende Zugeständnisse nicht mehr zu erwarten waren, gab Leiningen nach. Mit dem Abschluss des Vertrages mit Baden 1839 schwenkte das Haus dann offiziell auf die Fürstenberglinie ein. Dabei hatte Leiningen durchaus etwas erreicht, was Oswald gar als „so etwas wie ein [politisches] Gesellenstück" des Fürsten Karl feierte.[36] An finanzieller Entschädigung erhielt Leiningen zu den bereits 1809 bewilligten 200 000 Gulden (fl.). nochmals 550 000 fl. hinzu. Außerdem behielt das Haus wesentliche Hoheitsrechte, v. a. die erste Instanz in der Gerichtsbarkeit und die Ortspolizei sowie die Forstgerichtsbarkeit. Nur auf die zweite Instanz bei der Gerichtsbarkeit wurde verzichtet. Da die Standesherren in der Ausübung der Rechte streng an die Gesetzgebung Badens gebunden waren und auch die Beamten nach ihrer Ernennung der Personalhoheit des Souveräns unterstanden, bildeten die leiningischen Standesgebiete jedoch keinen allzu großen Fremdkörper im Staatsaufbau Badens mehr. Von einem Staat im Staate konnte keine Rede sein. Das Ende der standesherrlichen Herrschaftsrechte kam in Deutschland schließlich mit der Revolution 1848. Danach besaß der mediatisierte hohe Adel nur noch seine Ehrenrechte, inklusive der Ebenbürtigkeit mit den regierenden Häusern und sein Standschaftsrecht, war also auf den Status privilegierter Privatpersonen herabgesetzt.

Diese Entwicklung, dieser zunehmende Verlust an Hoheitsrechten musste den hohen Adel eigentlich zu grundsätzlichen Überlegungen über seine eigene Zukunft herausfordern. Denn wie wollte er ohne diese Rechte weiterhin seinen Anspruch auf eine führende Rolle in der Gesellschaft begründen? Fürst Karl zu Leiningen war einer der wenigen Standesherren, der sich dieser Aufgabe stellte. Nachdem die staatsrechtlichen Verhältnisse seines Hauses in Baden 1839 geklärt waren und er sich ab 1840 in der Politik engagierte, vollzog er Mitte der 1840er Jahre einen Schwenk von einer eher konservativen Grundhaltung hin zu der eines liberal gesinnten Fürsten.[37] Markanter Ausdruck dieses Wandels war eine Aufsehen erregenden Denkschrift in der Beilage zur „Allgemeinen Zeitung" 1846, in der Fürst Karl darlegte, wie die Standesherren ihren Status in Zukunft wahren könnten. Die Stellung der Standesherren gemäß der Bundes-

lung von 1807 eigentlich zuwiderlief: vgl. Hilger, Verhandlungen, 124 f.; Wild, Fürstentum Leiningen, 121.

34 Wild, Fürstentum Leiningen, 121.

35 Vgl. Nehlsen, Fürst Karl, 134.

36 Zitiert nach ebenda, 135.

37 Ebenda, 135 ff.

akte charakterisierte er dabei als „Monstrum“, als ein „Mitteldding zwischen Landesherr und Untertan, welches den Keim des Todes bereits bei seiner Geburt in sich trug“.[38] Klar sah er die Herrschaft des Bürgertums unwiderstehlich heraufziehen und mit ihm das parlamentarische Regierungssystem, mit welchem die standesherrlichen Vorrechte sich nicht vertragen würden. Folgerichtig forderte er seine Standesgenossen auf, ihre Hausgesetze zu modernisieren und ihre verbliebenen Hoheitsrechte sowie ihre feudalen Gefälle zu entäußern, solange diese noch einen Preis hätten. Nach dem Abwerfen dieses Ballastes einer überholten Vergangenheit sollte sich der Adel auf der Basis privaten Großgrundbesitzes sowie seiner persönlichen Ehrenrechte, auf die der Fürst ungeachtet aller progressiven Äußerungen großen Wert legte, als konservatives Gegengewicht zum demokratischen Fortschritt etablieren und zwar durch intensive Wahrnehmung seines Standschaftsrechtes.[39] Die Übernahme seiner Hoheitsrechte durch den Vertrag mit Baden sah der Fürst nun als „Mißgriff“ an, nur zu entschuldigen, „weil an und für sich richtige Ideen erst mit der Zeit reifen und zur Einsicht gelangen“.[40] Es verwundert deshalb nicht, dass Leiningen noch vor der Revolution von 1848 dem badischen Staat seine Hoheitsrechte gegen Entschädigung zur Übernahme anbot. Tatsächlich kam eine Einigung mit der badischen Regierung auch zustande.[41] Doch ihre Umsetzung verhinderte letztlich der Ausbruch der Märzrevolution. Nun sah sich der Fürst genötigt, entschädigungslos auf diese Rechte zu verzichten.[42] Den antifeudalen Impetus behielt er aber trotzdem bei. So verkündete er am 18. April 1848 in einem Schreiben an die Stadt Eberbach: „Ich hoffe bald selbst nach Eberbach zu kommen, nicht als Standesherr, sondern als einer Ihrer Mitbürger“.[43]

Die standesinterne Resonanz auf den reformerischen Kurs des Fürsten fiel allerdings sehr negativ aus. Nur wenige Fürsten und Grafen pflichteten ihm bei.[44] Zu gewagt und übertrieben erschienen den Standesgenossen seine Thesen. Die politische Linke wiederum misstraute dem Reformwillen eines Hoch-

38 Denkschrift vom 12.7.1846, abgedruckt bei: H. Gollwitzer, Die Standesherren. Die politische und gesellschaftliche Stellung der Mediatisierten 1815–1918. Ein Beitrag zur deutschen Sozialgeschichte, Göttingen ²1964, 382 ff.

39 Vgl. auch: V. Valentin, Fürst Karl Leiningen und das deutsche Einheitsproblem, Stuttgart 1910, 13 ff.

40 FLA 2/21/7, Brief von Fürst Karl zu Leiningen an den Domänenrat Heres (Abschrift) vom 22.12.1847.

41 GLAK 237 Nr. 13845, Protokoll der Verhandlungen zwischen der badischen Kommission und Leiningen vom 22./23.11.1847.

42 FLA 5/111/10179, Brief des leiningischen Geheimen Rates Heres an das badische Innenministerium (Abschrift) vom 8.4.1848.

43 Zitiert nach Valentin, Fürst Karl Leiningen, 77.

aristokraten. Letztlich fiel es selbst neutralen Zeitgenossen schwer zu entscheiden, ob man ihn für einen Liberalen oder einen Konservativen halten sollte. Zu verwoben war die Verbindung von liberalem Gedankgut und konservativer Grundhaltung, die den Fürsten auszeichnete.[45]

Doch woher kam der Impuls für die Entwicklung eines solchen Konzepts? Leiningens Vorstellungen waren unverkennbar geprägt von britischen Einflüssen. Das Vereinigte Königreich mit seinem System, das Konservatismus und Freiheit so verträglich zu verbinden schien, und das dem Hochadel eine starke Stellung in Staat und Gesellschaft zubilligte, galt für Leiningen als Vorbild für die kontinentale Situation.[46] Diese Attraktivität der britischen Verhältnisse gedieh natürlich vor dem Hintergrund einer Revolutionsfurcht, die viele Adlige seit den Erfahrungen nach 1789 sehr stark umtrieb.[47] Diese Gefahr schien sich mit dem britischen System für den Adel bannen zu lassen. Nicht umsonst sich dieses sich ja in der Vergangenheit als resistent gegen revolutionäre Eruptionen erwiesen. Bei Leiningen wurde diese Orientierung am Vereinigten Königreich noch verstärkt durch die Verwandtschaft mit dem dortigen Königshaus. Jahr für Jahr verlebte er längere Zeit bei seiner Mutter oder seiner Halbschwester Königin Victoria am englischen Hof.[48] Hinzu kam die Freundschaft mit dem Gemahl der Königin, dem liberal gesinnten Albert zu Sachsen-Coburg-Gotha, der den Fürsten in seinem Denken stark beeinflusste.[49]

Die Frage, wie sich die Standesherren bzw. die leiningischen Häuser in Baden nach der Mediatisierung auf ihre neue Umwelt einstellten, beschränkt sich jedoch nicht allein darauf, wie der hohe Adel seine Befugnisse in den eigenen Standesherrschaften bzw. den Einzelstaaten des Deutschen Bundes zu bewahren versuchte. Vielmehr umfasst sie auch die Aspekte, wie der hohe Adel die politischen und gesellschaftlichen Möglichkeiten und Räume nutzte, die sich ihm in der damaligen Zeit boten.

44 FLA Hausarchiv Fürst Karl/Band 6, Brief von Otto Graf zu Solms an Adolph (?) (Abschrift) vom 22.11.1846; Denkschrift von Albert Graf zu Erbach vom 30.12.1846.

45 Gollwitzer, Standesherren, 178 f.

46 Vgl. Chr. Dipper, Adelsliberalismus in Deutschland, in: Liberalismus im 19. Jahrhundert. Deutschland im internationalen Vergleich, hg. von D. Langewiesche, Göttingen 1988, 180; Gollwitzer, Standesherren, 180.

47 Vgl. zur Revolutionsfurcht Leiningens G. Küntzel, Der Reichsverweser Erzherzog Johann von Österreich und Fürst Karl Leiningen, in: ZGO 65 (1911), 285; Valentin, Fürst Karl Leiningen, 47 f.

48 Vgl. zu Leiningens Beziehungen und Aktivitäten in England: H.-J. Netzer, Albert von Sachsen-Coburg-Gotha. Ein deutscher Prinz in England, München 1988, 123 f., 341.

49 Valentin, Fürst Karl Leiningen, 18 ff.

Aufgrund ihrer Vergangenheit als Reichsadel war der Horizont der Standesherren traditionell auch auf die gesamtdeutsche Ebene ausgerichtet, und diese Orientierung blieb nach 1815 gegen den Willen der Souveräne erhalten. Zu ihrer Vorstellungswelt gehörte weiterhin eine Mischung aus traditionellem Reichspatriotismus und nationalem Gedankengut. Das Drängen der ab 1830 stärker werdenden Nationalbewegung auf Errichtung eines neuen Reiches bzw. eines deutschen Nationalstaates entfaltete deshalb auch seine Wirkung auf den hohen Adel und insbesondere auf Fürst Karl zu Leiningen.

Zunächst kam diese nationale Ausrichtung in seinem Engagement in dem 1842 gegründeten „Verein deutscher Fürsten und Edelleute zum Schutze deutscher Einwanderer in Texas" zum Ausdruck, dessen Präsident er bis 1851 war.[50] Dieser „Texasverein" hatte es sich zur Aufgabe gemacht, die Auswanderung deutscher Bürger nach Texas zu organisieren, deren dortige Ansiedlung zu gewährleisten und auf diesem Weg das dünn besiedelte und seit 1836 von Mexiko unabhängige Land zu einer deutschen Kolonie in Übersee zu machen. Dies war ein Projekt, bei dem verschiedenartige Motive eine Rolle spielten, das aber auch einen wichtigen nationalpolitischen Aspekt besaß. Denn eine solche Auswanderungsaktion mit der Option auf einen deutsch geprägten Staat in Nordamerika, in dem die hergebrachte nationale Identität der Auswanderer nicht verloren ging, musste in der erregten nationalen Stimmung infolge der deutsch-französischen Krise 1840/41 durchaus als vaterländische Tat gelten.[51] Das Texas-Projekt scheiterte jedoch kläglich und brachte seinen Initiatoren weder Ruhm noch Ehre ein.

Neben diesen Aktivitäten stand der Fürst zu Leiningen bereits seit Anfang der 1840er Jahre mit Prinz Albert zu Sachsen-Coburg-Gotha in intensivem gedanklichem Austausch über die Notwendigkeit einer nationalstaatlichen Reform des Deutschen Bundes.[52] Dabei trieb ihn die Furcht vor einer Revolution und anarchischen Zuständen, die er im Fall einer Weiterführung der reaktionären Politik der deutschen Regierungen für unausweichlich hielt.[53] Sein Konzept des Nationalstaates enthielt deshalb auch liberale Verfassungsvorstel-

50 Die wichtigste Literatur über diesen Verein ist: Gollwitzer, Standesherren, 328–332; St. v. Senger und Etterlin, Neu-Deutschland in Nordamerika. Massenauswanderung, nationale Gruppenansiedlungen und liberale Kolonialbewegung, 1815–1860, Baden-Baden 1991, 214–322; G. Smolka, Die Auswanderung als politisches Problem in der Ära des Deutschen Bundes (1815–1866), Speyer 1993, 128–148; H. Winkel, Der Texasverein – ein Beitrag zur Geschichte der deutschen Auswanderung im 19. Jahrhundert, in: Vierteljahrschrift für Sozial- und Wirtschaftsgeschichte 55 (1968/69), 348–372.

51 Senger und Etterlin, Neu-Deutschland, 273 ff.

52 Valentin, Fürst Karl Leiningen, 21 ff.; Nehlsen, Fürst Karl, 148 ff.

53 FLA Hausarchiv Fürst Karl/Band 7/Fasz. 12, Denkschrift des Fürsten Karl zu Leiningen (Abschrift) vom Juli 1847.

lungen. Zur Beseitigung der Revolutionsgefahr empfahl er: die Mediatisierung der kleineren deutschen Staaten, die Etablierung eines parlamentarischen Regierungssystems unter Beibehaltung einer gezähmten Prärogative des Monarchen und die Beschränkung der einzelstaatlichen Souveränität zugunsten eines kräftig gestärkten Bundes.[54] Dabei gedachte er Preußen die Führungsrolle in Deutschland zu und plädierte für einen Ausschluss Österreichs.[55] Diese Ziele versuchte er auch umzusetzen, als er vom 4. August 1848 bis zum 5. September 1848 für kurze Zeit unter dem Reichsverweser als Präsident des ersten Reichsministeriums, also als erster Regierungschef eines Paulskirchenkabinetts, fungierte.[56] Mit dem Ende der Revolution konnte der so agile Fürst Karl zu Leiningen allerdings nur noch das Verpassen einer großen Chance zur Herstellung der deutschen Einheit festhalten und resignierend bilanzieren: „Deutschland, wie es von den Patrioten erträumt, [...] gehört jetzt in das Reich der Träume".[57]

Neben einem nationalen Engagement eröffneten auch die Einzelstaaten des Deutschen Bundes den Standesherren eine Reihe von politischen und gesellschaftlichen Betätigungsfeldern. Zum einen besaßen sie die Möglichkeit, über ihr Standschaftsrecht in den Ersten Kammern der Bundesstaaten direkt am politischen Leben mitzuwirken. Viele Standesherren standen dieser Gelegenheit der Einflussnahme allerdings gleichgültig gegenüber, mitunter rief sie gar Ablehnung hervor. Es verletzte ihren Stolz, an einer Institution mitzuwirken, die ein Regent ins Leben gerufen hatte, mit dem man sich ebenbürtig wähnte. Fürst Karl zu Leiningen hingegen hatte sich ja 1846 in seiner Denkschrift für eine aktive Teilnahme des hohen Adels an den landständischen Versammlungen bzw. Kammern der Einzelstaaten ausgesprochen und bestätigte dies auch in der Praxis. Mit seinem Eintritt in das politische Leben 1840 engagierte er sich in der bayerischen Kammer der Reichsräte, deren Präsident er von 1842 bis 1849 war. In Baden lässt sich jedoch nur eine sporadische Anwesenheit des Fürsten in der Ersten Kammer nachweisen. Die Leininger Grafen hingegen nahmen ihre Sitze in der badischen Ersten Kammer weitaus häufiger ein. Von den insge-

54 Ebenda; vgl. auch FLA Hausarchiv Fürst Karl/Band 7/Fasz. 12, Denkschrift von Fürst Karl zu Leiningen (Abschrift) vom 20.2.1848; Brief von Fürst Karl zu Leiningen an Bluntschli vom 22.7.1848, abgedruckt bei: Küntzel, Reichsverweser, 321 f.; Gollwitzer, Standesherren, 126.

55 FLA Hausarchiv Fürst Karl/Band 6, Brief von Fürst Karl zu Leiningen an Prinz Albert zu Sachsen-Coburg-Gotha (Abschrift) vom 5.3.1847; vgl. auch Valentin, Fürst Karl Leiningen, 29 ff., 47 ff.; Gollwitzer, Standesherren, 128; Dunkhase, Fürst Karl zu Leiningen, 245 ff.

56 Gollwitzer, Standesherren, 129; Küntzel, Reichsverweser, 287.

57 FLA Hausarchiv Fürst Karl/Band 7/Fasz. 12, Denkschrift des Fürsten vom 12.5. (?) 1849.

samt 779 Sitzungen zwischen 1819 und 1849 waren die Grafen von Leiningen-Billgheim an 117, die von Leiningen-Neudenau an 77 anwesend.[58]

Die Gründe, warum sich viele gerade der gewichtigeren Standesherren gegen Baden als Ort ihrer politischen und gesellschaftlichen Aktivitäten entschieden, beruhten zum einen auf der geringen Größe des Großherzogtums und auf der geringeren politischen Bedeutung des Landes gegenüber Württemberg und v. a. gegenüber Bayern. Dies machte das Großherzogtum für einige Standesherren nur bedingt attraktiv. Zum anderen spielten aber auch spezielle Verbindungen der Häuser zu einem Staat oder einer Herrscherfamilie eine wichtige Rolle. Gerade Leiningen hatte traditionell recht enge Beziehungen zu den Wittelsbachern, mit denen man im 18. Jahrhundert noch gemeinsam die Geschicke der Pfalz bestimmt hatte.

Neben der parlamentarischen Betätigung bestand für die Mediatisierten auch noch die Möglichkeit, Hof- und Verwaltungsämter in den deutschen Bundesstaaten zu übernehmen. Auf diese Weise hätten sie Macht und Einfluss erlangen können oder im Falle der nachgeborenen Prinzen eines Hauses hätte sich damit die vielfach benötigte Versorgungsstelle gefunden. Aus Gründen der Ebenbürtigkeit schreckten viele Standesherren jedoch auch davor zurück. Ein solcher Dienst wurde von Mitgliedern größerer standesherrlicher Häuser meist nur bei den Großmächten Preußen und Österreich übernommen. Bei den Mittelstaaten kam für sie allenfalls die Übernahme militärischer Ehrenränge in Frage. Fürst Karl zu Leiningen jedenfalls wurde 1823 zum badischen Oberst à la suite und 1830 zum Generalmajor ernannt. In Baden quittierte er diesen Rang jedoch 1835, um denselben in Bayern anzunehmen, weil er nach eigenem Bekunden „lieber die bayerische als die badische Uniform“ tragen wollte.[59] Die Affinität zu Bayern wurde also auch hier deutlich. Für die Grafen von Leiningen wurde Baden hingegen einer der bevorzugten Staaten, um Ämter zu übernehmen, wie zahlreiche Karrieren von Mitgliedern dieser Häuser im Großherzogtum belegen.[60]

58 Furtwängler, Standesherren, 213.

59 So König Ludwig I. von Bayern in einem Brief an den Fürsten, mit dem er dessen Wunsch erfüllte, ihm den Charakter eines Generalmajors verlieh und ihn zum Inhaber des 5. Kavallerie-Regiments machte. Schon der Vater und der Großvater des Fürsten hatten das Regiment besessen; FLA Hausarchiv Fürst Karl/Band 5, Brief vom 26.7.1835. Die Initiative ging demnach eindeutig vom Fürsten aus. Ein Sachverhalt, den dieser gegenüber Baden natürlich unter den Tisch fallen ließ; GLAK 48 Nr. 7191, Brief des Fürsten zu Leiningen an den Großherzog vom 1.8.1835.

60 Vgl. z. B. Furtwängler, Standesherren, 228 f., 233 f.; GLAK 238 Nr. 1154, Maximilian Graf von Leiningen-Billigheim (1835–1874); GLAK 56 Nr. 345, Hofmarschall Graf Carl zu Leiningen-Billigheim (1823–1900).

Ein weiteres potentielles Betätigungsfeld bot sich den Standesherren in Gestalt der landesherrlichen Höfe. Diese besaßen auch im 19. Jahrhundert zumindest partiell noch die Funktion eines Zentrums für das politisch-gesellschaftliche Leben. In der Rheinbundzeit begaben sich die Standesherren jedoch nur dorthin, wenn es sich nicht vermeiden ließ. Zu gereizt war die Stimmung damals noch aufgrund der gerade erfolgten Mediatisierung. Nach 1815 besserten sich diese Verhältnisse etwas, ohne dass die grundsätzliche Spannung völlig aufgehoben worden wäre. Allerdings gab es auch in diesem Bereich durchaus Unterschiede in der standesherrlichen Präsenz an den einzelnen Höfen. So konnte der Hof in Karlsruhe nur wenige, meist kleinere Standesherren wie die Grafen von Leiningen an sich binden. Diese besuchten den Karlsruher Hof ab 1830 drei bis vier Mal im Jahr und wohnten auch den Neujahrsempfängen des Großherzogs regelmäßig bei.[61] Die Fürsten zu Leiningen hingegen blieben dem Karlsruher Hof lange Zeit fern, was wohl auch an einer verlorenen Rangstreitigkeit 1811 mit Fürstenberg hinsichtlich der Frage lag, wer als erster Standesherr im badischen Hofzeremoniell zu gelten hätte.[62] Erst nach der staatsrechtlichen Einigung mit Baden 1839 entspannten sich auch die gesellschaftlichen Beziehungen zum großherzoglichen Haus. Ab den 1840er Jahren stattete Fürst Karl zu Leiningen dem Karlsruher Hof zumindest gelegentliche Höflichkeitsbesuche auf der Durchreise ab.[63] Darüber hinaus sind von ihm aber nur wenige längere Aufenthalte nachzuweisen. Karlsruhe stand bei Leiningen immer hinter dem größeren Flair von München zurück, und dies obwohl sich der Großherzog von Baden stets bemühte, den politischen Machtverlust der Standesherren mit gesellschaftlicher Anerkennung auszugleichen. Demütigungen, wie sie König Friedrich I. von Württemberg seinem mediatisierten Hochadel angedeihen ließ, gab es in Baden nicht. Insgesamt gaben die Fürsten und Grafen zu Leiningen also ihre Zurückhaltung in Bezug auf die Nutzung der eigenen politischen und gesellschaftlichen Möglichkeiten in den Souveränitätsstaaten im Laufe der ersten Hälfte des 19. Jahrhunderts zumindest teilweise auf. Man ergriff eine Reihe der gebotenen Möglichkeiten, soweit man darin politische Vorteile erblickte und dies der eigene Anspruch auf Ebenbürtigkeit mit den Souveränen zuließ.

Mitentscheidend für die Stellung und damit für das gesellschaftliche Gewicht eines Hauses innerhalb der Adelswelt blieb weiterhin dessen Heirats-

61 GLAK 47 Nr. 2059, Hoftagebuch 1831, Eintragung vom 1.1.1831; GLAK 47 Nr. 2059–2061, Hoftagebücher 1833–1841, jeweils Eintragungen vom 1.1. jedes Jahres; GLAK 47 Nr. 2063, Hoftagebuch 1843, Eintragung vom 1.1.1843; GLAK 47 Nr. 2063 f., Hoftagebücher 1846–1848, jeweils Eintragungen vom 1.1. jedes Jahres; vgl. Furtwängler, Standesherren, 242.

62 Ebenda, 246 f.

63 Ebenda, 241 f.

verhalten, also die Wahl seiner Ehepartner. Denn durch eine standesgemäße Verbindung ließ sich der eigene Anspruch auf Ebenbürtigkeit mit den regierenden Häusern demonstrieren und somit das eigene Selbstwertgefühl erheblich steigern. Fürst Karl hatte demgegenüber in seiner Denkschrift von 1846 jedoch eine Öffnung des mediatisierten hohen Adels bis hin zum Großbürgertum angeregt und dem zumindest tendenziell entsprochen, als er eine Gräfin aus niederem Adel ehelichte. Sein Sohn Ernst (1830–1904) folgte zwar persönlich dem traditionellen hochadligen Heiratsverhalten, als er 1858 die badische Prinzessin Marie (1834–1899) heiratete. Allerdings verzichtete derselbe Fürst in dem von ihm maßgeblich neu gestalteten Hausgesetz von 1897 auf die Forderung der Ebenbürtigkeit bei Eheschließungen.[64] Künftig war die Heirat mit Bürgerlichen möglich und nur noch der Heiratskonsens des Oberhaupts des Hauses gefordert, womit sich das Fürstenhaus in die Tradition der Vorschläge von Fürst Karl stellte. Die gräflichen Häuser verweigerten sich jedoch einer solchen Öffnung. Zwar ist bei ihnen eine größere Offenheit gegenüber dem niederen Adel zu konstatieren ist, eindeutige „Missheiraten", also Ehen mit Bürgerlichen blieben gleichwohl sanktioniert. So musste Graf Karl Theodor zu Leiningen-Neudenau (1844–1910) nach seiner 1869 mit der Bürgerlichen Magdalena Nold (1848–1899) geschlossenen nichtstandesgemäßen Ehe auf seinen Rang als Chef des Hauses verzichten und die Standesherrschaft an seinen jüngeren Bruder Maximilian (1853–1899) abgeben. Zoepfl war mit mehreren Stellungnahmen im Auftrag des Hauses Leiningen-Neudenau zu diesem Fall befasst.[65]

Das Streben der Standesherren nach gesellschaftlicher Reputation zeigte sich in starkem Maße auch an ihrem Verhalten innerhalb ihrer Herrschaften. Gerade die größeren unter ihnen versuchten mit ihren Höfen in ihrer Region der Mittelpunkt des gesellschaftlichen Lebens zu bleiben. Vielfältige kulturelle Aktivitäten belegen diesen Anspruch. Fürst Emich Karl ließ sich z. B. für die stolze Summe von 13 000 fl. in den Jahren 1806/07 in Amorbach ein Theater errichten, das bis zu seinem Tod 1814 lebhaft betrieben wurde. Hinzu kamen herrschaftliche Feste zu allen sich ergebenden Anlässen. Bei Leiningen gab es zudem noch eine Besonderheit. Als eines der wenigen Adelshäuser im 19. Jahrhundert leistete es sich noch einen Schlossneubau. Dieses im Ancien Régime beliebte Mittel zum Erwerb von Prestige hatte nach der Mediatisierung beim hohen Adel schon aus finanziellen Gründen stark an Bedeutung verloren. Das von Leiningen im Odenwald 1828 im Stil englischer Gotik errichtete Schloss Waldleiningen wurde denn auch zum Gutteil durch Gelder finanziert, welche die Mutter des Fürsten, die Herzogin von Kent, von ihrer Apanage als Mutter

64 Nehlsen, Zweihundert Jahre, 17; vgl. das Hausgesetz von 1897 § 25, in: GVBl. 1898 Nr. XXIX, 444; GLAK 233 Nr. 5287.

65 Stolleis, in diesem Band.

der künftigen englischen Königin abzweigte.[66] Ob der Fürst dadurch seinen erhöhten Status als Verwandter des englischen Königshauses dokumentieren wollte, ist nicht definitiv zu belegen, aber zumindest zu vermuten.

Viele Souveräne förderten solche Bestrebungen zur Wahrung des standesherrlichen Status durchaus, und so statteten einige von ihnen ihren Mediatisierten Besuche in deren Residenzen ab. König Ludwig I. von Bayern besuchte Fürst Karl in seinem Schloss Waldleiningen und auch Großherzog Leopold von Baden war nachweislich im Jahr 1841 beim Fürsten in Amorbach zu Gast.[67] Solche Visiten nahmen sich dabei stets wie kleine Staatsbesuche aus. Damit betonte man von beiden Seiten die gesellschaftliche Ebenbürtigkeit der Mediatisierten mit dem Landesherrn und das wertete zugleich auch die Stellung des Adels gegenüber den ehemaligen Untertanen auf. Kleinere Standesherren wie die Grafen von Leiningen konnten von solchen Besuchen aber nur träumen.

Gerade das Verhältnis der Standesherren zur Bevölkerung in ihren Herrschaften war zwischen 1806 und 1848 jedoch keineswegs spannungsfrei. Da die Leininger als Standesherren gerade in Baden die meiste Zeit keine Herrschaftsrechte ausübten, wurde es damals v. a. durch die an sie zu leistenden Feudalabgaben und -pflichtigkeiten belastet. Denn die Bauern hatten diese meist zusätzlich zu den staatlichen Steuern aufzubringen. Zwar zeigte sich der Fürst bei der Ablösung der Lasten durchaus offen und die Verfahren gingen verhältnismäßig zügig voran. Dennoch fühlten sich viele Bauern dieser Gebiete als Bürger zweiter Klasse. Nicht umsonst forderten sie in den Märzunruhen 1848 gerade in den leiningischen Gebieten die Abschaffung dieser Abgaben bzw. den Erlass der Gelder, die man für deren Ablösung zu zahlen hatte. Die Leininger bemühten sich jedoch durchaus um ein positives Bild bei der Bevölkerung. Gerade bei der Linderung sozialer Notlagen (etwa durch Abgabe von Saatkartoffeln 1846), beim Bau von Straßen (Bau der Straße von Amorbach nach Eberbach auf eigene Kosten) oder hinsichtlich der Fürsprache bei staatlichen Stellen setzten sie sich für ihre ehemaligen Untertanen ein. In den Residenzstädten waren sie mit ihrem Hof zudem oft der oder zumindest ein wesentlicher Wirtschaftsfaktor, was ihre Position und ihr Ansehen stärkte. Die Stadt Amorbach z. B. forderte von Fürst Karl zu Leiningen im März 1848 denn auch nicht primär die Aufhebung feudaler Abgaben usw., sondern bat ihn v. a. darum, mit seiner Familie wieder in der Stadt zu residieren. Denn „die Gewerbe [seien] fast einzig durch die Anwesenheit eines Hofes hervorgerufen“ und nun durch die Abwesenheit des Fürsten „verkümmert“.[68] An die Stelle einer rechtlichen Bindung an

66 Vgl. zu diesem Schlossbau: M. Walter, Die Kunstbestrebungen des Fürstenhauses Leiningen im 19. Jahrhundert. Kommentiert und fortgeschrieben von Friedrich Oswald, Amorbach 1991, 88 ff., 126.

67 Vgl. Nehlsen, Zweihundert Jahre, 11, 16; Furtwängler, Standesherren, 244.

den Fürsten war hier nun eine auf der Grundlage von Besitz und Geld getreten.[69] Diese Bindung erwies sich als so stark, dass die Bürgerwehr der Stadt in den Bauernunruhen im März 1848 sogar kampfbereit in Waffen stand, um das fürstliche Schloss gegen die rund 1 000 rebellierenden Bauern zu verteidigen, die aus dem badischen Mudau herangezogen kamen.[70]

Das Gewicht der fürstlichen und gräflichen Häuser Leiningen hatte im Laufe des 19. Jahrhunderts trotz aller Bemühungen des Adels um die Wahrung des eigenen Status mehr und mehr abgenommen. Zu stark drang der moderne Staat bis ins letzte Dorf vor und löste dabei auch die ohnehin recht lockeren und nicht wie bei anderen alteingesessenen Adelshäusern über Jahrhunderte gewachsenen Bindungen zur Bevölkerung noch weiter auf. In die Bedeutungslosigkeit versanken die Mediatisierten bis 1918 zwar keineswegs, doch wie unterschiedlich die Antworten und Reaktionen der einzelnen hochadligen Häuser im 19. Jahrhundert auf ihre sich dramatisch verändernde Umwelt auch ausfielen, den Untergang der deutschen Adelswelt konnten sie mit ihrem Handeln letztendlich nicht verhindern. Mit der Revolution von 1918 fand der Adel als rechtlich privilegierter Stand schließlich in Deutschland sein Ende und auch die regierenden Monarchen des 19. Jahrhunderts mussten von ihren Regierungsfunktionen Abschied nehmen und sich an ein Leben als Privatpersonen gewöhnen.[71]

68 FLA 10/265/10195, Bittschrift der Stadt Amorbach an den Fürsten zu Leiningen vom 11.3.1848.

69 Dies war durchaus ein allgemeines Phänomen; vgl. H. Weber, Die Fürsten von Hohenlohe im Vormärz. Politische und soziale Verhaltensweisen württembergischer Standesherren in der ersten Hälfte des 19. Jahrhunderts, Diss. phil. Tübingen 1977, 175 ff.; vgl. zum Verhältnis des Fürstenhauses zu seiner Residenzstadt Amorbach Nehlsen, Zweihundert Jahre, passim.

70 FLA 10/265/10195, Brief der Fürstlich Leiningischen Domänenkanzlei (Heres) an den Magistrat der Stadt Amorbach vom 17.3.1848, abgedruckt in: 1848/49. Revolution der deutschen Demokraten in Baden, hg. vom Badischen Landesmuseum Karlsruhe, Baden-Baden 1998, 199; F. Lautenschlager, Die Agrarunruhen in den badischen Standes- und Grundherrschaften im Jahre 1848, Heidelberg 1915, 53 f.

71 Zum Verhalten des Adels in Baden nach der Revolution 1918 M. Furtwängler, „Das furchtbare Verbrechen der Revolution“. Adel und Revolution in Baden 1918–1921, in: Baden und Württemberg 1918/19: Kriegsende, Revolution, Demokratie, hg. von F. Engehausen / R. Weber, Stuttgart 2018, 201–223.

Michael Stolleis

Magdalena Nold als Gräfin von Leiningen-Neudenau

Im weit verzweigten uradeligen Haus Leiningen gab es eine Linie Leiningen-Heidesheim, die das pfälzische Heidesheim am Eisbach[1] seit 1390 als Lehen des Klosters Weißenburg besaß. 1609 entstand dort ein Schloss, von dem aus Graf Wenzel Joseph von Leiningen-Heidesheim (1738–1825) seit 1787 die kleine Herrschaft regierte, wobei er aber v. a. als Geheimrat und Vize-Obermarschall des Bischofs und Kurfürsten von Trier tätig war. 1794 wurde er von französischen Truppen vertrieben, das Schloss zerstört. Nur der Schlosspark hat sich erhalten.

Im Reichsdeputationshauptschluss vom 25. Februar 1803, dem unter französischem Druck entstandenen letzten Reichsgesetz, verlor Graf Wenzel Joseph sein Ländchen auch offiziell. In § 20 des Dokuments gab man ihm „für seinen Verlust und seinen Antheil an vorerwähnten Ansprüchen: Die Mainzische Kellerei Neudenau,[2] und eine immerwährende Rente von 3,000 Gulden auf den § 39 erwähnten Schiffahrts-Octroi." Ähnlich ging es seinem älteren Bruder Wilhelm Carl (1737–1832), der zunächst in Guntersblum am Rhein ansässig war und nun in das Neudenau direkt benachbarte Billigheim transferiert wurde.[3]

Der verwitwete Graf Wenzel Joseph zog also in das nördlich von Heilbronn gelegene Schloss Neudenau um und nannte sich von da an Leiningen-Neudenau. Zugleich ging er 1803 eine zweite Ehe ein, und zwar mit einer Freiin von Grünberg. Er war jetzt wieder „souveräner" Landesherr, aber nicht lange. Denn die Grafschaft Neudenau wurde durch Art. 24 der Rheinbundakte vom 12. Juli 1806 dem Großherzogtum Baden zugeschlagen („les baillages de Neidenau et Billigheim").[4] Graf Wenzel Joseph war damit nicht mehr „regierend",

1 Heute Colgenstein-Heidesheim, ein Ortsteil von Obrigheim (Landkreis Bad Dürkheim).

2 Bei E. R. Huber, Dokumente zur deutschen Verfassungsgeschichte, Bd. 1, Stuttgart 1961, Nr. 1 § 20 „Neidenau", ebenso in der Rheinbundakte Art. 24.

3 RDHS § 20: „Dem Grafen Leiningen-Guntersblum ...die Mainzische Kellerei Billigheim und eine immerwährende Rente von 3,000 Gulden auf den § 39 erwähnten Schiffahrts-Octroi". Das 1803 erbaute Schloss in Billigheim wurde 1902 durch Brand zerstört.

sondern badischer mediatisierter „Standesherr“ und Mitglied der Ersten Kammer. 1825 folgte auf ihn sein Sohn Klemens Wilhelm aus erster Ehe, der aber schon 1826 starb. Diesem folgte sein Sohn aus zweiter Ehe, August Clemens Wenzeslaus von Leiningen-Neudenau (1805–1862), der am 26. November 1842 Freiin Marie Henriette Wilhelmine von Geusau heiratete, die 1820 geborene Tochter eines badischen Generals und Oberstallmeisters.

Als der Graf 1862 starb, rückte sein 18 Jahre alter Sohn Karl Theodor Ernst Graf zu Leiningen-Neudenau nach. Er war am 10. September 1844 in Neudenau geboren worden. 1869 heiratete er im Alter von 25 Jahren Magdalena Nold (4.11.1848–25.9.1899), die Tochter eines Mannheimer Eisenbahnschaffners, und zwar in London. Das Paar war dorthin ausgewichen, sei es um der gräflichen Familie zu entgehen, sei es in der Absicht, die für den Ehemann wichtigen badischen Privilegien für die Standesherren zu erhalten; denn der auch für ihn evidente Verstoß gegen das Hausgesetz, das standesgemäße Ehe vorschrieb, betraf nach seiner Ansicht nicht seine persönliche Stellung im Staatsrecht Badens. Hier lag das rechtliche Problem. Mit Sicherheit verstörte die nicht standesgemäße Heirat, von alters her „Mißheirat“ (Mesalliance) genannt, die Familie.[5] Die seit 1862 verwitwete Gräfin Marie von Leiningen-Neudenau beauftragte deshalb unverzüglich den Heidelberger Professor Heinrich Zoepfl mit der Prüfung, ob die in England „mit Umgehung aller badischen Gesetze“ geschlossene Ehe ihres Sohnes gültig sei und welche Folgen sie habe. Er antwortete am 26. Juni 1869.[6] Dass die Gräfin Zoepfl fragte, lag nahe; denn dieser hatte schon 1863 für die Verwandtschaft Leiningen-Billigheim über die Frage der Abänderung des gräflichen Hausgesetzes ein Gutachten geschrieben.[7] So konnte er

4 M. Furtwängler, Die Standesherren in Baden (1806–1848), Frankfurt 1996, 128 ff.

5 Für die Zeit vor 1800 meisterhaft zusammenfassend J. St. Pütter, Ueber Mißheiraten Teutscher Fürsten und Grafen, Göttingen 1796. Neuere Literatur bei D. Schwab, Mißheirat, in: Handwörterbuch zur Deutschen Rechtsgeschichte, Bd. 3, 1984, 603–607; M. Sikora, Missheirat, in: Handwörterbuch zur Deutschen Rechtsgeschichte, 2. Aufl. Bd. 3, 2016, 1558–1562. Die einzige Denkschrift eines Standesherrn, die eine Öffnung der Hausgesetze zugunsten bürgerlicher Ehefrauen forderte, stammte von Emich Karl Fürst zu Leiningen (1846). Sein offenherziges Argument lautete, dass die in dieser Hinsicht zu strengen Hausgesetze die Erbprinzen verhinderten, „sich mit dem reichen Mittelstande zu verbinden und hierdurch bedeutende Vermögen ihren Häusern zuzubringen“. Die alte Regel der Ebenbürtigkeit sei „steril“, „oft schädlich und lächerlich“. Abdruck bei H. Gollwitzer, Die Standesherren, 2. Aufl. Göttingen 1964, 382–389 (388).

6 Das Dokument hat sich bislang nicht finden lassen, weder im fürstlichen Archiv in Amorbach noch im Generallandesarchiv Karlsruhe. Beide haben nur geringe oder insoweit nicht einschlägige Bestände des Hauses Leiningen-Neudenau. Die Universitätsbibliothek Heidelberg hat das Gutachten zwar verzeichnet, (UB Heidelberg: Heid. Hs. 1938, Verzeichnis II Nr. 110), besitzt es aber nicht.

7 UB Heidelberg: Heid. Hs. 1938, Verzeichnis II Nr. 47.

dann 1869, die beiden Leininger Linien zusammenfassend, ein „Kleines Promemoria für die gräflichen Häuser Leiningen-Billigheim und Leiningen-Neudenau, die Redaktion der Vorlage des neuen fürstl. Leiningen'schen Hausgesetzes bei der großherzoglichen Badischen Staatsregierung betr. 3. Juli 1869" vorlegen.[8]

Dem lagen zugrunde: ein spezieller Vertrag zwischen den Linien Billigheim und Neudenau (samt Nachtrag), ein neues leiningisches Hausgesetz vom 29. Juni 1867, der sog. Mosbacher Vertrag (ebenfalls samt Nachtrag) sowie die großherzogliche Genehmigung.[9] Alles dies war von Heinrich Zoepfl mitverhandelt worden, wobei er die verwitwete Gräfin vertrat und als Gegenvormund der beiden minderjährigen Grafen Max und Emich zu Leiningen-Neudenau auftrat. Als dies alles perfekt gemacht wurde, waren die familieninternen Entscheidungen bereits gefallen. Schon am 15. Mai 1869, also noch vor dem Gutachten Zoepfls, hatte der Graf Karl Theodor die Standesherrschaft Neudenau an seinen jüngeren Bruder Maximilian (1853–1899) übergeben, also dem Hausgesetz entsprechend gehandelt, nicht aber seine ererbte Mitgliedschaft in der badischen Ersten Kammer, die er bis ans Lebensende behielt. Nachdem seine Frau am 24. September 1899 in Lahr gestorben war, heiratete er am 13. Dezember 1902 nochmals, und zwar die aus Breslau stammende Helene Fleischer (1865–1942). Am 19. April 1910 starb er mit 66 Jahren in Lahr. Seine beiden Töchter aus erster Ehe waren Gräfin Wilhelmine (1870–1920) und Gräfin Victoria von Leiningen-Herbolzheim-Dagsburg-Aspremont (1881–1933).[10] Damit war die Linie Leiningen-Neudenau im Mannesstamm erloschen[11].

Das 1867 im Badischen Gesetz- und Verordnungsblatt veröffentlichte Hausgesetz von 1867 wurde dreißig Jahre später durch das neue Hausgesetz vom 23. Oktober1897 ersetzt. Es enthielt in § 25 die Regelung, dass eine nicht-

8 Kleines Promemoria für die gräflichen Häuser Leiningen-Billigheim und Leiningen-Neudenau, die Redaktion der Vorlage des neuen fürstl. Leining'schen Hausgesetzes bei der großherzoglichen Badischen Landesregierung betr. 3. Juli 1869, in: UB Heidelberg: Heid. Hs. 1938, Verzeichnis II Nr. 111.

9 Gesetz- und Verordnungsblatt für das Großherzogthum Baden v. 6. Oktober 1869, 399–427.

10 Der Zusatz d'Aspremont stammt von der 1465 durch Heirat erworbenen Herrschaft Aspremont (Lothringen). Siehe Ph. J. Rühl, Ausführliche Beantwortung der Scheingründe, welche die Herren Gebrüder Wilhelm und Wenzel, so sich Graven zu Leiningen-Dagsburg zu Guntersblum nennen wollen, zu Behauptung ihrer verschiedentlichen ungegründeten Ansprüche aufzustellen bemühet sind, Carlsruhe 1774. – Rühl (1737–1795), eine interessante Figur im Dienste des Hauses Leiningen und danach Revolutionär in Paris, beantragte das französische Ehrenbürgerrecht für Friedrich Schiller.

11 Th. Gehrlein, Das Haus Leiningen. 900 Jahre Gesamtgeschichte Deutsche Fürstenhäuser, Heft 32, Werl 2011.

ebenbürtige Heirat den Verlust aller Rechte nach sich ziehe, also auch derjenigen nach dem Staatsrecht Badens.

Dieser Geschichte folgt eine Art Satyrspiel im 20. Jahrhundert. Fürst Karl Emich von Leiningen wurde am 12. Juni 1952 als ältester Sohn von Fürst Emich und Herzogin Eilika von Oldenburg geboren. Er heiratete am 8. Juni 1984 zunächst Prinzessin Margarita von Hohenlohe-Oehringen. 1988 bekam das Paar eine Tochter, Cäcilia. Margarita starb ein Jahr später bei einem Autounfall.

Als Karl Emich dann 1991 die bürgerliche Katholikin Gabriele Renate Homey Thyssen (* 1963) heiratete, gab es Ärger mit den Eltern. Sein Vater verweigerte die Zustimmung zur zweiten Ehe, enterbte ihn durch Testament, dem Hausgesetz von 1897 und verschiedenen späteren Familienverträgen folgend; denn die Bedingungen der evangelischen Konfession und der Standesgleichheit waren in diesem Fall „notorisch" nicht erfüllt. Als künftiger Fürst wurde der jüngere Bruder Andreas eingesetzt. Der „Verein der deutschen Standesherren", einst einer der wichtigsten Auftraggeber für Heinrich Zoepfl, wurde davon informiert. Die Einsetzung des jüngeren Bruders Andreas als 8. Fürst von Leiningen gelang allerdings nur mit knapper Not; denn der Vater der Brüder war sterbenskrank, so dass die förmliche Übergabe der Würde in aller Eile mit Hilfe eines an sich unzuständigen Notars auf dem Münchner Flughafen vorgenommen werden musste. Am 30. Oktober 1991 verstarb der 7. Fürst.

Im daraus folgenden „Bruderzwist im Hause Leiningen" ging es nicht nur um den Fürstentitel und um die Rangstelle in der britischen Thronfolge,[12] sondern wohl v. a. um ein Vermögen, das damals mit etwa 150 Mio. DM beziffert wurde. Es wurden angerufen das Amtsgericht Obernburg (1991), das Landgericht Aschaffenburg (1995), das Bayerische Oberste Landesgericht (1996), nochmals das Landgericht Aschaffenburg (1997) und das Bayerische Oberste Landesgericht (1999), das Bundesverfassungsgericht mit der Folge der Nichtannahme einer Verfassungsbeschwerde (2000), der Europäische Gerichtshof für Menschenrechte (2000), das Landgericht Aschaffenburg mit einem Vergleich (2002), der dann wieder Gegenstand von Auseinandersetzungen wurde. Schließlich beendete der Europäische Gerichtshof für Menschenrechte die Sache, indem er entschied, eine weitere Beschwerde von Karl Emich zu Leiningen nicht zu akzeptieren.[13] Im Ergebnis wurde der Vergleich bestätigt, in dem Karl Emich seinen Verzicht erklärt hatte. Der Grundsatz der Testierfreiheit sei gewichtiger als die Einwände, das Hausgesetz von 1897 sei unzeitgemäß und widerspreche

12 Zum Hintergrund siehe H. Nehlsen, Fürst Karl zu Leiningen (1804–1856), in: Wirkungen europäischer Rechtskultur. Festschrift zum 70. Geburtstag von Karl Kroeschell, München 1997, 763–827. Karl war der Halbbruder von Königin Victoria.

13 Urteil vom 17.11. 2005, Az: 59624/00 mit Bericht über die zurückliegenden Prozessstufen.

dem allgemeinen Gleichheitssatz sowie der grundrechtlich geschützten „Eheschließungsfreiheit". In der viel diskutierten „Hohenzollern-Entscheidung" vom 22. März 2004 entschied die Dritte Kammer des 1. Senats des Bundesverfassungsgerichts, die vorgängigen Entscheidungen der Gerichte, einschließlich des BGH in seinem Beschluss vom 2. Dezember 1998, stellten einen Verstoß gegen die Freiheit der Partnerwahl dar, zumal auch die für das Haus Hohenzollern bis 1918 maßgebenden staatsrechtlichen Gründe einer solchen Bindung weggefallen seien.[14] Für ein Fürstenhaus, bei dem solche staatsrechtlichen Gründe schon seit 1803 weggefallen waren, müsste die Freiheit der Partnerwahl erst recht gelten, und zwar für Prinzen und Prinzessinnen gleichermaßen. Da auch die Weimarer Verfassung die Vorrechte des Adels aufgehoben hatte (Art. 109 Abs. 3 WRV), blieb für die Familien ehemaliger Dynastien nur noch Privatvermögen und Erinnerungen an glanzvolle Zeiten. Schließlich stellt die Regelung eines Hausgesetzes, das dem heiratswilligen Prinzen mit Enterbung bedroht, wenn seine Braut einer anderen Konfession angehört, einen klaren Verstoß gegen das Diskriminierungsverbot des Art. 3 Abs. 3 GG dar. Gleichwohl, da wesentlich um Vermögen und den gesellschaftlichen Mehrwert alter Titel gekämpft wird, finden sich auch Gutachter und Gerichte, die bereit sind, die vorkonstitutionellen Hausgesetze als „pièces de résistance" in einer Welt der Egalität zu verteidigen.[15]

Dass diese Rechtsstreitigkeiten der Ehe von Karl Emich nicht gut bekamen, lässt sich leicht nachvollziehen. Die von ihren Schwiegereltern konsequent „geschnittene" Gabriele ließ sich nach sieben Jahren scheiden und heiratete anschließend Karim Aga Khan IV., einen der reichsten Männer der Welt. Sie „schenkte ihm einen Sohn", wie man immer noch zu sagen pflegt, ließ sich aber 2004 erneut scheiden. Seither kehrte sie wieder zu dem erheirateten Namen einer „Prinzessin zu Leiningen" zurück. Ihre Mutter Renate, 1939 als Renate Kerkhoff geboren, heißt in ihrer fünften Ehe nun Thyssen-Henne und kann nicht nur wohlhabend, sondern auch reich genannt werden. Bei ihrem geschäftlichen Aufstieg war ihr der einstmals mächtige bayerische Politiker und mehrfache Minister Ludwig Huber (1928–2003) behilflich. Er ermöglichte als Präsident der Bayerischen Landesbank die Übernahme des maroden „Wienerwald"-Imperiums von Friedrich Jahn, dem sog. Hendl-König, durch seine Freundin Renate Thyssen und kassierte dafür Beteiligungen.[16] Das flog dum-

14 Beschluss der 3. Kammer des 1. Senats des BVerfG v. 22. März 2004 – 1 BvR 2248/01.

15 Siehe H. Nehlsen, Die Einwirkung von Grundrechten auf die Gültigkeit von Verfügungen von Todes wegen am Beispiel von Heiratsklauseln. – Ein Beitrag zur Wirksamkeit erbrechtlicher Potestativbedingungen, in: M. Schmoeckel (Hrsg.), Verfassungsrechtliche Grenzen der Gestaltungsmöglichkeiten im Familien-, Erb- und Gesellschaftsrecht, Baden-Baden 2008, 26–41 mit weiteren Hinweisen zur Literatur in der Causa Leiningen.

merweise auf, so dass Huber, durch diese Affäre schwerstens belastet, 1988 aus der bayerischen Politik ausscheiden musste.

Der enterbte Karl Emich, der nicht nur den Fürstentitel, sondern damit auch die Rangstelle in der britischen Thronfolge verloren hatte, aber üppigen materiellen Ausgleich erhielt und erhält, besinnt sich nun auf seine Verwandtschaft mit den Romanows. Seit 2014 nennt er sich Nicolai Kirillovich Romanow und erhebt als (fiktiver) Zar Nikolai III. Anspruch auf den Thron. Er wäre dann Nachfolger des 1917 ermordeten Zaren Nikolaus II., den die russisch-orthodoxe Kirche inzwischen zum Heiligen ernannt hat. Falls der Metropolit von Moskau, ein überzeugter Monarchist, dies gemeinsam mit der seit 2012 bestehenden Monarchistenpartei der Russischen Föderation unterstützte, hätte Karl Emich vielleicht die Chance, eine kleine Verfassungsänderung vorausgesetzt, den Zarenthron zu besteigen und Nachfolger von Wladimir Putin zu werden. Das kann freilich dauern; denn beide gehören dem Jahrgang 1952 an, Putin ist in bester körperlicher Verfassung und gerade wieder in seinem Amt bestätigt worden.

16 Hierzu mit weiteren Details Der SPIEGEL v. 1.2.1988: Hu is Hu.

Barbara Dölemeyer

Spielbanken in Homburg vor der Höhe und Wiesbaden

I. Einleitung

Nach der Aufhebung des Glücksspiels in Frankreich zum 1. Januar 1838 wandten sich einige Spielpächter nach Deutschland, so Antoine Chabert in das Herzogtum Nassau – vor allem nach Wiesbaden und Ems – sowie François und Louis Blanc in die Landgrafschaft Hessen-Homburg. Die Blancs verhandelten mit den Landgrafen Ludwig (* 1770, reg. 1829–1839) und Philipp (* 1779, reg. 1839–1846) über eine Spielkonzession in der Residenz Homburg vor der Höhe. Sie erhielten erstmals eine Konzession (auf 30 Jahre) durch Vertrag mit Philipp vom 29. Juli 1840.[1] Gegen die Genehmigung von „Hazardspielen" verpflichteten sie sich zur Errichtung eines Kurhauses und zu weiteren Bau- und Unterhaltungsmaßnahmen für den entstehenden Kurbetrieb (Abbildung 1). Hier trafen sich die Interessen der jeweiligen Herrschaften mit denen der Konzessionäre; die im Prinzip verpönten Glücksspiele wurden im Zusammenhang mit dem Kurbetrieb genehmigt und zu einer wesentlichen Einnahmequelle. Diesem Vertrag folgten weitere, in denen meist die Erweiterung der Konzession (z. B. Ausbeutung der Mineralquellen 1841) durch finanzielle Beiträge zum Kurwesen erkauft wurde. 1846 beantragten die Brüder Blanc die exklusive Berechtigung zum Hazardspiel und die Übertragung dieser Konzession auf eine zu gründende Aktiengesellschaft gegen Erhöhung der Pacht. Die Form der Aktiengesellschaft

1 Hessisches Hauptstaatsarchiv Wiesbaden [HHStAW], Abt. 310, IVc 23, Bd. 1, fol. 26–30: Vertrag die Errichtung eines Kurhauses zu Homburg und die Verleihung einer Concession zur Ausübung der Hazardspiele betr., 29.7.1840; genehmigt 21.8.1840; abgedruckt bei Heinrich Jacobi, Zur Geschichte der Homburger Mineralquellen, in: Mitteilungen des Vereins für Geschichte und Landeskunde Bad Homburg v. d. Höhe [MittGVHG] 18 (1935), S. 1–264, hier S. 188–191 [Jacobi, Mineralquellen]; vgl. Friedrich Lotz, Geschichte der Stadt Bad Homburg vor der Höhe, Band 2, Frankfurt am Main 1972, S. 302 f.; Heinrich Jacobi, Die Spielbank zu Homburg und der Übergang des Kur- und Badebetriebs an die Stadt, Sonderdruck aus Taunusbote 1929, Nr. 70–81, hier S. 6 ff. [Jacobi, Spielbank].

Abbildung 1. Das Kurhaus, Gartenfront noch ohne die 1847 errichteten Querflügelanbauten. Links der Musikpavillon, im Vordergrund Figurenstaffage. Stahlstich von R. Dawson nach Zeichnungen von Adolph Wegelin aus dem „Album von Homburg vor der Höhe. In Stahlstichen nach Originalzeichnungen von Wegelin". Frankfurt a/M C. Jügel. (1846). Signiert: Wegelin del. R. Dawson sc.

sollte die finanzielle Basis verbreitern und v. a. eine gewisse Anonymität der Geldgeber gewährleisten, was in Zeiten verstärkten öffentlichen Widerstandes gegen das Glücksspiel wichtig war. Die Regierung nahm Einfluss auf die Fassung der Statuten, um im Sinne des Octroisystems die obrigkeitliche Aufsicht über die Gesellschaft zu erhalten. Da in den deutschen Bundesstaaten mit Ausnahme Preußens kein Aktiengesetz existierte, beruhte das Recht der Gesellschaften auf den einzelnen Statuten. Die „Anonyme Gesellschaft" der Blancs war die erste Aktiengesellschaft in Hessen-Homburg. Sie wurde am 26. Dezember 1846 durch Landgraf Gustaf (* 1781, reg. 1846–1848) genehmigt und trat am 1. April 1847 in Kraft.[2] Die Statuten wurden im Regierungsblatt vom 26. September 1847 veröffentlicht;[3] sie richteten sich vornehmlich am französischen Aktienrecht aus. Zum Teil nahmen sie aber auch Regelungen aus einem am 19. Juli 1830 von Landgraf Ludwig genehmigten Statut für eine dann nicht rea-

2 HHStAW, Abt. 310, XVc 23, Bd. 3, fol. 93 ss.

3 Archiv der Landgräflich Hessischen Gesetze und Verordnungen 1816–1866, Homburg v. d. Höhe 1867, S. 449 f.

lisierte Aktiengesellschaft auf.[4] Der Name „Société anonyme des fermes réunies du Kurhaus et des sources minérales à Hombourg ès-monts“ (Anonyme Gesellschaft der vereinigten Pachtungen des Kurhauses und der Mineralquellen zu Homburg vor der Höhe) sagt wohlweislich nichts über das Glücksspiel; die Spielbank ist in den Statuten nur einmal erwähnt. Der Spielpachtvertrag von 1840 ebenso wie der Vertrag über die 1846 gegründete Homburger Spielbank-Aktiengesellschaft beinhalteten eine Laufzeit bis zum 1. April 1871, die später bis zum 1. April 1896 verlängert wurde.

Die Frage der Aufhebung des Glücksspiels und damit der Spielbanken in den Deutschen Bundesstaaten, eine für die wirtschaftliche Entwicklung der kleinen Residenzstadt Homburg vor der Höhe wesentliche, wurde mehrfach intensiv diskutiert. Zweimal – 1848/49 und nach 1866 – war dies besonders akut. Bereits in den 1840er Jahren hatte es in der Bundesversammlung des Deutschen Bundes Anträge auf Einschränkung bzw. Aufhebung des Hazardspiels gegeben. Im Protokoll der Nationalversammlung vom 13. Oktober 1848 wird der Eingang einer Petition „vieler Bürger zu Cöln, Abschaffung der Spiel-Concessionen betreffend“ und einer weiteren Petition ähnlichen Inhalts vermerkt. Die Frage wurde an den volkswirtschaftlichen Ausschuss verwiesen, bei dem zahlreiche weitere Anträge auf sofortige Abschaffung aller Lotterien, Hazardspiele und Spielbanken eingingen,[5] die als „untrügliche Mittel zur Beförderung des Volkselendes“ bezeichnet wurden.[6] Es gab auch zahlreiche Stimmen aus dem Publikum für und wider die Aufhebung der Spielbanken,[7] außerdem Petitionen an die Nationalversammlung zugunsten des Glücksspiels u. a. aus Wiesbaden. Die Nationalversammlung befasste sich am 8. Januar 1849 ausführlich mit dem Bericht des Abgeordneten von Dieskau namens des volkswirtschaftlichen Ausschusses.[8] Das Urteil über die Verderblichkeit des Glücksspiels war ziemlich einhellig, einige Abgeordnete bezweifelten aber die Kompetenz der Nationalversammlung, ein Gesetz zur Abschaffung zu verabschieden. Außerdem wurde diskutiert, ob die bestehenden Spielpachtverträge als nichtig

4 Abgedruckt bei Jacobi, Mineralquellen, S. 161 f., Art. 9d: Hazardspiele.

5 Franz Wigard (Hg.), Stenographischer Bericht über die Verhandlungen der deutschen constituirenden Nationalversammlung zu Frankfurt am Main, Bd. 4, S. 2583, 2588 [Wigard, Sten. Bericht].

6 Wigard, Sten. Bericht, Bd. 6, S. 4480.

7 Zur Beurtheilung der Frage über Aufhebung der Spielbanken, vorzugsweise in Beziehung auf Homburg, Homburg v. d. H. 1848; dazu: W. Gärtner, Bemerkungen zu der Schrift „Zur Beurtheilung der Frage über Aufhebung der Spielbanken, vorzugsweise in Beziehung auf Homburg“, Dresden 1848.

8 Wigard, Sten. Bericht, Bd. 6, S. 4480 ff.

aufzuheben seien, wobei besonders die Frage eventueller Entschädigungen aufgeworfen wurde.

Die Homburger Spielbank-Aktiengesellschaft führte Gutachten angesehener Juristen des In- und Auslandes ins Feld,[9] so das hier behandelte Heidelberger, datiert mit 1. Dezember 1848.[10] Die Gutachten ebenso wie die Petitionen wurden aber im Bericht des volkswirtschaftlichen Ausschusses nicht berücksichtigt; sie konnten nur in der Verhandlung am 8. Januar diskutiert werden. Heinrich Albert Zachariae[11] schlug vor, die Spielbanken nicht sofort aufzuheben und ihre Abschaffung den Einzelregierungen zu überlassen. Karl Joseph Anton Mittermaier (auch Mitglied der Heidelberger Juristenfakultät), schloss sich dem an und vertrat in der Paulskirche eine moderate Meinung; er erkannte die „absolute Schändlichkeit" des Glücksspiels nicht an, bejahte aber die Kompetenz der Nationalversammlung zur Abschaffung der Spielbanken. Folglich trat er für „Aufhebung der Spielbanken, aber unter Gewährung einer Frist und gerechter Entschädigung" ein.[12] Der Protagonist der Spielbankächtung, der Tübinger Abgeordnete und Professor der Ästhetik Friedrich Theodor Vischer, sprach hingegen von einer „Gruppe von Produkten romanischer Verdorbenheit" und der Notwendigkeit, ein „brandiges Glied rasch abzuschneiden".[13] Auf Beschluss der Reichsversammlung vom 8. Januar 1849 verkündete der Reichsverweser am 20. des Monats das „Gesetz, betreffend die Schließung der öffentlichen Spielbanken und Aufhebung der Spielpachtverträge", dessen einziger Arti-

9 Gutachten für die französischen und englischen Aktionäre der anonymen Gesellschaft, o. O. 1848 (Odilon Barrot, Adolphe Crémieux); vgl. Wigard, Sten. Bericht, Bd. 6, S. 4486.

10 Gutachten des Spruch-Collegiums der Juristen-Fakultät zu Heidelberg für die deutschen Actionäre der anonymen Gesellschaft der vereinigten Pachtungen des Kurhauses und der Mineralquellen zu Homburg vor der Höhe, Heidelberg: Auf Verlangen der deutschen Actionäre der anonymen Gesellschaft der vereinigten Pachtungen des Kurhauses und der Mineralquellen zu Homburg vor der Höhe (im Namen des Spruch-Collegiums der Juristen-Facultät zu Heidelberg ausgearbeitet:), 1848, Universitätsbibliothek Heidelberg (UB HD), Heid. Hs. 1938, Verzeichnis II Nr. 8. Die Druckfassung lautet: Gutachten des Spruch-Collegiums der Juristen-Fakultät zu Heidelberg für die deutschen Actionäre der anonymen Gesellschaft der vereinigten Pachtungen des Kurhauses und der Mineralquellen zu Homburg vor der Höhe, Heidelberg 1. December 1848 (aus HHStAW, Abt. 310, XVc, 84).

11 Heinrich Albert Zachariae (1806–1875), Professor in Göttingen, Abgeordneter zur Nationalversammlung für Göttingen.

12 Wigard, Sten. Bericht, Bd. 6, S. 4486 ff.

13 Ebenda, S. 4488.

kel die Aufhebung in ganz Deutschland vom 1. Mai 1849 an statuierte.[14] Verglichen mit den anderen betroffenen Spielbankpächtern und -aktionären und Badeorten war die Aufregung in Homburg am größten. Petitionen nicht nur der Bewohner Homburgs, sondern ebenso naheliegender Gemeinden gingen ein, wurden aber von der Nationalversammlung abgelehnt. Die landgräfliche Regierung protestierte durch ihren Bevollmächtigten Adolf von Holzhausen bei der Zentralregierung; Justizminister Robert von Mohl antwortete am 8. Februar 1849 abschlägig, ohne auf Argumente einzugehen.[15] Die Frage der Entschädigung, insbesondere der „rechtlich begründeten, in einer Theilnahme am Spiele nicht bestehenden Interessen" (wie der Hessen-Homburger Paulskirchen-Abgeordnete Jakob Venedey es formulierte),[16] wurde nochmals ausführlich diskutiert, doch ging man darüber zur Tagesordnung über. Als einzige unter den betroffenen Kasinobetreibern widersetzten sich die Homburger Spielpächter der Befolgung des Gesetzes, was den Abgeordneten Vischer zu einer Interpellation veranlasste, „...wie es kommt, daß der frechen Mißachtung des Gesetzes vom 8. Januar, welche die Spielbank in Homburg seit dem 1. Mai durch Fortsetzung ihres Spiels an den Tag legt, nicht alsbald durch angemessene Executionsmaßregeln ein Ende gemacht worden ist?" Justizminister von Mohl berichtete daraufhin, dass die Exekutionstruppen auf dem Wege seien.[17] Am 7. Mai rückten diese in Homburg ein. Schließlich gab Landgraf Ferdinand von Hessen-Homburg (*1783, reg. 1848–1866) klein bei und ließ die Spielbank am 9. Mai 1849 schließen. Bereits am 26. Mai 1849 wurde aber das Kasino – als „geschlossene Gesellschaft" – wiedereröffnet und wenige Monate später konnte wieder offiziell gespielt werden. Erst als nach dem Heimfall Hessen-Homburgs an das Großherzogtum Hessen im März und der Annexion durch Preußen im September 1866 eine völlig neue Situation entstand,[18] musste man sich auf das endgültige Ende der Spielbank einstellen. Das preußische Gesetz vom 5. März

14 Reichs-Gesetz-Blatt 1849, Frankfurt am Main 1848/49, 10. Stück, vom 25.1.1849. Zur Entstehung dieses ohne Vorbereitung erlassenen Gesetzes der damalige Reichsjustizminister Robert von Mohl in seinen „Lebens-Erinnerungen", 2. Band, Stuttgart und Leipzig 1902, S. 96–98.

15 Wigard, Sten. Bericht, Bd. 8, S. 5596; Amts- und Intelligenz-Blatt Nr. 20, 25.10.1848, Nr. 21, 1.11.1848; vgl. Jacobi, Spielbank, S. 19 f.

16 Wigard, Sten. Bericht, Bd. 8, S. 6151.

17 Wigard, Sten. Bericht, Bd. 9, S. 6395, 6445.

18 Barbara Dölemeyer, Hessen-Homburgs Schicksalsjahr 1866: Heimfall der Landgrafschaft an Hessen-Darmstadt und Annexion durch Preußen, in: Aus dem Stadtarchiv. Vorträge zur Bad Homburger Geschichte Band 29, Bad Homburg v. d. Höhe 2018, S. 33–70.

1868[19] statuierte die Schließung aller Spielbanken spätestens zum 31. Dezember 1872. Auch in dieser Zeit wurde nochmals die Entschädigungsfrage angeschnitten.

II. Gutachten 1848

Das Gutachten hatte sich mit drei Fragen auseinanderzusetzen: 1) Kompetenz der Reichsversammlung zur Aufhebung der mit einer Einzelregierung geschlossenen Spielpachtverträge, 2) Verpflichtung der Reichsversammlung zur Entschädigung, 3) Möglichkeit der Beteiligten, die abgeschlossenen Verträge bis zu ihrem Ablauf in Kraft zu lassen. Es geht zunächst auf die o. g. Vertragsbedingungen ein, wendet sich dann der rechtlichen Prüfung der drei Fragen zu. 1. Im Gegensatz zu dem Gutachten für die französischen und englischen Aktionäre erkennt das Heidelberger die formelle Kompetenz der Nationalversammlung zur Aufhebung der Spielbanken an, vertritt aber die Ansicht, dass die Beteiligten entschädigt werden müssten. Das in der Nationalversammlung auszuarbeitende „Grundgesetz" werde als „Ausdruck des souveränen Nationalwillens und als das Product der Machtvollkommenheit einer sich neu zu constituirenden Nation" zu betrachten sein. Die gesetzgebende Gewalt der Nationalversammlung könne auch die von einzelnen Souveränen früher erteilten Privilegien zurückrufen und außer Kraft setzen, wie sie auch frühere Gesetze aufheben könne. Da für Deutschland künftig die Form eines Bundesstaates bestimmt werde, hätten sich die Regierungen der „Centralgesetzgebung" unterzuordnen. 2. Für die Aufhebung wohl erworbener Rechte durch den Staat unterscheidet das Gutachten zwei Fälle: A) Aufhebung durch die Exekutive: Natürliches Recht und Billigkeit begründeten Ansprüche der Beteiligten, dass, wenn wohl erworbene Rechte entzogen würden, eine Entschädigung durch das betreffende Gesetz gegeben werden müsste. Dazu führt das Gutachten die „Garantie des Privateigenthums" als Grundsatz des natürlichen wie des positiven Rechts an. B) Aufhebung durch die Legislative: Diese hat nicht unbedingt Entschädigungspflicht zur Folge, sondern nur, wenn das Gesetz das selbst ausspricht. Das Gutachten stellt sich auf den Standpunkt, dass im vorliegenden Fall ein Rechtsanspruch auf Entschädigung auf dem natürlichen Recht und der Billigkeit beruhe (S. 12). Vom Standpunkt der öffentlichen Moral sei das Spielbankverbot „freudig als ... Fortschritt in der öffentlichen Sittlichkeit" zu begrüßen. Das Spiel an sich sei aber nicht absolut schändlich. Daher war die Hessen-Homburgische Regie-

19 Gesetz, betreffend die Schließung der öffentlichen Spielbanken zu Wiesbaden, Ems und Homburg. Vom 5. März 1868, in: Gesetz-Sammlung für die Königlichen Preußischen Staaten 1868, Nr. 17, S. 208.

rung befugt gewesen, die infrage stehenden Verträge zu schließen, aus denen eigentumsähnliche Rechte entstanden waren, denen auch keine „absolute Immoralität" anhaftete. Die deutsche Praxis habe immer an dem Prinzip festgehalten, dass „ein von der Staatsgewalt einmal verliehenes Privileg aus Rücksichten des öffentlichen Wohls niemals anders als gegen Entschädigung aufgehoben werden dürfe" (S. 15 f.).

Nun folgt der Hinweis auf die „Freiheit- und Eigentum-Formel": Es sei ein von der Gesetzgebung der neueren Zeit sowohl in als außerhalb Deutschlands „im Interesse der bürgerlichen Freiheit allgemein angenommener Grundsatz", dass „nicht nur die Freiheit der Person, sondern auch das Eigentum durch die Gesetzgebung selbst geschützt" werden müsse, was eben die Entschädigungspflicht nach sich ziehe. Ein weiteres Argument ist, dass die 1840, 1841 und 1846 abgeschlossenen Verträge nicht einmal auf dem Wege der Bundesgesetzgebung hätten aufgehoben werden können, da sie unter Art. 64 der Bundesakte (gemeinnützige Anordnungen) gefallen seien. Nachdem die prinzipielle Entschädigungspflicht bejaht ist, geht das Gutachten auf die Bemessung einer solchen ein und kommt zur „salomonischen" Lösung, man solle (nach dem Vorbild Frankreichs 1838) die Fortsetzung des Spiels auf einige Jahre dulden, um die Ansprüche der Spielpächter zu befriedigen, ohne den Reichsfiskus zu belasten.

III. Gutachten 1861

Das Gutachten für Freiherrn Julius von Wellens trägt die Unterschrift Z. für Zoepfl, 26. Juni 1861.[20] Es betrifft ebenfalls die „Aufhebung wohlerworbener Rechte insbesondere aus Rechtsgeschäften mit dem Fiscus, durch spätere Gesetzgebung". Julius von Wellens aus Brüssel war zunächst Bevollmächtigter der Homburger Spielpächter François und Louis Blanc[21] und als einer der Direktoren auch pro forma Träger von Aktien der Spielbank-AG. Nach Spannungen mit den Blancs kam es zum Bruch und Wellens ging 1857 zur Spielbank in Wiesbaden, dem größten Konkurrenten Homburgs. Das Spiel in Wiesbaden war ab 1834 zusammen mit den anderen nassauischen Spielbanken an den Franzosen Antoine Chabert verpachtet gewesen, der diese Konzession aber

20 Heinrich Zoepfl, Rechtsgutachten für den Freiherrn von Wellens die Spielbank in Wiesbaden betreffend – Heidelberg, 24.7.1861, UB HD, Heid. Hs. 1929.

21 Seine Unterschrift findet sich bereits unter dem Vertrag über die Ausbeutung der Homburger Mineralquellen von 1841; vgl. Jacobi, Mineralquellen, S. 205, 210; Egon Caesar Conte Corti, Der Zauberer von Homburg und Monte Carlo, Wien o. J. (Erstausgabe Leipzig 1932), S. 67, 137. Corti basiert auf den vom Wiesbadener Polizeirat August Höhn (1830–1902) gesammelten Materialien zur Spielbankfrage, davon sieben Bände zu Homburg (Sammlung Höhn, heute in der Landesbibliothek Wiesbaden, Rara 4° Gz 302).

1847 vorzeitig zurückgegeben hatte. 1856 ging sie an die von den Brüdern Marcus und Bernhard Berlé gegründete „Gesellschaft zum Betrieb der Cur-Etablissements in den Badeorten Wiesbaden und Ems" über, das Ende der Pachtzeit wurde auf den 31. Dezember 1881 festgesetzt.[22]

In dem Gutachten geht es nicht um die Aufhebung der Spielbank; die Gefahr von 1848/49 war ja vorüber (zumindest bis 1866), sondern um Entrichtung bzw. Berechnung der Gewerbesteuer für die Spielpacht. Die Fragen lauteten:

> „1) Kann der Staat während bestehender Pacht ohne Einwilligung des Pächters durch ein neues Steuergesetz, sei es ein generelles, sei es ein spezielles, den Besteuerungsmodus des verpachteten Gewerbemonopols ändern, insbesondere kann der Staat den gesetzlichen speziellen Besteuerungsmodus nach einem bestimmten Verhältniß zur Pachtsumme ändern in eine Besteuerung nach dem Reinertrage des Monopols?
> 2) Eventuell, wenn diese Frage bejaht würde, ist der Pächter verpflichtet, seine dadurch entstehende Steuer-Erhöhung zu tragen, ohne Rückgriff auf den Fiscus, resp. ohne Entschädigung?"

Im ersten Teil betr. die allgemeinen Grundsätze bezieht sich das Gutachten auf dasjenige für Homburg von 1848 und weist expressis verbis auf die dort geäußerte Rechtsansicht hin: „Überhaupt darf die Staatsgewalt nie außer Acht lassen, daß der Schutz der Privaten in ihren Eigenthums- und Vermögensrechten einer der wesentlichsten Zwecke des Staates ist und daß daher nur in der Dringlichkeit der Umstände eine Entschuldigung dafür gefunden werden kann, wenn die Gesetzgebung oder die Verwaltung sich eine hiermit in Widerspruch stehende Handlung – also ein Unrecht – erlauben zu müssen glaubt, worin aber auch zugleich für sie nach allem Billigkeits- und Rechtsgefühle die unabweisliche Verpflichtung begründet ist, den von ihr selbst Verletzten die möglichste Entschädigung zu gewähren."[23]

Das Gutachten geht auf die spezielle Frage der Besteuerung ein, bzw. der Veränderung des Besteuerungsmodus vom bisherigen, der sich nach einem bestimmten Verhältnis zur Pachtsumme berechnet, hin zur Besteuerung nach dem Reinertrag. Dazu wird zunächst festgestellt, dass der Staat das Recht hat, das bestehende Steuergesetz zu ändern, in welchem der Abschnitt über die Besteuerung des Spielmonopols als eine *Lex specialis* zu betrachten sei. Dieses

22 17.11.1856, Herzoglich Nassauisches allgemeines Intelligenzblatt 1856, S. 461 ff. (mit Statuten); Dekret des herzoglichen Finanzkollegiums in der Sammlung Höhn, Bd. 13, Nassau, fol. 15 ff.; vgl. Wolfgang Podehl, Spielbanken – Spielhöllen. Blütezeit und Krise des Glücksspiels im 19. Jahrhundert. Ausstellungskatalog der Hessischen Landesbibliothek Wiesbaden 1975.

23 Bezug: Heidelberger Gutachten 1848, Druckfassung, S. 15, § 14, S. 19, § 16.

Gesetz sei auf verfassungsmäßige Weise zustande gekommen und könne ebenso modifiziert werden. Daher sprächen auch „Rechts- und Billigkeitsgründe“ nicht dagegen, wenn während der Pachtzeit der Besteuerungsmodus legislativ abgeändert werde. Die Stände hätten sich bei Beratung des Gesetzes mit der Regierung abgestimmt, für ein solches Gewerbemonopol, dessen Ertrag nicht sicher taxiert werden kann, die jeweilige Pachtsumme als Grundlage des Steuerkapitals zu nehmen.

Die Gutachter kommen zu dem Befund, dass eine Veränderung des Steuermodus, die zu einer Erhöhung des Steueraufkommens führe, „eine einseitige willkürliche Hinaufschraubung eines bereits vertragsmäßig festgesetzten Kaufpreises“ (nämlich des Pachtgeldes) bedeute, nicht aber als „Maasregel gegen die Spielbank als immoralische Anstalt“ anzusehen sei. Es sei also keine Frage der Moral, sondern eine Rechtsfrage („ob es einer Staats-Regierung würdig sei, sich zur Erlangung größerer als der contractlich stipulirten Vortheile des Fiscus, d. h. zur Durchsetzung eines Vertragsbruches, der Form der Gesetzgebung zu bedienen“). Gegen eine solche Verfügung müsse der Rechtsweg vor den Gerichten offen stehen. Für einen solchen Fall der Änderung der Besteuerungsgrundlage per *Lex specialis* sieht das Gutachten die Entschädigungspflicht als gegeben an, um das öffentliche Vertrauen bezüglich der mit dem Fiskus abzuschließenden Verträge nicht zu erschüttern und Billigkeitsrücksichten zu wahren.

Zoepfl schließt mit dem bemerkenswerten Satz: „Meiner Ansicht nach kann daher der Herr Quaerent mit Sicherheit erwarten, daß ein Gesetzentwurf der Art wie er ihn befürchtet, die landesherrliche Genehmigung nicht erhalten werde. Der Herr Quaerent darf daher auch mit Sicherheit erwarten, daß der in der Species facti angeführte § 28 des Pachtvertrages in dem Sinne, wie er zur Zeit des Abschlusses des Pachtvertrages von ihm und der Staatsbehörde verstanden worden ist und allein verstanden werden konnte, in seiner Kraft und Anerkennung von Seite der Staats-Regierung belassen werden bleibe.“

Dorothee Mußgnug

Heinrich Zoepfls Anmerkungen zur Errichtung eines Bundesgerichts

1815 legten Fürst von Hardenberg und Freiherr Wilhelm von Humboldt in Wien dem Fürsten Clemens Wenzel Lothar von Metternich in einer Note dar: Es sei „unläugbar, daß wenn es der künftigen Verfassung an einem Bundesgerichte fehlt, man nie wird die Überzeugung aufheben können, daß dem Rechtsgebäude in Teutschland der letzte und nothwendige Schlußstein mangle, und die Unterzeichneten theilen selbst vollkommen diese Überzeugung".[1] Allen an den Wiener Konferenzen Beteiligten war sehr bald klar, dass das neue Staatsgebilde nicht nur unter dem Konkurrenzdruck zwischen Österreich und Preußen zu leiden haben werde, sondern zugleich allen auf ihre Souveränität achtenden Fürsten und Städten Rechnung tragen müsse. Ein Bundesgericht als „Schlußstein" schien die Möglichkeit zu eröffnen, die Spannungen zu überbrücken und die Einheit zu stärken. So lagen seit 1815 Hoffnung und Erwartung auf der Einrichtung eines Bundesgerichts.

Am 16. Juni 1817 erging eine „Bundesvermittlung und Austrägal-Ordnung". Die Wiener Schlussakte vom 15. Mai 1820 empfahl in Art. 21, die Streitigkeiten unter den Mitgliedern durch Austrägal-Gerichte zu schlichten. Die Entscheidungen dann auch durchzusetzen sollte Aufgabe der Bundesversammlung sein.[2] Doch trotz verschiedener Ansätze verabschiedete die Bundesversammlung keine wirksame Austrägal- oder Bundesgerichtsordnung. Das Recht und der Anspruch der Einzelstaaten, ihre Souveränität zu wahren, blieben vorrangig. Der Bundesversammlung kam nur eine vermittelnde Rolle zu. Die Frage nach einem für den Deutschen Bund zuständigen „Bundesgericht" blieb offen (Abbildung 1).

1 Wien, 10. Februar 1815, Note der königlich preußischen Bevollmächtigten an den Kaiserlich-österreichischen ersten Bevollmächtigten; J. L Klüber, Acten des Wiener Congresses 2, Erlangen 1815, 16 f.

2 Dazu E. R. Huber, Deutsche Verfassungsgeschichte 1, 2. Aufl. Stuttgart 1982, 623–631; E. R. Huber, Dokumente zur deutschen Verfassungsgeschichte 1, 3. Aufl. Stuttgart 1978, Nr. 31, 91–100; H. Müller-Kinet, Die höchste Gerichtsbarkeit im deutschen Staatenbund 1806–1866, Frankfurt a. M. 1975, 74–95.

Abbildung 1. Karte des Deutschen Bundes 1815–1866.

1848 brachte Heinrich Zoepfl im Heidelberger Winter Verlag ein kleines Bändchen mit dem Titel heraus: „Bundes-Reform, deutsches Parlament und Bundesgericht". Einigen Druckexemplaren war der Untertitel hinzugefügt: „Erste censurfreie Schrift". Zoepfl begann seine Erläuterungen: Nachdem Frankreich eine Republik geworden sei, beschäftige nun alle: „was ist zu thun, was kann, was wird in Deutschland geschehen, um den möglichen Sturm von außen zu beschwören ... den Zustand der Ordnung im Innern Deutschlands zu erhalten" (S. 3). Im Gegensatz zu Frankreich hänge Deutschland fest am „constitutionell – monarchischen Prinzipe" und wolle dessen „ungestörte Entwickelung". Wenn am Deutschen Bund eine nationale Vertretung eingerichtet werde, so gewinne die Nation auch die „Spannkraft" in einem Krieg gegen Frankreich. Er forderte weiter: den Erhalt der Landesverfassungen, Petitionsmöglichkeiten, Pressefreiheit, die Zusage von Schwurgerichten, Verantwortlichkeit der Minister und anderes mehr (S. 14–40). Doch den „Schlußstein“ müsse ein Bundesgericht bilden (S. 47).

Zoepfl führte dazu im Einzelnen aus: Wie viele Juristen vor ihm bedaure auch er, dass die mit dem alten Reichskammer- und Reichshofgericht begonnene Tradition im Deutschen Bund nicht fortgesetzt worden sei. Das 1834 eingesetzte Schiedsgericht könne keinen Ersatz bieten, denn es sei „nur in ganz verkümmerter und ungenügender Weise organisirt“ (S. 48). Es sei zwar eingerichtet worden, um Streitigkeiten zwischen Regierungen und Landständen zu entscheiden. Doch um das Vertrauen des Volkes und der Stände für ein solches Gericht zu gewinnen, fehle ihm das „erste“ Element: eine „unpartheische Zusammensetzung“. Die könne nur gewährleistet werden, wenn die Landstände an der Wahl der Schiedsgerichts-Mitglieder beteiligt seien und die „Spruchmänner“ nicht – wie bislang geplant – lediglich von den Regierungen ernannt würden. Diesem Bundesgericht fehle auch der „Gerichtszwang“, d. h. das Gericht werde nur dann als „competent“ angesehen, wenn sich die Parteien beiderseits darauf verständigt hätten. Zoepfl machte folgende Vorschläge (S. 49): 34 Richter sollten auf drei Jahre ernannt und jeweils zur Hälfte durch die Landesregierungen und die Landstände gewählt werden. Den Präsidenten des Gerichts bestimmten die Richter aus ihrer Reihe. Kein Richter dürfe zugleich das Amt eines Bundestagsgesandten, Bundesministers oder Nationalrepräsentanten ausüben. Zur Competenz des Bundesgerichts gehörten nach Zoepfl die „Streitigkeiten zwischen Regierung und den Landständen über den Sinn und die Auslegung der bestehenden Verfassungen und die dadurch begründeten Rechte und Pflichten“, dazu ihre Auseinandersetzungen über die Höhe der zu leistenden Steuern. In beiden Fällen seien die streitenden Parteien verpflichtet, sich auf „Erfordern des anderen“ auf ein Verfahren vor dem Bundesschiedsgericht einzulassen.

Das von Zoepfl vorgeschlagene Bundesgericht sollte auch über Anklagen gegen Bundesminister, vorgebracht von Mitgliedern der Nationalrepräsentation, entscheiden (S. 50). Darüber hinaus sei es „zweckmäßigerweise“ geboten, die Zuständigkeit des Gerichts auch auf Ministeranklagen der Länder auszudehnen, da es „ohnehin in den meisten kleineren deutschen Staaten schwierig sein dürfte, eine geeignete Instanz … einzurichten“. Alle Entscheidungen sollten durch das Plenum des Gerichts gefällt werden. Zoepfl schloss beschwörend: „die Zeit drängt und die Ereignisse überstürzen sich … Noch ist es Zeit, … morgen vielleicht nicht mehr. … Allen aber rufen wir noch einmal zu, den Fürsten, wie den Völkern: Seid einig – einig – einig“ (S. 52).

Zu den mit der Errichtung eines Bundesgerichts verbundenen Problemen meldete sich Zoepfl 1851 in der „Deutschen Vierteljahrs-Schrift“[3] wieder zu Wort. Der Artikel erschien zwar, wie alle in der Zeitschrift, ohne den Autor zu nennen, doch Zoepfl bezog sich nicht nur in späteren Gutachten darauf, sondern bekannte sich ausdrücklich zu seinen Ausführungen.[4] Zum Zeitpunkt der Veröffentlichung waren die „Dresdner Konferenzen“ bereits abgeschlossen.[5] Zoepfl setzte große Hoffnungen darauf, dass mit der Wiedereinberufung der Bundesversammlung sich eine „Grundlage seines [des deutschen] politischen Daseyns zusammengefunden“ habe (S. 81).[6] Nach vielen Enttäuschungen sei nun „die nächste Entwicklung des deutschen Verfassungswerkes wieder in die Hände der deutschen Staatsregierungen“ gelegt. Davon könne „möglicherweise noch eine gesetzliche Lösung der schwebenden Verfassungsfragen ausgehen“. Ganz oben an stünde die „Einsetzung eines ständigen obersten Bundesgerichtshofs“. Mit ihm gewinne man eine „mächtige Stütze und Bürgschaft für weitere künftige organische Einrichtungen ..., welche sich an das Bundesgericht wie an den Stamm eines mächtigen Baumes allmählig anlehnen und sich selbst hierdurch kräftigen könnten“ (S. 85). Bei der Stiftung des Deutschen Bundes habe man sich nicht entschließen können, die alten Gerichtsinstitutionen in den „Organismus“ aufzunehmen. „Noch zu ungewohnt der neuen Souveränität ..., die Bedeutung derselben vielfach, besonders in den kleineren Staaten überschätzend, mit Ängstlichkeit jede mögliche Beschränkung derselben ... beargwohnend“ habe man sich nur auf eine Austrägal-Instanz geeinigt. Dabei hätte die Einrichtung eines ständigen Bundesgerichts zur „die Sicherung der monarchischen Regierungsgewalt ... gegen die Bestrebungen der Demokratie von wesentlicher Bedeutung seyn müsse[n]“ (S. 87).[7]

3 H. Zoepfl, Die Vorarbeiten für ein ständiges Bundesgericht von Deutschland, in: Deutsche Vierteljahrs-Schrift 1851, 4. Heft, 81–109; https://digi.ub.uni-heidelberg.de/diglit/zoepfl1848.

4 H. Zoepfl, Grundsätze des allgemeinen und deutschen Staatsrechts, in besonderer Rücksicht auf die neuesten Zeitverhältnisse, Bd. 1, 4. Auflage 1855, § 153, 349 Anm. 1.

5 Die Dresdner Ministerialkonferenzen dauerten vom 3. bzw. 23. Dezember 1850 bis zum 15. Mai 1851. Zu den Dresdner Vorschlägen für ein Bundesgericht H. J. Schoeps, Von Olmütz nach Dresden 1850/51. Ein Beitrag zur Geschichte der Reformen am deutschen Bund. Darstellung und Dokumente, Köln/Berlin 1972, 129–134.

6 Frankreich dagegen sei „unfähig, in den durch den Umsturz herbeigeführten Zuständen ein Heil zu finden“; Zoepfl (Anm. 3) 81.

7 Selbst „conservativen Kreisen“ sei immer klarer geworden, „daß bei der fortschreitenden demokratischen Bewegung nicht minder die monarchische Regierungsgewalt, wie alles historische Recht überhaupt einer Stütze durch eine von der Nation geachtete und durch die gesamte exekutive Kraft des Bundes gestützte ständige richterliche Behörde nicht entbehren könne“; Zoepfl (Anm. 3) 90 f.

Als Vorbilder taugten Zoepfl die Vorschläge, die 1848 der Heidelberger Siebzehner Ausschuss vorgelegt hatte.[8] Darin war empfohlen worden, das Reichsgericht aus 21 Richtern zusammenzusetzen,[9] die in öffentlichen Sitzungen (in Nürnberg) tagen sollten. Nach diesem „Reichsgrundgesetz" kamen dem Gericht umfassende Zuständigkeiten zu: politische und rechtliche Streitigkeiten zwischen den einzelnen deutschen Staaten, bzw. Fürsten; Streitigkeiten über Thronfolge, bzw. Regentschaft; „Klagsachen" von Privatpersonen gegen Landesfürsten oder deutsche Staaten; Streitsachen zwischen Regierung und Ständen über die Gültigkeit der Landesverfassung, auch Anklagen gegen Reichs- oder Landesminister durch eines der Häuser des Reichstages, bzw. durch die Landstände wegen Verfassungsverletzungen. Dazu bestand für das Gericht eine Gutachterpflicht, falls reichsgesetzlich verbürgte Rechte durch Gesetze oder Regierungshandlungen gerügt wurden. Zoepfl verglich diese Bestimmungen mit den Paragraphen, die in der Paulskirchenverfassung vom 28. März 1849 niedergelegt waren.[10] Manches sei in gleicher Weise geregelt, aber er monierte, dass in beiden Fassungen die Rechte zum Schutz der Standesherren und des früher unmittelbaren Reichsadels, für die Zoepfl und viele seiner Kollegen sich in zahlreichen Gutachten äußerten, nicht berücksichtigt würden. Dagegen hob er hervor, dass nach dem Entwurf von 1849 sowohl „Streitigkeiten zwischen einem Einzelstaat und der Reichsgewalt über den Umfang ihrer Befugnisse als auch Streitigkeiten zwischen den einzelnen Faktoren der Reichsgewalt (Reichsregierung, Staatenbund und Volkshaus) über die Auslegung der Reichsverfassung" vor das Reichsgericht kommen könnten, allerdings nur dann, „wenn sich die streitenden Theile vereinigen, die Entscheidung des Reichsgerichts einzuholen".[11] Zoepfl fuhr fort: „Es entspreche vollkommen sowohl der Natur der Verhältnisse, wie dem bekannten Rechtssinne des deutschen Volks, alle dergleichen Streitfälle an einen unparteiischen Staatsgerichtshof zu verweisen, und hierdurch die Reichsgewalt vor eigenmächtiger Widersetzlichkeit der Einzel-

8 Von Schmerling / von Sommaruga / Dahlmann / Todt / Zachariä / Uhland / Bassermann / Bergk / Langen / Droysen / Willmar / von der Gabelentz / Luther / von Gagern / Stever / Albrecht / Jaup / Petri / Gervinus, Entwurf des deutschen Reichsgrundgesetzes, der Hohen deutschen Bundesversammlung als Gutachten der siebenzehn Männer des öffentlichen Vertrauens überreicht am 26. April 1848, Frankfurt 1848, § 22–24; Huber (Anm. 2) Nr. 97, 352–359.

9 Die Richter sollten auf Lebenszeit ernannt und jeweils zu einem Drittel durch das Reichsoberhaupt, das Oberhaus und das Volkshaus benannt werden.

10 Verfassung des deutschen Reiches vom 28. März 1849, V. Abschnitt über das Reichsgericht, §§ 125–129. „Einsetzung und Organisation" des Gerichts waren aber noch nicht geregelt, dazu sollte ein besonderes Gesetz ergehen (§ 128 der Verfassung).

11 Zoepfl umschrieb das als einen „den Charakter eines präceptiven Gesetzes wieder ganz aufhebenden Zusätze"; Zoepfl (Anm. 3) 94.

staaten, zugleich aber auch diese vor verfassungswidrigen Übergriffen der Reichsgewalt zu schützen". Die königlichen Regierungen von Preußen, Sachsen und Hannover hätten sich dafür ausgesprochen (11. Juni 1849), dass das Reichsgericht baldigst verwirklicht werden müsse. „Der Versuch wird nie aufgegeben werden dürfen, dieses Institut als ein gemeinsames deutsches für alle dem Bunde von 1815 angehörigen deutschen Bundesstaaten in's Leben zu erheben und damit auch wieder das Recht, als Basis des deutschen Staatslebens ... zur Anerkennung zu bringen" (S. 93–96).[12]

Nach Zoepfl seien sowohl in den Verfassungstexten 1848 als auch 1849 die Paragraphen umstritten gewesen, die „Klagen eines Einzelstaates gegen die Reichsgewalt" ermöglichten, wenn die Reichsregierung durch Reichsgesetze oder „Maßregeln" die Reichsverfassung verletzt habe – wie auch umgekehrt die „Reichsgewalt" einen Einzelstaat wegen Verfassungsverletzung anklagen konnte. Zoepfl meinte jedoch, eine „Competenz des Reichsgerichts" in dergleichen Akten der Reichsregierung sei ein Widerspruch in sich selbst (S. 98). Er fragte, ob es noch mehr bedürfe, „um die Gesetzgebung des Reichs oder Bundes zu lähmen, mehr als einer, wenn auch nur aus der Luft gegriffenen Behauptung eines, wenn auch noch so kleinen Einzelstaats, daß die Gesammtgesetzgebung durch ein von ihr erlassenes Gesetz die Reichsverfassung verletzt habe?"[13] Wenn die „Gesammtheit von souveränen Staaten" als Bund, oder wie auch immer geheißen, bestehe, so müsse ein von ihr beschlossenes Gesetz „ohne weitere Anfechtungsmöglichkeit durch einen Einzelstaat zur Geltung kommen". Eine Rechtsverletzung durch einen Einzelstaat könne schon deshalb nicht vorkommen, „da regelmäßig das Reichs- oder Bundesrecht selbst erst festsetzt, was das Recht der Einzelstaaten ist". Zoepfl verwies zudem darauf, was er, der anonyme Autor, selbst im Erfurter Staatenhaus vorgeschlagen habe: Falls eine Rechtsverletzung durch die Gesetzgebung vorkomme, müsse man billiger-

12 Mittlerweile hätten sich alle deutschen Bundesstaaten (einschließlich Bayerns) für die Notwendigkeit eines Bundesgerichts ausgesprochen. Zoepfl erklärte (Anm. 3) 97: „Wir sind dadurch einer weitern Erörterung über die Verträglichkeit einer solchen Institution mit der Souveränität der einzelnen Bundesstaaten überhoben, und dürfen es vielmehr als eine feststehende Thatsache aussprechen, daß selbst die Beschlüsse der Frankfurter Nationalversammlung über das Bundesgericht den sämmtlichen deutschen Regierungen keinen Anstoß gegeben oder Bedenken erregt haben, so daß, wenn dieß hinsichtlich der übrigen Theile der Reichsverfassung in gleichem Maße der Fall gewesen wäre, das deutsche Verfassungswerk unzweifelhaft zu einem gedeihlichen und allseitig befriedigenden Abschlusse gebracht worden wäre".

13 Zoepfl fuhr fort: „Soll also auf eine solche, möglicherweise durchaus frivole Behauptung hin die ganze Staatsmaschine ... stille stehen, bis durch ein reichsgerichtliches Urtheil nach mehrmonatlichem, vielleicht sogar erst nach mehrjährigem Prozesse richterlich anerkannt worden ist, daß der erhobene Widerspruch des Einzelstaats ein unbegründeter ist?" (99).

weise drei mögliche Ausnahmefälle in Betracht ziehen: a) eine Berufung auf die *iura singulorum*, b) Berufung auf einen europäischen Staatsvertrag, c) formelle Nichtigkeit.[14] Wichtig waren Zoepfl die Zuständigkeiten eines Bundesgerichts bei Streitigkeiten über Thronfolge, Regierungsunfähigkeit und Regentschaft in den Einzelstaaten. In diesen Streitpunkten müsse in Anbetracht der ggf. möglichen Verwicklungen mit europäischen Fürstenhäusern ein „Weg zur Vermittlung der Forderung des Rechts und der Politik ... eröffnet werden". Das schien ihm der Vorschlag nicht zu gewährleisten (S. 102).

Als letzte strittige Punkte behandelte Zoepfl die vorgesehenen Gerichtszuständigkeiten, 1. falls ein Einzelstaat und seine Volksvertretung sich über die Auslegung der Bundesverfassung nicht einig seien und 2. Klagen von Angehörigen eines Einzelstaates gegen ihre Regierung „wegen Aufhebung oder verfassungswidriger Veränderung der Landesverfassung". Zoepfl befürchtete (S. 102), und dazu berief er sich auch auf die im Erfurter Volkshaus von Friedrich Julius Stahl geäußerten Bedenken, dass durch eine einseitige Sicht der Richter die Landesverfassungen „ein für allemal und für alle Zukunft" bestimmt würden. Es sei vielmehr für „Dynastien wie die Stände ... weit vortheilhafter, ... gewisse Fragen gar nicht zur endlichen Entscheidung unter sich zu bringen, sondern ... sich zeitweise darüber zu vertragen".[15] Zoepfl gab zu bedenken, ob eine solche für „kleinere Staaten passende" Einrichtung auch für größere Staaten wie Preußen und Österreich passend wäre, „in welchen offenbar die Souveränität der Krone eine ganz andere thatsächliche Bedeutung hat als in den anhaltinischen, reußischen und andern solchen kleinen Staaten, in welchen sie eben der Natur der Verhältnisse nach praktisch nie viel Mehreres seyn kann als ein neuer Name für die alte Landeshoheit".

Im Übrigen, fand Zoepfl, habe das Erfurter Parlament eine gute Vorarbeit zur Einrichtung eines Reichsgerichts geleistet und drei Gesetze vorbereitet: 1. über die Einrichtung des Reichsgerichts, 2. zum Gerichtsverfahren in streitigen Rechtssachen, 3. zu Verfahren bei Hoch- und Landesverrat. Mit „solch tüchtigen Grundlagen" könne die Ausführung bewerkstelligt werden, „wenn man sie nur ernstlich will". Die frühere „Meinungsverschiedenheit über die

14 Zoepfl nahm diese Diskussion zum Anlass, über die Schwierigkeiten der Debatten zu klagen, „größere Versammlungen ... zu einem scharfen logischen Sondern der Begriffe und zur Überlegung aller möglichen praktischen Folgen zu bringen, wenn ein Satz nicht gerade eine Gelegenheit zur Entwicklung schroffen Parteiansichten und principieller Parteikämpf zu bieten scheint ..." (101).

15 Zoepfl, Vorarbeiten für ein ständiges Bundesgericht, 103: Die Antragsteller glaubten, nur die „Beschwerden über wirkliche einzelne Verfassungsverletzungen [dürften] der Competenz des Reichsgerichts unbedingt unterstellt werden ... principielle Auslegungen der Landesverfassungen aber nur dann dem Urtheile des Reichsgerichts anheim zu geben wären, wenn Regierung und Stände hierauf compromissarisch antragen".

Zulässigkeit eines ständigen Bundesgerichts" bestehe nicht mehr. Die letzten Ereignisse hätten darüber „die Augen geöffnet", dass „die Monarchie nicht länger eine Einrichtung unterlassen darf, welche so wesentlich dazu beizutragen geeignet ist, sie zu befestigen und zu erhalten". Durch ein ständiges Bundesgericht könne Deutschland die „politische Rechtsbildung" wieder erlangen, die ihm durch die Auflösung der Reichsgerichte verlorengegangen sei. Dadurch werde auch „ein Mittel gegeben, dem Revolutioniren auf dem Wege der Gesetzgebung in den Einzelstaaten, der Codifikation der Anarchie mit landesfürstlicher Sanktion einen Damm entgegenzusetzen" (S. 106).

Auch in der Neuauflage seiner „Grundsätze"[16] beklagte Zoepfl 1855, dass die im Alten Reich vorhandene Reichsgerichtsbarkeit ersatzlos aufgegeben worden sei. Seines Erachtens bestehe jedoch im Deutschen Bund eine „Landfriedens- und Rechtsverfassung", denn der Deutsche Bund sei ein „Landfriedensbund". Als solcher sei er zwar nicht effektiv genug, aber diese Lücke lasse sich schließen. Die Aufgaben „des Staatenbundes souveräner monarchischer Fürsten müßten angepaßt werden". Solch „landfriedenswahrender" Funktion ordnete Zoepfl die „bundesgrundgesetzlichen" Bestimmungen zu: Erhaltung des Landfriedens unter den Bundesgliedern, Verbot der „Selbsthülfe"(§ 154),[17] Erhaltung der inneren Ruhe in den Bundesstaaten (§ 155), Sicherung der Rechtspflege durch eine dritte Instanz in den einzelnen Bundesstaaten als Hilfe gegen Justizverweigerungen (§ 156), Forderungen von Privatpersonen gegen Bundesglieder (§ 157), die Bundesversammlung als richterlich Instanz (§ 158).[18]

Im Februar 1855 mahnte der badische Minister Freiherr Ludwig Rüdt von Collenberg,[19] die Kräftigung des Bundes dürfe nicht nur „Flickwerk" bleiben.[20] Und auch die Zweite Kammer der badischen Landstände appellierte an den Großherzog (29. Januar 1856), „mit allen Allerhöchst Ihrer Regierung zu Gebot stehenden Mitteln dahin zu wirken, daß durch eine weitere Ausbildung der deutschen Bundesverfassung die Einheit und damit die Macht unseres großen Vaterlandes gestärkt ... wird".[21]

16 Zoepfl (Anm. 4) Teil 1, § 153, S. 347.

17 Dazu nannte Zoepfl die „betrübenden Beispiele" der Exekutionsmöglichkeiten, insbesondere zwischen den Großstaaten; (Anm. 4) 350 Anm. 4.

18 Zoepfl, (Anm. 4) 351–369.

19 Im Oktober 1850 ernannte ihn der Großherzog zum Staatsminister des großherzoglichen Hauses und der auswärtigen Angelegenheiten.

20 J. Müller, Deutscher Bund und Deutsche Nation, 1848–1866, Göttingen 2005, 195.

21 J. Müller, Quellen zur Geschichte des Deutschen Bundes, Bd. 2: Der Deutsche Bund zwischen Reaktion und Reform 1851–1858, München 1998, Nr. 98, 426 f.

Wenige Wochen zuvor hatte bereits der badische Gesandte in Berlin, Freiherr Wilhelm Rivalier von Meysenbug eine ausführliche Denkschrift,[22] zur „Weiterentwickelung"[23] des Deutschen Bundes abgefasst. Es sei unmöglich, den Deutschen Bund von einem den historischen und rechtlichen Verhältnissen entsprechenden „Staatenbund" in einen „Bundesstaat" zu überführen. Daran müsse sich jeder Reformversuch orientieren. Als einen wesentlichen Mangel beschrieb auch er, dass eine „sichere Rechtsschöpfung für streitige Verhältnisse" zwischen Bundes- und Landesgesetzgebung oder „im einzelnen Land Rechtshülfe" nicht zu finden sei. Der vielfach geforderten Einrichtung eines Bundesgerichts werde immer wieder die „undeutsche" Idee der „Staatssouverainetät" entgegengehalten. Doch „ein höherer als der bisherige Rechtsschutz" sei ein tiefes Bedürfnis (S. 400 f.). Meysenbug registrierte, da Österreich und Preußen sich nicht mehr verständigen könnten, bedürfe es „für die practische Lösung der nicht aufschiebbaren Fragen eines Mittels der Annäherung zwischen beiden". Dazu biete Art. 11 der Bundesakte „große und nachhaltige Dienste"[24] unter der Voraussetzung, „daß eine Coalition sich an den ganzen Sinn des betreffenden Artikels halte und nicht selbstsüchtige, dem Wesen nach antiföderative Ziele verfolge". Die Denkschrift schloss er mit den Worten: Jenseits „der Erhaltung und Fortbildung des bestehenden Staatenbundes liegt nur Eins – das politische Chaos" (S. 411 f.).

Herzog Ernst II. von Sachsen-Coburg und Gotha stellte 1855 einen „Bundesreformplan" auf, in dem auch er in groben Zügen die Aufgaben eines Bun-

22 Generallandesarchiv Karlsruhe, Bestand: 52 von Meysenbug, Nr. 8; datiert „Berlin, im November 1855"; zit. nach Müller (Anm. 21) Nr. 92, 397–412 (Zitat 398). Meysenbug war seit 1851 badischer Gesandter in Berlin.

23 Meysenbug bezeichnete es als ersten Fehler, das Wort „Reform" zu gebrauchen, „ohne das Maaß und Ziel derselben" zu definieren; Müller (Anm. 21) 398.

24 Bundesakte (1815), Art. 11: „Alle Mitglieder des Bundes versprechen sowohl ganz Deutschland als jeden einzelnen Bundesstaat gegen jeden Angriff in Schutz zu nehmen und garantiren sich gegenseitig ihre sämmtlichen unter dem Bunde begriffenen Besitzungen. Bei einmal erklärtem Bundeskrieg darf kein Mitglied einseitige Unterhandlungen mit dem Feinde eingehen, noch einseitig Waffenstillstand oder Frieden schließen. Die Bundesglieder behalten zwar das Recht der Bündnisse aller Art; verpflichten sich jedoch in keine Verbindungen einzugehen, welche gegen die Sicherheit des Bundes oder einzelner Bundesstaaten gerichtet wären. Die Bundesglieder machen sich ebenfalls verbindlich, einander unter keinerlei Vorwand zu bekriegen, noch ihre Streitigkeiten mit Gewalt zu verfolgen, sondern sie bei der Bundesversammlung anzubringen. Dieser liegt alsdann ob, die Vermittlung durch einen Ausschuß zu versuchen; falls dieser Versuch fehlschlagen sollte, und demnach eine richterliche Entscheidung nothwendig würde, solche durch eine wohlgeordnete Austrägal-Instanz zu bewirken, deren Ausspruch die streitenden Theile sich sofort zu unterwerfen haben".

desgerichts entwickelte.[25] Großherzog Friedrich von Baden ließ sich einbinden und bediente sich der Hilfe seines vertrauten Freundes, Freiherr Franz von Roggenbach.[26] Die rege Korrespondenz der beiden bezeugt den lebhaften Austausch und die vielfältigsten Empfehlungen zu einer Reform des Deutschen Bundes, die Roggenbach im September/Oktober 1859 dem Großherzog vortrug.[27]

In dieser Atmosphäre erteilte der mittlerweile zum Minister des Äußeren beförderte Freiherr von Meysenbug Zoepfl 1859 den Auftrag, ein „Gutachten über den badischen Vorschlag die Errichtung eines Bundesgerichtes betreffend" zu erstellen.[28] Ministeriale Vorarbeiten oder eine Korrespondenz zwischen Ministerium und Heinrich Zoepfl sind leider nicht überliefert.[29]

Zoepfl begann seinen 14-seitigen Vermerk mit dem Ausdruck der Hoffnung, dass die „Großmächte" diesem badischen Vorschlag zustimmen werden, denn „darin ... laufe das monarchische Prinzip ... keine Gefahr" (S. 003). Der Bundesversammlung bleibe grundsätzlich die Entscheidung darüber vorbehalten, mit Stimmenmehrheit darüber zu befinden, ob ein Verfahren vor das Bundesgericht gebracht werden solle. Dadurch würden „Competenz-Conflicte" verhütet. Zoepfl gab aber zu bedenken, ob das bewährte Austrägalverfahren nicht „elective" beibehalten werden solle, z. B. bei Streitigkeiten der Bundesglieder untereinander (S. 004). Er riet dazu, weil in solchen Verfahren die Kenntnisse der „Civilisten" nützlicher seien als die der „Publicisten" im Bundesgericht (S. 005). Dass künftig privatrechtliche Ansprüche und Ansprüche von Privatpersonen aus verschiedenen Bundesgliedern „in der gleichen Sache" gegenüber dem Bund vor dem Bundesgericht verhandelt werden sollten, hielt Zoepfl für „zweckmäßig" (S. 005 f.). Ebenso werde eine „Lücke" geschlossen, wenn das

25 Müller (Anm. 21) Nr. 97, 424.

26 Erst 1861 ernannte Friedrich I. Roggenbach zum Minister des großherzoglichen Hauses und der auswärtigen Angelegenheiten.

27 Darunter Roggenbachs „Bundesreformplan: Ideen zu einem Versuche, eine Reorganisation des Deutschen Bundes durch Ausgleichung der Interessen der beteiligten Regierungen zu erreichen", darin auch Art. 40–42 über ein geplantes Bundesgericht; datiert vom 29. September und 2. Oktober 1859; H. Oncken, Großherzog Friedrich 1 von Baden und die deutsche Politik von 1854–1871, Bd. 1, Stuttgart/Berlin/Leipzig 1927, 116–153.

28 Das handschriftlich überlieferte Gutachten liegt in Zoepfls Nachlass der Universitätsbibliothek Heidelberg unter der Signatur Heid. Hs. 1928; die Universitätsbibliothek erstellte ein Digitalisat, das unter http://digi.ub.uni-heidelberg.de/diglit/heidhs1928_baden_1859 (23.5.2019) einzusehen ist. Danach werden die Seiten zitiert.

29 Für Recherchehilfen danke ich den Archivaren im GLA Karlsruhe.

Bundesgericht über Streitigkeiten zwischen Mitgliedern regierender Häuser,[30] dazu alle privatrechtlichen Streitigkeiten und „Ehrenkrängungssachen“ unter Souveränen entscheiden sollte.[31]

Zoepfl stimmte dem badischen Vorschlag zu, dass sich zunächst die Bundesversammlung bemühen müsse, Klagen einzelner oder „Corporationen“ gegen die Regierung eines Bundesstaates durch gütliche Vermittlung zu erreichen; falls dies erfolglos bliebe, empfahl er es in das Ermessen der Bundesversammlung zu stellen, selbst über die Beschwerde zu „erkennen“ oder sie an das Bundesschiedsgericht zu verweisen. Dann allerdings müsse das Bundesgericht das Bundesschiedsgericht „substituieren“ (S. 008). Streitigkeiten zwischen Regierung und Ständen über ihre Verfassung seien noch nie dem Bundesschiedsgericht vorgelegt worden. Wenn auch solche Klagen künftig durch das Bundesgericht geklärt werden sollten, so blieben beim Bundesschiedsgericht nur Steuerstreitigkeiten. Zoepfl hielt deshalb eine „genaue Aussprache“ über die Verteilung der Zuständigkeiten für „wünschenswert“ (S. 009). Ebenso offen blieb, so hob Zoepfl hervor, eine Zuständigkeit des Gerichts für Ministeranklagen (S. 010).[32]

Im letzten Abschnitt seiner Stellungnahme erörterte Zoepfl ausführlich die Besetzung des Bundesgerichts (S. 011). Er stellte die (im Manuskript eingeschobene) Erwägung voran, ob das Bundesgericht nicht als oberster Gerichtshof in Deutschland eingerichtet werden sollte. Dann könnte seine Zuständigkeit sich auf alle Fragen erstrecken, die auf einer durch Bundesbeschluss beruhenden gemeinsamen deutschen Gesetzgebung beruhen.[33]

In seiner Stellungnahme forderte Zoepfl, dass die Richter ausschließlich dem Bundesgericht angehören, denn an Arbeitsstoff werde kein Mangel herrschen. Jedes der 17 Mitglieder des „Engeren Rats“ sollte einen Rechtsgelehrten als Richter benennen. In Anbetracht des zu erwartenden Arbeitsaufwandes schlug Zoepfl vor, eine „nicht zu geringe Anzahl ... geeigneter Juristen“ (keine „Obscuranten“) zu wählen. Mit 17 Beisitzern sollte das Gericht besetzt sein, so dass jedes Urteil mit wenigstens 13 Beisitzern beraten werden könne (S. 013).

Nach dem Minister-Vorschlag sollte zur Qualifikation der Richter eine mindestens dreijährige Erfahrung an einem obersten oder mittleren Gerichts-

30 Zum Beispiel betr. die Thronfolge, Regierungsfähigkeit – Zoepfl empfahl auch, Streitigkeiten um den „status familiae“ und alle privatrechtlichen Streitigkeiten hinzuzunehmen (006 f.).

31 Landesgerichte seien für dergleichen „keine geeignete Instanz“ (007).

32 Immerhin bleibe den Bundesstaaten noch die Möglichkeit, dazu einen eigenen „Staatsgerichtshof“ einzurichten.

33 Diese Vorbemerkung fügte er seinem Konzept an der Seite ein, in der Abschrift für den Minister stand sie wahrscheinlich zu Beginn dieses Abschnitts.

hof gehören. Zoepfl dagegen meinte, es gebe für das Amt eines Bundesrichters zwar genügend qualifizierte Richter an den obersten Gerichtshöfen. Er schlug jedoch vor, auch ordentliche Universitätsprofessoren zu berücksichtigen, die mindestens 40 Jahre alt, bereits drei Jahre im Amt und Mitglieder eines Spruchcollegiums gewesen seien (S. 014). Abschließend verlangte Zoepfl für das Bundesgericht wenigstens „in Umrissen" Angaben zum Modus Procedendi und den Rechtsquellen.

Die von Minister Meysenbug an die badischen Gesandten in Wien, Berlin, München und Stuttgart am 10. März 1857 abgesandte Denkschrift[34] stimmte keineswegs völlig mit Zoepfls Empfehlungen überein. Im Detail erklärte der Minister ein künftiges Bundesgericht unzuständig für privatrechtliche Forderungen an Souveräne, und für „verweigerte Rechtspflege" verlangte Meysenbug eine Entscheidung durch die Bundesversammlung (S. 516).

Völlig anders als Zoepfl beurteilte der Minister die Zusammensetzung des Bundesgerichts. Er hielt neun Bundesrichter, einen Präsidenten und je vier ordentliche und außerordentliche Richter,[35] für völlig ausreichend, denn es werde keine Beschäftigung für eine zahlreiche Behörde geben. Deshalb solle auch nur ein Teil von ihnen ausschließlich beim Gericht in Frankfurt residieren, die übrigen zur Fassung des „Endbescheids" (der „proceßleitenden Verfügung") besonders einberufen werden (S. 517). Nach der badischen Empfehlung kam dem Bundesgericht zudem die Aufgabe zu, Rechtsgutachten und Gesetzentwürfe zu erstellen. Als Richter wurden nicht nur „Juristen", sondern auch „Publicisten" empfohlen (S. 518).

Zoepfls Visionen zu einer „gesamtdeutschen Gesetzgebung" und einem darüber befindenden Gericht oder z. B. auch den Gedanken, die praktischen Erfahrungen von Professoren in Spruchcollegien zu nutzen, nahm Meysenbug nicht auf. Vielleicht wollte er andere Bundesländer mit so weitreichenden Ideen nicht provozieren. An seiner Person kann es nicht gelegen haben, denn am 6. März 1860[36] bat der Minister Zoepfl um ein weiteres Gutachten in Sachen Bundesgericht.

34 Müller (Anm. 21) Nr. 112, 508–519.

35 Sie sollten auf Lebenszeit eingestellt und der Disziplinargewalt der Bundesversammlung unterstehen; Müller (Anm. 21) Nr. 112, 518.

36 Das Anschreiben des Ministers Meysenbug an Zoepfl und das Gutachten wurden von der Universitätsbibliothek Heidelberg digitalisiert: http://digi.ub.uni-heidelberg.de/diglit/heidhs1928_baden_1860 (23.5.2019). Nach dieser Seitenzählung wird im Folgenden zitiert.

„In der politischen Lethargie“[37] dieser Jahre, die die beiden Großmächte verursachten, ergriff Baden die Initiative und beantragte am 3. November 1859, die Beratungen über ein Bundesgericht wieder aufzunehmen.[38] Meysenbug informierte die „Karlsruher Zeitung“ über die badischen Pläne. Die griff das Thema sofort auf und stellte sie ausführlich in den Ausgaben vom 17./18. November 1859 dar.[39] Die Bundesversammlung ihrerseits besetzte nun den Ausschuss zur Beratung eines Bundesgerichts neu und betraute damit Freiherrn Justin von Linde.[40] Bereits am 23. Januar 1860 lag sein umfassender Entwurf vor.[41] Im Auftrag des Ministers Meysenbug sollte Zoepfl sich erneut dazu äußern.[42] Zoepfl übernahm den Auftrag und bezog auf 88 Seiten dazu ausführlich Stellung.[43]

37 Müller (Anm. 20) 323. Hessen und andere forderten im Oktober 1859 eine „Kollektivsouveränität“; Müller (Anm. 20) 299.

38 J. Müller, Quellen zur Geschichte des Deutschen Bundes, Bd. 3: Der Deutsche Bund in der nationalen Herausforderung 1859–1862, München 2012, Nr. 31, 157–159.

39 Am 13. Dezember 1857 hatte Carl Gustav Adolf von Bose, der sächsische Ministerresident in München, den badischen Gesandten von Berckheim davor gewarnt, die badischen Bundesgerichtspläne an die Presse gelangen zu lassen, „denn sobald sich die Preße dieses Gegenstandes bemächtige, so werde dieser bisher nur zwischen den Regierungen angeregte Gedanke alsbald zu einem dringenden unausweichlichen Bedürniße des deutschen Volkes gestempelt werden“; Müller (Anm. 21) Nr. 129, 601.

40 Freiherr Justin Timotheus Balthasar von Linde war Herausgeber des „Archivs für das öffentliche Recht des Deutschen Bundes“ (1855–1863) und der „Zeitschrift für Zivilrecht“ (1828–1865), u. a. Verfasser eines Lehrbuchs für Zivilprozessrecht, 1850–1860 Bundestagsgesandter für die 16. Kurie. Robert von Mohl äußerte sich auch über ihn höchst abschätzig, R. v. Mohl, Lebenserinnerungen 2, Stuttgart/Leipzig 1902, 217 f. Zoepfl verfasste auf v. Lindes (als dem „fürstlich Liechtensteinschen Bundestagsgesandten“) „Verlangen“ 1862 ein Gutachten zur Frage: „Kann ein Gesandter in der deutschen Bundesversammlung fortwährend für mehrere Stimmen bevollmächtigt werden“?

41 Müller (Anm. 20) 323 f.; v. Linde, „Entwurf des Vortrages des Bundestags-Ausschusses für Errichtung eine Bundesgerichtes“ (Umfang: 74 gedruckte Seiten). Dieser Entwurf erschien in einem Sonderdruck, nach dem im Folgenden zitiert wird [„v. Linde, Entwurf“]. Das Bundesarchiv Koblenz verwahrt den Nachlass des Freiherrn von Linde. Unter der Signatur BArch N 1759/130 befinden sich: „Verhandlungen und Entwurf über das Deutsche Bundesgericht“. Das Konvolut enthält 851 Blätter. Darin liegt ein zehnseitiges gedrucktes Exemplar, datiert vom 27. Juni 1860, und ein ca. 230-seitiges Exemplar, teils gedruckt und mit handschriftlichen Notizen. Für Recherchehilfen danke ich Sandra Burkhardt, Koblenz.

42 UB Heidelberg: Heid. HS. 1928; https://digi.ub.uni-heidelberg.de/diglit/heidhs1928_baden_1860/0002. Nach dieser Seitenzählung wird im Folgenden zitiert.

43 Das Manuskript enthält sehr viele Einschübe und nicht immer ganz eindeutige Korrekturen. Eine Reinschrift des Textes war nicht aufzufinden.

Die Notwendigkeit eines Bundesgerichts war nicht mehr in Frage gestellt. Zoepfl fand die Ausführungen des Kollegen von Linde dazu so schlüssig, dass er eine zusätzliche Kommentierung für ein „Eulen nach Athen tragen“ (S. 0006) hielt.

Im Wesentlichen ging es beiden um folgende Fragen, die Zoepfl sehr detailliert beantwortete: Nach den in Dresden vorgeschlagenen Entwürfen, sollten dem künftigen Bundesgericht „Streitigkeiten der Bundesversammlung mit einer bei einem Bundesbeschlusse betheiligten Regierung darüber, ob *jura singulorum* die Fassung des Beschlusses ohne Zustimmung der widersprechenden Regierung gestatten“,[44] vorgelegt werden. Sowohl von Linde[45] als auch Zoepfl lehnten das ab. Zoepfl sah zwar ein, dass insbesondere kleinere Staaten solche Rechte als „Palladium ihrer Selbständigkeit“ betrachteten (S. 0008), doch stehe der Ausdruck *jura singulorum* nicht zweifelsfrei fest.[46] Alte „wohlerworbene Rechte“ könnten darunter wohl kaum mehr begriffen werden (S. 0014). Zoepfl meinte zudem, Streitigkeiten über *jura singulorum* gehörten immer in das Gebiet der Regierungssachen und nicht vor das Bundesgericht (und auch früher nicht vor das Reichsgericht). Der Bundesversammlung müsse unter allen Umständen daran gelegen sein, dass die beabsichtigte neue Schöpfung eines Bundesgerichts von der Nation mit Vertrauen aufgenommen werde (S. 0018). Doch es solle ihr und den Bundesgliedern unbenommen bleiben, beim neu einzurichtenden Bundesgericht Gutachten über jura singulorum einzuholen. Die Bundesversammlung bleibe jedoch für die Auslegung der Bundesgrundgesetze, Bundesbeschlüsse und die Übereinstimmung von jura singulorum mit Bundesgesetzen verantwortlich.

Zur Zuständigkeit des Bundesgerichts sollten auch „Klagen wegen auf Privatrechtstiteln beruhende Forderungen gegen den Bund, unbeschadet eines etwa vorhandenen besonderen Gerichtsstand“[47] gehören. Auch darin stimmte Zoepfl grundsätzlich der Überarbeitung von von Linde zu: Die einzelnen Fälle müssten durch Bundesbeschlüsse an das Bundesgericht gewiesen werden. „Übrigens“, so Zoepfl, „hängt die definitive Entschließung über diesen Punct noch davon ab, welche Grundsätze die Bundesversammlung überhaupt über ihr Verhältnis zu dem neuzuerrichtenden Bundesgerichte adoptiren wird, ob sie

44 v. Linde (Anm. 41) 13.

45 v. Linde schrieb in dem von ihm herausgegebenen Archiv für das öffentliche Recht des Deutschen Bundes 4, Heft 3, 1863, 125–135 „Über den Umfang des Begriffs gemeinnütziger Anordnungen“ gegenüber den „Jura Singulorum“; Zoepfl äußerte sich dazu in den Heidelberger Jahrbüchern 56, 1863, 666–670.

46 Zoepfl nannte als Beispiel eines solchen Anspruchs das badische Pressegesetz vom 28. Dezember 1831, das zurückgenommen werden musste (0013).

47 v. Linde (Anm. 41) 24.

nämlich und wie weit als förmliches Gericht oder als ein erweitertes Austrägal- und Bundesschiedsgericht, beziehungsweise prinzipiell nur als eine von ihr in jedem einzelnen Falle mit besonderen Auflagen zur Verhandlung und Entscheidung einer Sache zu beauftragende, wenn gleich innerhalb der ihr zuzuweisenden Thätigkeit unabhängige Spruchbehörde einrichten will" (S. 0025 f.). Ein „besonderer Gerichtsstand" werde von der Bundesversammlung derzeit nicht anerkannt, deshalb empfahl Zoepfl, diesen Satzteil zu streichen.

Nach den Vorschlägen der Dresdner Kommission sollte das Bundesgericht zuständig sein für „die durch Vermittlung der Bundesversammlung nicht beizulegenden Streitigkeiten aller Art zwischen einzelnen Bundesregierungen soweit es sich nicht um die durch das Bundesverhältniß unter den Bundesgliedern begründete Recht und Pflichten handelt; in den Artikel 20 der Wiener Schlußacte bezeichneten Fällen tritt das Bundesgericht an die Stelle des daselbst erwähnten Gerichtshofes".[48] Große Bedenken brachte Zoepfl gegen die Bezugnahme auf Art. 20 der Wiener Schlussakte[49] vor (S. 0030). Seiner Ansicht nach galt bisher die Bundesversammlung selbst als die „eigentliche Austrägalinstanz". Doch welche Befugnisse sollten der Bundesversammlung zukommen, wenn die Vermittlung bei Streitigkeiten der Bundesglieder untereinander misslinge? Wie solle sie sich verhalten, wenn in einer Streitfrage gar keine richterliche Entscheidung möglich, sondern eine politische Entscheidung erforderlich sei und die Entscheidung in der Bundesversammlung mit Stimmenmehrheit fallen müsse?[50] Die bisherige 40-jährige Tätigkeit habe gezeigt, dass ein Bedürfnis danach bestehe, der Bundesversammlung ein beständiges Gericht zur Seite zu stellen, „anstatt daß ihr jetzt in jedem einzelnen Falle ein anderes von der Wahl der Partheien abhängiges oberstes Gericht eines Bundesstaats zur Seite tritt" (S. 0034).

48 v. Linde (Anm. 41) 31.

49 Wiener Schlussakte, Art. 20: „Wenn die Bundes-Versammlung von einem Bundes-Gliede zum Schutze des Besitzstandes angerufen wird, und der jüngste Besitzstand streitig ist, so soll sie für diesen besondern Fall befugt seyn, ein bey der Sache nicht betheiligtes Bundes-Glied in der Nähe des zu schützenden Gebietes aufzufordern, die Thatsache des jüngsten Besitzes und die angezeigte Störung desselben ohne Zeitverlust durch seinen obersten Gerichtshof summarisch untersuchen, und darüber einen rechtlichen Bescheid abfassen zu lassen, dessen Vollziehung die Bundes-Versammlung, wenn der Bundesstaat, gegen welchen er gerichtet ist, sich nicht auf vorgängige Aufforderung freiwillig dazu versteht, durch die ihr zu diesem Ende angewiesenen Mittel zu bewirken hat".

50 Zur Erläuterung verwies Zoepfl auf die Streitigkeiten zwischen Kurhessen und Waldeck, die die Bundesversammlung 1848 als politische Streitsache entschieden habe (0033 f.).

Auch die Formulierung „Streitigkeiten aller Art" fand Zoepfl zu ungenau. Zum Beispiel seien Rangstreitigkeiten oder „Genugthuungsforderungen wegen Beleidigung" unter Souveränen ungeeignet, durch ein nur von Juristen besetztes Bundesgericht entschieden zu werden.[51] Derartige politische Fragen müssten in der „Competenz" der Bundesversammlung verbleiben, zumal gerade bei Rangstreitigkeiten oft auch andere Bundesglieder betroffen seien (S. 0037 f.).[52] Das Austrägalverfahren sei als ein „civilprozessualisches" Verfahren ungeeignet, Beleidigungsklagen unter Souveränen durchzuführen und Satisfaktionen zu verhängen (S. 0041).

Zoepfl schlug folgende Formulierung vor: „Zur Competenz des Bundesgerichts gehören die Streitigkeiten, hinsichtlich deren die Bundesversammlung auf Grundlage des Art. XI der Bundesacte[53] die Statthaftigkeit und Nothwendigkeit einer richterlichen Entscheidung ausspricht. Desgleichen tritt das Bundesgericht in den im Art. 20 der Wiener Schlußacte bezeichneten Fällen an die Stelle des daselbst erwähnten obersten Gerichtshofs" (S. 0043). So wünschenswert es sei, „daß die Bundesversammlung sich einmal dahin verständigt, die Controverse abzuschneiden, ob auch Streitigkeiten über politische Interessen zur richterlichen Entscheidung verwiesen werden dürfen, so gehört diese Controversentscheidung doch eigentlich nicht in das Gesetz über das Bundesgericht". Dann bleibe eine solche Entscheidung „Gegenstand eines besonderen Bundesbeschlusses, als authentische Interpretation des wahren Sinnes von Art. XI der Bundesacte und Art. 20 der Wiener Schlußacte". Zoepfl empfahl diese „Auffassung", weil dadurch das Zustandekommen des Bundesgerichts erleichtert werde (S. 0044). In jedem Fall riet Zoepfl (um eine Lücke in der Bun-

51 Zoepfl argumentierte: „Juristen bleiben Unterthanen" (0038).

52 Dass aus Rangstreitigkeiten oder Beleidigung unter Souveränen der Vorwand für einen Krieg erwachse, hielt Zoepfl „unter den gegebenen Verhältnissen" für undenkbar (0039).

53 Bundesakte, Art. 11: „Alle Mitglieder des Bundes versprechen sowohl ganz Deutschland als jeden einzelnen Bundesstaat gegen jeden Angriff in Schutz zu nehmen und garantiren sich gegenseitig ihre sämmtlichen unter dem Bunde begriffenen Besitzungen. Bey einmal erklärtem Bundeskrieg darf kein Mitglied einseitige Unterhandlungen mit dem Feinde eingehen, noch einseitig Waffenstillstand oder Frieden schließen. Die Bundes-Glieder behalten zwar das Recht der Bündnisse aller Art; verpflichten sich jedoch, in keine Verbindungen einzugehen, welche gegen die Sicherheit des Bundes oder einzelner Bundesstaaten gerichtet wären. Die Bundesglieder machen sich ebenfalls verbindlich, einander unter keinerley Vorwand zu bekriegen, noch ihre Streitigkeiten mit Gewalt zu verfolgen, sondern sie bey der Bundesversammlung anzubringen. Dieser liegt alsdann ob, die Vermittlung durch einen Ausschuß zu versuchen; falls dieser Versuch fehlschlagen sollte, und demnach eine richterliche Entscheidung nothwendig würde, solche durch eine wohlgeordnete Austrägal Instanz zu bewirken, deren Ausspruch die streitenden Theile sich sofort zu unterwerfen haben".

desverfassung zu schließen) zu folgender „Bestimmung": „Die Entscheidung über Rangstreitigkeiten sowie die Bestimmung der zu leistenden Genugthuung bei Beleidigungen unter Bundesgliedern bleibt der Bundesversammlung selbst vorbehalten" (S. 0045).

Nach den Vorstellungen der Dresdner Kommission sollte das Bundesgericht auch dann zuständig sein, wenn „die durch die Vermittlung der Bundesversammlung nicht auszugleichenden Streitigkeiten zwischen Mitgliedern regierender Familien über Thronfolge und Regentschaft in den Bundesstaaten" nicht durch das Verfassungsgesetz des Landes, Hausgesetze oder Verträge besondere Bestimmungen geregelt seien.[54] Ausführlich (S. 0046–0055) wog Zoepfl die Argumente ab, die in diesen Fällen für und gegen eine Entscheidung durch das Bundesgericht sprachen. Seine „großen Bedenken" überwogen. Er fand nicht nur die Aufzählung der Zuständigkeiten unvollständig.[55] Noch schwerer wog für ihn die Frage, inwieweit sich souveräne Fürsten durch ein aus (in der Regel nichtadeligen) Juristen bestelltes Bundesgericht binden lassen würden. Er empfahl, vorab durch die Bundesversammlung zu klären, „ob die Sache durch gerichtliche Entscheidung zu verstellen sei oder nicht" und ob bei dem Bundesgericht gegebenenfalls ein Gutachten in Auftrag gegeben werden solle (S. 0055).

In den Fällen „verweigerter oder gehemmter Rechtspflege" oder wenn nach der Landesgesetzgebung der Rechtsweg erschöpft sei, schlugen die Dresdner Kommission und von Linde vor, einen Bundesbeschluss herbeizuführen, bevor das Bundesgericht angerufen werde. Zoepfl dagegen wollte in diesen Fällen die Bundesversammlung „als die meist geeignete Behörde" einschalten. Das habe sich bislang bewährt. Die künftige Veröffentlichung der Bundesprotokolle werde weiter dazu beitragen, dem „Publikum die Grundlosigkeit eines Argwohns in die Thätigkeit der Bundesversammlung bezüglich der Beschwerden ... zu benehmen und im Gegentheil die Überzeugung von der Frivolität der weitaus meisten – mit wenigen Ausnahmen fast sämmtlicher Beschwerden über verzögerte oder gehemmter Justiz, die an die Bundesversammlung gebracht zu werden pflegen, zu begründen" (S. 0058).[56] Gegebenenfalls könne die Bundes-

54 v. Linde (Anm. 41) 36.

55 Zum Beispiel seien Streitigkeiten um Thronfolge, Ehrenrechte, Titel, Wappen, Apanage-Rechte, Missheiraten, Ansprüchen aus dem „Hausfideicommiß" und vieles mehr nicht aufgeführt.

56 Darüber hinaus bleibe Art. 23 der Wiener Schlussakte weiterhin in Kraft: „Wo keine besondere Entscheidungs-Normen vorhanden sind, hat das Austrägal-Gericht nach den in Rechtsstreitigkeiten derselben Art vormals von den Reichsgerichten subsidiarisch befolgten Rechtsquellen, insofern solche auf die jetzigen Verhältnisse der Bundesglieder noch anwendbar sind, zu erkennen".

versammlung dazu ein Gutachten beim Bundesgericht anfordern (S 0059). Dabei sei allerdings zu befürchten, dass das Bundesgericht gleichsam sein Urteil vorwegnehmen müsse. Zur „Beruhigung des Publikums" werde ein solches Gutachten allerdings beitragen (S. 0060–0063). Zoepfl bezweifelte jedoch, ob man so weit gehen dürfe, das Bundesgericht an Stelle der Bundesversammlung zum „Wächter über die Einhaltung des formell gesetzlichen Verfahrens bei der Rechtspflege ... [und] eine wahre neue oberste Instanz" zu stellen, die „sehr oft wohl störend und verwirrend in die Landespraxis ... eingreifen [würde], da ein Urtheil des Bundesgerichtes doch immer nur im einzelnen Falle Geltung erlangen und die in der Landespraxis einmal adoptierten Prinzipien an sich umstoßen und reformiren könnte" (S. 0065).

Die nachfolgenden Ausführungen der Dresdner Kommission[57] beanstandete Zoepfl als „der Redaction nach nicht empfehlenswert" und „viel zu lang für eine gesetzliche Bestimmung" (S. 0067). Seiner Ansicht nach genüge es, wenn in einem besonderen Artikel versichert werde, dass gem. Art. 60 der Wiener Schlussakte[58] für die vom Bund garantierten Landesverfassungen das Bundesgericht als „compromissarische Instanz" durch die Bundesversammlung eingesetzt werden könne (S. 0068). Anderes müsse für die vom Bund nicht garantierten Landesverfassungen gelten. Zoepfl stellte die Frage, ob es „zweckmäßig oder thunlich" sei, die fragliche Verfassung überhaupt an das Bundesschiedsgericht zu verweisen. In jedem Fall sei die „Vorfrage" zu stellen, ob die fragliche Landesverfassung überhaupt mit der Bundesverfassung übereinstimme (S. 0070). Und wenn das nicht der Fall sei, ob die Änderung einer „in vertrauter

57 Wortlaut des Dresdner Vorschlags: „Streitigkeiten in Betreff der unter specielle Garantie des Bundes gestellten oder durch ausdrückliche Erklärung der Bundesversammlung rücksichtlich der Zuständigkeit des Bundesgerichtes, den garantierten gleichgestellten Landesverfassungen, insbesondere wegen deren Aufhebung oder verfassungswidriger Veränderung, deren Gültigkeit und Auslegung, wenn in der Landesgesetzgebung Mittel der Abhülfe nicht angegeben sind oder dieselben nicht zur Anwendung gebracht werden können, und, nach vergeblicher Vermittlung der Bundesversammlung, von der Regierung oder den Betheiligten auf die Entscheidung des Bundesgerichts angetragen wird; bezüglich der zu den vorbezeichneten Kategorien nicht gehörigen Landesverfassungen, so wie der freien Städte tritt das Bundesgericht lediglich an die Stelle des im Bundesbeschlusse vom 30. Oktober 1834 erwähnten Schiedsgerichts"; v. Linde (Anm. 41) 36.

58 Wiener Schlussakte, Art. 60: „Wenn von einem Bundesgliede die Garantie des Bundes für die in seinem Lande eingeführte landständische Verfassung nachgesucht wird, so ist die Bundesversammlung berechtigt, solche zu übernehmen. Sie erhält dadurch die Befugniß, auf Anrufen der Betheiligten, die Verfassung aufrecht zu erhalten, und die über Auslegung oder Anwendung derselben entstandenen Irrungen, so fern dafür nicht anderweitig Mittel und Wege gesetzlich vorgeschrieben sind, durch gütliche Vermittelung oder compromissanische Entscheidung beizulegen".

Wirksamkeit bestehenden Verfassung" stattgefunden habe oder „jeder andere Staat über die Auslegung und Anwendung der Landesverfassung" vornehmen könne.[59] Es werde sich „wohl die öffentliche Meinung nur sehr günstig darüber aussprechen, wenn die Entscheidung dieser Streitfragen an eine eigentliche Richterbehörde, das Bundesgericht, gewiesen werde. Es wurde dies auch als ein Nationalwunsch in dem Entwurf der Reichsverfassung der 17 Vertrauensmänner ... ausgesprochen" (S. 0071). Herr von Linde habe in seinem Entwurf zurecht darauf hingewiesen, dass die Bundesversammlung für Vermittlungsversuche nach Art. 55 und 56[60] der Wiener Schlussakte zuständig sei. Falls jedoch eine richterliche Entscheidung verlangt werde, müsse sie in die Kompetenz des Bundesgerichts fallen (S. 0072 f.).

Streitigkeiten, die unter dem Gesichtspunkt des Art. 61 der Wiener Schlussakte[61] anhängig seien, sollten vor dem Bundesgericht ausgetragen werden. Zoepfl argumentierte: „Es wird anerkannt werden müssen, daß – wenn man nicht den Landständen der einzelnen Staaten einen Antheil an der Besetzung des Bundesgerichtes einzuräumen sich entschließen kann – es eine sehr große Aufregung hervorrufen würde, wenn man bei einem Gerichtszwang für die Stände, sich vor dem Bundesgericht einzulassen, aussprechen wollte; ist es doch notorisch, daß das Bundesschiedsgericht kein Vertrauen bei der Nation finden konnte, weil [es] nur einseitig von den Regierungen besetzt wurde" (S. 0075).

Zoepfl hielt das nur von Juristen besetzte Bundesgericht für ungeeignet darüber zu entscheiden, ob „durch die Verweigerung der zur guten Führung einer den Bundesgesetzen und der Landesverfassung entsprechenden Regierung erforderliche Mittel Irrungen entstehen". Die Fragen der Zweckmäßigkeit (beim Einsatz der finanziellen Mittel) und des (Finanz-) Bedarfs sollten vielmehr

59 Zoepfl verwies darauf, dass die Bundesversammlung sich in den Schleswig Holstein und Waldeck betreffenden Beschwerden sehr wohl für zuständig erklärt habe (0071).

60 Wiener Schlussakte, Art. 55: „Den souverainen Fürsten der Bundesstaaten bleibt überlassen, diese innere Landes-Angelegenheit mit Berücksichtigung sowohl der früherhin gesetzlich bestandenen ständischen Rechte, als der gegenwärtig obwaltenden Verhältnisse zu ordnen". Art. 56: „Die in anerkannter Wirksamkeit bestehenden landständischen Verfassungen können nur auf verfassungsmäßigem Wege wieder abgeändert werden".

61 Wiener Schlussakte, Art. 61: „Außer dem Fall der übernommenen besondern Garantie einer landständischen Verfassung, und der Aufrechthaltung der über den dreizehnten Artikel der Bundesacte hier festgesetzten Bestimmungen, ist die Bundesversammlung nicht berechtigt, in landständische Angelegenheiten, oder in Streitigkeiten zwischen den Landesherren und ihren Ständen einzuwirken, so lange solche nicht den im sechs und zwanzigsten Artikel bezeichneten Character annehmen, in welchem Falle die Bestimmungen dieses, so wie des sieben und zwanzigsten Artikels auch hiebei ihre Anwendung finden [betr. Aufruhr]".

durch eine Spruchkammer entschieden werden, die zur Hälfte aus Juristen und zur anderen Hälfte aus „Verwaltungsmännern" besteht. Budgetstreitigkeiten müssten deshalb in jedem Fall aus der Zuständigkeit des Bundesgerichts ausgeklammert und dem Bundesschiedsgericht zugewiesen werden. „Wenn auch davon so wenig als bisher ein praktischer Erfolg zu erwarten sein wird, so ist es doch nicht geraten, eine Institution, die doch möglicher Weise für die bezeichneten Fälle in Thätigkeit werden könnte, abzuschaffen, bevor man etwas Anderes Zweckmäßigeres an deren Stelle gesetzt hat, was so leicht nicht möglich sein wird". Zoepfl schlug deshalb folgende Formulierung vor: Zur Competenz des Bundesgerichts gehören „Streitigkeiten über die Auslegung einer in anerkannten Wirksamkeit bestehenden Verfassung oder über die Grenzen der bei Ausübung gewisser Rechte des Souveräns den Ständen eingeräumten Mitwirkung, wenn nach vergeblicher Vermittlung der Bundesversammlung die Landstände auf der Entscheidung der Streitsache durch das Bundesgericht antragen, oder einem hierauf gerichteten Antrag der Staatsregierung zustimmen" (S. 0076 f.). Zusammenfassend hielt Zoepfl noch einmal fest, dass alle Zuständigkeiten des Bundesgerichts durch die Bundesversammlung festgelegt und damit „Competenzconflicte" ausgeschlossen werden sollten.

Gegenüber den 1849 geplanten Zuständigkeiten eines Reichsgerichts seien nur zwei Fälle nicht aufgenommen worden: 1. Klagen gegen Reichs- oder Landesminister, 2. ein „Criminalgerichtshof mit der Urteilsfällung durch Geschworene im Falle des Hochverrathes gegen das Reich (Bund) [...] Majestätsverbrechen gegen das Reichsoberhaupt". Zoepfl ergänzte: „Die Klagen wegen Hochverrathes gegen den Bund an das Bundesgericht zu weisen, wäre an sich nicht nur unmöglich, würde aber, wenn die sog. öffentliche Meinung befriedigt werden sollte, die Verbindung eines Geschworenengerichts erfordern, die zur Zeit kaum ausführbar sein dürfte". Es bleibe daher nur die Möglichkeit, diese Verbrechen durch Landesgerichte zu ahnden. Falls Landstände Klagen gegen Landesminister wegen Verletzung der Bundesgrundgesetze erheben wollten, so könnte in den Text des Bundesgerichtsgesetzes folgenden Zusatz aufgenommen werden: „Es ist den einzelnen Regierungen gestattet auf dem Wege der Landesgesetzgebung das Bundesgericht als Staatsgerichtshof zur Verhandlung und Entscheidung von Anklagen der Landstände gegen Minister wegen Verletzung der Landesverfassung zu erklären" (S. 0080 f.).

Gegen die Organisation des Gerichts hatte Zoepfl nichts Grundsätzliches einzuwenden.

Doch die große Politik ging über solche theoretischen Detail-Überlegungen hinweg. Wilhelm Rivalier von Meysenbug schied im April 1860 im Zusammenhang mit dem Konkordatsstreit aus dem Ministerium aus.[62] Das Fürstentreffen vom 16. bis 18. Juni 1860 in Baden-Baden[63] und der Frankfurter Fürstentag (17. August bis 1. September 1863)[64] waren die Großereignisse, die auch als solche politisch inszeniert wurden und alles überstrahlten. Zoepfl hatte sich um der Erhaltung des Deutschen Bundes willen, der immer reformbedürftiger erschien, für ein oberstes Bundesgericht eingesetzt und wollte ihm auch hinreichende Kompetenzen geben. Er spielte zwar als juristischer Gutachter auf der großen Bühne der Reformversuche zwischen 1859 und 1866 keine bedeutende Rolle, aber er blieb konsistent. Seine Positionen deckten sich mit seinem auch bisher gezeigten gesamtdeutschen Patriotismus im Rahmen der Bundesverfassung. Er stand zwar in der Frage der Reformbedürftigkeit des Deutschen Bundes auf der Seite Preußens, aber Preußen drängte v. a. aus militärisch-diplomatischen Gründen auf eine Überwindung der Lähmungen im Deutschen Bund, während es an der Errichtung eines obersten Bundesgerichts kein primäres Interesse zeigte. Zoepfl blieb also der Überzeugung treu, der Deutsche Bund solle in erneuerter Form erhalten werden. Etwas anderes kam für ihn nicht infrage; denn der juristischen Ausformung und Festigung des Deutschen Bundes hatte seine ganze bisherige Arbeit gegolten.

62 Anlass war die Verabschiedung des badischen Konkordats, bzw. dessen Rücknahme durch die Osterproklamation des Großherzogs gewesen.

63 Das Treffen in Baden-Baden hatte Napoleon beim preußischen Prinzregenten und kurz darauf auch beim badischen Großherzog angeregt. Dazu reisten an: die Könige von Bayern, Sachsen, Hannover, die Großherzöge von Hessen-Darmstadt, Sachsen-Weimar, die Herzöge von Nassau, Sachsen-Coburg und Gotha, nicht aber der Kaiser von Österreich; Müller (Anm. 20) 317.

64 Der österreichische Kaiser hatte eingeladen; 27 Fürsten nahmen teil, Preußen blieb fern; Müller (Anm. 20) 350–353.

Dorothee Mußgnug

Heinrich Zoepfl zu Nachfolgefragen in Braunschweig und Baden (1830 und 1852)

I.

Die turbulenten Ereignisse im Herzogtum Braunschweig um den Regierungsbeginn des Herzogs Carl II. (1804–1873)[1] wurden 1829/30 im ganzen Bundesgebiet erörtert und begutachtet.[2] Und noch vor wenigen Jahren erschien zur Geschichte der Herzoge Carl und Wilhelm eine mehrbändige Arbeit voller Quellenbelege.[3] Heinrich Zoepfl war keineswegs der einzige, der sich zu den Ereignissen in Braunschweig äußerte. Aber aus dem in der Heidelberger Universitätsbibliothek liegenden Verzeichnis seiner Manuskripte geht hervor, dass er es im Auftrag der braunschweigischen Landstände tat.[4]

Herzog Carl II. von Braunschweig und Lüneburg war zehn Jahre alt, als sein Vater Friedrich Wilhelm 1815 im Kampf gegen Napoleon fiel. Da seine Mutter, Maria von Baden, bereits sieben Jahre zuvor verstorben war, übernahm sein Onkel Georg (IV.), König von Hannover und Prinzregent von Großbritannien, die Vormundschaft. Eigentlich sollte für Carl laut Hausrecht mit dem 18. Lebensjahr die Vormundschaft enden. Doch die Stattwalter des Königs in Hannover befanden, die Erziehung des Prinzen in Lausanne[5] sei noch nicht

1 Die verfassungsgeschichtlichen Fragen fasst E. R. Huber, Deutsche Verfassungsgeschichte seit 1789, Bd. 2: Der Kampf um Einheit und Freiheit 1830 bis 1850, 3. Aufl., Stuttgart 1988, 48–62, zusammen. Zu Herzog Carl siehe ADB 15 (1882) 281–285 (P. Zimmermann); NDB 11 (1977) 226 (W. Deeters). Als zeitgenössische Beurteilung K. Braun-Wiesbaden, Der Diamanten-Herzog. Ein deutscher Prinzenspiegel, Berlin 1881.

2 Etwa in der Neuen Monatsschrift für Deutschland (hg. von Buchholz) 29, 1829, 408–451: Über den Streit der Braunschweigischen Stände mit Sr. Durchlaucht dem Herzog Karl; regelmäßig berichtete die Augsburger Allgemeine Zeitung.

3 B. Kiekenap, Karl und Wilhelm. Die Söhne des Schwarzen Herzogs, Bd. 1 und 2, Braunschweig 2000, Bd. 3: Braunschweig nach 1848. Herzog Wilhelm und die Regenten, Braunschweig 2004.

4 Universitätsbibliothek Heidelberg, Heid. Hs. 1938.

weit genug vorangeschritten.[6] Daneben hatten aber Mitglieder der braunschweigischen Regierung auch ein eigenes finanzielles Interesse daran, ihre mit der Vormundschaft verbundenen Aufgaben weiterzuführen.[7] In England war König Georg IV. zudem in eigene Schwierigkeiten verwickelt und nahm seine vormundschaftlichen Pflichten nur mäßig wahr. Er folgte daher den Braunschweiger Räten und schob die Lösung Carls aus seiner Vormundschaft hinaus; Carl sollte das Alter von 25, wenigstens aber 21 Jahren erreicht haben.

Carl verwahrte sich dagegen und drohte, die Regierung auch gegen den Willen des Vormunds zu übernehmen. Mit Hilfe des mit ihm befreundeten und um Vermittlung bemühten Fürsten Clemens Wenzel Metternich erreichte der im April 1823, dass die Vormundschaft zum 30. Oktober 1823, d. h. zwei Jahre früher als zunächst von den Räten beabsichtigt, enden sollte.[8] Bis dahin wollte Carl „reisen" und sich nach der Regierungsübernahme für einige Zeit (drei Jahre) „ruhig verhalten".[9] Pünktlich zum Beginn seiner Regierung traf er in Braunschweig ein und wurde von der Bevölkerung herzlich begrüßt.

Die förmliche Anerkennung der 1819/20 zwischen den Landständen und der vormundschaftlichen Regierung ausgehandelten „Erneuerten Landschaftsordnung" vom 25. April 1820[10] zögerte der Herzog zunächst hinaus. Er nahm auch die ihm bei seinem Regierungsantritt zustehenden 20 000 Taler (Gold) nicht an.

Die Landstände hatten die Ordnung am 13. Juli 1820 beim Bundestag hinterlegt. Diese „Erneuerte Landschaftsordnung" räumte ihnen wesentliche Zugeständnisse ein. Eine der später umstrittensten und wichtigsten war die Zusicherung, dass gemäß § 79 der Landesherr „nach dem Antritte Seiner Regierung die gewöhnliche Erbhuldigung von den Unterthanen nicht eher verlangen und sich

5 In Lausanne war bereits der Vater zur Vorbereitung auf ein Universitätsstudium gewesen.

6 Zum Erzieher war Friedrich von Linsingen bestellt worden, der die Brüder offenbar nicht ausreichend vorbereitete; Herzog Carl verfasste später Schmähschriften über ihn und entzog ihm die Pension.

7 Zum Folgenden: O. Böse, Karl II., Herzog zu Braunschweig und Lüneburg. Ein Beitrag zur Metternichforschung, Braunschweig 1956, 25–27.

8 Zugeständnis des stellvertretenden Vormunds Ernst Graf zu Münster; Böse (Anm. 7) 36 f.

9 Böse (Anm. 7) 42, 44. Seiner Cousine, Amalie von Sachsen, erklärte er in einem Brief vom 28. November 1826, er habe sich drei Jahre lang jeder Regierungsgeschäfte völlig enthalten, „um zu beweisen, daß er imstande sei, sich in jeder Rücksicht zu beherrschen und daß er nicht zu früh mündig geworden sei", Faksimile bei Böse, 52.

10 Sie erging als Verordnung Georgs IV., erlassen in Carlton House, dem Wohnsitz des Königs, verkündet in der Verordnungs-Sammlung für die herzoglich-braunschweigischen Lande 1820, Nr. 6, 17–55.

leisten lassen [kann], als bis von Höchstdemselben die gegenwärtige Landschafts-Ordnung förmlich und bündig angenommen und bestätigt … worden ist“. Nachdem 1806 durch den Reichsdeputationshauptschluss viele Klöster aufgelöst worden waren, musste auch der ursprüngliche verfassungsgemäß[11] vertretene Prälatenstand, ebenso der Ritterstand, neu organisiert werden.

Herzog Carl lehnte alle erweiterten und geänderten Rechte ab und erklärte in einem „Patent“ am 10. Mai 1827: „Wir, Carl von Gottes Gnaden souverainer Herzog zu Braunschweig und Lüneburg“ werden die in der Zeit vom 30. Oktober 1822 bis „dahin“ 1823 gemachten „und von der ungesetzmäßig verlängerten Regierung“ erlassenen Regierungsbeschlüsse und Verordnungen nicht ohne weiteres anerkennen. Sie vermöchten „nur in so fern für Uns rechtliche Verbindlichkeit zu produciren …, als nicht dadurch über wohlerworbene Regenten- und Eigenthumsrechte disponirt worden“. Alle in dieser Zeit erlassenen „Verordnungen und Institutionen“ bedürften daher „zu ihrer bleibenden Rechtsgültigkeit und Anwendung Unserer speciellen Anerkennung“.[12] Preußen und Österreich bemühten sich vergeblich, zwischen Braunschweig und Hannover zu vermitteln. Schließlich forderte der Bundestag am 20. August 1829 Herzog Carl zum Widerruf seines Patentes auf.[13] Seine Beschwerden „wegen Verlängerung der Vormundschaft“ und der „Einführung der neuen Landschaftordnung“ wies der Bundestag zurück, „da sie in der von Seiner Herzoglichen Durchlaucht bezeichneten Beziehung keinen gesetzlichen Grund zum Einschreiten des Bundes darbieten“.[14] 1830 hob der Herzog zwar das umstrittene Patent auf. Doch die „Erneuerte Landschaftsordnung“ erkannte er nicht an.

Mittlerweile machten die Landstände von ihrem Selbstversammlungsrecht Gebrauch (§ 39 ELO) und führten Ersatzwahlen für die verstorbenen Stände-

11 Die „Gesammter Landschaft Privilegia und Befugnisse“ stammten vom 9. April 1770, in: K. H. L. Poelitz, Die europaeischen Verfassungen seit dem Jahre 1789 bis auf die neueste Zeit, Bd. 1, 1. Abt., Leipzig 1832, 910–914.

12 Protokolle der Deutschen Bundesversammlung, Beilagen zu dem Protokolle der 11. Sitzung der Bundesversammlung vom 9. April 1829, Anlage 1, 177. Böse (Anm. 7) 54 Anm. 68 verweist auf ein Memoire des Herzogs Karl an Metternich vom 2. April 1827. Zu den darauffolgenden Auseinandersetzungen mit der hannoveranisch-englischen Regierung N. Dissen, Deutscher monarchischer Konstitutionalismus und verweigerte Rechtsentscheidungen. Das Beispiel der Verfassungskonflikte von 1830 und 1837 im Bereich des heutigen Niedersachsens, Baden-Baden 2015. Carl II. verfolgte ehemalige braunschweigische Minister über die Landesgrenzen nach Hannover hinweg und scheute auch vor Duellforderungen nicht zurück.

13 Daneben sollte er die Erlasse der Vormundschaftsregierung anerkennen und an König Georg IV. ein Entschuldigungsschreiben abfassen, was Herzog Carl verweigerte.

14 Protokolle der Deutschen Bundesversammlung, Sitzung vom 29. August 1829, 626.

mitglieder durch. Zugleich wandten sich die Stände direkt an die Bundesversammlung (23. Mai 1829) und baten darum, nicht nur die „fortdauernde Gültigkeit" der Erneuerten Landschaftsordnung festzustellen, sondern zugleich auch ihre Garantie zu übernehmen. Der Beauftragte der Landstände begründete das Anliegen damit (16. Juni 1829), dass die „Competenz der Bundesversammlung" sich nicht nur auf die bereits übernommenen Garantien der Landesverfassungen beschränken dürfe, es gehöre dazu auch „die Aufrechterhaltung derjenigen Bestimmungen der Wiener Schluß-Acte [und der Bundesacte] mit dem darin enthaltenen Bundeszweck".[15] Der Herzog dagegen erklärte sich nur dazu bereit, die vor der „Usurpation" seiner Staaten bestehenden Privilegien anzuerkennen und Verhandlungen über „Modificationen" zu eröffnen. Doch das Präsidium des Bundestages ließ sich auf keine Erörterung der ständischen Beschwerden ein, sondern verwies den Protest am 5. Februar 1830 an die bestehenden Commissionen.[16]

In dieser Lage übernahm Heinrich Zoepfl den Auftrag der Landstände und verfasste seine Abhandlung „Die Regierungs-Vormundschaft im Verhältnisse zur Landes-Verfassung. Ein publicistischer Versuch mit besonderer Rücksicht auf die zwischen Sr. Hochfürstlichen Durchlaucht dem Herzoge Carl von Braunschweig und [Höchst-]Dessen Landständen über die Rechtsbeständigkeit der erneuerten Landschafts-Ordnung vom 25. April 1820 obwaltenden Differenzen".[17] Die Schrift erschien 1830 im Heidelberger Verlag Groos.[18] Zu Beginn seiner Stellungnahme erklärte Zoepfl, er wolle sich um eine „authentische Interpretation des Artikels 13 der deutschen Bundesacte" bemühen, der „die Rechte und Interessen sämmtlicher deutschen Regierungen, sowie ihrer Unterthanen

15 L. v. Cramm, An die hohe deutsche Bundesversammlung. Rechtfertigende Erklärung der Herzoglich- Braunschweigischen Landstände, betreffend ihre Differenz mit dem Durchlauchtigsten Herzog Carl von Braunschweig-Lüneburg, wegen der unter dem 28. April 1820 publicirten Erneuerten Landschafts-Ordnung. Ehrerbietiger Nachtrag zu der Darlegung vom 23. Mai dieses Jahres. Andrä, Frankfurt/Main 1829 [16. Juni 1829].

16 Protokolle der Deutschen Bundesversammlung, Sitzung vom 5. Februar 1830, 12.

17 Auf dem Titelblatt wies er sich aus als: Dr. Zöpfl, Privatdocenten der Rechte in Heidelberg. Die Schrift war 108 Seiten stark und enthielt einen Anhang mit „Urkunden" und „Actenstücken". Eine genauere Datierung ließ sich nicht ermitteln. Zoepfl verwies wiederholt auf J. J. Mosers „Staatsrecht" als Beleg für seine Ausführungen. Mosers „Neues teutsches Staatsrecht" erschien 1766–1775. Als „Gegenschrift" bezog er sich auf: Von einem Privatmann [Ferdinand Johannes Wit von Dörring], Versuch, die Missverständnisse zu heben, welche zwischen dem Könige von England und dem Herzoge von Braunschweig durch den Grafen Emst von Münster herbeigeführt worden, Hamburg [Hoffmann & Campe] 1828.

18 Diese Ausgabe wurde von der Universitätsbiliothek Heidelberg digitalisiert; die Seitenangaben im Text richten sich nach diesem Druck: https://digi.ub.uni-heidelberg.de/diglit/zoepfl1830.

gleich stark und gleich nahe" berühre. Er müsse seine Meinung darüber aussprechen können „als Bürger eines konstitutionellen deutschen Staates" und nehme dies „als verfassungsmäßiges Recht in Anspruch" (S. 2).

Nach einer ausführlichen Zusammenfassung der Schriften und Gegenschriften bemühte sich Zoepfl, so seine eigene Erklärung, „um ruhige, leidenschaftslose Prüfung und darum, die in den Augen des Publikums eingereichten Schriften vom Verdacht einer Verdrehung der Gesetze zu reinigen" (S. 33).

Zoepfl behandelte drei Fragen: 1. „Die Rechtsbeständigkeit der vom König von England vorgenommenen Verfassungsänderung" (S. 34–89). Nach der „Auflösung des deutschen Reichskörpers" sei die Souveränität einer Dynastie übertragen worden, damit sie eine „monarchisch organisierte Staatsgewalt" ausübe. Doch „durch Verhandlungen der neueren Diplomatie" sei es nun zu „einer allgemeinen europäischen Rechtsansicht erhoben", dass die „Nachweisung eines [fürstlichen] Privatrechts-Titels von den europäischen Hauptmächten durch die Sanction des Grundsatzes der Legitimität zur unerläßlichen Bedingung der Anerkennung einer Regentenfamilie" gemacht werde (S. 37 f.).

Zunächst griff Zoepfl auf die Regelungen im Römischen und alten deutschen Reichsrecht zurück. Für das geltende Recht erklärte er (S. 57): Die „Wirkungsbefugniß" eines Vormundes beginne in dem Augenblick, in dem er die Vormundschaft führe. Der Thronfolger dürfe sich nicht in die Regierungsgeschäfte einmischen, vielmehr stehe dem Vormund „die unbeschränkte Fähigkeit" zu, Verträge und Rechtsgeschäfte jeder Art abzuschließen. Anderes gelte für das Zivilrecht, nach dem der Minderjährige noch immer bei der Obrigkeit um Restitution nachsuchen könne. Im Öffentlichen Recht dagegen lasse sich auch bei der größten Verletzung der Rechte des Minderjährigen „an eine restitutio in integrum nicht einmal als möglich" denken (S. 61).

Der Besorgnis, „daß der Vormund wider den Willen der Landstände deren Rechte" schmälern könne, sei durch die Verpflichtung vorgebeugt worden, regelmäßig Landtage abzuhalten (S. 69). Das „Eigenthum" des Vormundes sei es, das bevormundete Land nur als „Befugniß, die Staatsgewalt im administrirten Land bis zur Volljährigkeit des Erbprinzen auszuüben". Über diese Frist hinaus erstrecke sich „seine Staats-Gewalt so wenig, wie die eines Landes-fürsten über die Dauer seines Lebens" (S. 72). In Braunschweig und im „allgemeinen deutschen Fürstenrecht" sei der Verweser während der „Minderjährigkeit des geborenen Thronfolgers" als der „wahre Landesherr" zu betrachten. Er verpflichte „den fürstlichen Pupillen eben so weit [...] als jeder Thronfolger zur Anerkennung der Handlungen seiner Vorfahren gehalten ist". Ein Mündel könne die Aufhebung nur verlangen, „wenn er einen dolus des Vormundes [...] nachzuweisen im Stande wäre". Herzog Carl beanstande zwar, dass seine „eigenthümlich besessenen Rittergüter auf den Landtagen nicht repräsentirt" und in der Landschaftsordnung nicht genannt seien – was Zoepfl jedoch mit der Frage beantwortete, ob ein Landesherr zugleich Landstand sein könne. Wenn der Fürst diese Güter als Privatmann in Anspruch nehme, so sei kein Hoheitsrecht verletzt. Aber wenn er die Rittergüter einer Besteuerung unterwerfe, dann habe er auch ein Vertretungsrecht (S. 74–76).

Der Herzog behaupte ferner, die Erneuerte Landschaftsordnung sei den Ständen „aufgedrungen“ worden. Das, so Zoepfl, sei historisch unwahr. Zwei Jahre lang hätten sich die Stände „um Wiederbelebung und Modifikation“ bemüht, bevor sie die Landschaftsordnung am 25. April 1820 veröffentlichten (S. 77 f.).

Der Herzog vertrete die Ansicht, jede Verfassungsänderung sei eine Verletzung der einem Vormund nicht zustehenden Rechte; nur der Landesherr könne Fundamentalgesetze „geben“, der Vormund dagegen sei lediglich für die „Verwaltung“ des Staates zuständig. Zoepfl wies das zurück. Er erklärte, dass ein Vormund als „Inhaber der Staatsgewalt“ handle und „unbedingten Gehorsam und Treue für sich“ fordere. Es könne nicht das Recht des „Pflegebefohlenen“ sein, Grundgesetze zu erlassen. Vielmehr verfüge der Verweser über alle Rechte – alle „regalia“ –, als sei er der wahre Landes-Erbe.[19] Zoepfl argumentierte: Der „Staat ist ein Produkt der Vernunft“ und die Menschen durch das „Sittengesetz“ gezwungen, im Staat zu leben. Doch wie jeder Organismus bedürfe er eines „Vereinigungs-Punctes“, und das sei der Regent. Zoepfl verwies dazu nicht nur auf Autoritäten wie Hegel und auf ein Gutachten der Jenenser Juristischen Fakultät.[20] Er zitierte auch die 1823 gefällte Entscheidung der „Controll-Commission“ der Bundesversammlung, nach der alle Verbindlichkeiten, welche dem Staat als solchem obliegen, vom Regenten zu erfüllen seien.[21]Das schließe auch „Modifikationen“ der Verfassung ein.[22] Deshalb habe die Bundesversammlung am 20. August 1829 auch die Beschwerde des Herzogs gegen den König von Großbritannien und Hannover abgewiesen, denn mit dem

19 Zoepfl (Anm. 17) 82 f.: „Wenn aber der Thron aus etwas Anderem als aus fünf Buchstaben, wenn er aus etwas Anderem als aus Schnitzwerk und Polstern besteht, – wenn er der Inbegriff der erhabensten Rechte so wie der heiligsten Verbindlichkeiten, wenn er der Centralpunkt des ganzen Staatslebens ist – dann muß jeder, gleichviel ob lebenslänglicher – ob temporärer Inhaber desselben befugt seyn, zu jeder Zeit, so oft die Rechte des Thrones und der Unterthanen ... in irgendeiner Beziehung ungewiß und schwankend erscheinen – so oft die veränderten Verhältnisse eine Umbildung ... erheischen – eine Feststellung oder Umänderung derselben ... auf dem vorgeschriebenen Wege mit voller Rechtswirkung vorzunehmen“.

20 Referent in Jena war Franz Ferdinand Stickel, ehemaliger Advokat am Reichskammergericht, seit 1817 Professor in Jena. Das Gutachten erschien unter dem Titel: Beitrag zu der Lehre der Gewährleistung und Rechtsbeständigkeit der Handlungen eines Zwischenherrschers, Gießen 1826.

21 Zoepfl (Anm. 17) 83–85.

Erlass der „Erneuerten Landschaftsordnung“ habe kein Grund zum Einschreiten des Bundes vorgelegen. In der Napoleonischen Periode sei Braunschweig ein Teil des Königreichs Westphalen gewesen, danach sei es vielmehr die dringende Pflicht des Vormundes gewesen, ein neues Grundgesetz zu erlassen (S. 87). Er habe dazu eine doppelte Erfüllungspflicht gehabt: gegenüber seinem Mündel und gegenüber der Bundesakte (S. 89).

Zweitens beurteilte Zoepfl: „Das Verhältnis der Privilegien von 1770 zu den Vorschriften der Bundesgesetze über landständische Verfassungen“ (S. 90–94). Während der Herzog glaube, er müsse lediglich die alten Privilegien anerkennen, genüge tatsächlich allein die Erneuerte Landschaftsordnung den Erfordernissen des Art. 13 der Bundesakte. Nur durch sie werde die geforderte landständische Verfassung begründet. Mit dem Verlust des Prälaten- und Ritterstandes hätten die alten Privilegien ohnehin ihren Sinn verloren. Wenn Herzog Carl sich zu „Modificationen“ bereit erklärt habe, so bezeuge er selbst zugleich, dass die alten Privilegien der neuen Bundesverfassung nicht mehr entsprächen (S. 93). Mit einem bloßen Versprechen könnten sich die Landstände nicht zufriedengeben. Das erweise schon die Tatsache, dass der Herzog sich sieben Jahre lang nicht um die landständischen Verhältnisse gekümmert habe, sondern erst in dem Augenblick, als die Landstände selbst sich direkt an die Bundesversammlung wandten (S. 93 f.).

Zoepfl beschrieb 3. die „Rechtfertigung der Competenz der hohen deutschen Bundesversammlung in dem vorliegenden Falle“. Nach den Gesetzen eines Bundesstaates sei eine „Einwirkung“ in die innere Verwaltung, so die Behauptung des Herzogs, ausgeschlossen. Doch zu den gemeinsam beschlossenen Grundsätzen gehöre, dass nach Art. 61 der Wiener Schlussakte[23] die Bundesversammlung sich auch dann einmischen dürfe, wenn den Landständen die ihnen zugesicherten Rechte nicht zuteilwürden. Nur so werde der „Geist der ganzen Bundesverfassung“ und die „Aufrechterhaltung des Rechtszustandes“ gesichert.[24] Die Bundesversammlung sei dazu gezwungen, ob sie die Garantie für die Landesverfassung übernommen habe oder nicht. Zudem bestehe die

22 Solche Modifikationen seien auch dann keine Verletzungen der Rechte eines Mündels, wenn kein „Nothstand (Hannibal ante portas) den Vormund zu dieser Veränderung zwang“, Zoepfl (Anm. 17) 85 f.

23 Art. 61 Wiener Schlussakte: „Außer dem Fall der übernommenen besondern Garantie einer landständischen Verfassung, und der Aufrechthaltung der über den dreizehnten Artikel der Bundes-Acte hier festgesetzten Bestimmungen, ist die Bundesversammlung nicht berechtigt, in landständische Angelegenheiten, oder in Streitigkeiten zwischen den Landesherren und ihren Ständen einzuwirken, so lange solche nicht den im sechs und zwanzigsten Artikel bezeichneten Character annehmen, in welchem Falle die Bestimmungen dieses, so wie des sieben und zwanzigsten Artikels auch hiebey ihre Anwendung finden“.

„Erneuerte Landschaftsordnung“ in „anerkannter Wirksamkeit“. Sie sei von Georg IV. als dem Inhaber der Staatsgewalt zusammen mit dem „Repräsentantenkörper“ publiziert und „fortwährend“ angewandt worden. Von der Anerkennung des neuen Regenten könne diese Verfassung nicht abhängen – andernfalls hätte vom 30. Oktober 1823 bis zum 25. Mai 1829 ein eigentlich undenkbarer „verfassungsloser“ Zustand bestanden (S. 99). Falls, wie der Herzog behaupte, die „Erneuerte Landschaftsordnung“ aufgelöst worden sei, so hätten zuerst die Mitglieder des Landessteuer-Collegiums entfernt werden müssen – aber die hätten weiter „functionirt“ (S. 100). Im Gegensatz zur Ansicht des Herzogs besäßen die Stände selbst dann ein Klagerecht nach Art. 13 der Bundesakte, wenn in Braunschweig die neue Landschaftsordnung umgestoßen worden sei. Die neue Ordnung sei aber der Bundesversammlung übergeben und „autorisirt“ worden, auch wenn sie damit keine förmliche „Garantie“ übernommen habe (S. 103 f.). Im Übrigen seien die Repräsentanten keine „Aristokratenkörper“ mehr, sondern sie „umgeben […] den Thron als ein Damm gegen Mißgriffe der Staatsregierung“. Sie nähmen an der Steuerverwaltung teil und besäßen das Recht der „Beschwerdeführung“. Die Ausübung der Staatsgewalt bleibe aber in den Händen des Herzogs (S. 106). Mit dem Beschluss der Bundesversammlung, die Erneuerte Landschaftsordnung im Archiv zu hinterlegen, sei die braunschweigische Verfassung als ein „bestehendes practisches Landes-Grundgesetz förmlich und unstreitbar anerkannt“ (S. 108).

Die Landstände sind offenbar in ihrem Vortrag vor der Controll-Commission Zoepfls Empfehlungen weitgehend gefolgt.[25] Doch bis die Frankfurter Controll-Commission im August 1830 ihren Bericht vorlegte, hatte sich in Braunschweig die Lage völlig geändert: Herzog Carl war vor der „Juli-Revolution“ aus Paris über Brüssel, wo die gleiche revolutionäre Stimmung herrschte, nach Braunschweig zurückgekehrt. Kurz nach seiner Ankunft begann dort ebenfalls ein Aufruhr. Herzog Carl floh nach England (7. September 1830), das Braunschweiger Schloss wurde angezündet und brannte in der Nacht völlig aus. Die Landstände forderten, Carls Bruder Wilhelm, der in der Stadt weilte, solle die Regierung übernehmen. In Frankfurt nahm die Bundesversammlung zwar zur Kenntnis, dass Herzog Carl ein Patent erlassen habe, nach dem nun sein Bruder „Herzog Wilhelm von Braunschweig-Lüneburg-Oels“ in der Eigenschaft als „General-Gouverneur“ die Regierung „Unserer Lande provisorisch“ übernehmen werde.[26] Doch die genaueren Bedingungen seien unbekannt. „Die

24 Zoepfl (Anm. 17) 96: Die Geltung der Verfassung könne nicht von der Laune des Herrschers abhängen; Untertanen könnten nicht gezwungen werden, sich seinem despotischen Willen zu fügen.

25 Das lässt sich aus dem Bericht der Reclamationscommission folgern; Protokolle der Deutschen Bundesversammlung, Sitzung vom 19. August 1830, 686–693.

Ruhe ist in Braunschweig durch das Einschreiten des Herzogs Wilhelm wieder hergestellt. Der Aufruhr war gegen die Person des zu London abwesenden Herrn Herzog Carl vorzugsweise gerichtet". Doch das „Präsidium" bemerkte: „[D]ie Auskünfte ... geben keine Beruhigung darüber, daß die gesetzliche Ordnung und Autorität des Regenten in der Art begründet sey. ... Es scheine vielmehr angemessen [eine Commission einzusetzen]".[27]

Zu der Frage, inwieweit die Braunschweiger Erhebung anzuerkennen sei oder ob durch die Regierungsübernahme des Herzogs Wilhelm das in Wien proklamierte Prinzip der Legitimität verletzt werde, bezog die Bundesversammlung zunächst keine Stellung.[28] Am 10. März 1831 beschlossen die Agnaten – das waren der britische König Wilhelm IV. und Herzog Wilhelm selbst –, dass Wilhelm die Regierung in Braunschweig übernehmen solle. Herzog Wilhelm tat dies durch ein Patent am 20. April 1831 kund.[29] Er trat die Herrschaft an, bevor sich die Bundesversammlung geäußert hatte.[30]

26 Erlassen in London, 20. September 1830 mit „beigedrucktem Herzoglichen Staatskanzleisiegel"; Wortlaut bei Böse (Anm. 7) 149.

27 Protokolle der Deutschen Bundesversammlung, Sitzung vom 15. October 1830, 1084–1086. Die Kommission legte ihren Bericht am 2. Dezember 1830 vor. Sie kam zu dem Ergebnis: Der Hauptzweck des Bundes sei durch die Herstellung der Sicherheit erreicht, ein Verstoß gegen die Bundesverträge liege nicht vor; Protokolle der Deutschen Bundesversammlung, Sitzung vom 2. Dezember 1830, 1280, 1296.
Kiekenap (Anm. 3) Bd. I, 189–340, schildert ausführlich die Versuche des Herzogs Carl, die Macht in Braunschweig wiederzuerlangen.

28 Das preußische Außenministerium lehnte es am 9. Januar 1831 ab, Herzog Carl einfach abzusetzen: Die Agnaten könnten nicht als Richter über einen souveränen Herrscher und dessen Regierungsgewalt auftreten. „Wenn man die Regierungshandlungen des Herzogs Carl auf eine unglückliche, mit Wahnsinn vergleichbare Geistesrichtung zurückführen wolle, müßte man den Tatsachen Gewalt antun". Seine Bösartigkeit habe die Untertanen empört. Zunächst müsse die „absolute Regierungsunfähigkeit" belegt und festgestellt werden. Dann könne Herzog Wilhelm „kraft eigenen Rechts" als nächster Erbe die Krone übernehmen. Metternich dagegen war bereit, den Antrag der Agnaten auf Regierungsunfähigkeit zu unterstützen. Das Legitimitätsprinzip müsse allerdings aufrechterhalten werden. Die Verantwortung des Regierungsverwesers, Herzogs Wilhelm, ende mit der Volljährigkeit eines regierungsfähigen Sohnes von Herzog Carl. Der als „Hauptstütze der erblichen Monarchie zu betrachtende Grundsatz des Souveränitätsrechts durch göttliche Fügung" dürfe nicht angetastet werden; Kiekenap (Anm. 3) Bd. I, 413–415; Böse (Anm. 7) 199–201 zitiert eine Stellungnahme Metternichs vom 4. Februar 1831.

29 Am 10. März 1831 nahm die Bundesversammlung die Erklärung des Königs von Großbritannien und Hannover zur Kenntnis, dass er „zu der reiflichen Überzeugung von der absoluten Regierungsunfähigkeit des Herzogs Carl ... gelangt sei" und er daher die Regierung im Herzogtum Braunschweig als „erledigt" ansehe; Protokolle der Deutschen Bundesversammlung, Sitzung vom 10. März 1831, 192.

Die nahezu zeitgleichen Hannoverschen Verfassungsfragen entfachten die staatsrechtlichen Diskussionen aufs Neue. In Hannover wurde 1831 Friedrich Christoph Dahlmann befragt.[31]Zu Braunschweig äußerte sich 1833 noch einmal Heinrich Zoepfl mit seiner Arbeit „Die Eröffnung der legitimen Thronfolge als rechtliche Folge des Mißbrauchs der Staatsgewalt. Eine publicistische Skizze mit besonderer Rücksicht auf das Herzogthum Braunschweig".[32] Es war seine erklärte Absicht, den „Beweis" zu liefern, dass Herzog Wilhelm berechtigt war, „den durch die Regierungsunfähigkeit[33] ... erledigten Thron ... einzunehmen" und „nach den Grundsätzen des practischen Europäischen Völkerrechtes und insbesondere des Deutschen Bundesrechtes seine Anerkennung als legitimer Souverän ... nicht nur zu erwarten, sondern zu fordern" (S. 6). Bei ihrer Liebe zum angestammten Regentenhaus schlössen die Braunschweiger eine „Volkssouveränität", wie sie in benachbarten Ländern gefordert worden war, aus. Sie sei ohnehin auch nach der Verfassung des Deutschen Bundes unmöglich und müsse „nach den Grundsätzen des allgemeinen Staatsrechts durchaus als untauglich" verworfen werden (S. 8). Zoepfl rollte dazu eine kleine Staatslehre auf[34] und erörterte: 1. Wie wird der Staatsvertrag geschlossen, welches sind die Momente seiner Genesis? (S. 18–22); 2. Welches sind die Factoren des Staatsvertrages, welches ihre gegenseitigen Rechte und Pflichten? (S. 22–32); 3. Wann, wie und in wie weit kann der Staatsvertrag aufgelöst werden? (S. 32–60). Diese „Prämissen" übertrug er auf den „concreten Fall": „Ist Sr. Durchlaucht dem Herzoge Wilhelm von Braunschweig die Staatssuccession als legitimem Thronfolger ... des Herrn Herzog Carl eröffnet und Was kann derselbe von den

30 Erst am 12. Juli 1832 verzichtete der Bundestag endgültig auf eine Klarstellung und nahm die Regierungs-Übernahme durch Herzog Wilhelm „zur Kenntnis"; Protokolle der Deutschen Bundesversammlung, Sitzung vom 12. Juli 1832, 957; Huber (Anm. 1) Bd. 2, 59.

31 Dissen (Anm. 12) 123.

32 Zoepfl bezeichnete sie als „Entwurf". Im Titel vermerkte er, dass er „Privatdocent der Rechte, und ausserordentlicher Beisitzer des Spruchcollegiums zu Heidelberg" sei. Die 78 Seiten starke Arbeit erschien im Verlag Groos, Heidelberg und Leipzig; Digitalisat: https://digi.ub.uni-heidelberg.de/diglit/zoepfl1833/0003. Carl von Braunschweig veröffentlichte das „Gutachten eines deutschen Rechtsgelehrten vom Jahre 1833", in dem gegen Zoepfl Stellung bezogen wurde, in: Carl II., Denkwürdigkeiten des Herzogs Carl von Braunschweig, mit authentischen Aktenstücken, Kassel 1844, Bd. 2, 720–741.

33 Die Eigenschaft „Regierungsunfähigkeit" setzte Zoepfl als erkannt und erklärt voraus.

34 Ausführlicher äußerte sich Zoepfl dazu in der ersten Auflage seiner „Grundsätze des Allgemeinen und des Constitutionell-Monarchischen Staatsrechts, Heidelberg 1841, §§ 13, 14, §§ 57, 58, 10 f., 83–88.

Agnaten ... und den Mitgliedern des Deutschen Bundes erwarten und fordern?" (S. 60).

Angesichts der „aufgeführten Thatsachen, wie sie notorisch – wie sie actenmäßig vorliegen, ... wer könnte da noch sagen, der Herzog Carl habe den Unterwerfungsvertrag seines biederen Volkes nicht mit eigener Hand vernichtet? Wer kann die Handlungen, welche der Herzog durch Mißbrauch der höchsten Gewalt durchzusetzen wußte, erwägen, und dann behaupten: Er gebrauchte die höchste Gewalt als Staatsgewalt?" (S. 61). Weil Herzog Carl „über Bürger, und nicht über Leibeigene regieren sollte", fand er darin „eine Schmälerung seiner unveräußerlichen Regentenrechte" (S. 63). Zoepfl stellte die rhetorische Frage, ob Herzog Carl seinen Verzicht auf die Ausübung der Staatsgewalt wohl nachdrücklicher aussprechen könne als dadurch, dass er fortwährend die Verbindlichkeiten der Verfassung in Abrede stelle (S. 64).[35] Der Rechtszustand sei durch ihn vernichtet worden; „durfte man ihn – nach Erlangung dieser traurigen Gewißheit – noch ferner als Staatsherrscher betrachten?", auch wenn er ausdrücklich erkläre, „daß er auf die Ausübung der Staatsgewalt nicht verzichte" (S. 66). Der Missbrauch der Staatsgewalt sei „ein stillschweigender Verzicht" auf das Recht zur ferneren Ausübung der Staatsgewalt. Das sei nicht nur deutsche, sondern europäische Rechtsansicht – Zoepfl verwies auf die „Bill of Rights" (S. 67). „Wenn der Regent durch seinen Mißbrauch der Staatsgewalt seinen Verzicht auf seine Regenteneigenschaft zu erkennen gibt, der Thron für erledigt und die Thronfolge für eröffnet gehalten werden muß, so [tritt] der nächstberechtigte Agnat als wahrer Staatsherrscher [...] für den durch Mißbrauch seiner Macht unfähig gewordenen Regenten ein" (S. 68).

Zoepfl unterschied eine „relative", das bedeutete für ihn eine durch Minderjährigkeit, Abwesenheit oder Geisteskrankheit lediglich „zeitweise" verursachte Regierungsunfähigkeit.[36] Dagegen setzte er die „absolute" Regierungsunfähigkeit, bei der „der Regent den Willen – ausdrücklich oder stillschweigend

35 Unter den Rechtsverletzungen, die Carl beging, zählte Zoepfl u. a. auf: Verletzung des Postgeheimnisses, willkürliche Verfolgung durch die geheime Polizei, Besetzung der Richterstellen mit unkundigen Richtern, Nichteinberufung der Ständeversammlung. Er hob die „von Sierstorpffsche Sache" hervor, die auch in der Dokumentation von J. L. Klüber, Fortsetzung der Quellen-Sammlung zu dem öffentlichen Recht des Teutschen Bundes, Erlangen 1933, 11 belegt wurde. Dort veröffentlichte Klüber den Beschluss der Bundesversammlung vom 7. Oktober 1830 „wider den Herzog Carl von Braunschweig wegen Justizverweigerung mittelst Cassirung eines zum Vortheil des [Sierstorff] genannten landesgerichtlichen Urtheils". – Von Sierstorpff war als äußerst kundiger Jäger- und Forstmeister 1828 zum Vizekönig nach Hannover eingeladen worden und empfahl auf Anfrage des Vizekönigs für das Herzogtum Braunschweig einen „Oberhofmeister". Als Herzog Carl davon erfuhr, beförderte er Sierstorpff in dieses Amt, halbierte aber sein Gehalt. Sierstorpff verließ das Herzogtum. Durch Bundesbeschluss wurde das dazu ergangene braunschweigische Urteil am 7. Oktober 1830 aufgehoben.

durch concludente Handlungen, wie dieß bei dem Mißbrauche der Staatsgewalt immer der Fall ist, aufgegeben hat, Staatsherrscher seyn zu wollen, da löst er den Unterwerfungsvertrag auf und verzichtet auf alle ihm daraus erworbenen Rechte" (S. 69). Die Thronfolge werde nach ihm wie im Falle des Todes eröffnet, d. h. der „nächste [...] Successionsberechtigte tritt die Regierung als wirklicher voller Staatsherrscher an" (S. 70). Zoepfl nannte dazu Belege aus allen Epochen der deutschen Verfassungsgeschichte[37] und zog daraus den Schluss, „daß nach den Grundsätzen des Deutschen Staatsrechtes Mißbrauch der Staatsgewalt den Regenten unfähig macht, die höchste Macht länger inne zu haben, und daß es Deutsches Herkommen ist, daß diese Unfähigkeit des Staatsherrschers, welche sein factischer Verzicht ausspricht, die Thronfolge dem legitimen nach der Landesverfassung berufenen Thronerben eröffnet" (S. 73). Damit stand für ihn fest, dass Herzog Wilhelm kraft seines „Successionsrechts" Staatsherrscher sei und Herzog Carl durch den Missbrauch der höchsten Macht seinem Recht „factisch" entsagt habe. Zudem sei in „allen Theilen Deutschlands" anerkannt, „daß auch das Volk Rechte habe". Zwar habe kein Grundgesetz das Volk für befugt erklärt, „in dem wirklichen Mißbrauch der Staatsgewalt einen factischen Verzicht des Herrschers zu sehen". Eine solche Bestimmung erschien „den hochsinnigen Gründern des Deutschen Bundes [...] unnöthig". Es „dünkte" ihnen unmöglich, dass „einer ihrer Nachkommen seine erhabene Stellung in der menschlichen Gesellschaft vergessend – mit Bewußtsein die geheiligte Macht mißbrauchen werde, welche sie als von der Gottheit zur Beglückung ihrer getreuen Völker in ihre fürstlichen Vaterhände niedergelegt betrachteten" (S. 74). Da dem Volk das Recht fehle, die höchste Macht zurückzufordern,[38] bleibe ihm lediglich die „moralische Möglichkeit, dieses Recht auszuüben" und die Macht zurückzufordern. Wenn sich der, „ja beinahe unglaubliche Fall [des Machtmißbrauchs], wie in Braunschweig es geschah", ereigne, dann müsse „Deutschlands altes Staats-

36 Darin spreche sich eine „sehr zarte, ja heilige Rücksicht der Völker aus, daß man das Subject, welches eigentlich zur Ausübung der Staatsgewalt berufen ist, wenn es durch irgend einen mit dem menschlichen Leben verknüpften Zufall daran verhindert wird, – nicht der äußeren Zeichen der Würde entkleidet". Für den „Regierungsvormund" sei damit zugleich die „Zeitbeschränkung" seines Amtes klar (69).

37 Zum Beispiel die Goldene Bulle, die Gepflogenheiten der Carolingischen Dynastie, das Sächsische und Schwäbische Landrecht und die „Grundsätze des Deutschen Reichsstaatsrechtes" (70–73). Um diese Ableitung zu rechtfertigen, verwies Zoepfl auf Art. 23 der Wiener Schlussakte, nach der, falls in den neuen Bundesgesetzen keine Entscheidungsnormen enthalten seien, „die Rechtsquellen anzuwenden seien, welche sonst von den Deutschen Reichsgerichten in Ermangelung spezieller, besonderer Vorschriften angewendet worden sind" (73 Anm. 72).

38 Zoepfl (Anm. 32) 75: Diese Bestimmung müsse bei jedem Grundvertrag fehlen, „bei dessen Abschlüsse wechselseitiges Vertrauen der Contrahenten sich begegnet".

herkommen in voller Kraft eintreten". Dann müsse Herzog Wilhelm berechtigt sein, von den Agnaten seines Hauses, den deutschen und europäischen Souveränen die Anerkennung als Herrscher zu erwarten. Die ausdrückliche Anerkennung der Agnaten, wie in jedem Sukzessionsfall, sei allerdings politisch notwendig. Sie müsse „in jetziger bewegter Zeit" schon deshalb „constatirt" werden, damit der Ansicht begegnet werden könne, „als sei Herzog Wilhelm nicht Kraft eigenen grundgesetzlichen Sucessionsrechtes, sondern in Folge einer in Braunschweig eingeführten Volkssouveränität auf den Thron erhoben worden" (S. 75 f.). Da durch den Missbrauch der Staatsgewalt die legitime Thronfolge unmittelbar eröffnet werde, bedürfe es keines besonderen Urteils. Eine Einmischung in innere Landesangelegenheiten sei dem Deutschen Bund ohnehin fremd.[39] Doch zur „Erhaltung der Staatssicherheit und Ruhe in Braunschweig" habe der Bund ja bereits dadurch beigetragen, dass er am 7. Dezember 1830 Herzog Wilhelm um Fortführung der Regierung ersuchte und zwar in einem Bundesbeschluss, der ein „Muster politischer Klugheit" gewesen sei. Mit diesem Beschluss bewähre sich der Bund nicht nur als Fürsten-, sondern auch als Staatenbund. Denn er bestätigte damit, dass der, der auf seine zustehenden Rechte durch den Bruch der Grundverträge verzichte, sich durch „die eigene That" selbst ausschließe. Zoepfl aber riet den Agnaten, es nicht bei der Erklärung des Bundes zu belassen, sondern „in einem förmlichen Manifeste" anzuzeigen, dass sie nur Herzog Wilhelm „als legitimen Souverän des Herzogthumes Braunschweig" anerkennen. Eine solche Erklärung, meinte Zoepfl, würde dem „Braunschweigischen Staate jene dauernde Festigkeit geben, deren er nach solchen Stürmen bedarf, um mit sicheren Schritten auf der Bahn sittlicher und bürgerlicher Vervollkommnung vorzuschreiten" (S. 78).

Doch die Agnaten konnten sich zu mehr als ihrem bereits am 10. März 1831 verkündeten Beschluss, Carl habe sich als regierungsunfähig erwiesen, seine Regierung sei als „erledigt" zu betrachten, nicht durchringen. Die weitere Thronfolge blieb ungeregelt und es blieb offen, ob Nachkommen des Herzogs Carl oder des Herzogs Wilhelm das Erbe antreten könnten.[40] Carl verließ das Herzogtum endgültig und starb 1873 in Genf. Herzog Wilhelm blieb bis zu seinem Tod 1884 unangefochten Herzog zu Braunschweig und Lüneburg. Beide

39 Zoepfl (Anm. 32) 76 f. mahnte aber auch hier ein Bundesgericht an, das in „Staatsstreitigkeiten" der Regierung mit ihren Untertanen zuständig sein und eine „friedliche Erledigung in förmlichem Proceßgange" finden könnte. Das Austrägalgericht sei nur für Streitigkeiten der Bundesglieder untereinander zuständig und könne deshalb nicht herangezogen werden.

40 Die Landstände erreichten durch Übereinkunft mit Herzog Wilhelm eine am 12. Oktober 1832 verkündete „Neue Landschaftsordnung".

Herzoge blieben bis an ihr Lebensende unverheiratet. 1884 war Ernst August II. von Hannover, Herzog von Cumberland, Thronanwärter in Braunschweig.

II.

Zoepfl befasste sich ein weiteres Mal mit der Frage fürstlicher Nachfolge. „In Gemäßheit höchsten Auftrages" erstattete er 1852 „auf Verlangen" des Großherzoglich Badischen Staatsministers Freiherrn Ludwig von Rüdt „in Eile" ein Rechtsgutachten „Die Rechtsfolgen der Regierungsunfähigkeit des Thronfolgers nach dem Deutschen Staatsrechte betreffend". Das nur handschriftlich erhaltene Gutachten liegt in der Universitätsbibliothek Heidelberg.[41] Die Lage im Großherzogtum Baden war jedoch eine völlig andere als in Braunschweig. Die Erbprinzen Ludwig und Friedrich, die Söhne des Großherzogs Leopold, hatten beide zusammen die Universität Heidelberg besucht[42] und etliche Reisen gemeinsam unternommen. Bereits „in früher Kindheit" machte sich bei Prinz Ludwig „eine gewisse Sensibilität", auch eine einsetzende „tiefe Zerrissenheit des Gemüths" bemerkbar. Auf seiner Reise nach England brach in Antwerpen (Mai 1845) eine Krankheit aus, die von den Ärzten als „erethisch-nervöse Konstitution und bedenkliche Anlage zu Störung des Gehirns und des Rückenmarks" diagnostiziert wurde. Die von ihnen empfohlene Einweisung in eine Klinik wurde „bei seiner der hohen Stellung" nicht durchgeführt. Der regierende Großherzog Leopold bezog deshalb seinen jüngeren Sohn, Friedrich, schon früh in die Regierungsgeschäfte ein. Friedrich gab auch am 28. April 1852 den Tod des Vaters bekannt und übernahm sofort als „Regent" die Regierungsgeschäfte.

Als Zoepfl der Regierungsauftrag erteilt wurde, gab es keinerlei Streit oder Zweifel daran, wer Baden künftig regieren solle. Das Datum des Auftrags ist,

41 Signatur der Universitätsbibliothek Heidelberg: Heid. Hs. 1928, digitalisiert unter: http://digi.ub.uni-heidelberg.de/diglit/heidhs1928, Badische Thronfolge 1852. Das Gutachten umfasst 42 Seiten, nach dieser Zählung wird im Folgenden zitiert. Der erweiterte Titel „Badische Thronfolge" ist nur auf der Umschlagseite des Gutachtens notiert.

42 Beide immatrikulierten sich am 14. Juli 1843 ohne Angabe einer Fakultät; G. Toepke (Hg.), Die Matrikel der Universität Heidelberg, 5. Teil: Von 1807–1846, Heidelberg 1904, 714. Ausführliche Schilderung bei Friedrich, Jugenderinnerungen, kommentiert durch Obser, in: Friedrich (1., Großherzog von Baden), Jugenderinnerungen 1826–1847, hrsgg. v. K. Obser, Reihe: Sitzungsberichte der Heidelberger Akademie der Wissenschaften, Philosophisch-Historische Klasse 1921,1, Heidelberg 1921, 103–107. Erbprinz Ludwig nahm die Rückgabe entliehener Bücher an Zoepfl zum Anlass, ihm als sein „Schüler" für die Leihgaben zu danken; Brief vom 15. März 1845 in Universitätsbibliothek Heidelberg, Heid. Hs. 1944.

soweit ersichtlich, nicht bekannt. Überliefert ist nur das Dankschreiben des Ministers vom 24. Mai 1852,[43] also etwa vier Wochen nach dem Tod des Großherzogs Leopold. Doch da von Rüdt den Dank des „Regenten" aussprach, der „Seiner Zeit mit besonderem Interesse von der gediegenen Arbeit Kenntniß genommen" habe, ist die Bitte um ein Gutachten wahrscheinlich nach Leopolds Tod geäußert worden.

Wiederum erörterte Zoepfl ausführlich die „Grundsätze zur Zeit des Deutschen Reiches" und zog z. B. Gutachten des Reichshofrats und Belege aus Johann Jacob Mosers Staatsrecht heran. Für das Großherzogtum Baden hielt er auch Bestimmungen der Goldenen Bulle maßgebend, denn schließlich sei Baden als „Kurfürstentum" dem Rheinischen Bund beigetreten. Zudem besage Art. 2 der Rheinbundakte[44] keineswegs, dass alle Reichsgesetze ungültig geworden seien. Es sei vielmehr in „das Ermessen der Rheinbundsglieder verstellt worden, ob und wie weit sie die älteren Reichsgesetze in ihrem Haus und in ihren Staaten als fortwährend anwendbar erachten wollten" (S. 13). Die Grundsätze der Goldenen Bulle zur Unfähigkeit eines Regierungsnachfolgers hätten „der Auflösung des Deutschen Reiches ungeachtet praktische Gültigkeit behalten" und seien in „dem gesammten deutschen Privatfürstenrecht befolgt und anerkannt worden" (S. 14). Die „neuere Partikulargesetzgebung" habe jedoch vielfach eine Regierungsunfähigkeit nicht als „Ausschließungsgrund" gewertet, sondern eine „Regentschaft" oder „vormundschaftliche Verwaltung" eintreten lassen.[45] „Gewiß", so meinte Zoepfl, „war es die Rücksicht auf die möglichste Erhaltung und Befestigung des Legitimitätsprinzipes, welche zu dieser neuen Einrichtung hinleitete". Denn die Aufrechterhaltung der Erbfolgeordnung gehöre nun einmal zu den wichtigsten Grundätzen einer jeden Monarchie. Und die Thronfolge gehe in einem regierenden Haus „immer ipso iure auf den Thron-Erben über, so daß er zur Erwerbung derselben keiner besonderen Antretung bedarf". Doch auch das strengste Legitimitätsprinzip könne nicht beachtet werden, wenn der an einer unheilbaren Geisteskrankheit leidende Thronerbe nicht „successionsfähig" sei. Andererseits könne auch „dem strengsten Prinzipe der Legitimität" durch die Übergehung des derart kranken Thronfolgers „kein Ein-

43 Das Schreiben des Freiherrn von Rüdt liegt im Nachlass Zoepfl, Universitätsbibliothek Heidelberg, Heid. Hs. 1944.

44 Rheinbundakte, Art. 2: „Alle teutsche Reichsgesetze, welche Ihren Majestäten und Durchlauchten die im vorigen Artikel benannten Könige, Fürsten und die Grafen, ihre Unterthanen und ihre Staaten oder Theile derselben bisher angehen, oder für sie verbindlich seyn konnten, sollen für die Zukunft in Hinsicht Ihrer benannten Majestäten und Durchlauchten und des gedachten Grafen ihrer Staaten und Unterthanen nichtig und von keiner Wirkung seyn. Ausgenommen hievon sind jedoch die Rechte, welche die Staatsgläubiger und Pensionisten durch den Rezeß von 1803 erlangt haben".

45 Zoepfl nannte dazu viele Beispiele aus den gültigen deutschen Landesverfassungen.

trag geschehen" (S. 20 f.). Zudem sei es „eine hier nebenbei zu erwägende Frage [...], ob die Wissenschaft bei Geisteskrankheiten mit voller Bestimmtheit die absolute Unheilbarkeit auszusprechen vermag, und ob nicht hiergegen von anderer Seite Bedenken und Zweifel angeregt werden können".[46] Die Mitglieder der regierenden Familien würden wohl „vom Standpunkt des rein menschlichen Gefühls" im Zweifel geneigt sein, eher „der Anordnung einer Regentschaft als der absoluten Ausschließung des geisteskranken Thronerben den Vorzug zu geben" (S. 25)[47].

Doch weder in der Badischen Verfassung noch im großherzoglichen Hausgesetz seien diese Fragen geregelt worden. Deshalb müsse „nach Maasgabe des gemeinen deutschen öffentlichen Rechtes" eine solche Nachfolge „an den nächsten successionsfähigen Prinzen" übergehen, „wenn dieser mildere Weg durch Familien oder Staatsrücksichten geboten sein sollte". „Die Bedeutsamkeit der zu fassenden Entscheidung liegt klar vor, da sie voraussichtlich für die [gesamte] künftige Rechtsbestimmung im Großherzogthum maaßgebend werden muß" (S. 26 f.).

Nach der Auflösung der Deutschen Reiches und der Stiftung des Deutschen Bundes habe sich nichts daran geändert, dass „die Entscheidung über die Rechtsfolgen der Unfähigkeit eines Thronfolgers oder regierenden Fürsten eine Familiensache des betreffenden Hauses sei" (S. 30).[48]„Damals", das war 1831, habe auch Baden „alle Einmischung in diese „interna domus" abgelehnt (S. 33). Eine „andere Frage" sei aber die, ob die Landstände bei einer solchen Entscheidung „mitzuwirken" hätten (S. 35). In Baden sei ein solches Recht „weder durch Herkommen noch durch ein Gesetz" eingeräumt. Es werde „der Natur der Sache nach" aber als „selbstverständlich zu betrachten sein, daß die Regierung den Ständen über die von dem Souverain oder den Agnaten gefaßten Beschlüße [und deren Motive] Vorlage macht". Denn eine solche Anordnung könne „nicht ohne ministerielle Contrasignatur und Verantwortlichkeit" zum Vollzug kom-

46 Zoepfl fügte hinzu: „Diese Frage soll aber hier, wo sich die Ausführung nur an die Voraussetzungen der wirklichen absoluten Unheilbarkeit anzuschließen hat, nicht weiter verfolgt, sondern nur zur Vermeidung eines Vorwurfes berührt werden" (24).

47 Die Befürchtung von „Lucida intervalla" des Kranken erschienen Zoepfl ein großes Problem, besonders wenn sie durch „Partheien benutzt werden könnten, den Bestand der Regentschaft selbst in Frage zu stellen" und in einem Land, das wie Baden mit seiner langen gefahrvollen Grenze „fortwährend vielen Stürmen von außen ausgesetzt ist", der Bestand einer Regentschaft „nicht selbst jeden Augenblick durch eine angebliche Wiederherstellung der Geisteskräfte des Thronfolgers in Frage gestellt werden kann" (25).

48 Zoepfl nahm ausführlich Bezug auf die Ereignisse in Braunschweig, obgleich dort „die Unfähigkeit zu regieren in moralischen Gründen, und namentlich in einer Reihe von Regierungshandlungen gefunden wurde, welche er [der Herzog] mit vollem Bewußtsein und voller Zurechnungsfähigkeit vorgenommen hatte" (30).

men. Dadurch nehme die Handlung selbst den „Charakter einer Handlung der vollziehenden Gewalt an, und darf somit dieselbe dem Prüfungsrechte der Landstände nicht vorenthalten werden“ (S. 36).

Zuletzt stellte Zoepfl noch die Frage: „Wem gebührt die Regentschaft?“ (S. 37). Für ihn war klar, dass „in den kurfürstlichen Häusern“ – und darunter zählte er Baden als ehemaliges Kurfürstentum – „reichsconstitutionsmäßig nach der Goldenen Bulle cap. 7 § 4[49] ... die Regierungsvormundschaft ... dem nächsten tüchtigen Agnaten, als ein eigenes, festes, und unentziehbares Recht, gleichsam als ein Ausfluß seines eigenen Successionsrechtes“ zustehe. Für das Privatvermögen des „gemüthskranken“ Prinzen fänden im Allgemeinen die Grundsätze des Vormundschaftsrechts Anwendung. Da nun die Zeit gekommen sei, in der „aufs Strengste“ zwischen „Staats- und Privatsuccession“ unterschieden werde, könne schließlich auch einer Mutter die Sorge über „Person und das Privatvermögen“ des kranken Erbprinzen überlassen werden, zumal es „nicht ganz geeignet und zweckmäßig erscheine, dem Regierungsvormunde zugleich die Cura personalia des minderjährigen oder gemüthskranken ThronErben zu überlassen“ (S. 40 f.). Eine ausdrückliche Zustimmung des Kranken zu seinem Thronverzicht schien Zoepfl nicht notwendig, „selbst wenn er in einem gehörig zu constatierenden dilucidum intervallum [dazu] zu bewegen wäre“. Denn durch das Vorkommen einiger klarer Momente könne die Regierungsunfähigkeit nicht „als ganz aufgehoben betrachtet“ werden.

Der „Regent“ Friedrich übernahm erst am 5. September 1856 die volle Regierungsverantwortung als „Großherzog“. In einer Kundgebung, verbreitet u. a. durch die Tagespresse,[50] gab er bekannt: „Als bei dem Hinscheiden Unseres unvergeßlichen Herrn Vaters, des Großherzogs Leopold Königliche Hoheit und Gnaden, die Agnaten Unseres Hauses, in Übereinstimmung mit Unserer durchlauchtigsten Frau Mutter, ausgesprochen hatten, daß Unser innigstgelieb-

49 Goldene Bulle, Kapitel 7 (Erbfolgerecht der Kurfürsten), § 4: „Diese Erbfolge der erstgeborenen Söhne und Erben der Kurfürsten in vorerwähntem Wahlrecht, vorerwähnter Stimme und Befugnis, soll auf ewige Zeit beachtet werden, allerdings unter folgender Bedingung und auf folgende Art und Weise: Sollte ein Kurfürst oder sein Erstgeborener oder dessen ältester Sohn weltlichen Standes sterben und rechtmäßige, minderjährige männliche Erben weltlichen Standes hinterlassen, dann soll der älteste Bruder dieses Erstgeborenen solange deren Vormund und zugleich Landesverweser sein, bis der Älteste von ihnen das Mündigkeitsalter erreicht hat; als dieses aber soll bei einem Kurfürsten, so wollen und setzen Wir fest, das vollendete achtzehnte Lebensjahr gelten und für immer anerkannt bleiben. Sobald er dies erreicht hat, soll der Vormund ihm das Wahlrecht, die Stimme und die Befugnis sowie alle damit zusammenhängenden Rechte einschließlich des Amtes unverzüglich und vollständig übertragen“ (Übersetzung R. Glücksmann).

50 In Zoepfls Nachlass liegt bei dem Gutachten die „Extra-Beilage“ des Heidelberger Journals Nr. 211, 1856.

ter älterer Herr Bruder, der Erbgroßherzog Ludwig, nicht fähig sei, die Regierung des Großherzogthums zu übernehmen und zum Wohle des Hauses und Landes zu führen, haben Wir, durch Gottes Gnade und das Recht Unseres Hauses dazu berufen, laut Unseres Patentes vom 24. April 1852 die Regierung des Großherzogthums mit allen der Souveränetät innewohnenden Rechten und Pflichten angetreten und die Huldigung für Uns empfangen, jedoch, von brüderlichen Gefühlen geleitet, die Großherzogliche Würde anzunehmen damals unterlassen. Wir vermögen Uns aber, nach den Erfahrungen von mehr als vier Jahren, nicht zu verhehlen, daß Wir zur Wahrung aller Interessen Unseres geliebten Landes, sowie zur vollen Ausübung Unserer Rechte und Pflichten, Uns der Annahme der Großherzoglichen Würde auf die Dauer nicht entschlagen können und dürfen Uns der Erwägung nicht entziehen, daß, wenn Wir ein Uns hausgesetzlich zustehendes Recht auch fernerhin ruhen lassen, hierdurch nicht mehr Unsere Person allein berührt werden würde. Indem Wir daher Unsere persönlichen Gefühle den Rücksichten auf die Zukunft Unserer eigenen Familie und Unseres Landes unterordnen, finden Wir uns in diesem Entschlüsse bestärkt durch die wiederholt und noch ganz neuerlich an Uns gelangten Wünsche Unserer gedachten Agnaten: durch die Annahme der Großherzoglichen Würde alle mit ihrem früheren Ausspruche hausgesetzlich verbundenen Folgen zur Anwendung zu bringen".

Zoepfl erstellte das Gutachten für die Braunschweigischen Landstände im Jahre 1830, zu einer Zeit, in der in Baden heftig für ein liberales Pressegesetz gestritten wurde. Er beanspruchte, als „Bürger eines konstitutionellen deutschen Staates" seine Meinung aussprechen zu können und nahm dies „als verfassungsmäßiges Recht in Anspruch".[51] Er vertrat im Sinne der Landstände die Ansicht, dass die von der Dynastie einzunehmende „monarchisch organisierte Staatsgewalt" nach den „Verhandlungen der neueren Diplomatie" nun durch „die Sanctionen des Grundsatzes der Legitimität" ausgeübt werden müsse. Dies sei die „unerläßliche Bedingung" für die Anerkennung einer „Regentenfamilie".[52] Zwar wies Zoepfl den Gedanken an eine „Volkssouveränität" weit von sich, aber die Repräsentanten seien eben, wie bereits gesagt, keine „Aristokratenkörper" mehr, sondern „umgeben den Thron als ein Damm gegen Mißgriffe der Staatsregierung".[53]

Auch nachdem das badische Pressegesetz 1832 wieder zurückgenommen werden musste,[54] stritt Zoepfl 1833 dafür, dass ein Fürst über „Bürger" und

51 Zoepfl (Anm. 17) 2.

52 Zoepfl (Anm. 17) 37 f.

53 Zoepfl (Anm. 17) 99.

54 Das Pressegesetz war am 28. Dezember 1831 ergangen und musste auf Drängen der Bundesversammlung am 28. Juli 1832 wieder eingeschränkt werden.

nicht über „Leibeigene“ regiere.[55] In allen Teilen Deutschlands sei anerkannt, dass auch das Volk Rechte habe. Und wenn es zu Recht die Macht eines Herrschers zurückfordere, so geschehe das nicht auf Grund einer beanspruchten Volkssouveränität, auch nicht aufgrund eines „factischen“ Rechts, es habe jedoch die „moralische Möglichkeit dieses Recht auszuüben“. Um jeden Anschein von Volkssouveränität auszuschließen, sollten Agnaten eine solche Nachfolge als eine legitime „Succession“ bestätigen.

1852, vier Jahre nach der Badischen Revolution, bestand an der „Legitimität“ des badischen Regenten Friedrich kein Zweifel.[56] In seinem Regierungsgutachten mahnte Zoepfl aber für die Regierungsübernahme durch den Regenten die Gegenzeichnung durch die Regierung als der vollziehenden Gewalt an. Damit wollte er den Landständen ein „Prüfungsrecht“ ermöglichen und es auch ausweisen, denn nur dann könnten sie neueren Gesetzen „verfassungsmäßig“ zustimmen.[57] Die Ausübung einer „Volkssouveränität“ blieb für Zoepfl zwar weiter undenkbar, aber die von vielen geforderte „Ministerverantwortlichkeit“ und damit das „Prüfungsrecht“ der Landstände waren im Laufe seiner mehr als zwanzigjährigen Gutachtertätigkeit selbstverständlicher geworden.

55 Zoepfl (Anm. 32), 63.

56 Der Gutachter Heinrich Albert Zachariae stöhnte 1861 noch immer unter der „sogenannten“ Braunschweigischen Successionsfrage: „Wir haben in Deutschland mancherlei von unseren westlichen Nachbarn gelernt, leider mehr Schlimmes als Gutes. Zum Schlimmen gehört jetzt auch die Kunst, Fragen zu machen, wo die Wirklichkeit oder die bestehenden Verhältnisse an sich keine bieten. Da wird erst ganz bescheiden und unschuldig die Möglichkeit angedeutet, dass eine Frage in Zukunft entstehen könnte, wenn dieser oder jener Fall eintrete, und ein Fühler in der Presse ausgestreckt nach der Aufnahme, welche die Sache im großem Publicum wohl finden möchte. Glaubt man hier auf Anklang rechnen zu können, so geht man einen Schritt weiter; die Frage wird als eine vorhandene, als eine „notwendig zu lösende“, als eine „brennende“ hingestellt, und mit wachsendem Eifer und berechnetem Eclat in Zeitungen und Brochüren verhandelt. Ein neuestes Beispiel einer solchen im politischen Treibhaus künstlich erzeugten und großgezogenen Frage ist die sogenannte braunschweigische, welche an das eventuelle Erlöschen der dasigen Dynastie geknüpft worden ist“; H. A. Zachariae, Zur sogenannten Braunschweigischen Successions-Frage, Leipzig 1862 (Separatdruck aus der Augsburger Allgemeinen Zeitung, ao. Beilage Nr. 293/294 vom 20./21. Oktober 1861), 5.

57 Zoepfl (Anm. 41) 35.

Oliver F. R. Haardt

Reichsgründung als Fürstenbund

„Seid gegrüßt, Mitvasallen!" Die Aufregung war groß, als der junge Fürst Georg Albert von Schwarzburg-Rudolstadt den Spiegelsaal von Versailles betrat und mit dieser saloppen Bemerkung die gekrönten Häupter der deutschen Länder begrüßte, die zur Proklamation des neuen Kaisers zusammengekommen waren. Einige lachten. Anderen nickten verstohlen. Kurz darauf sorgte der Prediger Bernhard Rogge für weitere Irritationen. Die Bibelstelle, mit der er die Zeremonie eröffnete, ließ viele der versammelten Souveräne an der wahren Bedeutung der Veranstaltung zweifeln: „Kommet her, Ihr Fürsten und lasset Euch züchtigen". Bismarck – an diesem 18. Januar 1871 ohnehin so angespannt, dass ihn seine Galle plagte – schwankte zwischen Belustigung und Wut. Belustigung, weil dieser Auftritt typisch für den Schwarzburger Lebemann war, den alle nur Prinz von Arkadien nannten. Wut, weil dessen Sarkasmus, v. a. aber die taktlosen Worte des Predigers einen der Leitgedanken untergruben, die Bismarck im Prozess der Reichsgründung verfolgt hatte. Wie schon bei der Schaffung des Norddeutschen Bundes knapp vier Jahre zuvor hatte er in den mühseligen Verhandlungen mit den süddeutschen Staaten, die der Kaiserproklamation vorausgegangen waren, versucht, dem deutschen Nationalstaat den Anschein eines Bündnisses gleichrangiger Monarchen zu geben – trotz der erdrückenden Übermacht, die Preußen in puncto Landesfläche, Bevölkerung, Wirtschaftskraft, und militärische Stärke genoss.[1]

Ausdruck fand dieses Anliegen u. a. in der neuen Reichsverfassung. Ähnlich den Verfassungsverträgen des Deutschen Bundes erklärte die Präambel, dass die Fürsten der deutschen Länder einen „ewigen Bund" schlossen „zum Schutz des Bundesgebietes und des innerhalb desselben gültigen Rechtes, sowie

1 Zitate in *Norman Rich/M. H. Fisher (Hrsg.),* Die Geheimen Papiere Friedrich von Holsteins, Bd. 1: Erinnerungen und politische Denkwürdigkeiten. Göttingen/Berlin/Frankfurt am Main 1956, S. 77. Zur geschilderten Episode und der Gefühlslage Bismarcks *Jonathan Steinberg*, Bismarck. A Life. New York 2011, S. 306–8.

zur Pflege der Wohlfahrt des Deutschen Volkes“.[2] Gemäß dieser Definition war das Reich ein Fürstenbund. Nicht die Gesamtnation, sondern die monarchischen Oberhäupter der Einzelstaaten gründeten laut der Präambel einen Bund, der den alten von 1815 ersetze.[3]

Gleichzeitig schuf die Verfassung aber einen Bundesstaat, der starke unitarische Merkmale aufwies. Kaiser und Reichstag – zwei Organe, die die gesamte Nation repräsentierten – standen an der Spitze der Exekutive bzw. im Mittelpunkt des Gesetzgebungsprozesses. Das Reich genoss außerdem weitaus mehr und umfangreichere Rechte gegenüber den Einzelstaaten, als es jemals für die Zentralgewalt des Deutschen Bundes der Fall gewesen war.

Die Vorstellung, dass die Reichsgründung einen Fürstenbund hervorgebracht hatte, war deshalb äußerst umstritten. Unter den Rechtswissenschaftlern, die versuchten, die Reichsgründung staatsrechtlich einzuordnen, gab es nur wenige, die argumentierten, dass Reich und Verfassung aus einem völkerrechtlichen Vertrag zwischen den einzelstaatlichen Regierungen entstanden seien. Die meisten sahen die Gründung des Norddeutschen Bundes und des Deutschen Reiches vielmehr als Akt der Bundes- bzw. parallelen Landesgesetzgebung oder als Folge einer Vereinbarung zwischen allen monarchischen Regierungen und dem Reichstag. Georg Jellinek behauptete gar, dass die Reichsgründung überhaupt kein rechtlicher Vorgang war, sondern ein rein historisch-politisches Ereignis.[4] Angesichts dieser völlig verschiedenen Positionen blieb die Rechtsnatur des Reiches letztlich unklar. „Die Kategorien des Staatsrechts“, konstatierte der preußische Historiker Heinrich von Treitschke, „werden an diesem Bau zu Schanden“.[5] Einig waren sich die meisten Juristen nur in einem Punkt, nämlich darin, dass das Reich eben kein Fürstenbund war.[6]

Bismarck hielt nichtsdestotrotz an diesem Konzept fest. Wie sehr er sich daran klammerte, wurde kurz vor seinem Rücktritt im März 1890 deutlich. Bei der Reichstagswahl einen Monat zuvor hatten die ihn unterstützenden Kartellparteien (Deutschkonservative, Freikonservative, Nationalliberale) die Mehrheit verloren, während die von ihm mit den Sozialistengesetzen verfolgten Sozialdemokraten erstmals die meisten Wählerstimmen aller Parteien gewonnen hat-

2 Reichsverfassung 1871. Art. 1 Deutsche Bundesakte 1815 sprach von einem „beständigen Bund“, Art. 5 Wiener Schlussakte 1820 von einem „unauflöslichen Bund“.

3 *Ernst Rudolf Huber*, Deutsche Verfassungsgeschichte seit 1789, Bd. 3: Bismarck und das Reich. Stuttgart 1963, S. 788.

4 Überblick über die verschiedenen staatsrechtlichen Theorien ebd., S. 673–80.

5 *Heinrich von Treitschke*, Die Verfassung des Norddeutschen Bundes, in: Preußisches Jahrbuch 19, 1867, S. 717–733 (722).

6 Dazu *Heiko Holste*, Der deutsche Bundesstaat im Wandel (1867–1933). (Schriften zur Verfassungsgeschichte, Bd. 65) Berlin 2002, S. 252 f.

ten. Die Aussichten auf eine konstruktive Zusammenarbeit mit diesem Parlament waren so schlecht, dass Bismarck das Vertrauen Wilhelms II., der anderthalb Jahre zuvor den Thron bestiegen hatte, zu verlieren drohte. Um den Reichstag zu bändigen und den jungen Kaiser von seiner Unverzichtbarkeit im Kanzleramt zu überzeugen, sah Bismarck keinen anderen Weg mehr, als dem preußischen Kabinett einen Staatsstreich vorzuschlagen. Dabei ging er davon aus, dass das Reich ein Fürstenbund sei. Da die Monarchen der Einzelstaaten die Einigungsverträge geschlossen hätten, erklärte er, hätten sie auch das Recht, selbige wieder aufzukündigen und so den Bund aufzulösen. Zu diesem Zweck solle der preußische König als Deutscher Kaiser abdanken und gemeinsam mit allen anderen deutschen Fürsten von den Einigungsverträgen zurücktreten. Danach, so Bismarcks Plan, könnten die Monarchen einen neuen deutschen Gesamtstaat schaffen, der – wenn überhaupt – ein Parlament mit viel weniger Rechten als bisher umfassen würde.[7]

Die wachsende Kluft zwischen Bismarck und dem Kaiser – v. a. hinsichtlich des richtigen Umgangs mit der Sozialdemokratie – verhinderte die Umsetzung dieses Plans und mündete schließlich in den Rücktritt des Kanzlers. Die Idee des Fürstenbundes hatte sich also nicht durchgesetzt. Dass sie aber auch noch knapp zwanzig Jahre nach Reichsgründung ins Spiel gebracht wurde, ist bemerkenswert. Wie erklärt sich diese Langlebigkeit? In anderen Worten: Was steckte hinter der Vorstellung vom Reich als Fürstenbund? Woher kam sie und welche Funktionen erfüllte sie?

Diese Fragen wurden noch nie systematisch untersucht. In der Literatur zur Reichsgründung spielt der Fürstenbund keine nennenswerte Rolle. Auch sonst wird er nur am Rande erwähnt, vornehmlich in Studien zu Bismarcks erwähnten Staatsstreichplänen und der juristischen Konstruktion des Reiches.[8] Am bedeutsamsten ist ein kurzer Abschnitt in Ernst Rudolf Hubers Standardwerk zur deutschen Verfassungsgeschichte. Darin kommt Huber zu dem Schluss, dass der Fürstenbund angesichts der „nationalunitarische[n] Verfassungswirklichkeit" eine bloße „bündische Legende" war.[9]

Diese Einschätzung beurteilt den Fürstenbund als staatsrechtliche Norm und betont, dass eine solche nicht existierte. Durch diese Herangehensweise können zwar Aussagen über die normative Gestaltung der Verfassung getroffen werden, nicht aber über die Hintergründe, den Ursprung, und die Verwendung

7 Protokoll der Sitzung des Preußischen Staatsministeriums vom 2. März 1890, in: *Egmont Zechlin*, Staatsstreichpläne Bismarcks und Wilhelms II. 1890–1894. Stuttgart/Berlin 1929, S. 180 ff. Zu Bismarcks Plan *Michael Stürmer*, Staatsstreichgedanken im Bismarckreich, in: HZ 209/3, 1969, S. 566–615.

8 Zum Beispiel ebd. und *Holste*, Bundesstaat (wie Anm. 6).

9 *Huber*, Verfassungsgeschichte, Bd. 3 (wie Anm. 3), S. 788 f.

der Vorstellung, dass das Reich ein Fürstenbund war. Um diese Punkte zu verstehen, müssen wir den Fürstenbund nicht als Norm, sondern als Idee betrachten, deren konkrete Funktion vom jeweiligen historischen Kontext abhing.

Dabei wird sich dieser Aufsatz auf die Fürsten konzentrieren, die Bismarck mit der Idee vom Fürstenbund für die Reichsgründung zu gewinnen suchte: die gekrönten Häupter der Mittel- und Kleinstaaten. Die von Heinrich Zoepfl vertretenen mediatisierten Standesherren bzw. ehemals souveränen Fürsten spielten in der Idee vom Fürstenbund keine Rolle – schließlich handelte es sich dabei um die Vorstellung eines Bundes von Monarchen, die nach wie vor souverän waren. Bismarck schenkte den Standesherren dementsprechend auch wenig bis gar keine Aufmerksamkeit. Dass ihre Rechtsstellung aber doch irgendwie mit dem Status der mittel- und kleinstaatlichen Fürsten im neu geschaffenen Nationalstaat zusammenhing, wie unten deutlich werden wird, erkannte der Historiker Hermann Baumgarten schon 1866, als die Reichsgründung noch ganz am Anfang stand. In seiner Schrift „Der Liberalismus. Eine Selbstkritik" äußerte er die Hoffnung, dass „der neue stolze, starke Staat dem Adel auch neue Aufgaben und eine neue Gesinnung" geben werde. „Vielleicht haben sogar manche deutsche Fürsten das Gefühl, daß es ehrenvoller sei", mutmaßte er, wie die Standesherren „Peer des neuen deutschen Staates zu sein, als ihre bisherige Scheinsouveränität fortzuführen".[10]

Im Folgenden wird dieser Aufsatz in drei Schritten vorgehen. Zunächst wird er untersuchen, welche Rolle die Fürsten in der Reichsgründung spielten und wozu die Idee des Fürstenbundes in diesem Zusammenhang diente. Danach wird er die Verfassung von 1867/71 dahingehend analysieren, inwieweit und zu welchem Zweck sich das Konzept des Fürstenbundes in ihren großen Leitlinien widerspiegelte. Der letzte Teil des Aufsatzes wird sich der Zeit nach der Reichsgründung zuwenden und prüfen, bei welchen Gelegenheiten und aus welchen Gründen die Idee des Fürstenbundes wieder aufgegriffen wurde.

Diese dreistufige Problemstudie wird zeigen, dass die „Legende" vom Fürstenbund ein vielseitiges Mittel war, das von Bismarck ganz bewusst eingesetzt wurde, um die Fürsten in der Reichsgründung zu beruhigen, einer Parlamentarisierung des Reiches strukturell vorzubeugen, den Reichstag in Schach zu halten, und widerspenstige Landesregierungen auf Kurs zu bringen.

10 *Hermann Baumgarten*, Der Liberalismus. Eine Selbstkritik. Berlin 1866, S. 215. Zit. in *Heinz Gollwitzer*, Die Standesherren. Die politische und gesellschaftliche Stellung der Mediatisierten 1815–1918. 2. Aufl. Göttingen 1964, S. 149.

I. Beruhigungsmittel

Die Reichsgründung war ein komplexer Verhandlungsprozess zwischen der preußischen Regierung, den Regierungen der Mittel- und Kleinstaaten, und den Vertretern einer vielschichtigen Volksbewegung. Dieser Prozess verlief in zwei großen Schritten: einer Verfassungsgebung und einem Verfassungsbeitritt. Im August 1866 unterzeichneten die einzelstaatlichen Regierungen nördlich des Mains einen Bündnisvertrag.[11] Aus diesem sog. Augustbündnis ging acht Monate später ein neuer Bundesstaat – der Norddeutsche Bund – hervor, indem die beteiligten Regierungen unter Mitwirkung des konstituierenden norddeutschen Reichstages und mit Zustimmung der Landesparlamente eine föderale Verfassung errichteten.[12] Im November 1870 schlossen die Regierungen der vier süddeutschen Staaten Bayern, Württemberg, Baden, und Hessen-Darmstadt mit Billigung ihrer jeweiligen Landesparlamente Einigungsverträge mit dem Norddeutschen Bund, durch die sie seiner Verfassungsordnung vorbehaltlich einiger Änderungen und Zusätze beitraten.[13] Die dementsprechend revidierte Verfassung wurde vom ersten gesamtdeutschen Reichstag im April 1871 in Form eines einfachen Gesetzes angenommen.[14] Das Deutsche Reich war bereits vier Monate zuvor mit Inkrafttreten der Einigungsverträge am Neujahrstag offiziell ins Leben getreten.

Um zu begreifen, welche Rolle die Fürsten in diesen Vorgängen spielten, müssen wir zunächst die Verhandlungsposition der mittel- und kleinstaatlichen

11 Bündnisvertrag zwischen Preußen, Sachsen-Weimar, Oldenburg, Braunschweig, Sachsen-Altenburg, Sachsen-Coburg-Gotha, Anhalt, Schwarzburg-Sondershausen, Schwarzburg-Rudolstadt, Waldeck, Reuß jüngere Linie, Schaumburg-Lippe, Lippe, Bremen und Hamburg, 18. Aug. 1866, Gesetzsammlung für die Königlich-Preußischen Staaten 1866, Nr. 6436, S. 626–30. Auch in *Ernst Rudolf Huber (Hrsg.)*, Dokumente zur Deutschen Verfassungsgeschichte, Bd. 2: 1851–1900. 3. Aufl. Stuttgart 1986, Nr. 196, S. 268–70.

12 Publikandum, die Verfassung des Norddeutschen Bundes betreffend, 16. Apr. 1871, BGBl. 1867, Nr. 1, S. 1–23. Auch in *Huber (Hrsg.)*, Dokumente, Bd. 2 (wie Anm. 11), Nr. 198, S. 272–85.

13 Protokoll, betreffend die Vereinbarung zwischen dem Norddeutschen Bunde, Baden und Hessen über die Gründung des Deutschen Bundes und Annahme der Bundesverfassung, 15. Nov. 1870, BGBl. 1870, Nr. 51, S. 650–3. Vertrag, betreffend den Beitritt Bayerns zur Verfassung des Deutschen Bundes, nebst Schlußprotokoll, 23. Nov. 1870, BGBl. 1871, Nr. 5, S. 9–26. Vertrag zwischen dem Norddeutschen Bunde, Baden und Hessen einerseits und Württemberg andererseits, betreffend den Beitritt Württembergs zur Verfassung des Deutschen Bundes, nebst dazu gehörigem Protokoll, 25. Nov. 1870, BGBl. 1870, Nr. 51, S. 627–49. Alle Dokumente auch in *Huber (Hrsg.)*, Dokumente, Bd. 2 (wie Anm. 11), Nr. 219–224, S. 326–38.

14 Gesetz, betreffend die Verfassung des Deutschen Reiches, 16. Apr. 1871, BGBl. 1871, Nr. 16, S. 63–85.

Regierungen verstehen. Sowohl 1866/67 als auch 1870/71 standen diese unter enormem Druck. Nach dem Sieg Preußens im Deutschen Krieg vom Sommer 1866 schied Österreich aus Deutschland aus. Dieser historische Bruch nahm den Mittel- und Kleinstaaten die Möglichkeit, ihre Eigenständigkeit dadurch zu bewahren, die beiden Großmächte gegeneinander auszuspielen.[15] Die süddeutschen Staaten blieben nur deshalb unabhängig, weil ansonsten eine französische und/oder russische Militärintervention gedroht hätte. Für die norddeutschen Staaten gab es eine solche internationale Garantie nicht, weil sie direkt in der preußischen Einflusszone lagen. Dort sahen sie sich der größten militärischen, wirtschaftlichen, und politischen Übermacht gegenüber, die Preußen je in Deutschland gehabt hatte. Es blieb ihnen daher nichts anderes übrig, als Bismarcks Deutschlandpolitik zu folgen. So traten sogar die mitteldeutschen Fürstentümer, die im Krieg auf Seiten Österreichs gekämpft hatten, dem Augustbündnis bei. Selbst das stolze Königreich Sachsen sah keinen anderen Weg.[16] Teil eines preußisch dominierten Bundesstaates zu werden, war immer noch besser, als die staatliche Existenz gänzlich einzubüßen. Dieses Schicksal ereilte das Königreich Hannover, das Kurfürstentum Hessen-Kassel, das Herzogtum Nassau, und die Freie Stadt Frankfurt. Ohne viel Federlesen annektierte Preußen die ehemaligen Kriegsgegner Anfang Oktober 1866. Dieser Gewaltakt war eine Warnung an die norddeutschen Mittel- und Kleinstaaten, dass ihre Beteiligung an der Gründung des Norddeutschen Bundes eine Frage des Überlebens war.[17]

Ende 1870 war die Situation der Südstaaten ähnlich. Als sie nach dem gemeinsamen Sieg gegen Frankreich in der Schlacht von Sedan mit dem Norddeutschen Bund Beitrittsverhandlungen aufnahmen, konnten sie Bismarck zwar einige wichtige Sonderrechte abringen.[18] Ein Nein zur Gründung eines gesamtdeutschen Nationalstaates war aber – auch wenn die Verhandlungen mühselig waren und mehrmals kurz vor dem Abbruch standen – keine wirkli-

15 Zu dieser Strategie *Brendan Simms*, The Struggle for Mastery in Germany, 1779–1850. (European History in Perspective) Basingstoke 1998, S. 105–17 und *Wolfram Siemann*, Vom Staatenbund zum Nationalstaat. Deutschland 1806–1871. (Neue Deutsche Geschichte, Bd. 7) München 1995, S. 393 f. Zum „Geschichtsbruch" von 1866 *Dieter Langewiesche*, Was heißt „Erfindung der Nation"? Nationalgeschichte als Artefakt – oder Geschichtsdeutung als Machtkampf, in: HZ 277, 2003, S. 593–617 (612).

16 Zu den Friedensverträgen und Beitritten der ehemaligen Kriegsgegner *Huber*, Verfassungsgeschichte, Bd. 3 (wie Anm. 3), S. 603 f.

17 Zu den Annexionen *Hans A. Schmitt*, Prussia's Last Fling: The Annexations of Hanover, Hesse, Frankfurt, and Nassau, June 15–October 8, 1866, in: Central European History 8/4, 1975, S. 316–347.

18 Überblick über die Sonderrechte in *Huber*, Verfassungsgeschichte, Bd. 3 (wie Anm. 3), S. 806–8.

che Option. Die äußeren Umstände drängten auf eine gesamtdeutsche Einigung. Wirtschaftlich waren der Süden und der Norden über den Deutschen Zollverein eng miteinander verflochten. Militärisch waren die süddeutschen Staaten über Schutz- und Trutzbündnisse mit dem Norddeutschen Bund alliiert.[19] Anders als der ‚Bürgerkrieg' von 1866 spaltete der Krieg gegen Frankreich die deutschen Staaten daher nicht, sondern vereinte sie im Felde gegen einen gemeinsamen äußeren Feind. Der militärische Sieg entfachte in weiten Teilen der Bevölkerung eine so große Begeisterung für die Gründung eines deutschen Nationalstaates, dass die Skepsis partikularistischer Gruppen im Süden, v. a. in Bayern, bei weitem übertönt wurde.[20] Dazu kam die Anziehungskraft, die der Norddeutsche Bund aufgrund seiner fortschrittlichen Gesetzgebung im Wirtschafts- und Rechtswesen v. a. auf liberale Kreise im Süden ausübte.[21]

Alle diese Faktoren schränkten die Möglichkeiten der süddeutschen Regierungen in den Beitrittsverhandlungen erheblich ein. Die Gefahr, politisch, wirtschaftlich, und militärisch isoliert zu werden und weite Teile der Bevölkerung gegen sich aufzubringen, war einfach zu groß, um die Vereinigung platzen zu lassen. Als er nach langem Widerstand dem Druck nachgab, seinem preußischen Vetter die Kaiserkrone anzutragen, beklagte der bayerische König Ludwig II. dieses Dilemma in einem Brief an seinen Bruder Otto:

> Könnte Bayern allein, frei vom Bunde, stehen, dann wäre es gleichgültig, da dies aber geradezu eine politische Unmöglichkeit wäre, da Volk und Armee sich dagegen stemmen würden und die Krone mithin allen Halt im Land verlöre, so ist es, so schauderhaft und entsetzlich es immerhin bleibt, ein Akt von politischer Klugheit, ja von Notwendigkeit im Interesse der Krone und des Landes, wenn der König von Bayern jenes Anerbieten stellt, da, nachdem Bayern nun doch einmal aus politischen Gründen in den Bund muß, hinterher der nun doch nicht mehr ferne zu haltende Kaiser von mir bon gré mal gré anerkannt werden muß.[22]

19 Zu den Schütz- und Trutzbündnissen ebd., S. 600–3.

20 Zur Stimmung in der Bevölkerung siehe die Dokumente in *Ernst Deuerlein (Hrsg.),* Die Gründung des Deutschen Reiches 1870/71 in Augenzeugenberichten. Düsseldorf 1870, S. 60–116. Vielfältige Stimmungsbilder und Inszenierungen der Reichsgründung sind analysiert in *Michael Fischer/Christian Senkel/Klaus Tanner (Hrsg.),* Reichsgründung 1871. Ereignis – Beschreibung – Inszenierung. Münster 2010.

21 Zur Beziehung der Südstaaten zum Norddeutschen Bund *Rolf Wilhelm*, Das Verhältnis der süddeutschen Staaten zum Norddeutschen Bund (1867–1870). (Historische Studien, Bd. 431) Husum 1978.

22 In *Deuerlein* (Hrsg.), Augenzeugenberichte (wie Anm. 20), S. 239.

Nur, wenn sich die Südstaaten zusammengeschlossen hätten, hätten sie ein Gegengewicht zu Preußen bilden und womöglich ihre Unabhängigkeit bewahren können. Dafür waren ihre Interessen aber zu unterschiedlich. In Baden war die Begeisterung für einen deutschen Nationalstaat seit langem groß. Hessen-Darmstadt wollte einen Zusammenschluss mit dem Norddeutschen Bund schon deshalb, um wieder mit dem nördlichen Teil Hessens – dem von Preußen annektierten Hessen-Kassel – vereint zu sein. Bayern und Württemberg teilten zwar ihre Vorbehalte gegen ein preußisch dominiertes Reich, waren aber traditionelle Konkurrenten im süddeutschen Raum.[23] Angesichts dieser Gegensätze war es kein Wunder, dass die Idee des bayerischen Ministerpräsidenten Chlodwig zu Hohenlohe-Schillingsfürst, einen unabhängigen Südbund zu gründen und diesen über einen losen dritten Bund mit dem Norddeutschen Bund zu verbinden, jedes Mal scheiterte, wenn er sie ins Spiel brachte. Die Entschiedenheit, mit der die anderen süddeutschen Regierungen diesen Vorschlag ablehnten, zeigte, dass sie im Grunde keine Alternative zur Vereinigung mit dem Norddeutschen Bund sahen.[24]

Im gesamten Prozess der Reichsgründung war der Handlungsspielraum der mittel- und kleinstaatlichen Regierungen also sehr gering. Die Verfassungsgebung oder den Verfassungsbeitritt zu boykottieren, war für keine von ihnen eine realistische Option. Die Lage der Dinge zwang sie zum Pakt mit Preußen, ob sie wollten oder nicht. In dieser Drucksituation stand für die Fürsten viel auf dem Spiel. Jeder von ihnen musste fürchten, dass die Übermacht Preußens sein Land verschlingen könnte; dass seine fürstliche Souveränität vom neuen Nationalstaat ausgelöscht werden könnte; dass die starke Position des Reichstages den Anfang vom Ende monarchischer Herrschaft bedeuten könnte; und dass seine Dynastie gegenüber anderen Fürstenhäusern ins Hintertreffen geraten könnte.

Wie gingen die Fürsten mit dieser Situation um? Was war ihr Beitrag zu den Vorgängen der Reichsgründung? Obwohl das Reich nicht zuletzt zum Schutz der Monarchie gegründet wurde, spielten die Fürsten in seinem Entstehungsprozess keine tragende Rolle. Sie verhielten sich hauptsächlich passiv. Seit dem Scheitern des Frankfurter Fürstentages 1863 hatte es keine großen

23 Zur jeweiligen Interessenslage der Südstaaten *Karl Bosl*, Die Verhandlungen über den Eintritt der süddeutschen Staaten in den Norddeutschen Bund und die Entstehung der Reichsverfassung, in: Theodor Schieder und Ernst Deuerlein (Hrsg.), Reichsgründung 1870–71: Tatsachen, Kontroversen, Interpretationen. Stuttgart 1970, S. 148–63.

24 Zum Südbundplan *Wilhelm*, Verhältnis (wie Anm. 21), S. 79–96 und *Huber*, Verfassungsgeschichte, Bd. 3 (wie Anm. 3), S. 681–5.

Versuche mehr aus ihrem Kreis gegeben, Deutschland neu zu ordnen.[25] Abgesehen vom preußischen König und seinem Sohn Friedrich brachten sich lediglich Herzog Ernst von Sachsen-Coburg-Gotha, der schon seit Ende der 1850er Jahre den „Deutschen Nationalverein" und dessen kleindeutsche Agenda unterstützt hatte, und der Großherzog von Oldenburg, der sogar einen eigenen Verfassungsentwurf zur Einführung einer Reichsmonarchie vorlegte, aktiv in die Verhandlungen zur Reichsgründung ein, v. a. im Zusammenhang mit der Kaiserfrage.[26] Alle anderen Monarchen der Mittel- und Kleinstaaten überließen das politische Geschäft in den Verfassungs- bzw. Beitrittsverhandlungen weitestgehend ihren Ministern.

Gestaltet wurde der Prozess der Reichsgründung somit nicht von den Fürsten, sondern von Politikern und Bürokraten, allen voran von Bismarck. Das französische Satiremagazin *Le Charivari* machte diesen Umstand in einer Karikatur zu den Verhandlungen der Einigungsverträge deutlich (siehe Abbildung 1). Bismarck, so die Darstellung, degradiere die Könige von Bayern, Württemberg, und Sachsen zu Lakaien auf der Staatskutsche der preußischen Monarchie. Dabei gab er in den Augen des Karikaturisten Honoré Daumier die Richtung so bestimmt vor, dass er selbst den preußischen König in den Schatten drängte. Diese beißende Metapher traf gleich in mehrfacher Hinsicht zu. Dass es Bismarck hauptsächlich um die Machtstellung der preußischen Monarchie ging und er bereit war, die Souveränität anderer Fürsten zu opfern, wenn es für seine übergeordneten Ziele nützlich war, bewiesen die Annexionen des Jahres 1866. Was in Hannover, Hessen-Kassel, und Nassau geschah, war nichts anderes als eine gewaltsame Absetzung. Denn Preußen entmachtete drei souveräne Dynastien, die seit den Tagen des Heiligen Römischen Reiches über ihre jeweiligen Territorien geherrscht hatten.[27] Unter den Fürsten rief diese Aktion allerdings keine nennenswerte Solidarität hervor. Manche mediatisierten Standesherren empfanden sogar Genugtuung, dass nun einige der klein- und mittelstaatlichen Fürsten ihrerseits eine Art Mediatisierung durchmachten. Die entmachteten Häuser wiederum bestanden auf einem Sonderstatus und schlossen sich nicht dem „Verein der deutschen Standesherren" – der Vertretung der

25 Zum Frankfurter Fürstentag *Norbert Wehner*, Die deutschen Mittelstaaten auf dem Frankfurter Fürstentag 1863. (Europäische Hochschulschriften, Reihe 3: Geschichte und ihr Hilfswissenschaften, Bd. 548) Frankfurt am Main 1993.

26 Dazu die Memoiren *Ernst II. von Sachsen-Coburg und Gotha*, Aus meinem Leben und aus meiner Zeit, 3 Bd. Berlin 1887–1889 und *Gerd Fesser*, Liberaler Fürst, deutscher Patriot – Herzog Ernst II. von Sachsen-Coburg und Gotha, in: ders., Von der Napoleonzeit zum Bismarckreich. Streiflichter zur deutschen Geschichte im 19. Jahrhundert. Bremen 2001, S. 107–18 und *Otto Becker*, Bismarcks Ringen um Deutschlands Gestaltung. Heidelberg, v. a. S. 305 f.

27 Dazu *Schmitt*, Prussia's Last Fling (wie Anm. 17).

ACTUALITÉS

Comment Bismark comprend l'unité allemande.

Abbildung 1. Honoré Daumier, Actualités, Paris, 26.12.1870: Comment Bismark comprend l'unité allemande. (Neuigkeiten. Wie Bismarck die deutsche Einheit versteht). Karikatur von Honoré Daumier in *Le Charivari*, Bd. 39, 26. Dez. 1870. Teil der Ausstellung „Bayern und Preußen. Eine historische Beziehung in Karikaturen“ von 1999 im Haus der Bayerischen Geschichte, München.

Mediatisierten – an, sondern bildeten eine neue Fürstengruppe: die „Depossedierten".[28]

Zudem erschienen die Fürsten in Bismarcks Reichsgründungspolitik zumindest insofern als Lakaien, als dass sie nur bei zeremoniellen Angelegenheiten wirklich direkt mitwirkten. Der wichtigste derartige Akt war das Angebot der deutschen Kaiserkrone an den preußischen König. Bismarck bestand darauf, dass dieses zuerst von den Fürsten der Mittel- und Kleinstaaten statt vom Reichstag ausgehen und der mächtigste unter ihnen, der bayerische König, es aussprechen müsse. Ludwig II. wehrte sich einige Zeit dagegen, gab seinen Widerstand aber schließlich auf im Austausch gegen das Zugeständnis umfangreicher bayerischer Sonderrechte und einer erklecklichen Summe Bestechungsgeld aus dem konfiszierten Vermögen der Hannoveraner Welfen, das er für seine Bauprojekte brauchte. Bezeichnend für die passive Rolle der Fürsten war dabei, dass Ludwig den sogenannten Kaiserbrief zwar mit eigener Hand schrieb, Bismarck diesen aber vorformuliert hatte.[29]

Wie besseres Personal, das man herumschubsen und gefügig machen konnte, behandelte Bismarck die Fürsten auch in dem Sinne, dass er sie massiv unter Druck setzte. Dabei schreckte er auch nicht davor zurück, den größten Gegenspieler monarchischer Souveränität zu instrumentalisieren: den Parlamentarismus. Nicht widerwillig, sondern ganz bewusst gestand er dem Reichstag zentrale Aufgaben im Prozess der Reichseinigung zu, nämlich den Verfassungsentwurf der verbündeten Regierungen 1867 zu verhandeln und die gemäß der Bestimmungen der Einigungsverträge überarbeitete Verfassung 1871 noch einmal zu verabschieden. Dass er dadurch das Gewicht des Volkes in die Waagschale werfen wolle, um die Fürsten zu nötigen, der Reichsgründung zuzustimmen, erläuterte er bereits kurz vor dem Krieg gegen Österreich dem preußischen Gesandten in St. Petersburg. „Auf Einigung der Regierungen" in der deutschen Frage, betonte Bismarck, sei „ohne Mitwirkung einer Vertretung der Nation [...] nicht zu hoffen".[30]

Und trotzdem: Auch wenn Bismarck die Fürsten so sehr an den Rand drängte, dass sie keine gestalterische Rolle einnahmen, war ihr Einverständnis für die Reichsgründung unabdingbar. Ohne die Zustimmung der einzelstaatlichen Souveräne zur Verfassung und den Einigungsverträgen konnte die Einheit nicht gemacht werden. Sie hatten sozusagen die Macht des Vetos. Eben deswegen unternahm Bismarck ja so große Anstrengungen, sie auf Linie zu bringen –

28 Dazu *Gollwitzer*, Standesherren (wie Anm. 10), S. 147.

29 Zu den Vorgängen zur Erneuerung der Kaiserwürde siehe die Dokumente in *Deuerlein (Hrsg.)*, Augenzeugenberichte (wie Anm. 20), S. 229–58. Bismarcks Entwurf des Kaiserbriefes und Ludwigs Endfassung ebd., S. 243–5.

30 Zit. in *Holste*, Bundesstaat (wie Anm. 6), S. 98.

selbst, wenn ihn dies mitunter frustrierte. Nach der Proklamation im Versailler Spiegelsaal, der eine Nacht langer Verhandlungen über den genauen Titel des Kaisers vorangegangen war, schrieb er seiner Frau: „ [...] [D]iese Kaisergeburt war eine schwere, und Könige haben in solchen Zeiten ihre wunderlichsten Gelüste, wie Frauen, bevor sie der Welt geben, was sie doch nicht behalten können. Ich hatte als Accoucheur mehrmals das dringende Bedürfnis, eine Bombe zu sein und zu platzen, daß der ganze Bau in Trümmern gegangen wäre."[31]

In dieser Situation, in der die Fürsten ob der revolutionären Aussicht auf einen deutschen Nationalstaat um die Zukunft fürchteten, Bismarck ihre Zustimmung aber unbedingt brauchte, war politischer Druck alleine nicht genug. Zu groß war die Gefahr, die Fürsten könnten eine Trotz- bzw. Blockadehaltung einnehmen. Um das zu verhindern, mussten ihnen ihre Ängste und Sorgen genommen werden. Daher bestand Bismarcks realpolitische Strategie zur Gründung des Reiches nicht nur aus harter Machtpolitik, sondern auch aus psychologischer Überredungskunst. Ein Schlüssel zur Zustimmung der Fürsten war dabei die Idee vom Fürstenbund. Sie funktionierte als eine Art Beruhigungsmittel, das die einzelstaatlichen Souveräne Vertrauen in Bismarcks kleindeutsche Lösung schöpfen ließ.

Dies galt bezüglich aller großen Befürchtungen, die die Fürsten im Zusammenhang mit der Schaffung eines Nationalstaates hegten. Zunächst einmal milderte die Vorstellung vom Fürstenbund ihre Angst, sich dem preußischen König in einem kleindeutschen Kaisertum unterwerfen zu müssen. Im Reich als Fürstenbund waren alle Souveräne der Einzelstaaten – egal, ob sie den Status eines Herzogs, Großherzogs oder Königs hatten – prinzipiell gleichrangig. Der Hohenzollernkönig war ihnen als Kaiser nicht übergeordnet, sondern lediglich ein *primus inter pares.* Ausdruck fand diese Konzeption im Titel „Deutscher Kaiser", den der preußische König Wilhelm zunächst als inhaltlose Formel abgelehnt hatte. „Nur ein Scheinkaisertum übernähme er, nichts weiter als eine andere Bezeichnung für ‚Präsident'", beschwerte sich Wilhelm am Vorabend der Proklamation, ja „er müßte sich mit einem Major vergleichen, dem der Charakter als ‚Oberstleutnant' verliehen worden sei".[32] Bismarck bestand aber darauf, aus Rücksicht auf die Fürsten auf die Bezeichnung „Kaiser von Deutschland" zu verzichten, da diese einen territorialen Herrschaftsanspruch auf das

31 Zit. in *Deuerlein (Hrsg.),* Augenzeugenberichte (wie Anm. 20), S. 308.

32 Tagebucheintrag Kronprinz Friedrichs über eine Beratung mit seinem Vater Wilhelm, 17. Januar 1871, in: *Johannes Hohlfeld (Hrsg.),* Dokumente der deutschen Politik und Geschichte von 1848 bis zur Gegenwart, Bd. 1: 1848–1890. Berlin 1951, Nr. 80, S. 293.

ganze Reich – also auch auf die Mittel- und Kleinstaaten – angedeutet hätte.[33] Eine übergeordnete Reichsmonarchie gab es jedoch nicht. Der Kaiser war kein Herrscher über ganz Deutschland. „Kaiser“ war nur ein Ehrentitel, „eine bloße persönliche Titulatur“, wie der zeitgenössische Rechtswissenschaftler Gustav Adolf Arndt formulierte, die der preußische König als Inhaber des Bundespräsidiums, also gewissermaßen als Vorsitzender des Fürstenbundes, trug.[34] Verfassungsmäßiger Souverän des Reiches war in Anlehnung an die Vorstellung vom Fürstenbund laut Bismarck und den meisten Staatsrechtlern nämlich nicht der Kaiser, sondern die „Gesamtheit aller verbündeten Regierungen“.[35]

Darüber hinaus beruhigte die Idee vom Fürstenbund die Oberhäupter der Mittel- und Kleinstaaten auch dahingehend, dass keiner aus ihrem Kreis in den Verfassungs- bzw. Beitrittsverhandlungen bevorzugt werden und deshalb in der neuen Ordnung eine unverhältnismäßig herausgehobene Stellung haben würde. Da sich die Reichsgründung in einem monarchischen Umfeld abspielte, das sich über Status- und Prestigefragen definierte, war die Bedeutung dieser Wirkung nicht zu unterschätzen. Das wurde spätestens kurz vor Abschluss der Novemberverhandlungen klar, als die württembergische Regierung die Unterzeichnung des Einigungsvertrages überraschend auf unbestimmte Zeit verschob. Eine Hofintrige hatte König Karl I. dazu bewegt, plötzlich darauf zu bestehen, dass sein Königreich dem neuen Nationalstaat nur beitreten würde, wenn es dieselben bzw. gleichwertige Sonderrechte zugesprochen bekäme wie Bayern, das andere süddeutsche Königreich.[36] Auch wenn dieser Sinneswandel bald wieder verflog, weist er auf einen oft übersehenen Aspekt der Reichsgründung hin. Da alle Sonderrechte im Vergleich zur hegemonialen Stellung Preußens ohnehin unerheblich waren, lag ihre Bedeutung v. a. auf psychologischer Ebene – und hier konnte kein politischer Druck, sondern nur der Leitgedanke prinzipieller Gleichberechtigung unter den Fürsten, die den Kern der Idee vom Fürstenbund ausmachte, Sicherheit schaffen.

Zudem nahmen die Strukturen der Verfassung, die in Anlehnung an einen Fürstenbund geschaffen wurden, den gekrönten Häuptern zumindest teilweise

33 Zur Titeldiskussion *Otto Pflanze*, Bismarck and the Development of Germany, Bd. 1: The Period of Unification, 1815–1871. 2. Aufl. Princeton 1990, S. 504 f. und *Steinberg*, Bismarck (wie Anm. 1), S. 306. Zur jeweiligen rechtlichen Problematik verschiedener Titelalternativen *H. Tophoff*, Die Rechte des deutschen Kaisers. Stuttgart 1902, S. 34 f.

34 *Gustav Adolf Arndt*, Das Staatsrecht des Deutschen Reiches. Berlin 1901, S. 76.

35 Zur verfassungsrechtlichen Stellung des Kaisers *Oliver F. R. Haardt*, The Kaiser in the Federal State, 1871–1918, in: German History 34, 2016, S. 529–554. Zum Kollektivsouverän des Reiches in der zeitgenössischen staatsrechtlichen Diskussion *Holste*, Bundesstaat (wie Anm. 6), S. 254.

36 Dazu *Bosl*, Verhandlungen (wie Anm. 23), S. 160.

die Sorge, dass ein Nationalstaat mit einem gesamtdeutschen Reichstag dem Parlamentarismus zum Durchbruch verhelfen und damit letztlich das Ende monarchischer Herrschaft herbeiführen könnte. Diese beruhigende Wirkung kam hauptsächlich daher, dass die Verfassung – wie wir weiter unten sehen werden – der Entwicklung einer parlamentarischen Reichsregierung vorbeugte und die Souveränität der einzelstaatlichen Monarchen vom Einfluss des Reichstages abschirmte.

Schließlich wiegte die Idee vom Fürstenbund die gekrönten Häupter auch dahingehend in Sicherheit, dass sie trotz des Eintritts ihrer Länder in einen neuen Nationalstaat ihre Souveränität behalten würden. Als Fürstenbund war das Reich nämlich nichts anderes als eine besonders enge Allianz souveräner Monarchen. Um diesen Eindruck zu festigen, bewahrten die Verfassungs- bzw. Beitrittsverhandlungen zahlreiche monarchische Ehrenrechte der Fürsten. Besonders interessant waren jene auf dem Gebiet der Diplomatie, einem Feld, das traditionell zu den Vorrechten monarchischer Souveräne gehörte. Um eine einheitliche Außenpolitik sicherzustellen, bestimmte die Verfassung zwar, dass der Kaiser „das Reich völkerrechtlich zu vertreten, im Namen des Reichs Krieg zu erklären und Frieden zu schließen, Bündnisse und andere Verträge mit fremden Staaten einzugehen, Gesandte zu beglaubigen und zu empfangen" habe.[37] Die Fürsten behielten aber trotzdem einige diplomatische Privilegien, allen voran das Recht, mit ausländischen Höfen und auch untereinander Gesandte auszutauschen. Obwohl die Verfassung in diesem Punkt vage blieb, war dieser Gesandtenaustausch allgemein akzeptiert, solange er nicht die Außenpolitik des Reiches untergrub.[38] Auch wenn die Fürsten also keine eigenständige Außenpolitik verfolgen konnten, war das Zugeständnis dieses Rechts nicht unerheblich, um ihre Zustimmung zur Reichsgründung zu bekommen. Im konstituierenden Reichstag unterstrich der konservative Abgeordnete Curt von Watzdorf diese Tatsache, indem er seine Kollegen daran erinnerte, dass das Verbot fürstlicher Gesandtschaften einer der vielen Gründe war, warum das Verfassungsprojekt der Erfurter Union 1850 gescheitert war:

> Aber, meine Herren, es wirkte damals eine ziemlich Reihe von Kleinigkeiten auch mit, und die Bestimmung in der Unionsverfassung, daß die einzelnen Regierungen keine ständigen Gesandten empfangen und abschicken dürften,

37 Reichsverfassung 1871, Art. 11.

38 Siehe z. B. *Curt Riess*, Auswärtige Hoheitsrechte der deutschen Einzelstaaten. Breslau, 1905; *Albert Hänel*, Deutsches Staatsrecht, Bd. 1: Die Grundlagen des deutschen Staates und die Reichsgewalt. (Systematisches Handbuch der deutschen Rechtswissenschaft, Bd. 5.1) Leipzig 1892, S. 556 f. und *Paul Laband*, Das Staatsrecht des Deutschen Reiches, Bd. 3. 5. Aufl. Tübingen 1913, S. 3. Dazu *Holste*, Bundesstaat (wie Anm. 6), S. 182–9.

war ein Moment, was an einzelnen Stellen sehr tief verletzte und das Eingehen in die Bestrebungen wesentlich mit schädigte.[39]

Am Beispiel der diplomatischen Privilegien wird auch deutlich, dass derartige monarchische Ehrenrechte nur wenig praktische Bedeutung hatten und ihr Zugeständnis daher ein rein taktischer Schachzug zur Beruhigung der Fürsten war. Während die innerdeutschen Gesandtschaften wenigstens eine gewisse Koordinationsfunktion im föderalen Entscheidungsprozess hatten, war der Austausch von Diplomaten mit ausländischen Höfen politisch weitestgehend irrelevant. Der bayerische Staatsrechtler Philipp Zorn bezeichnete ihn als reines „Überbleibsel deutscher Titelsucht".[40] Die meisten Fürsten konnten sich den Unterhalt diplomatischer Gesandtschaften im Ausland ohnehin nicht leisten. Angesichts der außenpolitischen Hoheit des Reiches verringerte sich im Laufe der Jahre die Bereitschaft zur Finanzierung dieser kostspieligen Ehrendelegationen immer weiter. Während 1869 noch sieben deutsche Staaten Gesandte an ausländische Höfe schickten, taten dies nach 1900 nur noch Bayern und Sachsen. Aber auch sie waren in nicht mehr als sechs bzw. einem europäischen Staat vertreten.[41] Johannes von Miquel, einer der führenden Nationalliberalen, hatte also Recht, als er im konstituierenden Reichstag vorhersagte, die diplomatischen Rechte der Fürsten würden mit der Zeit verschwinden: „Wir zweifeln daran, ob irgend eine einzelne Volksvertretung geneigt sein wird, Geld hinwegzuwerfen aus der Tasche des Volkes für unnütze Berichterstatter von Hofneuigkeiten."[42]

Der bayerische König war der erste, der realisieren musste, dass die diplomatischen Sonderrechte, die seine Regierung in den Einigungsverträgen ausgehandelt hatte, politisch wertlos waren. Schon im April 1871 – nur wenige Tage, nachdem die Reichsverfassung angenommen wurde – unterstrich Bismarck in Bezug auf die Friedensverhandlungen mit Frankreich, dass Bayerns „Betheiligung [...], um es kurz auszudrücken, eine mehr ornamentale zu bleiben habe,

39 Konstituierender Reichstag, 18. Sitzung, 23. März 1867, in: *Ernst Bezold/Franz Holtzendorff (Hrsg.)*, Materialien der Deutschen Reichs-Verfassung. Sammlung sämmtlicher auf die Reichs-Verfassung, ihre Entstehung und Geltung bezüglichen Urkunden und Verhandlungen, einschließlich insbesondere derjenigen des constituirenden Norddeutschen Reichstages 1867, Bd. 1. Berlin 1873, S. 619 f.

40 Zit. in *Holste*, Bundesstaat (wie Anm. 6), S. 187.

41 Ebd.

42 Zit. in ebd., S. 188 und konstituierender Reichstag, 9. Sitzung, 9. März 1867, in: *Bezold/Holtzendorff (Hrsg.)*, Materialien, Bd. 1 (wie Anm. 39), S. 107.

zur Befriedigung eines Ehrenpunctes".[43] Im selben Monat stellte Bismarck klar, dass er Bayern nicht gestatten werde, das Sonderrecht, das Reich bei ausländischen Regierungen im Fall der Abwesenheit des kaiserlichen Botschafters zu vertreten, in der Praxis wahrzunehmen. Dieses Privileg, erklärte er, sei ein „reines Ehrenrecht" ohne konkrete Folgen.[44]

In den folgenden Jahren stellten sich auch die meisten anderen diplomatischen Privilegien als praktisch bedeutungslos heraus.[45] Diese Tatsache verdeutlicht, dass die von Bismarck lancierte Idee von der Reichsgründung als Fürstenbund nie dafür gedacht war, den Fürsten eine konkrete Teilhabe an der Reichspolitik zu gewähren. Sie war vielmehr ein Placebo, das er den Fürsten verabreichte, um sie während der revolutionären Vorgänge zur Gründung des kleindeutschen Reiches ruhig zu stellen. Der Erfolg heiligte für ihn dabei die Mittel, unternahm er die Reichsgründung doch nicht zuletzt deswegen, um das Überleben monarchischer Herrschaft sicherzustellen.

II. Präventionsmittel

Nicht nur gegenüber den Fürsten, sondern auch gegenüber dem konstituierenden Reichstag hatte die Idee von der Reichsgründung als Fürstenbund eine ganz bestimmte Funktion. Als theoretische Basis für den Verfassungsentwurf, den Bismarck im Namen der verbündeten norddeutschen Regierungen dem Reichstag im Frühjahr 1867 vorlegte, stellte sie sicher, dass das Regierungssystem des neuen Bundesstaates Strukturen zum Schutz monarchischer Souveränität und zur Verhinderung der Entstehung einer parlamentarischen Reichsregierung umfasste. Kurz gesagt: Die Idee vom Fürstenbund wirkte als Präventionsmittel gegen potentielle Vorstöße des Parlamentarismus.

Diese Wirkung rührte v. a. daher, dass die Vorstellung, das Reich sei ein Zusammenschluss souveräner Monarchen, implizierte, dass es keine Instanz über ihnen geben konnte. Genau deswegen hatte das Reich einen kollektiven Souverän, die Gesamtheit der verbündeten Regierungen. Aus dem gleichen Grund schuf die Verfassung keine von der Gemeinschaft der Fürsten unabhängige Reichsregierung. Trotz intensivster Bemühungen der liberalen Abgeordne-

43 Brief an den preußischen Gesandten in Brüssel, 22. April 1871, in: *Otto von Bismarck*, Gesammelte Werke, Abteilung 3: 1871–1918, Schriften, Bd. 1: 1871–1873. Hrsg. v. Holger Afflerbach/Konrad Canis/Lothar Gall/Klaus Hildebrand/Eberhard Kolb. (Neue Friedrichsruher Ausgabe) Paderborn 2004, Nr. 68, S. 74.

44 Brief an den preußischen Botschafter in London Albrecht von Bernstorff, 22. Juni 1871, in: ebd., Nr. 138, S. 143.

45 Dazu *Holste*, Bundesstaat (wie Anm. 6), S. 151 f.

ten im konstituierenden Reichstag gab es keinerlei Bestimmungen zur Einrichtung nationaler Ministerien, wie es in der Frankfurter Paulskirchenverfassung der Fall gewesen war.[46] Der einzige oberste Reichsbeamte, den die Verfassung vorsah, war der Reichskanzler. Ernannt bzw. entlassen wurde dieser vom Kaiser, dem Oberhaupt der nationalen Exekutive. Im Einklang mit der Stellung des Kaisers als *primus inter pares* im Kreis der Fürsten war der Kanzler aber laut Verfassung nicht der Leiter einer unabhängigen kaiserlichen Regierung, sondern lediglich der Vorsitzende des Bundesrates, d. h. der Versammlung der Bevollmächtigten der Fürsten, die den Souverän des Reiches repräsentierte.[47] Gemäß dieser Konstruktion gab es keine Reichsregierung, die der Reichstag hätte versuchen können, unter Kontrolle zu bringen. Ohne Regierung konnte es nicht zu einer Parlamentarisierung kommen. Das Fehlen einer offiziellen Reichsregierung war also eine Schutzvorrichtung gegen den Parlamentarismus.

Eine solche Schutzvorrichtung war aus monarchischer Sicht notwendig, weil Bismarck den Liberalen im Austausch gegen ihre Zustimmung zum Verfassungsentwurf zugestehen musste, dass der Reichstag eine wichtige Rolle im neuen Regierungssystem bekam. Diese schlug sich v. a. darin nieder, dass ohne das Parlament kein Reichsgesetz verabschiedet werden konnte – also auch nicht die jährlichen Gesetze zur Festlegung des Haushalts.[48] Gegen den Reichstag konnte das Reich somit kaum regiert werden. Das galt umso mehr angesichts des allgemeinen Wahlrechts, das von der Frankfurter Paulskirchenverfassung übernommen wurde.[49] Der breite Vertretungsanspruch, den dieses dem Reichstag gab, würde es schwer machen – so viel war schon 1867 klar –, die Forderungen des Parlamentes dauerhaft zu ignorieren.

Aufgrund dieser starken Stellung des Reichstages war es zum Schutz monarchischer Herrschaft erforderlich, die Exekutive strukturell so weit wie möglich von ihm abzuschirmen. Statt einer Reichsregierung war die zentrale Schaltstelle der Verfassung deshalb das Organ, das das Kollektiv der Fürsten, also den Souverän des Reiches, verkörperte: der Bundesrat. Dieser war nach Vorbild des Bundestages des Deutschen Bundes ein Gesandtenkongress der einzelstaatlichen Regierungen. Gemäß der Vorstellung, dass alle Souveräne im Fürstenbund prinzipiell gleich waren, war jedes Land in ihm vertreten. Allerdings hatten die Einzelstaaten – abhängig von ihrer jeweiligen Bevölkerungszahl – unterschiedlich viele Stimmen.[50] Dabei kam die Stellung des preußischen

46 Paulskirchenverfassung 1849, Art. 73.2, 74, 99, 186.2.

47 Reichsverfassung 1871, Art. 15.

48 Ebd., Art. 5.1.

49 Ebd., Art. 20.1.

50 Ebd., Art. 6.

Königs als Erster unter Gleichen in der numerischen Dominanz der preußischen Stimmen zum Ausdruck, die neben anderen Vorschriften die Basis für die Hegemonie Preußens in der Verfassungsordnung bildete.

Die Kompetenzen des Bundesrates erstreckten sich auf alle drei Zweige der Staatsgewalt. Zusammen mit dem Reichstag bildete er die nationale Legislative. Ohne seine Zustimmung konnte kein Gesetz verabschiedet werden.[51] Auch in der Exekutive hatte er eine zentrale Rolle inne. Hier genoss er in seiner Eigenschaft als Vertretungsorgan des Souveräns des Fürstenbundes einige Vorrechte, die klassischerweise einem Monarchen zustanden. Am wichtigsten waren das Recht, Verordnungen zu erlassen, die zur Ausführung der Bundesgesetze nötig waren, und die Befugnis, im Rahmen der sogenannten Reichsexekution in einem Bundesland zu intervenieren, das seine verfassungsmäßigen Pflichten verletzte.[52] Schließlich hatte der Bundesrat auch eine wichtige Position in der Judikative inne. Einen Verfassungsgerichtshof gab es nicht. Stattdessen schuf die Verfassung eine Reihe alternativer Konfliktlösungsmechanismen, an denen der Bundesrat immer in der einen oder anderen Form beteiligt war. Für verfassungsrechtliche Konflikte zwischen verschiedenen Bundesländern war er sogar ganz alleine zuständig, da in einem Bund souveräner Fürsten nur die Gesamtheit aller monarchischen Häupter – also der Kollektivsouverän des Reiches – die Autorität hatte, um über das Verhalten Einzelner in ihrem Kreis zu richten.[53]

Diese zentrale Stellung in der neuen Regierungsordnung machte den Bundesrat zu einem Schutzwall monarchischer Macht. In diesem Sinne bezeichnete ihn Bismarck nur wenige Monate nach Gründung des Reiches als „ein Palladium für unsere Zukunft, eine große Garantie für die Zukunft Deutschlands".[54] Diese Funktion beruhte v. a. auf dem strukturellen Aufbau der Exekutive. In Ermangelung konventioneller Minister wurde der Platz einer Reichsregierung im organischen Gefüge der Verfassung am ehesten vom Bundesrat eingenommen. Seine Mitglieder, die monarchischen Regierungen der Einzelstaaten, brachten Gesetze in den legislativen Prozess ein, erließen gemeinsam Verord-

51 Ebd., Art. 5.1.

52 Ebd., Art. 7.1, 19. Vgl. z. B. Paulskirchenverfassung, Art. 80 und 82 (in Verb. mit Art. 54), wo diese Vorrechte dem Kaiser zugesprochen wurden.

53 Reichsverfassung 1871, Art. 76.

54 Zit. in *Walther Peter Fuchs*, Bundesstaaten und Reich: Der Bundesrat, in: Oswald Hauser (Hrsg.), Zur Problematik „Preußen und das Reich". (Neue Forschungen zur brandenburg-preußischen Geschichte, Bd. 4) Köln 1984, S. 83–104 (89) und in *Manfred Rauh*, Föderalismus und Parlamentarismus im Wilhelminischen Reich. (Beiträge zur Geschichte des Parlamentarismus und der politischen Parteien, Bd. 47) Düsseldorf 1973, S. 91.

nungen, und ihr Vorsitzender, der Reichskanzler, führte die exekutiven Geschäfte des Reiches. Mit Blick auf die Gesamtzahl der für den Norddeutschen Bund vorgesehenen Bevollmächtigten der Landesregierungen beschrieb Bismarck daher den Bundesrat in seinen berühmten Putbuser Diktaten, in dem er im Herbst 1866 die Grundstrukturen der zukünftigen Verfassung skizzierte, als „43 Plätze umfassende Ministerbank", die dem Reichstag geschlossen gegenüberstehen solle.[55]

Demgemäß war der Bundesrat dafür konstruiert, eine Parlamentarisierung des Reiches strukturell unmöglich zu machen. Als Kollektivregierung des Fürstenbundes bestand er aus Gesandten, die allein ihren Heimatregierungen – also letztlich den Souveränen der Einzelstaaten – verpflichtet waren. Diese Bevollmächtigten konnten demzufolge nicht vom nationalen Parlament verantwortlich gehalten werden, da sie zu einer anderen Ebene des monarchischen Bundesstaates gehörten. Wie der linksliberale Abgeordnete Hermann Schulze-Delitzsch im konstituierenden Reichstag beklagte, verhinderte „eine solche collegialische Executive, in der den Vertretern der einzelnen Deutschen Dynastien ein Wort zusteht, [...] absolut die Einsetzung verantwortlicher Regierungs-Organe an der Spitze des Bundes".[56] Bismarck unterstrich diese antiparlamentarische Funktion des Bundesrates anderthalb Jahrzehnte später, als die Forderungen nach Einführung verantwortlicher Reichsministerien immer lauter wurden:

> In der Erhaltung des Föderativ-Staats erblicke ich eine viel größere Widerstandsfähigkeit gegen das republikanische Andrängen, [...] als sie dem Einheitsstaate zu Gebote stehen würde, wo nur eine einzige Regierung, nicht eine Mehrheit von Regierungen, dem Reichstage gegenüber stehen würde.[57]

In Form des Bundesrates wurde die Idee des Fürstenbundes also in eine ganz konkrete Einrichtung zum Schutz monarchischer Souveränität übersetzt. Dem konstituierenden Reichstag gelang es in den Verfassungsverhandlungen allerdings, einen Riss in die Mauern des Fürstenbundes zu schlagen, der das gesamte monarchische Bollwerk mit der Zeit zum Einsturz bringen konnte. Auf Antrag von Rudolf von Bennigsen, einem der führenden Köpfe der Nationalliberalen, setzte der Reichstag eine Änderung des Artikels 17 durch, die den Sta-

55 *Otto von Bismarck*, Unmaßgebliche Ansichten über Bundesverfassung (Putbuser Diktat), 19. Nov. 1866, in: Hans Fenske (Hrsg.), Der Weg zur Reichsgründung 1850–1870. (Quellen zum politischen Denken der Deutschen im 19. und 20. Jahrhundert, Freiherr-vom-Stein-Gedächtnisausgabe, Bd. 5) Darmstadt 1977, Nr. 100, S. 342.

56 Konstituierender Reichstag, 11. Sitzung, 12. März 1876, in: *Bezold/Holtzendorff (Hrsg.)*, Materialien, Bd. 1 (wie Anm. 39), S. 207 f.

57 Zit. in *Heinrich von Poschinger*, Fürst Bismarck und der Bundesrat des Deutschen Reiches, Bd. 4. Stuttgart/Leipzig 1898, S. 165.

tus des Reichskanzlers komplett veränderte. Indem die sogenannte „Lex Bennigsen" den Kanzler für alle Anordnungen und Verfügungen des Kaisers per Gegenzeichnung verantwortlich machte, löste sie ihn aus seiner Rolle als bloßer Vorsitzender des Bundesrates heraus und machte ihn zum einzigen verantwortlichen Minister des Reiches.[58]

Rudolph von Delbrück, erster Präsident des Kanzleramts und bis 1876 Bismarcks rechte Hand in der Innenpolitik, schilderte in seinen Memoiren, dass diese Positionsveränderung bedeutete, dass der Kanzler sich in seiner Amtsführung nicht länger – wie ursprünglich geplant – nur auf die Unterstützung der Bundesratsausschüsse verlassen konnte. Da sein Aufgabenfeld nun alle Bereiche umfasste, denen der Kaiser als Oberhaupt der Reichsverwaltung vorsaß, war es unausweichlich, dass – auch wenn die Verfassung dies nicht vorsah – eine Reihe oberster Bundesbehörden entstehen würde. Denn anders war die Ausarbeitung von Gesetzentwürfen, der Entwurf von Verordnungen, und die Überwachung der Gesetzesausführung durch die Länder nicht mehr zu bewältigen.[59]

Dementsprechend spekulierten die Nationalliberalen darauf, dass zum einen die wirtschaftliche, rechtliche und soziale Integration, die der neue Bundesstaat unweigerlich nach seiner Gründung durchlaufen würde, zu einer Zentralisierung staatlicher Aufgaben und dadurch zum Entstehen von nationalen Ministerien um den Kanzler führen würde. Zum anderen gingen sie davon aus, dass diese neue Reichsregierung mit der Zeit vom Reichstag abhängig werden würde, da sie dessen Zustimmung für jedes Gesetzesprojekt – nicht zuletzt für den jährlichen Reichshaushalt – benötigen würde. Auf lange Sicht gesehen, so die Hoffnung hinter der „Lex Bennigsen", würde sich so die in der Verfassung undefinierte Verantwortlichkeit des Reichskanzlers zu einer Verantwortlichkeit gegenüber dem Parlament wandeln, d. h. eine parlamentarische Regierung entstehen. „Ein starkes Parlament", fasste der nationalliberale Abgeordnete und preußische Historiker Heinrich von Sybel diese Hoffnung in Worte, „kann die Ministerverantwortlichkeit zur Wahrheit machen".[60]

58 Zur Lex Bennigsen *Heinrich Otto Meisner*, Bundesrat, Bundeskanzler und Bundeskanzleramt (1867–1871), in: Ernst-Wolfgang Böckenförde (Hrsg.), Moderne deutsche Verfassungsgeschichte (1815–1914). (Neue Wissenschaftliche Bibliothek Geschichte, Bd. 51) Königsstein 1981, S. 76–94.

59 *Martin F. R. von Delbrück*, Lebenserinnerungen von Rudolph von Delbrück, 1817–1867: mit einem Nachtrag aus dem Jahre 1870. Leipzig 1905, S. 399 f. Zu Bismarcks ursprünglichen Konzeption der Verfassung ebd., S. 24, 28 ff. und *Meisner*, Bundesrat (wie Anm. 58), bes. S. 81.

60 Konstituierender Reichstag, 18. Sitzung, 23. März 1867, in: *Bezold/Holtzendorff (Hrsg.)*, Materialien, Bd. 1 (wie Anm. 39), S. 593.

Um zu verhindern, dass eine derartige Entwicklung – sollte es jemals dazu kommen – das Ende der Monarchien bedeuten könnte, war die Verfassung so konstruiert, dass die Souveränität der Fürsten in den Einzelstaaten vom Einfluss des Reichstages abgeschirmt war. Gemäß der Idee vom Fürstenbund war die eigentlich Bastion monarchischer Souveränität im Reich nämlich nicht die Bundes-, sondern die Landesebene. Die Länder blieben im monarchischen Bundesstaat souveräne Staaten und genossen als solche Verfassungsautonomie gegenüber dem Reich. Über ihre jeweilige Regierungsordnung entschieden sie komplett selbst. Ein Homogenitätsgebot, das die Einzelstaaten zu einer bestimmten Regierungsform verpflichtet hätte, gab es nicht. Vom Standpunkt der verbündeten Regierungen war ein solches nicht nur unnötig, weil die Homogenität der monarchischen Eliten die Kooperation der Länder ohnehin gewährleistete, sondern auch gefährlich, da es dem Reichstag einen Mechanismus geboten hätte, um in den Einzelstaaten zu intervenieren und so möglicherweise deren monarchische Ordnungen zu liberalisieren. Durch die Verfassungsautonomie der Länder war einer derartigen, vom Reichstag geförderten Parlamentarisierung des Reiches von unten – also über die Länder – vorgebeugt.[61]

Darüber hinaus machte die Souveränität der Länder das Reich in vielerlei Hinsicht abhängig von den einzelstaatlichen Monarchien. Das galt nicht zuletzt finanziell. Da die Verfassung keine direkten Bundessteuern einführte, machte sie das Reich zum „lästige[n] Kostgänger bei den Einzelstaaten", wie Bismarck 1879 im Reichstag betonte.[62] In der Tat war das Reich bis zur Einführung der ersten Reichssteuern in den Jahren vor Ausbruch des Ersten Weltkrieges von den Matrikularbeiträgen der Einzelstaaten abhängig und so in seinem Handlungsspielraum stark eingeschränkt.[63]

Auch wenn es den Liberalen in den Verfassungsverhandlungen nicht gelang, alle derartigen Strukturen zum Schutz monarchischer Souveränität aufzuweichen, hegten sie große Hoffnungen auf eine zukünftige Liberalisierung der politischen Ordnung. Sie vertrauten auf die Dynamik der Kräfte in der Ver-

61 Zum Fehlen eines Homogenitätsgebots *Holste*, Bundesstaat (wie Anm. 6), S. 143 f. und *Kurt Nieding*, Das Prinzip der Homogenität in den Verfassungen des Deutschen Reiches von 1849, 1871 und 1919 unter besonderer Berücksichtigung des Artikels 17 der geltenden Reichsverfassung. Gotha 1926.

62 Stenographische Berichte über die Verhandlungen des Deutschen Reichstages, 36. Sitzung, 2. Mai 1879, S. 927.

63 Zu dieser Problematik und ihrer politischen Bedeutung *Niall Ferguson*, Public Finance and National Security: The Domestic Origins of the First World War Revisited, in: Past and Present 142, 1994, S. 141–168 und *Peter-Christian Witt*, Die Finanzpolitik des Deutschen Reiches von 1903 bis 1913. Eine Studie zur Innenpolitik des Wilhelminischen Deutschland. (Historische Studien, Bd. 415) Lübeck/Hamburg 1970.

fassungspraxis. In ihren Augen war es, wie Heinrich von Sybel im konstituierenden Reichstag ausführte, ein

große[r] Vorzug des [Verfassungs-] Entwurfs, daß er [...] die Competenzen der einzelnen Kräfte nicht zu ängstlich, nicht zu detailliert abgrenzt, sondern der lebendigen, productiven Entwickelung, der Zukunft und dem gemeinsamen Wirken der verbundenen Kräfte einen breiten Spielraum gestattet.[64]

Diese Hoffnung war nicht ungerechtfertigt, schließlich gab es keine explizite Rechtsgarantie der Souveränität der Fürsten. Die Verfassung war in diesem – wie in so vielen anderen Punkten auch – vage. Das war kein Zufall. Zum einen wollte Bismarck größtmögliche Flexibilität behalten, um auf alle etwaigen Vorstöße des Parlamentarismus reagieren zu können. Es war Teil seiner Strategie in der Reichsgründung, wie er 1866 in seinen Putbuser Diktaten erklärte, die Verfassung mit „elastischen, unscheinbaren, aber weitreichenden Ausdrücken" auszustatten, damit er den monarchischen Bundesstaat später – je nach Bedarf – zu einem losen Staatenbund zusammenstreichen, zu einem unitarischen Zentralstaat verdichten, oder ganz auflösen konnte.[65] Zum anderen schien eine Rechtsgarantie aus Sicht der Fürsten einfach unnötig, weil Bismarck die ganze Verfassungsordnung zum Schutz monarchischer Souveränität entworfen hatte.[66]

Einige der ersten, die auf monarchischer Seite diesen Verzicht auf eine Rechtsgarantie offen kritisierten und darauf hinwiesen, dass die Schutzvorkehrungen, die in Anlehnung an einen Fürstenbund geschaffen worden waren, vielleicht nicht ausreichten, um die Souveränität der Fürsten dauerhaft zu sichern, waren interessanterweise die Standesherren, die im Zuge der Auflösung des Heiligen Römischen Reiches ihren souveränen Status verloren hatten. Während der Reichsgründung verlangten die Mediatisierten von Bismarck immer wieder, dass die neue Verfassung ihren Rechtszustand genauso garantieren solle, wie es die Deutsche Bundesakte getan hatte. Nach intensiver Lobbyarbeit des „Vereins der deutschen Standesherren" erklärte Bismarck schließlich im Frühjahr 1866 die Absicht, ihre Forderung nach „Einräumung einer angemessenen politischen Stellung im neuen Bundesorganismus" zu unterstützen. Dabei deutete er die Schaffung eines Staaten- bzw. Oberhauses an, in dem die Standesherren neben den souveränen Fürsten vertreten sein würden.[67] Zu

64 Konstituierender Reichstag, 18. Sitzung, 23. März 1867, in: *Bezold/Holtzendorff (Hrsg.)*, Materialien, Bd. 1 (wie Anm. 39), S. 584.

65 „Überlegungen zur Gestaltung des Norddeutschen Bundes", Putbus, 30. Oktober 1866, in *Otto von Bismarck*, Die gesammelten Werke, hrsg. von Gerhard Ritter /Rudolf Stadelmann, Friedrichsruher Ausgabe, Bd. 6. Berlin 1929, Nr. 615, S. 167.

66 Vgl. dazu *Holste*, Bundesstaat (wie Anm. 6), S. 110.

67 Zit. in *Gollwitzer*, Standesherren (wie Anm. 10), S. 148 f.

einem ernsthaften Versuch, diese Idee umzusetzen, kam es aber nie. Spätestens nach Annahme der Bundesverfassung stellte sich Bismarcks Zusicherung als leeres Versprechen heraus, das er gemacht hatte, um die Standesherren und ihre lästigen Belange loszuwerden. Daraufhin veröffentlichte Heinrich Zoepfl – vermutlich im Auftrag der Mediatisierten – 1867 die Streitschrift „Die neuesten Angriffe auf die Rechtsstellung der deutschen Standesherren".[68]

Sieben Jahre später beschwerte sich Graf Alfred zu Stolberg-Stolberg, Befürworter einer aktiveren Standespolitik, über die Gleichgültigkeit Bismarcks gegenüber den Mediatisierten in einem Brief an den Präsidenten des „Vereins der deutschen Standesherren", Fürst Karl von Fürstenberg. Darin betonte er, dass die Missachtung des standesherrlichen Rechtszustandes in der Reichsgründung der erste Schritt einer Entwicklung sei, die letztlich die deutschen Monarchien hinwegfegen würde: „[...] [E]s handelt sich hierbei nicht allein [...] um das mißachtete Recht dieser Häuser", sondern auch „um Gefährdung gewisser Grundlagen für die Sicherheit der Throne im neuen deutschen Reich".[69]

Die Tatsache, dass die Mediatisierten – also diejenigen, die Souveränitätsverlust am eigenen Leib erfahren hatten – dieses Risiko so bald nach der Reichsgründung ansprachen, zeigt, dass die Vorstellung, das Reich sei als Fürstenbund geschaffen worden, alles andere als überzeugend war. Die strukturellen Schutzmaßnahmen der Verfassung gegen den Parlamentarismus, in denen sich die Idee vom Fürstenbund wie ein Präventionsmittel niederschlug, gaben den Fürsten zwar für den Moment Sicherheit, waren aber langfristig keine Garantie für den Fortbestand monarchischer Herrschaft.

III. Druckmittel

Nach der Reichsgründung benutzte Bismarck die Idee des Fürstenbundes zur Bekämpfung des Reichstages und aufmüpfiger Einzelstaaten. Aus dem Beruhigungs- und Präventionsmittel wurde ein Druckmittel. Dieses entfaltete sein Drohpotential durch zwei ganz bestimmte Vorstellungen über die Beziehung der einzelstaatlichen Souveräne. Zum einen besagte die Idee vom Fürstenbund, dass die Souveräne der Einzelstaaten zur Gründung des Reiches ein Vertragsverhältnis eingegangen waren. Die Verfassung war demnach kein unabhängiger Rechtsakt, sondern Folge der Einigungsverträge. Da die Fürsten diese geschlossen hatten, so die Idee, konnten sie auch wieder von ihnen zurücktreten, die Verfassung dadurch annullieren, und damit das Reich auflösen. Zum

68 *Heinrich Zöpfl*, Die neuesten Angriffe auf die Rechtsstellung der deutschen Standesherren. Karlsruhe 1866. Angeführt in *Gollwitzer*, Standesherren (wie Anm. 10), S. 148.

69 Zit. in *Gollwitzer*, Die Standesherren (wie Anm. 10), S. 154.

anderen implizierte die Vorstellung vom Reich als Fürstenbund, dass die Souveräne der Einzelstaaten über ihre vertragliche Beziehung hinaus in einem Treueverhältnis zueinander standen. Sie waren deshalb nicht nur an die Regeln der geschriebenen Verfassung gebunden, sondern auch an allgemeinere Verpflichtungen, die die Verfassung nicht explizit definierte. Zu diesen zählten v. a. die Pflichten, den Frieden im Reich zu wahren; die Landes- mit der Reichspolitik zu koordinieren bzw. nichts zu tun, was letztere untergrub; und die innere Ordnung, Ruhe, und Sicherheit im Landesgebiet sicherzustellen.[70]

Diese ungeschriebenen Pflichten wurden oft unter dem Begriff „Bundestreue" zusammengefasst. Es war unter Politikern und Staatsrechtlern aber äußerst umstritten, was für eine Treuepflicht dieses Konzept eigentlich meinte. Je nach politischer Anschauung wurde argumentiert, dass Bundestreue eine einseitige Treuepflicht der Einzelstaaten gegenüber dem Reich, eine Treuepflicht der Einzelstaaten untereinander, oder eine wechselseitige Treuepflicht zwischen Einzelstaaten und dem Reich sei.[71] Was nach der Reichsgründung letztlich zählte, war die Ansicht Bismarcks. Für ihn war Bundestreue nichts anderes als eine besondere Form von Vertragstreue. Als solche war sie zugleich Ausdruck und Definition der auf prinzipieller Gleichheit beruhenden Beziehungen zwischen den einzelstaatlichen Souveränen im Fürstenbund. Im konstituierenden Reichstag beschrieb er diese Sichtweise u. a., als er auf Kritik an der hegemonialen Stellung Preußens im Bund reagierte:

Die Basis dieses [Bundes-]Verhältnisses soll nicht die Gewalt sein, weder den Fürsten noch dem Volke gegenüber. Die Basis soll das Vertrauen zu der Vertragstreue Preußens sein und dieses Vertrauen darf nicht erschüttert werden, so lange man uns die Vertragstreue hält.[72]

Da die Einigungsverträge von den Fürsten geschlossen worden waren, war Bundestreue für Bismarck nicht eine Pflicht der Einzelstaaten, sondern ihrer Souveräne. In anderen Worten: Bundestreue war eine Form monarchischer Solidarität. In diesem Sinne betonte Bismarck 1885 gegenüber den Gesandten der Landesregierungen: „Das Deutsche Reich hat die feste Basis in der Bundestreue der Fürsten, in welcher seine Zukunft verbürgt ist."[73] Im Dreikaiserjahr

70 *Huber*, Verfassungsgeschichte, Bd. 3 (wie Anm. 3), S. 1034–8.

71 Übersicht in *Holste*, Bundesstaat (wie Anm. 6), S. 152–6. Siehe auch *Rudolf Smend*, Ungeschriebenes Verfassungsrecht im monarchischen Bundesstaat (1916), in: ders., Staatsrechtliche Abhandlungen und andere Aufsätze. 3. Aufl. Berlin 1994, S. 39–59, der die letztgenannte Kompromissvorstellung vertrat.

72 Stenographische Berichte über die Verhandlungen des Reichstages des Norddeutschen Bundes, 10. Sitzung, 11. März 1867, S. 136.

73 Zit. in *Otto Mayer*, Republikanischer und monarchischer Bundesstaat, in: Archiv für Öffentliches Recht 18, 1903, S. 370.

1888 unterstrich er diese Bedeutung in einem Brief an Prinz Wilhelm, kurz bevor dieser den Thron bestieg. Die „Sicherheit des Reiches und seiner monarchischen Institutionen", so Bismarck, liege „in der Einheit der Fürsten". Diese seien „nicht Unterthan, sondern Bundesgenossen des Kaisers", erinnerte er den Thronfolger an den Fürstenbund, „und wird ihnen der Bundesvertrag nicht gehalten, so werden sie sich auch nicht dazu verpflichtet fühlen."[74]

Das genaue Verständnis von Bundestreue war deshalb so wichtig, weil davon abhing, wann die verfassungsrechtlichen Instrumente, die sich auf dieses Konzept bezogen, zum Einsatz kamen. Am wichtigsten war die sogenannte Reichsexekution. Diese gab dem Kaiser das Recht, auf Beschluss des Bundesrates mit allen notwendigen Mitteln – selbst mit militärischer Gewalt – in einem Einzelstaat zu intervenieren, der seine „verfassungsmäßigen Bundespflichten" nicht erfüllte, sprich die Bundestreue verletzte.[75] In einem Bund, der auf dem ungeschriebenen Gesetz der monarchischen Solidarität unter den Landesfürsten beruhte, war dieses Instrument eine Waffe gegen aufbegehrende Landesparlamente und alle anderen potentiellen Vorstöße des Parlamentarismus in den Einzelstaaten. Die Reichsexekution sicherte also die Position der Länder als Bastion monarchischer Souveränität ab. Da die Verfassung die „Bundespflichten" aber nicht weiter definierte, war die Grundlage, auf der eine Intervention stattfinden konnte, jedoch so vage, dass sie theoretisch nicht nur gegen einen Landtag, sondern sogar gegen eine missliebige Regierung gerichtet sein konnte. Es kam allerdings in der Geschichte des Reiches zu keiner einzigen Reichsexekution, auch wenn es einige Konflikte zwischen Bund und Ländern gab, in denen diese Maßnahme diskutiert wurde. Dieser Mangel an Präzedenzfällen zeigt nicht nur, wie schwer die vermeintliche Pflichtverletzung seitens eines Einzelstaates in einem Bund souveräner Fürsten sein musste, bevor in sein Territorium eingegriffen wurde, sondern auch, wie effektiv allein die Androhung einer solchen Intervention war, um vermeintliche Fehlentwicklungen im Keim zu ersticken.[76]

Die Idee vom Fürstenbund konnte also ein enormes Drohpotential haben. Aus Sicht Bismarcks und der verbündeten Regierungen war ein solch starkes Druckmittel nach der Reichsgründung auch bitter nötig, um den Parlamentarismus zu bekämpfen. Denn es kam genau dazu, worauf die Liberalen im konstituierenden Reichstag gehofft hatten. Im Zuge der schrittweisen Integration des

74 Zit. in *Hartmut Bauer*, Die Bundestreue: Zugleich ein Beitrag zur Dogmatik des Bundesstaatsrechts und zur Rechtsverhältnislehre. Tübingen 1992, S. 41.

75 Reichsverfassung 1871, Art. 19.

76 Zur Reichsexekution *Paul Schilling*, Die Reichexekution, in: Archiv für öffentliches Recht 20, 1906, S. 51–86 und *Heinrich Triepel*, Die Reichsaufsicht. Untersuchungen zum Staatsrecht des Deutschen Reiches. Berlin 1917.

neuen Bundesstaates, v. a. im Wirtschafts- und Rechtswesen, weiteten sich die Aufgaben des Reiches stark aus. Diese Zentralisierung ging Hand in Hand mit der Entstehung eines umfangreichen nationalen Ministerialapparates.[77] Beginnend mit dem Auswärtigen Amt 1867, wurde eine Abteilung nach der anderen aus dem Kanzleramt ausgegliedert und als eigenständiges Reichsamt errichtet. Bis 1879 entstanden sieben solcher Behörden, die u. a. zuständig waren für Justizfragen, das Eisenbahnwesen, und Innere Angelegenheiten. Geleitet wurden die Reichsämter von Staatssekretären, die 1878 den Status von Stellvertretern des Kanzlers in ihren jeweiligen Geschäftsbereichen erhielten.[78] Damit hatte sich – obwohl die Reichsämter von der Verfassung gar nicht vorgesehen waren und daher offiziell nur als oberste Reichsverwaltung galten – *de facto* eine von der Gesamtheit der Fürsten unabhängige Reichsregierung herausgebildet.

Vor allem im liberalen und linken Lager wurden daher gegen Ende der 1870er Jahre Forderungen laut, die Staatssekretäre zu verantwortlichen Reichsministern zu machen. Im April 1884 erreichte der Streit um diese Frage mit der Gründung der Freisinnigen Partei einen vorläufigen Höhepunkt. Das Programm der neuen linksliberalen Partei formulierte die Einsetzung eines parlamentarisch verantwortlichen Reichskabinetts als Hauptziel.[79] Bismarck reagierte auf diese Kampfansage, indem er die monarchischen Regierungen im Bundesrat eine gemeinsame Erklärung abgeben ließ, die auf der Idee des Fürstenbundes beruhte. Darin stellten die Souveräne der Einzelstaaten in aller Deutlichkeit fest, dass die Einrichtung verantwortlicher Reichsministerien unvereinbar mit der bündischen Natur des Reiches sei, weil sie nur „auf Kosten der Summe von vertragsmäßigen Rechten, welche die Verbündeten Regierungen [...] im Bundesrat üben", geschehen konnte. Da „die Verbündeten ohne Ausnahme entschlossen sind, die Verträge, auf welchen unsere Rechtsinstitutionen beruhen in unverbrüchlicher Treue zu erhalten", unterstrich die Erklärung in Anspielung auf die Bundestreue der Fürsten, würde die Gemeinschaft der einzelstaatlichen Souveräne jeden Versuch zur „Unterwerfung der Regierungsge-

77 Zu dieser Entwicklung *Rudolf Morsey*, Die oberste Reichsverwaltung unter Bismarck 1867–1890. (Neue Münstersche Beiträge zur Geschichtsforschung, Bd. 3) Münster 1957.

78 Gesetz, betreffend die Vertretung des Reichskanzlers, 17. März 1878, Reichsgesetzblatt 1878, Nr. 4, S. 7 f. Zum Zustandekommen und den Folgen des Stellvertretergesetzes *Hans-Otto Binder*, Reich und Einzelstaaten während der Kanzlerschaft Bismarcks 1871–1890. Eine Untersuchung zum Problem der bundesstaatlichen Organisation. Tübingen 1971, S. 71–112.

79 Gründungsprogramm der Freisinnigen Partei, in: *Hans Fenske (Hrsg.)*, Im Bismarckschen Reich 1871–1890. (Quellen zum politischen Denken der Deutschen im 19. und 20. Jahrhundert, Freiherr-vom-Stein-Gedächtnisausgabe, Bd. 6) Darmstadt 1978, Nr. 93, S. 315 f.

walt im Reich unter die Mehrheitsbeschlüsse des Reichstages" mit „Wiederauflösung der deutschen Einheit" beantworten.[80]

In der Erklärung diente die Vorstellung vom Reich als Fürstenbund also dazu, die Einsetzung einer parlamentarischen Regierung abzuwenden. Es gab aber auch noch einen anderen Zweck, für den Bismarck die Idee vom Fürstenbund gelegentlich gegen den Reichstag ins Felde führte, nämlich um das Parlament daran zu hindern, in die einzelstaatliche Souveränität der Fürsten einzugreifen. Solche Versuche des Reichstages, in einem Bundesland aus einem bestimmten Grund zu intervenieren, verursachten immer dann besonders scharfe Konflikte, wenn sie Preußen betrafen. Das war zum Beispiel im Zusammenhang mit der preußischen Einwanderungspolitik der 1880er Jahre der Fall.[81] Nachdem die Zahl polnischer Migranten in den Ostprovinzen Preußens stark angestiegen war, wies die preußische Regierung 1885 rund 30 000 russische und galizische Polen aus. Die Polnische Fraktion, die Vertretung der polnischen Minderheit im Reichstag, wandte sich daraufhin an die anderen Parteien. Am 1. Dezember richtete eine breite Koalition, die 155 Abgeordnete vom Zentrum bis zur Sozialdemokratie umfasste, eine Interpellation an den Reichskanzler, die ihn aufforderte, zu erklären, was er gegen die Deportationspolitik der preußischen Regierung zu unternehmen gedenke.[82]

Bismarck begegnete diesem Vorstoß, indem er die Idee vom Fürstenbund aufgriff und so die gesammelte Autorität der einzelstaatlichen Souveräne dem Reichstag entgegenstellte. Im Namen des Kaisers, also des Vorsitzenden der Gemeinschaft der Fürsten, verlas er im Reichstag eine Erklärung, die die parlamentarische Initiative aufs Schärfste verurteilte. Die Interpellation basiere auf der falschen Annahme, so die Erklärung, dass es eine Reichsregierung gäbe und der Reichstag von dieser verlangen könne, die souveränen Angelegenheiten der

80 Protokolle der Verhandlungen des Bundesrates des Deutschen Reiches, 16. Sitzung, 5. April 1884, § 180, S. 96–8. Zu diesem sogenannten „Aprilgewitter" *Binder*, Reich (wie Anm. 78), S. 150–3; *Morsey*, Reichsverwaltung (wie Anm. 77), S. 297 ff. und die Dokumente in *Hans Goldschmidt (Hrsg.)*, Das Reich und Preußen im Kampf um die Führung. Von Bismarck bis 1918. Berlin 1931, Nr. 88–90, S. 300–8.

81 Zu diesem Konflikt *William H. Hagen*, Germans, Poles, and Jews: The Nationality Conflict in the Prussian East, 1772–1914. Chicago 1980, bes. S. 118–58; *Christopher M. Clark*, Iron Kingdom: The Rise and Downfall of Prussia, 1600–1947. London 2006, S. 76–82; *Ernst Rudolf Huber*, Deutsche Verfassungsgeschichte, Bd. 4: Struktur und Krisen des Kaiserreichs. Stuttgart 1969, S. 458 ff.; und *Kersten Rosenau*, Hegemonie und Dualismus. Preußens staatsrechtliche Stellung im deutschen Reich. (Verfassungsgeschichte der Neuzeit. Studien zur Deutschen Verfassungsgeschichte) Regensburg 1986, S. 65 f.

82 Text der Interpellation in Drucksachen zu den Verhandlungen des Bundesrates des Deutschen Reiches 1885, Bd. 1.2, Nr. 25. Einbringung in den Reichstag, in: Stenographische Berichte über die Verhandlungen des Deutschen Reichstages, 8. Sitzung, 1. Dezember 1885, S. 130.

Einzelstaaten zu kontrollieren. Daher verstoße die Interpellation gegen die Verfassung. Der Kaiser werde deswegen jede notwendige Maßnahme ergreifen – inklusive der Anwendung militärischer Gewalt –, um die Rechte der verbündeten Regierungen gegen alle weiteren Interventionsforderungen zu schützen. Um diese Drohung zu unterstreichen, verließen Bismarck und die Bundesratsbevollmächtigten der fürstlichen Regierungen, die seiner Rede beigewohnt hatten, daraufhin den Sitzungssaal des Reichstages. Die Bekämpfung des Parlamentes mit der Idee des Fürstenbundes wurde hier also sogar physisch sichtbar.[83]

Bismarck benutzte die Vorstellung vom Reich als Fürstenbund aber nicht nur zur Bekämpfung des Reichstages, sondern auch, um einzelstaatliche Regierungen, die sich seiner Politik widersetzten, zur Räson zu bringen. Das Druckmittel zum Schutz monarchischer Souveränität konnte auch gegen die Fürsten verwendet werden. Das scharfe Schwert, das Bismarck dabei schwingen konnte, war die Drohung, dass Preußen den Fürstenbund verlassen und so den übrigen Monarchien seinen Schutz – nicht zuletzt gegen den Parlamentarismus – entziehen könnte.

Zu dieser Methode griff er beispielsweise 1880, als Preußen und Hamburg in einen Konflikt gerieten, bei dem es um die Aufnahme der beiden Hamburger Bezirke Sankt Pauli und Altona in das deutsche Zollgebiet ging.[84] Die preußische Regierung begründete einen entsprechenden Antrag im Bundesrat damit, dass dieser die Befugnis habe, die Zollgrenzen des Reiches festzulegen.[85] Der Hamburger Senat sah dagegen in einem erzwungenen Beitritt zum Zollgebiet eine Verletzung des von der Reichsverfassung garantierten Rechts Hamburgs auf einen Freihafen.[86] Um die Sache zu klären, schlug der Hamburger Senat vor, den Verfassungsausschuss des Bundesrates anzurufen.[87] Für Bismarck war dieser Ausschuss allerdings ein „rotes Tuch", wie der bayerische Bundesratsgesandte Hugo von Lerchenfeld-Köfering schilderte, weil er jede Einrichtung, die potentiell die Rolle eines Verfassungsgerichtshofs einnehmen könnte, als

83 Erklärung, in: Stenographische Berichte über die Verhandlungen des Deutschen Reichstages, 8. Sitzung, 1. Dezember 1885, S. 130 f.

84 Zu diesem Fall *Binder*, Reich (wie Anm. 78), S. 134–40; *Rosenau*, Hegemonie (wie Anm. 81), S. 58–60; und *Goldschmidt (Hrsg.)*, Kampf (wie Anm. 80), S. 73–7.

85 Drucksachen zu den Verhandlungen des Bundesrates des Deutschen Reiches 1880, Bd. 2, Nr. 86.

86 Reichsverfassung 1871, Art. 34.

87 Drucksachen zu den Verhandlungen des Bundesrates des Deutschen Reiches 1880, Bd. 2, Nr. 90.

Gefahr für die Hegemonie Preußens und die Erhaltung monarchischer Souveränität auffasste.[88]

Um eine Anrufung des Ausschusses zu verhindern, setzte Bismarck Hamburg und die Regierungen, die sich auf dessen Seite stellten, unter größtmöglichen Druck. Da das Reich ein Fürstenbund sei, könne Preußen, so seine Drohung, es genauso verlassen, wie es einst den Deutschen Bund verlassen hatte. „Für Preußen", ermahnte er den Bundesrat, könne in dem Streit „eine Lage entstehen [...], wie diejenige, in der es sich im Juni 1866 im Bundestag befand".[89] Um dieser Drohung Nachdruck zu verleihen, befahl er den preußischen Gesandten an den deutschen Fürstenhöfen, den dortigen Regierungen klarzumachen, dass eine Ablehnung des preußischen Antrags und eine Überweisung der Angelegenheit an den Ausschuss die Verfassung verletzen, die Einigungsverträge damit annullieren, und den Bund auflösen würde.[90] Der gewünschte Effekt blieb nicht lange aus. Aus Angst, die schützende Macht Preußens zu verlieren, verzichteten die opponierenden Regierungen auf Anrufung des Verfassungsausschusses und willigten in den Kompromiss ein, Altona ins deutsche Zollgebiet aufzunehmen und Sankt Pauli im Hamburger Freihafen zu belassen.[91]

Interessanterweise setzte Bismarck die Idee des Fürstenbundes und die verfassungsrechtlichen Instrumente, die damit zusammenhingen, aber nicht nur gegen aufbegehrende Klein- und Mittelstaaten, sondern auch gegen die Regierung der Hegemonialmacht Preußen ein. Da alle Entscheidungen im Preußischen Staatsministerium per Mehrheitsbeschluss unter den Ministern gefällt wurden, geriet Bismarck in seiner Funktion als Reichskanzler gelegentlich in Opposition zu dem Kabinett, dem er als preußischer Ministerpräsident vorstand.[92] Um in solchen Situationen Reichsinteressen durchzusetzen, war die Beschwörung des Fürstenbundes und der dazugehörigen Treuepflicht der preußischen Regierung gegenüber der Gemeinschaft aller einzelstaatlichen Souveräne ein mächtiges Mittel.

Welches Drohpotential dadurch entfaltet werden konnte, wurde 1877 deutlich. Die Verabschiedung der Reichsjustizgesetze verlangte von den Einzelstaa-

88 Zit. in *Binder*, Reich (wie Anm. 78), S. 135.

89 Zit. in ebd., S. 136.

90 Siehe Bismarcks Brief an den preußischen Gesandten in Oldenburg Prinz zu Ysenburg, 9. Mai 1880, in: *Goldschmidt (Hrsg.)*, Kampf (wie Anm. 80), Nr. 75, S. 276 f.

91 Protokolle der Verhandlungen des Bundesrates des Deutschen Reiches, 26. Sitzung, 22. Mai 1880, § 369, S. 266.

92 Zum Verhältnis Bismarcks zum Preußischen Staatsministerium *Helma Brunck*, Bismarck und das Preußsische Staatsministerium 1862–1890. (Quellen und Forschungen zur Brandenburgischen und Preußischen Geschichte, Bd. 25) Berlin 2004.

ten, Oberlandesgerichtsbezirke einzurichten.[93] Bremen konnte dieser Verpflichtung nicht nachkommen, weil seine Bevölkerung zu klein war, um einen solchen Bezirk zu bilden. Die Hansestadt bat deshalb die preußische Regierung, gemeinsam mit der benachbarten preußischen Provinz Hannover einen gemeinsamen Bezirk einrichten zu dürfen. Bismarck unterstützte diesen Plan, da er zur Umsetzung der Justizgesetze diente und somit dem übergeordneten Reichsinteresse entsprach. Preußische Hilfeleistung war deshalb aus Bismarcks Sicht eine Frage der Bundestreue.[94] Die Mehrzahl der preußischen Minister lehnte den Vorschlag Bremens aber ab. Eine derartige Umsetzung einer Verpflichtung, die aus einem Reichsgesetz entstand, sei ein Eingriff in die Souveränität Preußens, protestierten sie, da jeder Einzelstaat das Recht habe, seine Gerichtsbezirke selbst zu organisieren.[95]

Diese gegensätzlichen Positionen eskalierten bald zu einem intensiven Konflikt.[96] Dabei ging Bismarck so weit, dass er dem Preußischen Staatsministerium damit drohte, eine Reichsexekution gegen Preußen anzustrengen, weil es die Bundestreue verletzte. Da er als Kanzler die Ausführung der Reichsgesetze durch die Einzelstaaten zu überwachen habe, stellte er klar, könne er keine Verantwortung für Preußens Blockadehaltung übernehmen, sondern müsse alles tun, um diese zu überwinden.[97] Der enorme Druck, den er damit auf die preußischen Minister ausübte, ebnete schließlich den Weg für einen Kompromiss, durch den beide Seiten ihr Gesicht wahren konnten. Auf Vermittlung der preußischen Regierung schufen Bremen, Hamburg und Lübeck 1879 das Hanseatische Oberlandesgericht.

Die Idee vom Fürstenbund war als Druckmittel also so flexibel, dass Bismarck sie sogar gegen die preußische Regierung einsetzen konnte. Dieser Umstand ist bemerkenswert, denn er steht für einen fundamentalen Funktionswandel in der Vorstellung vom Reich als Fürstenbund. Während dieses Konzept in der Reichsgründung dazu diente, den Fürsten die Angst vor einem preußisch dominierten Nationalstaat zu nehmen und ihre Souveränität strukturell abzusichern, wurde es in der politischen Praxis neben der Bekämpfung des Parlamentarismus auch dazu benutzt, Reichsinteressen gegen partikularistische Haltun-

93 Gerichtsverfassungsgesetz, 27. Jan. 1877, Reichsgesetzblatt 1877, Nr. 4, S. 41–76.

94 Bismarcks Brief an den preußischen Justizminister Adolph Leonhardt, 18. Febr. 1877, in: *Goldschmidt (Hrsg.)*, Kampf (wie Anm. 80), Nr. 31, S. 177–9.

95 Bericht des Staatssekretärs des Auswärtigen Amtes und Mitglieds des Preußischen Staatsministeriums ohne Ressort Bernhard von Bülow, 19. Okt. 1877, in: ebd., Nr. 33, S. 181–3.

96 Dazu *Rosenau*, Hegemonie (wie Anm. 81), S. 94.

97 Bismarcks Brief an das Preußische Staatsministerium, 15. Nov. 1877, in: *Goldschmidt (Hrsg.)*, Kampf (wie Anm. 80), Nr. 35, S. 184–8.

gen der einzelstaatlichen Regierungen – selbst der preußischen – durchzusetzen.

Es ist aber wichtig, die Bedeutung dieser Funktion nicht zu überschätzen. Hauptsächlich war die Idee vom Fürstenbund nach der Reichsgründung ein Druckmittel gegen den Parlamentarismus – schließlich war dieser und nicht der Partikularismus der Hauptgegner Bismarcks. Wie sehr er sich in seinem Kampf gegen den Reichstag dabei auf diese Idee verließ, wurde spätestens 1890 klar, als er sie kurz vor seinem Rücktritt – wie eingangs beschrieben – bediente, um einen Staatsstreich vorzuschlagen, der das Parlament entmachten und ihm den Verbleib im Amt sichern sollte.

IV. Fiktion und Wirklichkeit

Die Idee vom Reich als Fürstenbund war eine Fiktion. Keiner unter den Parlamentariern, Regierungsvertretern, oder Fürsten ging ernsthaft davon aus, dass die Reichsgründung einen Fürstenbund geschaffen hatte. Nichtsdestotrotz hatte diese „bündische Legende" in der politischen Realität der Bismarckära ganz konkrete Absichten und Auswirkungen. Je nach Kontext war sie ein Beruhigungsmittel, das die Zustimmung der Fürsten zur Verfassung bzw. zu den Einigungsverträgen sicherstellen sollte; ein Präventionsmittel, das die Entstehung einer parlamentarischen Reichsregierung strukturell verhindern und die Souveränität der Fürsten schützen sollte; und ein Druckmittel, das den Reichstag im Zaum halten und widerspenstige Landesregierung auf Linie bringen sollte. Bismarck verwendete die Idee des Fürstenbundes dabei nicht nur als Ultima Ratio, wie man mit Blick auf seine berühmten Staatsstreichpläne von 1890 meinen mag, sondern als einen der wenigen festen Bestandteile in seinem breiten Repertoire an so häufig wechselnden Strategien. Nur deshalb blieb diese Vorstellung so viele Jahre präsent.

Nach seinem Abgang änderte sich das. Im Wilhelminischen Reich spielte die Idee vom Fürstenbund keine Rolle mehr. Zu sehr war der ursprünglich staatenbündische Bundesstaat zentralisiert worden, zu offensichtlich waren der Reichskanzler und die Staatssekretäre in die Stellung einer Reichsregierung hineingewachsen, zu sehr war diese Reichsleitung auf die Kooperation des Reichstages angewiesen, und zu stark marginalisierte dieses neue organische Gefüge den Bundesrat, als dass die Vorstellung vom Reich als Fürstenbund noch irgendetwas bewegen konnte.[98] Aus der einst politisch effektiven Fiktion

98 Zur Bundesstaatsentwicklung des Kaiserreiches *Oliver F. R. Haardt*, Bismarcks ewiger Bund. Deutschland zwischen Fürstenbund und Reichsmonarchie 1871–1918. Darm-

war eine wirkungslose Absurdität geworden, die in der Versenkung verschwand.

stadt 2020, zum Fürstenbund besonders Kapitel 2. Siehe auch *Holste*, Bundesstaat (wie Anm. 6); sowie *Rauh*, Föderalismus (wie Anm. 54); und Die Parlamentarisierung des Deutschen Reiches. (Beiträge zur Geschichte des Parlamentarismus und der politischen Parteien, Bd. 60) Düsseldorf 1977.

Dorothee Mußgnug

Verzeichnis der im Nachlass von Heinrich Zoepfl überlieferten Gutachten, Monographien, Aufsätze und Kommissionsberichte aus dem Bestand der Universitätsbibliothek Heidelberg

Am 6. November 1917 und am 21. Februar 1912 übergab die Tochter von Heinrich Zoepfl, Auguste Zoepfl, den größten Teil des väterlichen Nachlasses der Universitätsbibliothek Heidelberg. Aus ihrem Nachlass leitete Frau Therese Koehler am 2. November 1929 den letzten Teil der Überlieferung an die Bibliothek weiter.

Zu Zoepfls Gutachten gibt es mehrere handschriftliche Verzeichnisse. Alle liegen im Bestand Heid. Hs. 1938 (https://doi.org/10.11588/diglit.43236). Sie sind von verschiedenen Händen und auf verschiedene Papiersorten geschrieben. Im „Verzeichnis I" befindet sich eine Liste „Publicistische und private fürstenrechtliche Gutachten 1871–1876" (S. 15–20). In dem „Verzeichnis II" sind aufgeführt „Privatfürstenrechtliche, adelsrechtliche, familienfideicommissarische und Staatsrechtliche Gutachten und Denkschriften im Auftrag regierender und anderer hohen Häuser, landständischer und anderer Corporationen und Privatpersonen" (S. 27–71).

Die Angaben in Verzeichnis II sind in der Regel ausführlicher und durchnummeriert. Sie geben damit einen ungefähren Anhaltspunkt zum Zeitpunkt der Erstellung. In den wenigen Fällen, in denen auf das Verzeichnis I. zurückgegriffen wird, sind dort nähere Erläuterungen zu finden.

Die Titel der Gutachten mit zum Teil abweichenden Formulierungen und Schreibweisen wurden möglichst nach einer Druckvorlage aufgenommen.

Alle mit „UB:" angegebenen Signaturen beziehen sich auf die Universitätsbibliothek Heidelberg.

In der Vorbereitung dieses Buches wurden aus dem reichen Bestand der Universitätsbibliothek zahlreiche Schriften des Nachlasses digitalisiert. Sofern ein Werk als Digitalisat verfügbar ist, wurde dessen Link als DOI (Digital Object Identifier, eine „permanente Adresse" im Internet) in das Verzeichnis aufgenommen. Auf den Nachweis weiterer Exemplare, die eventuell ebenfalls im Bestand der Universitätsbibliothek sind, wurde verzichtet. Bei Schriften, die bisher noch nicht digitalisiert wurden, sind alle Exemplare angegeben.

Die größtenteils handschriftlichen Gutachten liegen in etwa chronologisch geordnet im Bestand:

- Heid. Hs. 1927: Gutachten zu Bentinck, mit umfangreicher Korrespondenz (im Einzelnen hier nicht erfasst)
- Heid. Hs. 1928: Gutachten aus den Jahren 1845–1860: https://doi.org/10.11588/diglit.31152
- Heid. Hs. 1929: Gutachten aus den Jahren 1861–1862
- Heid. Hs. 1930: Gutachten aus den Jahren 1862–1863
- Heid. Hs. 1931: Gutachten aus dem Jahr 1864
- Heid. Hs. 1932: Gutachten aus den Jahren 1865–1866
- Heid. Hs. 1933: Gutachten aus dem Jahr 1867
- Heid. Hs. 1934: Gutachten aus dem Jahr 1868
- Heid. Hs. 1935: Gutachten aus dem Jahr 1869
- Heid. Hs. 1936: Gutachten aus den Jahren 1870–1872
- Heid. Hs. 1937: Gutachten aus den Jahren 1873–1875

Im Bestand Heid. Hs. 1944 liegen die überlieferten Briefe an Heinrich Zoepfl. Sie sind nach Absendern alphabetisch geordnet, aber hier nicht alle erfasst. Die Universitätsbibliothek Heidelberg beabsichtigt, sie in einem neuen Projekt systematisch zu erschließen.

Die Schreibweise „Zoepfl" ist in der Gemeinsamen Normdatei (GND) festgelegt.

Gutachten

1829: Kritische Beleuchtung der aktenmäßigen Darstellung nebst Vertheidigung in Untersuchungssachen gegen den Großherzogl. Hess. Commerzienrath Ernst Emil Hoffmann in Darmstadt wegen Einmischung in die Wahlen der Abgeordneten zum Landtage von 1826; (Darmstadt 1829) Mit Beziehung auf die Beilagen obiger Druckschrift, Heidelberg [Winter]
Digitalisat der Druckfassung: https://doi.org/10.11588/diglit.45296

1830: Im Auftrag der Landstände des Herzogthumbs Braunschweig:
Die Regierungs-Vormundschaft im Verhältnisse zur Landes-Verfassung. Ein publicistischer Versuch mit besonderer Rücksicht auf die zwischen Sr. Hochfürstlichen Durchlaucht dem Herzoge Karl von Braunschweig und [Höchst-]Dessen Landständen über die Rechtsbeständigkeit der erneuerten Landschafts-Ordnung vom 25. April 1820 obwaltenden Differenzen, nach Urkunden und Actenstücken ausgearbeitet von Dr.

Zöpfl, Privatdocenten der Rechte in Heidelberg. Mit einem Anhange von Urkunden, Heidelberg [Groos]
UB: Heid. Hs. 1938, Verzeichnis II Nr. 1
Digitalisat der Druckfassung: https://doi.org/10.11588/diglit.45293

1832: Rechtsgutachten in Untersuchungs-Sachen des stud. jur. Heinrich Kaehler, aus Jtzehöe, wegen eines im Wächter am Rhein Nr. 101 mit der Überschrift: „Deutschland“ gedruckten Artikels, Heidelberg [Winter]
Digitalisat der Druckfassung: https://doi.org/10.11588/diglit.47248
veröffentlicht auch in der Zeitschrift Microcosmus, 2. Semester, 2. Heft, S. 1–40: Rechtsgutachten in Untersuchungssachen des stud. jur. Heinrich Kähler aus Itzehoe, wegen eines im „Wächter am Rhein“ Nr. 101 mit der Überschrift „Deutschland“ gedruckten Artikels
Digitalisat der Zeitschrift: https://doi.org/10.11588/diglit.45318

1833: Die Eröffnung der legitimen Thronfolge als rechtliche Folge des Mißbrauches der Staatsgewalt. Eine publicistische Skizze mit besonderer Rücksicht auf das Herzogthum Braunschweig, Heidelberg und Leipzig [Groos]
Digitalisat der Druckfassung: https://doi.org/10.11588/diglit.45295

1835: Im Auftrag des Reichsgrafen Kuno zu Rantzau:
Rechtliches Erachten, das Erbjungfernrecht im gräflich von Bothmer‘schen Fideicommiß betreffend, verfaßt 1835, Heidelberg 1837
UB: Heid. Hs. 1938, Verzeichnis II Nr. 2

1837: Zwei Rechtsgutachten, das Erbjungfernrecht im Gräflich von Bothmer’schen Fideicommisse betreffend / Verfaßt von ... F. Kämmerer, ... und ... Heinrich Zöpfl, Heidelberg und Leipzig [Oßwald]
Digitalisat der Druckfassung: https://doi.org/10.11588/diglit.45291

1838: Im Auftrage des fürstlich Löwenstein-Wertheimischen Hauses:
Kritische Bemerkungen zu den Schriften von Dr. Johann Ludwig Klüber und einem ungenannten norddeutschen Publicisten* über die eheliche Abstammung des hochfürstlichen Hauses Löwenstein-Wertheim und dessen Nachfolgerecht in den Stammländern des Hauses Wittelsbach, Heidelberg/Leipzig [Groos]
UB: Heid. Hs. 1938, Verzeichnis II Nr. 3; * ergänzt: „(Heffter)“
UB: Heid. Hs. 1944 (Briefe): Prinzen Constantin, Wilhelm, Leopold Löwenstein, Briefe aus den Jahren 1838, 1864, 1871
Digitalisat der Druckfassung: https://doi.org/10.11588/diglit.47354

1839: Im Auftrage der K. Spanischen Regierung:
Die Spanische Successionsfrage, historisch und publicistisch erörtert zur Aufklärung und Berichtigung der öffentlichen Meinung in Deutschland; nebst einem Anhange als Beleuchtung und Widerlegung

der bei S. Schmerber in Frankfurt 1839 unter gleichem Titel herausgegebenen anonymen Schrift, Heidelberg [Winter]
UB: Heid. Hs. 1938, Verzeichnis II Nr. 4
UB: Heid. Hs. 1944 (Briefe): 1861, Oktober 7: Prinz Albrecht von Bayern, Brief mit dankbarer Erinnerung daran, daß die Rechte der Cousine Dona Isabel gewahrt wurden
UB: Heid. Hs. 1944 (Briefe): 1863: Albert, Madrid, Erinnerung an den „günstigen Erfolg ... für die jugendliche Monarchie“
Digitalisat der Druckfassung: https://doi.org/10.11588/diglit.45262

1839: Bosquejo Historico Sobre La Sucesion A La Corona De España / Por El Dr. Henrique Zöpfl ... Traducido Del Aleman, Por Don Santiago De Tejada .... Paris [Amyot]. Diese Schrift wurde übersetzt in das Französische von Baron von Billing [Paris 1839]
UB: Heid. Hs. 1944 (Briefe): 10. April 1842, betr. Übersetzung
Digitalisat der Druckfassung: https://doi.org/10.11588/diglit.47348

1839: Essai Historique Sur La Succession D'Espagne, Traduit De L'Allemand, ... Par Le Baron De Billing ...., Paris [Amyot]
Digitalisat der Druckfassung: https://doi.org/10.11588/diglit.47349

1840: Historical Essay Upon the Spanish Succession, Translated from The French Version, Of M. Le Baron De Billing, By C. T. O'G[omar], London [Whittaker]
Digitalisat der Druckfassung: https://doi.org/10.11588/diglit.47347

1843: Rechtsgutachten für den Grafen K. F. Castel in Mainz, Sept. 1843
UB: Heid. Hs. 1938, Verzeichnis II [Einschub, ohne Zählung]
UB: Heid. Hs. 1944 (Briefe): Castell, 7. Mai 1843
UB: Heid. Hs. 1928

1843: (Injurienklage betr.) Gutachten für Herrn Dr. Schliz, Mergentheim
UB: Heid. Hs. 1944: Schliz Brief 1852
UB: Heid. Hs. 1928

1844: Im Auftrage des Reichsgrafen Gustav Adolph Bentinck:
Über das Verhältniß der Beschlüsse des deutschen Bundes zu Sachen der streitigen Gerichtsbarkeit und richterlichen Entscheidungen; gedruckt Heidelberg im Archiv für civilistische Praxis XXVII. Heft 3 [S. 388–439] und hieraus besonders abgedruckt
UB: Heid. Hs. 1938; Verzeichnis II Nr. 5
Heid. Hs. 1927
Digitalisat der Druckfassung: https://doi.org/10.11588/diglit.45336

1845: Ebenfalls im Auftrag des Herrn Reichsgrafen Gustav Adolph Bentinck:
Antikritik der vom Herrn Prof. K. Vollgraff herausgegebenen sogenannten kritischen Beleuchtung meiner Abhandlung im civilistischen Archiv (Bd. XXVII. Heft 3) „Über das Verhältniß der Beschlüsse des

deutschen Bundes zu Sachen der streitigen Gerichtsbarkeit“, Heidelberg [Mohr]
UB: Heid. Hs. 1938, Verzeichnis II Nr. 6
UB: Heid. Hs. 1927
Digitalisat der Druckfassung: https://doi.org/10.11588/diglit.45337

1847: Schreiben Carl Prinz Solms-Braunfels, Frankfurt, 9. April 1847
Heid. Hs. 1928 (ohne Gutachten)

1848: Im Auftrage der Erben der französischen Familie d'Hervart:
Rechtsgutachten,* die Rechtsbeständigkeit der Schenkung eines Reichswaldes zwischen Basel und Colmar durch den deutschen Kaiser Heinrich II. (den Heiligen) an den Bischof von Basel betreffend. Gedruckt Frankfurt a. M., 1848, als Manuskript
UB: Heid. Hs. 1938, Verzeichnis II Nr. 7; ergänzt: * in einem vor den französischen Gerichten schwebenden Prozesse
Rechtliches Gutachten von den Herren Professoren an der Universität Heidelberg, Zoepfl, Roßhirt, Vangerow und Mittermaier, Rechte der Gemeinde am Harthwalde bei Basel betr., Frankfurt [Brönner]
UB: Heid. Hs. 1928 (gedrucktes Exemplar)
Digitalisat der Druckfassung: https://doi.org/10.11588/diglit.45351

1848: Gutachten des Spruch-Collegiums der Juristen-Facultät zu Heidelberg für die deutschen Actionäre der anonymen Gesellschaft der vereinigten Pachtungen des Kurhauses und der Mineralquellen zu Homburg vor der Höhe:
Auf Verlangen der deutschen Actionäre der anonymen Gesellschaft der vereinigten Pachtungen des Kurhauses und der Mineralquellen zu Homburg von der Höhe (im Namen des Spruch-Collegiums der Juristen-Facultät zu Heidelberg ausgearbeitet:) Rechtliches Gutachten, betreffend Entschädigungs-Ansprüche wegen Aufhebung des Spielpachtes, gedruckt als Manuskript, [s. l.]
UB: Heid. Hs. 1938, Verzeichnis II Nr. 8
UB: Heid. Hs. 1928
Digitalisat der Druckfassung: https://doi.org/10.11588/diglit.45352

1850: Im Auftrag des Reichsgrafen Gustav Adolph Bentinck:
Denkschrift und Protestation gegen den Erlaß der provisorischen Centralgewalt für Deutschland vom 8. November 1849, bei der hohen Bundes-Central-Commission von Seite des Reichsgrafen Gustav Adolph Bentinck, als Manuskript gedruckt, Frankfurt a. M.
UB: Heid. Hs. 1938, Verzeichnis II Nr. 9
Digitalisat der Druckfassung: https://doi.org/10.11588/diglit.45353

1851: Auf Begehren des landständischen Ausschusses in Kurhessen:

Der permanente landständische Ausschuß in Kurhessen vor dem Kriegsgerichte. Vertheidigungsschrift mit angehängten Rechtsgutachten der Juristenfakultäten zu Heidelberg und Göttingen; nebst weiterer staatsrechtlicher Ausführung; Gutachten der Juristen-Fakultät zu Heidelberg, Cassel [Fischer]
UB: Heid. Hs. 1938, Verzeichnis II Nr. 11; * ergänzt: und nach Beschluß, datiert: 1852
Digitalisat der Druckfassung: https://doi.org/10.11588/diglit.45342; handschriftliche Ergänzung: Dieses Gutachten ist gedruckt in: Der permanente landständische Ausschuss in Kurhessen vor dem Kriegsgerichte. Vertheidigungsschrift mit angehängten Rechtsgutachten der Juristen Facultäten Heidelberg und Göttingen nebst weiterer staatsrechtlicher Ausführung, Cassel 1851 – Gutachten der Juristen Facultät zu Heidelberg (Zoepfl) Anlage B: Zur Vertheidigung des bleibenden landständischen Ausschusses: (Digitalisat).

1851: Im Auftrage der Ritterschaft des Fürstenthumes Osnabrück:
Rechts-Gutachten über die Verletzung der althergebrachten und verfassungsmäßigen Rechte der Provinciallandschaft, insbesondere der Ritterschaft des Fürstenthumes Osnabrück durch das K. Hannoversche Gesetz vom 5. Sept. 1848, als Manuskript gedruckt, s. l.
UB: Heid. Hs. 1938, Verzeichnis II Nr. 10
UB: Heid. Hs. 1944 (Briefe): V. Bar (?), 1851, 28. Januar 1851
UB: Heid. Hs. 1944 (Briefe): Bernstorff, Landrath: 6. und 8. Juni 1853
Digitalisat der Druckfassung:: https://doi.org/10.11588/diglit.45343

1852: Im Auftrage der reichsfreiherrlichen Familie von Wambolt:
Rechtsgutachten: Die weibliche Lehenerbfolge in Fuldische und Pfalz-Fuldische Mannlehen und Burglehen. Ein Rechtsgutachten, Stuttgart [Krabbe]
UB: Heid. Hs. 1938, Verzeichnis II Nr. 13
UB: Heid. Hs. 1944 (Briefe): August Berberich, Sekr. Fhr. Wambolt und Freifrau v. Wambolt, geb. Freyin v. Cynatten, 23. Febr., 1. März, 19. Mai, 3. Juli 1852
UB: Heid. Hs. 1928
Digitalisat der Druckfassung: https://doi.org/10.11588/diglit.45354

1852: Im Auftrag der Israelischen Einwohnerschaft zu Frankfurt am Main:
Rechts-Gutachten über die fortdauernde Gültigkeit der in der freien Stadt Frankfurt den Jsraeliten, Landbewohnern und Beisassen gesetzlich verliehenen Gleichstellung mit den christlichen Stadtbürgern, Frankfurt am Main [Adelmann]
Heid. Hs. 1938, Verzeichnis II Nr. 12
Digitalisat der Druckfassung: https://doi.org/10.11588/diglit.37340

1852: Auf Verlangen [und im Auftrage] des Großherzoglich Badischen Staatsministers [Staatsministeriums], Freiherrn von Rüdt,* in Gemäßheit höchsten Auftrages: Rechtsgutachten, die Rechtsfolge der Unfähigkeit des Thronfolgers nach dem Deutschen und Badischen Staatsrechte** betreffend***
* als Staatsminister des Aeusseren und des Hauses; ** ersetzt: im Großherzogthum Baden; *** ergänzt: ungedruckt
UB: Heid. Hs. 1938, Verzeichnis II Nr. 14
Digitalisat der Handschrift: https://doi.org/10.11588/diglit.31153; ergänzt: „In Eile bearbeitet"

1852: Entwurf eines Facultätsgutachtens für Rechtspraktikant Kleinschrod (aus Würzburg) wegen Majestätsbeleidigung
Dieses Gutachten, resp. Entwurf, ist nicht expedirt worden, sondern die Ertheilung des Gutachtens abgelehnt worden, weil sich im Grund doch nichts für die Strafherabsetzung Genügendes sagen liess.
UB: Heid. Hs. 1928

1852: Auf Begehren des Freiherrn von Venningen, im Namen des Spruchcollegiums zu Heidelberg ausgearbeitet*:
Rechtsgutachten, die Legitimation außerehelicher Kinder per subsequens matrimonium außerhalb des Landes betreffend
UB: Heid. Hs. 1938, Verzeichnis II Nr. 15; * bearbeitet
UB: Heid. Hs. 1928, ergänzt nach 1852

1853: Im Auftrage des Freiherrn I. N. Armand von Boyneburg [verbessert: Boineburg] in Lengsfeld:
Rechtsgutachten, die Lehnfolge von Töchtern betreffend (ungedruckt)
UB: Heid. Hs. 1938, Verzeichnis II Nr. 16
UB: Heid. Hs. 1944: Brief vom 1854 Januar 14 (von Boineburg-Lengsfeld an Zoepfl)
UB: Heid. Hs. 1928: eingesandt an L. Ed. Schembach (?), Rechtsanwalt in <...> bei Eisenach. Ausgearbeitet im November 1853, Korrespondenz liegt dabei

1853: Im Auftrage Sr. Hoheit des Herzogs Christian von Schleswig-Holstein-Sonderburg-Augustenburg:
Über Mißheirathen in den deutschen regierenden Fürstenhäusern überhaupt und in dem Oldenburgischen Gesammthause insbesondere, Stuttgart [Krabbe]
UB: Heid. Hs. 1938, Verzeichnis II Nr. 18
UB: Heid. Hs. 1930, Korrespondenz Oldenburg, 4. Juni 1866; Hannover 1866, 1867, Mai 1867 an Regierungsrath Dr. Warmstedt, Hannover
UB: Heid. Hs. 1944 (Briefe): 29.3.1853 (Brüggemann an Zoepfl), 17.5.; 6.8., 23.9.1853 (Augustenburg an Zoepfl)

Digitalisat der Druckfassung: https://doi.org/10.11588/diglit.45334

1853: Im Auftrage des Reichsgrafen Gustav Adolph Bentinck:
Ueber hohen Adel und Ebenbürtigkeit nach dem Deutschen Reichsstaatsrecht und dem Deutschen Bundesrecht überhaupt und mit Rücksicht auf den gräflich Bentinck'schen Rechtsstreit, insbesondere; zugleich eine kritische Beleuchtung der Schrift: „Die Competenzfrage in dem gräflichen Bentinck'schen Successionsstreite erstattet von Dr. J. Pötzl ... 1853", Stuttgart [Krabbe]
UB: Heid. Hs. 1938, Verzeichnis II Nr. 17
UB: Heid. Hs. 1944 (Briefe): Boineburg, 14. Januar 1854, zur Bentinckschen Successionsache
UB: Heid. Hs. 1928
Digitalisat der Druckfassung: https://doi.org/10.11588/diglit.45335

1854: Im Auftrag des Fürstlichen Hauses Löwenstein-Wertheim*:
Rechtsgutachten, den Mainzoll des fürstlichen Hauses betreffend, 1854*
UB: Heid. Hs. 1938, Verzeichnis II Nr. 19, ungedruckt
UB: Heid. Hs. 1928: Akten und Urtheile in Sachen k. bayr. Fiscus ca. Löwenstein-Wertheim-Rosenberg die Lehnbarkeit mehrerer Theile der Landesherrschaft betr. 1858–1860. Mit Beziehung zu meiner Abhandlung in Bd. II der Alterthümer der deutschen Staats- und Rechtsgeschichte, 1860; * ergänzt: Freudenberg, 9. März 1854

1855: Auf Verlangen der* Interessenten im Namen des Spruchcollegiums zu Heidelberg bearbeitet: Rechtsgutachten, das Recht der Saline Lüneburg bez.** Regalität der Salzfabrikation und des Salzdebits daselbst betreffend 1855***
UB: Heid. Hs. 1938, Verzeichnis II Nr. 20; * von; ** resp.; *** ungedruckt
UB: Heid. Hs. 1928

1856: Im Auftrag seiner Durchlaucht des Fürsten Carl Egon zu Fürstenberg:
Rechtsgutachten das Testament höchstdesselben Herrn Vaters, des letztverstorbenen Fürsten Carl Egon betreffend. 1856
UB: Heid. Hs. 1938, Verzeichnis II Nr. 21
UB: Heid. Hs. 1928, Korrespondenz liegt dabei
UB: Heid. Hs. 1944: Briefe des Fürsten Fürstenberg aus dem Jahr 1853

1856: Im Auftrage der Regierung des Großherzogthums Luxemburg:
Rechtsgutachten*, über den der Deputiertenkammer vorgelegten Entwurf einer Revision der Verfassung vom 9. Juli 1848 betreffend, Gedruckt nebst französischer Übersetzung, Luxemburg 1856**
UB: Heid. Hs. 1938, Verzeichnis II Nr. 22; * Gutachten; ** nicht im Buchhandel
UB: Heid. Hs. 1928, datiert November 1856

1859: Im Auftrage der Gräflich Ingelheimischen Erben:
Schiedsspruch, die Herstellung des gräflichen Familienfideicommisses betreffend. 1859*
UB: Heid. Hs. 1938, Verzeichnis II Nr. 23; * ergänzt: ungedruckt
UB: Heid. Hs. 1944 (Briefe): Brackhofft Heidelberg, 12. Juli 1852, betr. „Ingelheimer Sache"; Breidenbach 7. März 1855
UB: Heid. Hs. 1928: Schiedsspruch und Entscheidungsgründe in der gfl. Ingelheim Angelegenheit, 19./20. März 1859

1859: Im Auftrage des Großherzoglich Badischen Ministeriums (bez. Sr. Excellenz Freiherrn von Meissenbug [Meysenbug]):
Erstes Gutachten über den Badischen Vorschlag, die Errichtung eines Bundesgerichts betreffend, 1859
UB: Heid. Hs. 1938, Verzeichnis II Nr. 24
Digitalisat der Handschrift: https://doi.org/10.11588/diglit.37108 (Zusatz: vgl. Gutachten 1860)

1859: Im Auftrage des Großherzoglich Badischen Ministeriums (Minister Freiherr von Stengel):
Gutachten über die Verbesserung des Strafverfahrens, 1859
UB: Heid. Hs. 1938, Verzeichnis II Nr. 25
UB: Heid. Hs. 1928, April 1859

1859: Rechtsgutachten für die Grafen Alban und Heinrich zu Schönburg April/Mai 1859:
Die Anwendung der Justizorganisation a. J. 1855 auf die Schönburgischen Receßherrschaften betr.
UB: Heid. Hs. 1928

1860: Im Auftrage des Großherzoglich Badischen Ministeriums (bez. Sr. Excellenz Freiherrn von Meissenbug [Meysenbug]):
Zweites, sehr umfangreiches Gutachten über die Errichtung des Bundesgerichts, 1860
UB: Heid. Hs. 1938, Verzeichnis II Nr. 26
UB: Heid. Hs. 1928, (Ergänzung: Auf Verlangen des Ministers von Meissenbug [Meysenbug] im März 1860) April 1859, beiliegend Korrespondenz und Material
Digitalisat der Handschrift: https://doi.org/10.11588/diglit.37109.

1860: Auf Verlangen des Fürsten Heinrich XIII. Prinzen von Reuss, im Namen des Spruchcollegiums ausgearbeitet:
Rechtsgutachten, die Succession im Familienfideicommisse und Lehen-Anfälle betreffend, 1860
UB: Heid. Hs. 1938, Verzeichnis II Nr. 27
UB: Heid. Hs. 1928: Ergänzung: den gräfl. Sinzendorf Familien Commis betr. Reuss, 21./27. Juni 1860 – 1. Zwei Fideicommisse über verschie-

dene Güter begründen zwei von einander völlig unabhängige Successionen. 2. Voraussetzung des Begriffs von Lehensfällen, betr., 21./27. Juni 1860

1860: Im Auftrage des Fürstlichen Hauses Leiningen:
Bemerkungen zu dem Erkenntnisse des K. bayerischen Appellationsgerichtes von Unterfranken und Aschaffenburg, in Sachen des k. bayr. Fiscus gegen die Fürstlich Leiningensche Standesherrschaft, die Lehenbarkeit der vormaligen Ämter Amorbach und Miltenberg betreffend, 1860
UB: Heid. Hs. 1938, Verzeichnis II Nr. 28
UB: Heid. Hs. 1928, 11. Juni 1860

1860: Im Auftrage des Fürstlichen Hauses Löwenstein-Wertheim-Freudenberg: wurden von mir verfaßt: Prozess-Schriften in Sachen des K. Bayerischen Fiscus gegen die Fürstliche Standesherrschaft Lehenbarkeit mehrerer Objecte betreffend 1858–1860
UB: Heid. Hs. 1938, Verzeichnis II Nr. 29
UB: Heid. Hs. 1928: Akten und Urteile in Sachen K. bayr. Fiscus ./. Löwenstein-Wertheim-Rosenberg die Lehnbarkeit mehrerer Theile der Landesherrschaft betr. 1858–1860, steht in Beziehung zu meiner Abhandlung in Bd II. der Alterthümer des Deutschen Reichs und Rechts, 1860

1860: Im Auftrag der Herzoglichen Staatsregierung von Sachsen-Meiningen (Minister von Harbou):
Gutachten, die Auswahl eines deutschen Oberappellationsgerichts als Schiedsgericht für die Entscheidungen des Domänenstreites mit den Landständen betr., November 1860. Es ist nach meinem Gutachten den Ständen zu Jena, zu Dresden u. zu Celle vorgeschlagen und von den Ständen hieraus das zu Dresden gewählt worden, November 1860
UB: Heid. Hs. 1938, Verzeichnis II Nr. 30 [November 1860]
UB: Heid. Hs. 1928: Titel: Gutachten, die Auswahl der Obergerichte für die Entscheidungen des Domänenstreites mit den Landständen betreffend. Es ist nach meinem Gutachten den Ständen des Hg. zu Jena, zu Dresden und zu Celle vorgeschlagen und von den Ständen hieraus das zu Dresden gewählt worden, November 1860

1861: Im Auftrage der Herzoglich Anhalt'schen Staatsregierung (Minister von Plötz) (Kurze) gutachtliche Äußerung:
Gutachten, die Verfassung des Herzogthums Anhalt-Dessau betreffend (März und April 1861)
UB: Heid. Hs. 1938, Verzeichnis II Nr. 31
UB: Heid. Hs. 1929, datiert: März/April 1861

1861: Auf Verlangen des Freiherrn von Wellens in Wiesbaden:

Rechtsgutachten die erhöhte Besteuerung der Spielbanken in Wiesbaden betr. (Juni) 1861
UB: Heid. Hs. 1938, Verzeichnis II Nr. 32
Digitalisat der Handschrift: https://doi.org/10.11588/diglit.43428; Rechtsgutachten für den Freiherrn von Wellens in Wiesbaden (resp. Advocaten Leisler daselbst), die Spielbank in Wiesbaden, resp. deren erhöhte Besteuerung betreffend, Rechtsfrage: Aufhebung wohlerworbener Rechte aus Verträgen mit dem Fiscus durch die Gesetzgebung, Juni 1861

1861: Im Auftrag Sr. Durchlaucht des Fürsten Carl von Löwenstein-Wertheim-Rochefort (-Rosenberg):
Rechtsgutachten, Mißheirathen in fürstlichen Häusern, insbesondere die Succession in die Hinterlassenschaft des Fürsten Adolph von Löwenstein-Wertheim-Freudenberg betr. (Juli 1861 und November 1861)
UB: Heid. Hs. 1938, Verzeichnis II Nr. 33 und Nr. 34: In gleichem hohen Auftrag Nachtrag zu vorgedachtem Rechtsgutachten, November 1861
UB: Heid. Hs. 1929: die fürstl. Löwenstein Succession betr., erfordert vom Fürsten Carl, Juli 1861, Nachtrag dazu vom 4. November 1861

1861: Im Auftrag des Lüneburg-Cellischen Landraths-Collegs:
Rechtsgutachten, die Mecklenburgischen Güter betreffend, Juli u. August 1861
UB: Heid. Hs. 1938, Verzeichnis II Nr. 35
UB: Heid. Hs. 1929, nebst Nachtrag dazu vom 4. November 1861

1861: Im Auftrag Sr. Durchlaucht des Fürsten Wilhelm zu Löwenstein-Wertheim-Freudenberg:
Rechtsgutachten über die Fragen: 1. ob die Fideicommißkasse ein Vorzugsrecht im Concurse des Vorgängers hat?; 2. ob die Kinder des besitzenden Primogenitus bei seinem Leben ein Recht haben, an den für die Nachgeborenen bestimmten Apanagen zu participiren, resp. selbst unter den Begriff von Nachgeborenen fallen? 3. Ob die standesherrlichen Beamten nach den Staatsdiener-Edicten zu behandeln sind?, ertheilt im Aug. 1861
UB: Heid. Hs. 1938, Verzeichnis II Nr. 37
UB: Heid. Hs. 1929, August 1861

1861: Das deutsche Postfürstenthum, sonst reichsunmittelbar, jetzt bundesunmittelbar. Gemeinrechtliche Darstellung des öffentlichen Rechts des Fürsten Thurn und Taxis als Inhabers der gemeinen deutschen Post, von Karl Ulrichs ... Heidelberg [Mohr], 1861. – in: Heidelberger Jahrbücher der Literatur. Jg. 54 (1861), Nr. 47/48, S. 738–760
UB: Heid. Hs. 1938, Verzeichnis II Nr. 38

UB: Heid. Hs. 1929, handschriftlich Oct./Nov. 1861: Gutachten in Form einer Recension über den Nassau-Taxis'schen Postvertrag
Digitalisat der Druckfassung: https://doi.org/10.11588/diglit.45369; Auf Veranlassung der Fürstlich Taxi'schen Postverwaltung. Gutachten, in Form einer Recension mehrerer das Taxische Postrecht betreffenden Schriften. Gedruckt in den Heidelberger Jahrbüchern 1861, S. 738–760

1861: Im Auftrage des gräflichen Hauses Breda:
Rechtsgutachten über den hohen Adel des gräfl. Hauses Breda (November 1861)
UB: Heid. Hs. 1938, Verzeichnis II Nr. 39
UB: Heid. Hs. 1929: Gutachten über das hochadelige Standes-Verhältnis des gräflichen Hauses Breda, Ansprüche auf den Namen Berg d'Heerenberg, 9 November 1861, Korrespondenz liegt dabei

1861: Im Auftrage der Fürstlich Schaumburg-Lippe'schen Staatsregierung:
Rechtsgutachten, das Steinhuder Meer, resp. die Ansprüche von Hannover betreffend, ist gedruckt in der Eingabe der Fürstl, Schaumburg-Lippe'schen Regierung an die hohe deutsche Bundesversammlung (Dec. 1861), Siehe die Protokolle der Bundesversammlung am 16. Juni 1862, 25. Sitzung v. 26. Juni 1862, 25. Sitzung, § 211, S. 315 folg.
UB: Heid. Hs. 1938, Verzeichnis II Nr. 40
Heid. Hs. 1929, 5. December 1861, Korrespondenz liegt dabei

1862: Auf den Wunsch einiger Mitglieder der I. badischen Kammer: Chritik des Entwurfs eines badischen Regentschaftsgesetzes, 1862
UB: Heid. Hs. 1938, Verzeichnis II Nr. 41
UB: Heid. Hs. 1930: Zum Entwurf eines badischen Regentschaftsgesetzes, Februar 1862; Gegenentwurf mit Motion, Brief 1963

1862: Auf Verlangen des Reichsgrafen Gustav Adolph Bentinck:
Rechtsgutachten, die Rechtsverhältnisse der Schloßkapelle zu Friedau betreffend
UB: Heid. Hs. 1938, Verzeichnis II Nr. 42
UB: Heid. Hs. 1929: Rechtsgutachten die Verhältnisse der Schloßkapelle zu Friedau betr. Ostern 1862. NB über Eigenthum an Katholischen Kirchen, Heidelberger Jahrbücher 1860, S. 583, Darmstadt 1857

1862: Auf Verlangen eines Interessenten im Namen des Spruchcollegs bearbeitet:
Rechtsgutachten über das angebliche Rückforderungsrecht der freiwilligen Beiträge zur Anschaffung der verkauften deutschen Flotte
UB: Heid. Hs. 1938, Verzeichnis II Nr. 43

1862: Auf Verlangen des fürstlich Liechtensteinschen Bundestagsgesandten, Freiherrn von Linde:

Gutachten über die Frage: „Kann ein Gesandter in der deutschen Bundesversammlung fortwährend für mehrere Stimmen bevollmächtigt werden"
UB: Heid. Hs. 1938, Verzeichnis II Nr. 44
Heid. Hs. 1930, 2.–3. Februar 1862, Korrespondenz liegt dabei

1862: Schreiben (Rechtsausführung) an den Erzb. z. Freiburg Hermann von Vicari, die gräfl. Leiningen-Neudenau'schen Protectoratsrechte an der Pfarre zu Herbholzheim und das Frühmessbeneficium zu Neudenau betr.; im Namen der gräflichen Vormundschaft, 1862 Juni 30
UB: Heid. Hs. 1938, Verzeichnis II Nr. 45a

1862: Im Auftrag Sr. Durchlaucht des Fürsten Otto Friedrich Fürsten von Schönburg:
Rechtsgutachten über die Berechtigung der Nachgeborenen in mediatisierten fürstlichen Häusern, das Prädikat Prinz und Prinzessin zu führen, und dessen Unterschied vom Prädikate <Titel> Fürst und Fürstin (November 1862)
UB: Heid. Hs. 1938, Verzeichnis II Nr. 45
UB: Heid. Hs. 1930, 20. November 1862

1862: Auf Verlangen des Grafen Victor von Westarp, im Namen des Spruchcollegiums ausgearbeitet:
Rechtsgutachten, das Successionsrecht der Grafen Westarp wie das Herzogthum Anhalt betreffend (December 1862)
UB: Heid. Hs. 1938, Verzeichnis II Nr. 46
UB: Heid. Hs. 1930: Gutachten für die Grafen Westarp, deren Successionsrecht in Anhalt-Berneburg betreffend (: Missheirath – Verzichte – Erbvertrag), November und 8. December 1862. Beiliegt ein Gutachten des Prof. Heffter über das Recht Mißheiraths Kinder auf eine Versorgung

1863: Im Auftrag des Grafen Carl Theodor zu Leiningen-Billigheim:
Gutachten, die Abänderung des gräflichen Hausgesetzes betreffend
UB: Heid. Hs. 1938, Verzeichnis II Nr. 47

1863: Auf Antrag eines Interessenten im Namen des Spruchcollegiums ausgearbeitet:
Rechtsgutachten über die Verfassungsmäßigkeit der preußischen Pressverordnung vom 1. Juni 1863, Leipzig 1863
UB: Heid. Hs. 1938, Verzeichnis II Nr. 48
Digitalisat der Druckfassung: https://doi.org/10.11588/diglit.45372; Ergänzung mit Bleistift: Medizinalrath Prof. Dr. Möller in Königsberg

1863: Urtheil in Sachen des A. G. R. Kauffberg gegen den reg. Fürsten Günther zu Schwarzenburg, Sondershausen, Pensionsansprüche betr., November 1863 [kein Gutachten]

UB: Heid. Hs. 1930

1863: Im Auftrag des Prinzen Alexander von Solms-Braunfels und der Freifrau von Landsberg:
Vorläufiges Promemoria, die hochadeligen Standesverhältnisse und die Ebenbürtigkeit der Familien von Landsberg-Velen betreffend. Als Manuskript gedruckt (Juli) 1863, Heidelberg
UB: Heid. Hs. 1938, Verzeichnis II Nr. 49
UB: Heid. Hs. 1930
Digitalisat der Druckfassung: https://doi.org/10.11588/diglit.45373

1863: Im Auftrage Sr. Durchlaucht des Fürsten Carl zu Löwenstein-Wertheim-Rosenberg:
Denkschrift die standesherrlichen Curiatstimmen betreffend (30. September) 1863
UB: Heid. Hs. 1938, Verzeichnis II Nr. 50
UB: Heid. Hs. 1930, 30. September 1863
Druckfassung:
UB: Cod. Heid. 365,77

1863: Auf Verlangen eines Advocaten in Hamburg:
Rechtsgutachten, den Begriff von Nadelgeldern betreffend, 1863
UB: Heid. Hs. 1938, Verzeichnis II Nr. 51
UB: Heid. Hs. 1930: enthält nur einen Brief des Dr. Gerhard Hachmann, 3. October 1863

1863: Ueber gemeinnützige Anordnungen nach Grundsätzen des deutschen Bundesrechts, in besonderer Anwendung auf gemeinsame Gesetzgebung und Delegiertenversammlung, Heidelberg [Mohr]
UB: Heid. Hs. 1930: Über organische Einrichtungen Jura Singulorum und besonders über gemeinnützige Anordnungen des Bundes. Eine Recension von Linde's Abhandlung im Archiv für das öffentliche Recht des deutschen Bundes Bd. IV Heft 3, 1863 (19. April, in Briefform. Ist nicht gedruckt worden, sondern dagegen eine Anzeige in den Heidelberger Jahrbüchern 1863)
Digitalisat der Druckfassung: https://doi.org/10.11588/diglit.45374
1863/64: Im Auftrage des Prinzen Leopold von Löwenstein-Wertheim-Freudenberg:
Rechtliches Gutachten über [dessen] die Rechte Sr. Durchlaucht des Prinzen Leopold von Löwenstein-Wertheim-Freudenberg an den Erträgnissen des fürstlichen [Haus]-Fideicommisses, [s. l.], 1863
UB: Heid. Hs. 1938, Verzeichnis II Nr. 52
Digitalisat der Druckfassung: https://doi.org/10.11588/diglit.45375

1864: Im Auftrag desselben Prinzen Leopold von Löwenstein-Wertheim-Freudenberg:

Rechtsgutachten über die Fragen: 1. Ist ein apanagirter Familienfideicommiß-Anwärter befugt, von dem Fideicommiß-Inhaber die Manifestation der Bestandtheile des Fideicommisses und der über den Ertrag geführten Rechnungen zu verlangen? eventuell: 2. Darf er den Manifestationseid verlangen. Im Januar 1864 als Manuskript gedruckt, Heidelberg [Mohr]
UB: Heid. Hs. 1938, Verzeichnis II Nr. 53
Digitalisat der Druckfassung: https://doi.org/10.11588/diglit.45376

1864: Auf Verlangen des K. Bayerischen Bundestagsabgeordneten Freiherr von der Pforten:
Rechtsgutachten, die Lehensverhältnisse des Herzogthums Holstein zur Reichszeit betreffend, Dezember 1863. Januar 1864
UB: Heid. Hs. 1938, Verzeichnis II Nr. 54
UB: Heid. Hs. 1931

1864: Im Auftrage der Herzoglich Sachsen-Meiningen'schen Staatsregierung: Kritische Bemerkungen zu Reyscher's Schrift die Rechte des Staates an den Domänen (besonders in Sachsen-Meiningen), gedruckt in den Heidelberger Jahrbüchern 1864, Nr. 16, 17 und 18, und hieraus besonders April 1864
UB: Heid. Hs. 1938, Verzeichnis II Nr. 55
UB: Heid. Hs. 1931: Sachsen/Meiningen Domänenfrage. Kritik an Reyscher's Schrift betr., Februar–April 1864. Die Bemerkungen sind gedruckt.
Digitalisat der Druckfassung: https://doi.org/10.11588/diglit.45378

1864: Korrespondenz mit Dr. Carl von Salza und Lichtenau, Dresden
UB: Heid. Hs. 1931: Korrespondenz mit Dr. Carl von Salza und Lichtenau, Dresden; enthält nur einen Einlieferungsschein Heidelberg, 6. Mai 1864; kein ausformuliertes Gutachten

1864: Im Auftrag Sr. Hoheit des Herzogs Friedrich (VIII.) von Schleswig-Holstein-Sonderburg-Augustenburg:
Rechtliches Gutachten über die Competenz der deutschen Bundesversammlung bezüglich der Successionsstreitigkeiten in den deutschen regierenden Fürstenhäusern, gedruckt Leipzig [Haessel]
UB: Heid. Hs. 1938, Verzeichnis II Nr. 56
UB: Heid. Hs. 1944: Brief Ghzg. Friedrich 30. Mai 1864
UB: Heid. Hs. 1930: Nur Korrespondenz betr. Herzogthum Schleswig-Holstein, Verweis auf die der Bundesversammlung übergebene Schrift zur Begründung der Erbansprüche S.K.H. des Großherzogs auf Schleswig-Holstein; Briefe an Geheimrat Samwer, Gotha und Geh. Regierungsrath Warnstedt

UB: Heid. Hs. 1931: (Holstein) I. Sammtbelehnung betr., am 19. December 1863 an Herrn v. d. Pforten abgeschickt, II. Sammtbelehnung am 28. Dec. 1863 an Herrn v. d. Pforten abgeschickt; Korrespondenz, April 1864, beigefügt sind Referate von v. Linde
Digitalisat der Druckfassung: https://doi.org/10.11588/diglit.45377

1864: Im Auftrag der großherzoglich Sachsen-Weimarsch'schen Staatsregierung:
Rechtsgutachten, die Succession in das Fürstenthum Lauenburg betreffend, (Sommer) 1864
UB: Heid. Hs. 1938, Verzeichnis II Nr. 57
UB: Heid. Hs. 1931: Lauenburger Succession, Gutachten für Ghzg. Weimar und 3 herz. sächs. Regierungen, 1864, dat. 1. Februar, abgesandt 3. Februar

1864: Im Auftrage Sr. Durchlaucht des Fürsten Alexander zu Sayn-Wittgenstein:
Rechtsgutachten, das Besetzungsrecht der Pfarrstellen in den neu entstandenen Kirchengemeinden der Grafschaft Wittgenstein betreffend (September 1864)
UB: Heid. Hs. 1938, Verzeichnis II Nr. 58
UB: Heid. Hs. 1931: Rechtsgutachten für S. Durchlaucht den Fürsten Alexander Sayn-Wittgenstein. Besetzungsrecht von Pfarrstellen betr., September 1864

1864: Im Auftrage S. Durchlaucht des Fürsten Alfred zu Salm-Salm:
(Entwurf) Rechtsgutachten die Apanage der Descendenz des Prinzen Emil von Salm Salm betreffend (October und November) 1864
UB: Heid. Hs. 1938, Verzeichnis II Nr. 59
Heid. Hs. 1931: Gutachten für Fürst Alfred zu Salm-Salm. Apanage der Descendenz des Prinzen Emil, October, November 1864

1864: Im Auftrage S. Hoheit des Prinzen Friedrich von Hessen:
Eingabe an die hohe deutsche Bundesversammlung und „Denkschrift, die Ansprüche des Prinzen Friedrich Wilhelm von Hessen auf die Succession im Herzogthum Lauenburg betr."; (als Manuscript gedruckt, Juli–November) 1864 und in den Bundesprotokollen gedruckt, Heidelberg [Mohr]
UB: Heid. Hs. 1938, Verzeichnis II Nr. 60
UB: Heid. Hs. 1931: Prinz von Hessen. Lauenburger Sucession, Juli und November 1864. Ist als Manuskript gedruckt, Korrespondenz liegt dabei
Digitalisat der Druckfassung: https://doi.org/10.11588/diglit.45379

1864: Im Auftrage der Fürstlichen Staatsregierung von Schaumburg-Lippe zu Bückeburg:

Rechtsgutachten, das Autonomie-Recht des regierenden Fürsten bezüglich der außerhalb des Fürstenthums liegenden Besitzungen höchstdesselben betreffend (December 1864)
UB: Heid. Hs. 1938, Verzeichnis II Nr. 61
UB: Heid. Hs. 1931: Gutachten für die Lippe-Schaumburgische Regierung zu Bückeburg. Das Autonomie-Recht des Fürsten im Ausland betr., December 1864; Korrespondenz liegt dabei

1864: Im Auftrag Sr. Durchlaucht des Grafen Wilhelm von Würtemberg (jetzt: Herzog von Urach, Durchlaucht):
Rechtsgutachten, die Familien- und staatsrechtliche Stellung Sr. Erlaucht des Herrn Grafen Wilhelm von Würtemberg betreffend. Ausgearbeitet im December 1864, gedruckt als Manuskript Januar 1865, Heidelberg [Mohr]
UB: Heid. Hs. 1938, Verzeichnis II Nr. 62
UB. Heid. Hs. 1930, Datum: 12. December 1864, nebst Nachtrag vom 30. November 1865, Korrespondenz liegt dabei
Digitalisat der Druckfassung: https://doi.org/10.11588/diglit.45384; Titel: Rechtliches Gutachten über die dermalige familienrechtliche und staatsrechtliche Stellung Sr. Erlaucht des Grafen Wilhelm von Würtemberg & c.

1865: In demselben hohen Auftrage [vgl. Heid. Hs. 1938, Verzeichnis II Nr. 62] Nachtrag zu vorstehendem Rechtsgutachten (November 1865)
UB: Heid. Hs. 1938, Verzeichnis II Nr. 63

1865: UB: Heid. Hs. 1932: Korrespondenz mit Martin, Kassel

1865: Akademischer Krankenverein:
Die Summarische Dienstvisitation bei der Universitätskasse, Heidelberg betr.
UB: Heid. Hs. 1932: Akademischer Krankenverein: Die Summarische Dienstvisitation bei der Universitätskasse, Heidelberg betr.

1865: Im Auftrage Sr. Durchlaucht des Fürsten Friedrich Karl zu Hohenlohe-Waldenburg:
Rechtsgutachten das standesherrliche Landschaftsrecht des Grafen von Erbach in der Ersten Kammer in Würtemberg betr. (Februar 1865)
UB: Heid. Hs. 1938, Verzeichnis II Nr. 64

1865: Im Auftrage S. Durchlaucht des Fürsten Carl Egon von Fürstenberg: Rechtsgutachten
Denkschrift die Verpflichtung der deutschen Standesherren zur Uebernahme der Functionen als Geschworne [Geschworenendiensten und dergl. betreffend], Schöffen, Amtsräthe, Schulräthe u. dgl. betreffend, gedruckt als Manuskript für den Verein der deutschen Standesherren (Mai 1865), Karlsruhe [Müller]

UB: Heid. Hs. 1938, Verzeichnis II Nr. 65
UB: Heid. Hs. 1932, 1. Mai, nebst Nachtrag vom 21. November 1865, Korrespondenz liegt dabei
Digitalisat der Druckfassung: https://doi.org/10.11588/diglit.45355

1865: Im gleichen hohen Auftrag [Heid. Hs. 1938, Verzeichnis II Nr. 65] Nachtrag zu vorgedachtem Rechtsgutachten (November 1865), in gleicher Weise gedruckt
UB: Heid. Hs. 1938, Verzeichnis II Nr. 66

1865: Im Auftrag Sr. Durchlaucht des Fürsten Alfred von Salm-Salm: (Zweites) Rechtsgutachten die Nothwendigkeit der landesherrlichen Genehmigung zu standesherrlichen Familien-Verträgen, besonders nach Preussischem Recht betreffend, 13. Mai 1865
UB: Heid. Hs. 1938, Verzeichnis II Nr. 67
UB: Heid. Hs. 1932: Im Auftrag Sr. Durchlaucht des Fürsten Alfred von Salm-Salm, 13. Mai 1865, Korrespondenz liegt dabei

1865: In gleichem hohen Auftrage [Heid. Hs. 1938, Verzeichnis II Nr. 67] (Drittes) Rechtsgutachten, die Vererblichkeit der Apanagen betr. (Juni) 1865
UB: Heid. Hs. 1938, Verzeichnis II Nr. 68
UB: Heid. Hs. 1932: Für Fürst Alfred zu Salm-Salm, 27. Juni 1864, Korrespondenz liegt dabei

1865: Auf Ersuchen des Fürstlich Schaumburg-Lippe'schen Regierungsrathes Spring:
Vorläufiges Promemoria, die Verlobung der Prinzessin Elisabeth von Schaumburg-Lippe mit dem Fürsten Wilhelm von Hanau, insbesondere Aussteuer und Prinzessinnensteuer betreffend (Juli 1865)
UB: Heid. Hs. 1938, Verzeichnis II Nr. 69
UB: Heid. Hs. 1932, 15. Juli 1865, Korrespondenz liegt dabei

1865: Auf Verlangen des Macklers Zacharias Wertheimber zu Frankfurt a. M.:
Rechtsgutachten, die Forderungen aus dem Boas'schen Anlehen von 1786 gegen die Erben des Prinzen Christian von Waldeck betreffend: Forderung von 22.000 fl. sammt Zinsen, als Obligationen-Antheile einer von dem Fürsten Friedrich und dem Prinzen Christian von Waldeck im Jahre 1786 bei dem Bankhause Abr. & Sim. Boas im Haag aufgenommenen Anlehens von 450.000 fl. betreffen; als Manuskript gedruckt (November 1865), Offenbach am Main [Kohler & Teller]
UB: Heid. Hs. 1938, Verzeichnis II Nr. 70
UB: Heid. Hs. 1932, 16. November 1865, ist gedruckt, aber nicht in den Buchhandel gekommen
Digitalisat der Druckfassung: https://doi.org/10.11588/diglit.45385

1866: Im Auftrage Sr. Erlaucht des Grafen Eberhard von Erbach-Wartenberg-Roth:
Beschwerdeschrift an die hohe deutsche Bundesversammlung und Rechtsausführung, die Zuständigkeit des standesherrlichen Landschaftsrechts in Würtemberg betreffend, Januar und Februar 1866
UB: Heid. Hs. 1938, Verzeichnis II Nr. 71
UB: Heid. Hs. 1944: Briefe vom 13. Febr. 1866, 28. April 1871, 20. December 1871
UB: Heid. Hs. 1932: Beschwerdeschriften und Rechtsausführung für Se. Erlaucht Eberhard von Erbach-Wartenberg-Roth, Standesherrlichkeit in Württemberg betr., 26. Januar, vollendet im Februar 1866, Korrespondenz liegt dabei

1866: Im Auftrage des Grafen Heinrich zu Schönburg-Glauchau:
Rechtsgutachten den privilegirten Gerichtsstand der Standesherren in den deutschen Bundesstaaten, insbesondere in Preussen betreffend (Februar 1866)
UB: Heid. Hs. 1938, Verzeichnis II Nr. 72
UB: Heid. Hs. 1932, 1866, expedirt 18. Februar, Korrespondenz liegt dabei

1866: Gutachten für Buchhändler Herder in Freiburg i. Br.
UB: Heid. Hs. 1932, 9. März 1866, Gutachten für Buchhändler Herder in Freiburg i. Br.:
Verlagsrechte betr., cf. 1872 November 13, ist 1872 gedruckt, Korrespondenz liegt dabei

1866: Im Auftrage Sr. Hoheit des Herzogs Friedrich (VIII.) von Schleswig, Holstein, Sonderburg-Augustenburg:
Beiträge zur Kritik des Gutachtens des Kronsyndikats, die Schleswig-Holsteinische Succession betreffend; gedruckt im Mai 1866, Heidelberg [Groos]
UB: Heid. Hs. 1938, Verzeichnis II Nr. 73 [Verweis auf: Heid. Hs. 1938, Verzeichnis II Nr. 78]
UB: Heid. Hs. 1932, 1. Konvolut: Korrespondenz
UB: Heid. Hs. 1932, 2. Konvolut: Beiträge zur Kritik des Gutachtens der Kronsyndikate, Druck vollendet 1. Mai 1866, Materialien Erbrecht Friedrich Wilhelm von Hessen betr.
UB: Heid. Hs. 1932: Zur Kritik des Gutachtens des Preussischen Kronsyndici ... die Augustenburgischen Erbansprüche auf das Ganze der Herzogthümer Schleswig und Holstein, vollendet in den ersten Tagen des August 1866, Februar 1867
Digitalisat der Druckfassung: https://doi.org/10.11588/diglit.45386

1866: Im Auftrage Sr. Hoheit des Herzogs Bernhard Erich Freund zu Sachsen-Meiningen:
Rechtsgutachten, die Regulierung Höchstdesselben persönlichen Rechtsverhältnisse in Folge der Abdication betreffend (November 1866)
UB: Heid. Hs. 1938, Verzeichnis II Nr. 74
UB: Heid. Hs. 1932, November 1866, beiliegend ein Gutachten von Hahn in Jena und ein Promemoria von Zachariä, Göttingen, Korrespondenz liegt dabei

1866: Auf den Wunsch des Großherzoglichen Hessischen Justizministers Freiherrn von Lindelhoff [Lindelof]:
Bemerkungen, die Prinzessinnen-Steuer in Hessen betreffend (November) 1866
UB: Heid. Hs. 1938, Verzeichnis II Nr. 75
UB: Heid. Hs. 1932: Bemerkungen über die Prinzessinnen-Steuer im November 1866, beiliegt 1. ein Gutachten von H. A. Zachariae in Göttingen, 1858 und Urtheil des OG Jena, 1864, Sachen Weimar-Eisenach betr., 2. eine Denkschrift von Lindelof, Hessen Darmstadt betr. 1866
UB: Heid. Hs. 1932: gedruckt: Denkschrift die bei der Vermählung einer Prinzessin vom Großherzogthum Hessen herkömmlichen hausgesetzlichen Dotalgelder betr., Darmstadt 1866; handschriftlich ergänzt: von v. Lindelof

1866: Auf Veranlassung des Grafen Victor von Westarp:
Rechtliches Bedenken, dessen Prätensionen auf die Herrschaft Schaumburg betreffend
UB: Heid. Hs. 1938, Verzeichnis II Nr. 76
UB: Heid. Hs. 1932: Schreiben an Victor Grafen von Westarp dessen Prätension auf die Herrschaft Schaumburg betr., 7. December 1866, Korrespondenz liegt dabei

1866: Im Auftrag des Vereins der deutschen Standesherren:
Die neuesten Angriffe auf die standesherrliche Stellung der deutschen Standesherren Verfaßt im December 1866, gedruckt Carlsruhe, April 1867, und 2. Auflage, ebendaselbst im Herbst 1867, Karlsruhe [Müller]
UB: Heid. Hs. 1938, Verzeichnis II Nr. 77
Digitalisat der Druckfassung: https://doi.org/10.11588/diglit.47469
1866/1867: Im Auftrag Sr. Hoheit des Herzogs Friedrich (VIII.) von Schleswig-Holstein-Sonderburg-Augustenburg:
Zweiter Theil der Chritik des Gutachtens des Kronsyndikats (vollendet im Februar 1867), ist bis jetzt ungedruckt geblieben, [cf. Nr. 73]
UB: Heid. Hs. 1938, Verzeichnis II Nr. 78

1867: Im Auftrage Sr. Erlaucht des Grafen Carl von Schönburg-Vorder-Glauchau:
Rechtsgutachten, die Nachsuchung einer K. Preussischen Garantie der staatsrechtlichen Stellung Seines Hauses betreffend (28. Januar 1867, mit Umarbeitung)
UB: Heid. Hs. 1938, Verzeichnis II Nr. 79
UB: Heid. Hs. 1932, 1866, expedirt 18. Februar, Korrespondenz liegt dabei
UB: Heid. Hs. 1933, 28. Januar 1867, Korrespondenz liegt dabei

1867: Militärdienstverhältniss betr. Verhältnis von Chargen Function und Gehalt. Auszug aus Entscheidungsgründen zum Urtheil des Spruchcollegs April 1867 (abgeliefert, Ausarb. d. 20. April 1867) in Causa Generalmajor v. Schauroth ./. Fiscum in Coburg
UB: Heid. Hs. 1933

1867: Im Auftrage der Grafen von Seinsheim in Bayern:
Denkschrift betreffend den hohen Adel und die Ebenbürtigkeit des Gräflichen Hauses Seinsheim, Heidelberg [Groos]
UB: Heid. Hs. 1938, Verzeichnis II Nr. 80 (als Manuskript gedruckt)
UB: Heid. Hs. 1933, exped. 8. Juni 1867, Korrespondenz liegt dabei und Druck
UB: Heid. Hs. 1933, 20. Dez. 1867: Bemerkungen § 6 des neuen gräfl. Seinsheim'schen Familienfideicommisses die Apanagen betr., mit Beilagen
UB: Heid. Hs. 1944 (Briefe): Briefe aus den Jahren 1867, 1868
Digitalisat der Druckfassung: https://doi.org/10.11588/diglit.47471

1867: Auf Verlangen von Interessenten: Rechtsgutachten:
Die Staatsdotation der lutherischen Kirchengemeinde zu Frankfurt a. M. betr. (Juni 1867)
UB: Heid. Hs. 1938, Verzeichnis II Nr. 81
UB: Heid. Hs. 1933: Gutachten für den lutherischen Kirchengemeinde Vorstand zu Frankfurt a/M., Dotation betr., exped. 12. Juni, vollendet 7. Juli 1867, Korrespondenz liegt dabei

1867: Glossen zum Entwurfe der Verfassung des norddeutschen Bundes, in: Deutsche Vierteljahrsschrift 1867, H. 2, S. 26–68
UB: Heid. Hs. 1933, Korrespondenz liegt dabei
Digitalisat der Druckfassung: https://doi.org/10.11588/diglit.47470

1867: Im Auftrag des Fürstlichen Hauses Ysenburg-Bierstein:
Rechtsgutachten, die Succession in die Allodien des Herzoglichen Hauses Anhalt-Bernburg betreffend (Juni 1867)
UB: Heid. Hs. 1938, Verzeichnis II Nr. 82

UB: Heid. Hs. 1933, Auf Verlangen des Fürsten von Ysenburg-Bierstein, expedirt 22. Juni 1867, Korrespondenz liegt dabei

1867: Im Auftrag Sr. Hoheit des Prinzen Friedrich Wilhelm von Hessen: Entwurf einer Eingabe an S. M. den König von Preussen, Auswerfung einer Apanage betr. (Juli 1867)
UB: Heid. Hs. 1938, Verzeichnis II Nr. 83
UB: Heid. Hs. 1933: Entwurf einer Eingabe an S. M. den König von Preussen, Auswerfung einer Apanage betr. vom 3. Juli 1867 und Kammerherrn von Trott übergeben

1867: Im Auftrage des K. bayr. Oberstlieutenants Flügeladjutanten S. M. des K. Ludwig I. von Bayern, Franz, Edler von Gmainer:
Denkschrift den freiherrlichen Geburts-Stand des Edlen Herren von Gmainer zum und auf dem Schönstein betreffend : Mit Beilagen A–V, Heidelberg [Mohr]
UB: Heid. Hs. 1938, Verzeichnis II Nr. 84; als Manuskript gedruckt, October 1867
UB: Heid. Hs. 1933, abgesandt am 19. October 1867, Druck vollendet im December 1867
Digitalisat der Druckfassung: https://doi.org/10.11588/diglit.47472

1867: Im Auftrage Sr. Durchlaucht des Fürsten Friedrich Karl zu Hohenlohe-Waldenburg:
Staatsrechtliche Bemerkungen zu dem Art. 1 des Würtembergischen Gesetzentwurfes über die Leistung der Kriegsdienstpflicht bez. die beabsichtigte Aufhebung der Freiheit der Mitglieder Standesherrlicher Häuser von der Militärdienstpflicht, Karlsruhe [Müller], kritisch beleuchtet von Heinrich Zoepfl ... (Im December 1866.)
UB: Heid. Hs. 1938, Verzeichnis II Nr. 85
UB: Heid. Hs. 1933, 22. Octob. 1867, Korrespondenz liegt dabei
Digitalisat der Druckfassung: https://doi.org/10.11588/diglit.47473

1867: Im Auftrage Sr. Hoheit des Prinzen Friedrich Wilhelm von Hessen (jetzt Landgrafen):
Zwei Entwürfe einer Eingabe an S. M. den König von Preussen, Renten betreffend (November 1867)
UB: Heid. Hs. 1938, Verzeichnis II Nr. 86
UB: Heid. Hs. 1933: Eingaben für Landgraf Friedrich von Hessen an den König von Preußen 21./23. November 1867: In zweifacher Redaction, für den Fall Landgraf Karl beitritt oder nicht, da Letzteres nicht geschah, wurde die zweite Redaction (vom 23. Nov.) eingereicht, Korrespondenz liegt dabei

1867: Urtheil in Sachen des Holzhändlers Böhme vs Anhalt Fiscus.

UB: Heid. Hs. 1933: Urtheil in Sachen des Holzhändlers Böhme vs Anhalt Fiscus. Aufhebung der poliz. Verfügung resp. Entschädigung betr., 19./22. November 1867

1867: Auf Anfrage und Bedenken S. Durchlaucht des Fürsten Friedrich Karl von Hohenlohe-Waldenburg:
Beruhigende Erläuterungen, betr. den Beschluß der zweiten Badischen Kammer, über die Militärfreiheit der Standesherren 1867, November/December 1867
UB: Heid. Hs. 1938, Verzeichnis II Nr. 87
UB: Heid. Hs. 1933: Militärdienstfreiheit der Standesherren in Baden, betr. Antwort Schreiben an Fürst Friedrich Carl von Hohenlohe-Waldenburg, 27. November 1867 (nur Korrespondenz)

1867: Auf Veranlassung des Grafen Max Erkinger von Seinsheim:
Bemerkungen zu § 6 des neuen gräflich Seinsheimschen Familienfideicommiß-Statuts, die Apanagen betr. (December 1867)
UB: Heid. Hs. 1938, Verzeichnis II Nr. 88
UB: Heid. Hs. 1933, dat. 20. December 1867, nur Korrespondenz und Auszug aus RegBl. Bayern vom 5. December 1867

1868: Im Auftrage Sr. Durchlaucht des Fürsten Friedrich Karl zu Hohenlohe-Waldenburg:
Rechtsgutachten, den von dem Abgeordneten Zeller in der Zweiten Würtembergischen Kammer erstatteten Commissionsbericht über die Aufhebung der Militärdienstfreiheit der Standesherren betreffend (Januar) 1868
UB: Heid. Hs. 1938, Verzeichnis II Nr. 89
UB: Heid. Hs. 1934: Auf Verlangen des Fürsten Friedrich Karl zu Hohenlohe-Waldenburg, exped. 22. Januar 1868, Korrespondenz liegt dabei
Druckfassung:
Staatsrechtliche Bemerkungen zu dem Berichte der Militärcommission der Kammer der Abgeordneten über Art. 1 des Würtembergischen Gesetzentwurfes über die Verpflichtung zum Kriegsdienst, Karlsruhe [Müller]
Digitalisat der Druckfassung: https://doi.org/10.11588/diglit.47153

1868: Auf Verlangen des K. Preussischen Obertribunalsraths Dr. Goltdammer zu Berlin:
Rechtliches Gutachten über den Einfluß der Preussischen Incorporationen auf den Begriff des Rückfalls bei Verbrechen, Januar 1868
UB: Heid. Hs. 1938, Verzeichnis II Nr. 90
UB: Heid. Hs. 1934: Rechtliches Gutachten für Goltdammer, exped. 30. Januar 1868, Korrespondenz liegt dabei

Der Rückfall in Beziehung auf die Vorbestrafungen &c., in: Archiv für preußisches Strafrecht. Bd. 16 (1868). – Als Anhang zu Goltdammers Artikel im gleichen Heft, S. 42–45
Digitalisat der Druckfassung: https://doi.org/10.11588/diglit.47131

1868: Auf eine Anfrage Sr. Hoheit des Herzogs Adolph von Nassau:
Promemoria über die Rechtsfolgen einer Ehe, welche ein Prinz des Herzogl. Nassau'schen Hauses ohne Consens des Hauptes des Hauses eingeht (Februar) 1868
UB: Heid. Hs. 1938, Verzeichnis II Nr. 91

1868: Auf eine Anfrage des vormaligen k.k. Justizministers Ritter von Hyde-Gluneck:
Notizen, die Errichtung von Verwaltungsgerichtshöfen betreffend, März 1868
UB: Heid. Hs. 1938, Verzeichnis II Nr. 92
UB: Heid. Hs. 1934: Notizen die Literatur des Verwaltungsrechts betr. auf Verlangen des vormaligen K.K. Justizministers Ritter von Hye-Gluneck zusammengestellt. 2. März 1868 abgesandt, Korrespondenz liegt dabei

1868: Im Auftrag des Herzoglich Sachsen-Meiningenschen Staatsministers Freiherrn von Krosigk, auf spezielles Verlangen Sr. Hoheit des dermal regierenden Herzogs Georg von Sachsen-Meiningen:
Gutachten, die Primogenitur Constitution des (1803 verstorbenen) Herzogs Georg von 12. März 1802 und Art. 39 und 46 des Grundgesetzes vom 23. August 1829 betreffend (März) 1868
UB: Heid. Hs. 1938, Verzeichnis II Nr. 93
UB: Heid. Hs. 1934, expedirt 24. März 1868, Korrespondenz liegt dabei

1868: Gutachten für Dr. J. v. Scheffel, Verlagsvertrag über den Roman Ekkehard
UB: Heid. Hs. 1934: Gutachten für Dr. J. v. Scheffel, Verlagsvertrag über den Roman Ekkehard betr. (im Namen des Spruchcollegiums, 20. Mai 1868)

1868: (Kleines) Promemoria:
Die etwaige Testaments Errichtung und das Domicil Sr. Hoheit des Herzogs Adolph von Nassau betr. 18. April 1868
UB: Heid. Hs. 1938, Verzeichnis II Nr. 94

1868: Im Auftrag des Grafen Max Erkinger von Seinsheim:
Kritische Bemerkungen zu dem Memorandum Sr. Durchlaucht des Fürsten Johann Adolph zu Schwarzenberg, d. d. Wien, den 29. Februar 1868:

Die Familienstandesrechte der Herren Grafen von Seinsheim betreffend, (als Ms. gedr.), Heidelberg [Mohr]; ist gedruckt als Manuskript 21. August 1868
UB: Heid. Hs. 1938, Verzeichnis II Nr. 98
Digitalisat der Druckfassung: https://doi.org/10.11588/diglit.47152

1868: Auf Verlangen des Magistrats der Stadt Frankfurt:
Gutachten, das Vermögen der vormals freien Stadt Frankfurt und die Pension ihrer Senatoren u. Staatsdiener betreffend, 20. Mai 1868
UB: Heid. Hs. 1938, Verzeichnis II Nr. 95
Überarbeitung des vorstehenden Gutachtens und Promemoria an Sr. M. den König von Preussen (Ist gedruckt), 10. Juni 1868
UB: Heid. Hs. 1938, Verzeichnis II Nr. 96
UB: Heid. Hs. 1934: Erste Redaction 25. Mai 1868, II. Redaction vom 10. Juni 1868 (als Promemoria zu einer Immediat-Eingabe an S. M. den König von Preußen, Korrespondenz liegt dabei)
Rechtsgutachten über 5 Fragen, das Verhältnis der Stadt Frankfurt a. M. zum Preußischen Staat betr. Vorstellung des Magistrats der Stadtverordneten von Frankfurt a. M. an Se. M. den König von Preußen 14. Juli 1868, nebst dem Rechtsgutachten von Zoepfl [s. l.]
Digitalisat der Druckfassung: https://doi.org/10.11588/diglit.47154

1868: Auf Verlangen des regierenden Fürsten Alfred von Salm-Salm Durchlaucht:
Gutachten, die Übertragung der Successionsrechte des Erbprinzen Leopold auf den dritten Bruder, Prinzen Alfred (dritter Sohn des regierenden Fürsten Alfred von Salm-Salm), betreffend, 24. Juni 1868
UB: Heid. Hs. 1938, Verzeichnis II Nr. 97
UB: Heid. Hs. 1934, 24. Juni 1868, Korrespondenz liegt dabei

1868: Gutachten das Testament des Professors Karl Hagen, verstorben zu Bern
UB: Heid. Hs. 1934: Gutachten das Testament des Professors Karl Hagen, verstorben zu Bern betr., 1. und 6. Juni 1868, Korrespondenz liegt dabei

1868: Correspondenz die Pensionsangelegenheit des Oldenburg. Geh. Staatsraths L. Hannibal Fischer betr.
UB: Heid. Hs. 1934: Correspondenz die Pensionsangelegenheit des Oldenburg. Geh. Staatsraths L. Hannibal Fischer betr., Juli-August 1868

1868: Rechtliches Gutachten:
In Sachen des Kaminfegermeisters Johann Heinrich Walther und des Kaufmanns Joseph Walther in Heidelberg, Kläger gegen den Großherzoglich Badischen Fiscus, vertreten durch das Großh. Ministerium des

Jnnern, Beklagten, einen Erbbestand der Kaminfegerei betreffend, im September 1868, als Ms. gedr., Heidelberg [Mohr]
UB: Heid. Hs. 1938, Verzeichnis II Nr. 99
UB Heid. Hs. 1934, vollendet 19. Sept. 1868, ist im Oct. als Manuskript gedruckt, mit Anlagen
Digitalisat der Druckfassung: https://doi.org/10.11588/diglit.47155

1868: Korrespondenz 24. October 1868: Kfstl. Hess. Cabinettsrath Schimmelpfeng, Auflösung des deutschen Bundes und die Usurpation des Kurfürstenthums durch die Krone Preußens im Jahre 1866
UB: Heid. Hs. 1834: Korrespondenz 24. October 1868: Kfstl. Hess. Cabinettsrath Schimmelpfeng, 2 Briefen betr. Auflösung des deutschen Bundes und die Usurpation des Kurfürstenthums durch die Krone Preußens im Jahre 1866

1868: Auf Anfrage Sr. Durchlaucht des Fürsten Friedrich Karl zu Hohenlohe Waldenburg, 4. November 1868:
Nachweis die Erforderniße zu Canonicaten am Hochstift in Cöln zur Reichszeit betreffend
UB: Heid. Hs. 1938, Verzeichnis II Nr. 100

1868: Auf Verlangen des Landtagsmitgliedes Herrn Bärwinkel zu Arnstadt im Namen des Spruchcollegiums ausgearbeitet, 22. November 1868:
Rechtsgutachten, die Rechtsbeständigkeit des Schwarzburg-Sondershausenschen Gesetzes vom 11. Juli 1857 über Wiederherstellung der Jagdrechte auf fremdem Grund und Boden, betr.
UB: Heid. Hs. 1938, Verzeichnis II Nr. 101
UB: Heid. Hs. 1934: Rechtliches Gutachten die Rechtsbeständigkeit des Gesetzes vom 11. Juli 1837 über die Jagdrechte in Schwarzburg-Sondershausen betr. 22. Nov. 1868

1868: Kurzes Promemoria, die Verpflichtung der Standesherren zur Theilnahme an den Landtagen betr. für den Fürsten Carl von Löwenstein-Wertheim-Rosenberg, 21/22. December 1868
UB: Heid. Hs. 1938, Verzeichnis II Nr. 102
Heid. Hs. 1934: Kurzes Promemoria, die Verpflichtung der Standesherren zur Theilnahme an den Landtagen betr. für den Fürsten Carl von Löwenstein-Wertheim-Rosenberg, Korrespondenz liegt dabei

1868: Korrespondenz Grafen von Seinsheim betr.
UB: Heid. Hs. 1934: Korrespondenz Grafen von Seinsheim betr., beliegend das Rescript des K. v. Preußen an den Fürsten von Fürstenberg, d.d. Babelsberg (3. Juni 1868) die Fortdauer der Rechte der Standesherren betr. und die K. bayer. Resolution die Landstandschaft des Grafen Castell betr. 17. Juni 1867

1869: Gutachten, in Sachen der Großh. Badischen Schaffnerei Lobenfeld gegen die Katholische Kirchspiels- und politische Gemeinde Zuzenhausen:
Über den Begriff eine Capella Primissaria auf Verlangen, bez. Compromiss der beiderseitigen Sachwalter ertheilt, 1. Februar 1869
UB: Heid. Hs. 1938, Verzeichnis II Nr. 103

1869: Promemoria für den Herrn Dr. Mumm, I. Bürgermeister von Frankfurt a. M.:
Die Rathsamkeit eines Vergleichs mit der Krone Preussen betr., 4. Februar 1869
UB: Heid. Hs. 1938, Verzeichnis II Nr. 104

1869: Immediat-Eingabe für die Grafen von Seinsheim an S. M. den König Ludwig II. von Bayern: Standesherrlichkeit betr.; 7. Februar 1869
UB: Heid. Hs. 1938, Verzeichnis II Nr. 105
UB: Heid. Hs. 1935, Verweis auf die Korrespondenz 1868 und weiterer Korrespondenz

1869: Vertragsentwurf nebst Motivierung und Eingabe an das Großherzoglich Badische Justizministerium, die Abdikation des Grafen Carl von Leiningen-Neudenau betreffend; im Auftrag der Frau Gräfin Marie von Leiningen-Neudenau als Vormünderin ihrer minderjährigen Söhne Max und Emich, Grafen von Leiningen-Neudenau, 15. März 1869
UB: Heid. Hs. 1938, Verzeichnis II Nr. 106

1869: Urtheil I. S. Kaufmann Stohmann v. Gr. Sächs. Weim. Staatsfiscus
UB: Heid. Hs. 1935: Urtheil I. S. Kaufmann Stohmann v. Gr. Sächs. Weim. Staatsfiscus Revocation s. c. Vindication des Erblehen Rittergut Dornburg betr., 22. März 1869

1869: Rechtliches Gutachten für Herrn Fr. Ludwig Knopf zu Frankfurt a. M., fürstlich Taxis'scher Fahrpost-Inspector, Kläger, gegen Se. Durchlaucht den Fürsten Thurn und Taxis, zu Regensburg, Beklagten:
Vertragserfüllung (Pension mit vollem Gehalt) in Folge der Abtretung der Taxischen Postrechte an die Krone Preussen betreffend; 6. Mai 1869; ist gedruckt, Heidelberg [Groos]
UB: Heid. Hs. 1938, Verzeichnis II Nr. 107
Rechtliches Gutachten, die Pensions Ansprüche des fürstlich Taxi'schen Fahrpost-Inspectors Dr. L. Knopf zu Frankfurt a. M. gegen den Fürsten Thurn u. Taxis [wegen Vertragserfüllung] betr., Heidelberg 1869
UB: Heid. Hs. 1935, Korrespondenz liegt dabei
Digitalisat der Druckfassung: https://doi.org/10.11588/diglit.47156

1869: Consultation (Kleines Memoire) für den Grafen Broel-Plater, zu Jitomir (Schitomir) in Russland [Polen] für die ehemaligen staatsrechtlichen

Verhältnisse der westphälischen Dynastie betreffend, In französischer Sprache, expedirt: 13. Mai 1869
UB: Heid. Hs. 1938, Verzeichnis II Nr. 108
UB: Heid. Hs. 1935, Korrespondenz liegt dabei

1869: Rechtliches Gutachten auf Verlangen Sr. Durchlaucht des regierenden Fürsten Adolph, Fürsten Schaumburg-Lippe betreffend die Meinungsverschiedenheit, welche sich zwischen dem Präsidenten der Staatsregierung einerseits und den Regierungsräthen andere Seits über die Nothwendigkeit der landständischen Zustimmung zur ferneren Ausführung der Militär-Convention mit Preussen vom 6. September 1867 wegen der Garnison zu Bückeburg ergeben hat, 18. Mai 1869
UB: Heid. Hs. 1938, Verzeichnis II Nr. 109
UB: Heid. Hs. 1935, vollendet 15. Mai 1869, exped. 18. Mai 1869, Korrespondenz liegt dabei

1869: Consultation der Frau Gräfin Marie von Leiningen-Neudenau, geb. Freiin von Geusau betr. die vom Grafen Karl (ihrem ältesten Sohn) mit Umgehung aller badischen Gesetze in England mit der Tochter eines Mannheimer Eisenbahnschaffners Nold geschlossenen Ehe, 26. Juni 1869
UB: Heid. Hs. 1938, Verzeichnis II Nr. 110

1869: Kleines Promemoria, für die gräflichen Häuser Leiningen-Billigheim und Leiningen-Neudenau, die Redaktion der Vorlage des neuen fürstlich Leiningen'schen Hausgesetzes bei der großherzogl. Badischen Staatsregierung betr., 3. Juli 1869
UB: Heid. Hs. 1938, Verzeichnis II Nr. 111

1869: Rechtliches Gutachten, die Freiheit der Familien-Stiftungen des fürstlichen u. gräflichen Hauses Fugger von der Aufsicht u. Einmischung der K. Bayerischen Staatsbehörden, 25. Juli 1869
UB: Heid. Hs. 1938, Verzeichnis II Nr. 112
UB: Heid. Hs. 1935, datiert auf 25. Juli 1869, Korrespondenz liegt dabei

1869: Redaktion eines Promemoria für die Frau Gräfin Marie von Leiningen-Neudenau, an den General von Hardenberg in Berlin, eine boshafte Denunciation des Lycealprofessors Lang gegen die beiden minderjährigen Grafen Max und Emich zu Leiningen-Neudenau Cadetten zu Bensberg betreffend, Expedirt 26. Juli 1869
UB: Heid. Hs. 1938, Verzeichnis II Nr. 113

1869: Zweites Promemoria in demselben Betreffe, Expedirt 27. Juli 1869
UB: Heid. Hs. 1938, Verzeichnis II Nr. 114

1869: (Kleines) Erachten, die Succession der Descendenz der beiden taubstummen Brüder von Schütz in Nassau'sche Lehen betreffend, expedirt 29. Juli 1869

UB: Heid. Hs. 1938, Verzeichnis II Nr. 115
UB: Heid. Hs. 1935: Gutachten die Succession der Descendenz der beiden taubstummen Brüder von Schütz in Nassauische Lehen betr., auch Lehensherrlichkeit von Nassau oder Preußen betr. veranlaßt von Herrn Dr. Lieber zu Comberg, Datum 25. Juli 1869, nur Korrespondenz

1869: Bemerkungen zu einigen der hauptsächlichsten Bestimmungen des Badischen Gesetzentwurfes über die Rechtsverhältnisse und die Verwaltung der Stiftungen, Freiburg im Breisgau [Herder]
UB: Heid. Hs. 1938, Verzeichnis II Nr. 116; auf Verlangen des Herrn Lothar Kübel, Bischof von Leuka (Leuce), i. p. Erzbisthumsverwesers in Freiburg i. Brsg.; Ist gedruckt; Expedirt 23. November 1869
Druckfassung der Digitalisat: https://doi.org/10.11588/diglit.47100

1869: Gutachtliche Anmerkungen über den Art. 78 der Norddeutschen Bundesverfassung auf Verlangen des K. Hannoverschen Staatsministers a. D. Dr. L. Windhorst, Hannover; Dat. 20. December, expedirt 31. Dezember 1869
UB: Heid. Hs. 1938, Verzeichnis II Nr. 117
UB: Heid. Hs. 1935: Gutachten: Bemerkungen über den Art. 78 der Norddeutschen Bundesverfassung auf Verlangen des K. Hannoverschen Staatsministers a. D. Dr. L. Windhorst, Hannover; expedirt 31. Dezember 1869, Korrespondenz liegt dabei

1870: Gutachten das Kilian Neudeckersche Familien Stipendium betr. Auf Verlangen des H. Heinrich Hütter, K.b. Bataillons Auditor in Forchheim, expedirt 5. Januar 1870
UB: Heid. Hs. 1938, Verzeichnis II Nr. 118
UB: Heid. Hs. 1936, auf Verlangen des H. Auditors Heinrich Hütter zu Forchheim als Präsentator, ausgearbeitet und expedirt, 5. Januar 1870

1870: Vorläufiges kleines Gutachten, die Succession des K. Hauses Hannover im Herzogthum Braunschweig betr. Auf Verlangen des Grafen Platen-Hallermund, K. hannov. Staatsminister zu Hietzing, expedirt 17. Januar 1870
UB: Heid. Hs. 1938, Verzeichnis II Nr. 119 (cf. Nr. 121)

1870: Auf Verlangen mehrerer Gemeinden in Lippe-Detmold im Namen des Spruchcollegiums bearbeitet:
Gutachten die Rechtsbeständigkeit der Fürstlich Lippe-Detmoldischen Jagdverordnung vom 8. Mai 1854 betr., Ist gedruckt Lemgo 1870, expedirt 2. Februar 1870
UB: Heid. Hs. 1938, Verzeichnis II Nr. 120
Die über die jagdrechtlichen Verhältnisse in dem Fürstenthum Lippe-Detmold in Folge desfallsiger Beschlüsse der vereinigten Gemeinden von den Spruch-Collegien der beiden Universitäten Berlin und Heidel-

berg eingeholten Rechtsgutachten nebst Sachverhalt, auf dessen Grundlage die gedachten Gutachten erbeten, Lemgo [Wagener]
Digitalisat der Druckfassung: https://doi.org/10.11588/diglit.47132

1870: Auf Verlangen Sr. M. des Königs Georg V. von Hannover:
Ausführliches Gutachten die Succession des K. Hauses Hannover im Herzogthum Braunschweig betr., vollendet 28. Februar 1870
UB: Heid. Hs. 1938, Verzeichnis II Nr. 121

1870: Gutachten: einige Ansprüche Sr. Hoheit des Herzogs Carl von Schleswig-Holstein-Sonderburg-Glücksburg gegen die Kronen Preussen und Dänemark wegen des Plöner Aequivalents des Schlosses Glücksburg und des Schlosses Kiel betreffend, ohne Auftrag des Spruchcollegiums, vollendet 16. April 1870
UB: Heid. Hs. 1938, Verzeichnis II Nr. 122
UB: Heid. Hs. 1936, im Namen des Spruchcollegiums bearbeitet, vollendet 16. April 1870

1870: Gutachten für Margaretha Stamm zu Hilsbach, gegen den grossh. bad. Fiscus:
Das Erblehen der Wasenmeisterei zu Hilsbach betr. Ist gedruckt. Vollendet 21. April 1870
UB: Heid. Hs. 1938, Verzeichnis II Nr. 123
UB: Heid. Hs. 1936: Rechtliches Bedenken zur Sache der Ehefrau des Gg. Beetz von Hilsbach, Margaretha, geb. Stamm, Klägerin u. s. w. gegen den Großherzoglich Badischen Fiscus, vertreten durch das Großh. Ministerium des Innern, Beklagten u. s. w. die Wasenmeisterei zu Hilsbach betreffend, Heidelberg, dat. 8. Mai 1870, Korrespondenz liegt dabei
Digitalisat der Druckfassung: https://doi.org/10.11588/diglit.47159

1870: (Kleine) Consultation des Herrn Grafen Max Erkinger von Seinsheim. Standesherrlichkeit betreffend; 8. Mai 1870
UB: Heid. Hs. 1938, Verzeichnis II Nr. 124
UB: Heid. Hs. 1936: Consultation des Herrn Grafen Max Erkinger von Seinsheim. Standesherrlichkeit betreffend; 8. Mai 1870, Korrespondenz liegt dabei

1870: Rechtliches Gutachten für Herr Dr. Emil Böckmann
UB: Heid. Hs. 1936: Rechtliches Gutachten für Herr Dr. Emil Böckmann, Technischer Direktor der Heidelberger Ultramarinfabrik, dessen Dienstentlassung betr., 18. Mai 1870

1870: Zur deutschen Oberhausfrage
UB: Heid. Hs. 1936: Zur deutschen Oberhausfrage an die A. A. Zerb, expedirt 30. November 1870, Korrespondenz liegt dabei

Druckfassung: Rezension zu: Die Revision der Norddeutschen Bundesverfassung und die Oberhausfrage, Frankfurt [Boselli] 1870, in: Heidelberger Jahrbücher 1870, Nr. 55, S. 865–871.

1870: Über die angebliche Bedeutung des Affen an der Gallerie des Lyceums zu Wertheim als Rechtssymbol
UB: Heid. Hs. 1936: Über die angebliche Bedeutung des Affen an der Gallerie des Lyceums zu Wertheim als Rechtssymbol, 26. November 1870
Antwortschreiben an den fürstlich Löwenstein-Wertheimschen Herrn Archivrath Dr. Alexander Kaufmann zu Wertheim

1870: (Kurze) Meinungsäußerung, an Herrn Prof. Dr. Bischof zu Gratz, dessen Schrift über die Ansprüche des Hauses Schönburg auf Sitz und Stimme im Norddeutschen Bund betr., dat. 27. Nov. 1870
UB: Heid. Hs. 1938, Verzeichnis II Nr. 125
(Betr. das Haus Schönburg-Waldenburg)
Denkschrift betr. das Fürstliche u. Gräfliche Gesammthaus Schönburg u. dessen Anrecht auf Einräumung von Sitz u. Stimme im hohen Bundesrathe des Norddeutschen Bundes, von Hermann Bischof, 1871 Graz, Selbstverlag des Verfassers, 72 S.
UB: Heid. Hs. 1936: Schreiben an Prof. D. Hermann Bischof in Gratz, Die Rechtsstellung des Gesamthauses Schönburg betr., zur Vorlage an den Fürsten Otto von Schönburg bestimmt, Dat. 1. Juni 1871, expedirt 2. Juni 1871

1870: Gutachtliche Äußerung an Sr. Erlaucht den Grafen Leiningen-Billigheim:
Theilnahme an Kammer-Sitzungen betreffend, Dat. 6. Dezember 1870
UB: Heid. Hs. 1938, Verzeichnis II Nr. 126

1871: Denkschrift für das reichsständische Gesammthaus Seinsheim: Nachgewiesen gegen die Angriffe in dem Rechtsgutachten der Herren Hofrath Dr. Leopold Neumann und Hofrath Dr. Josef Unger, Heidelberg [Mohr] 1871. – VII, 112 S.
UB: Heid. Hs. 1938, Verzeichnis II Nr. 127; vollendet im Januar 1871, expedirt 13. Februar 1871
UB: Heid. Hs. 1938, Verzeichnis I
UB: Heid. Hs. 1936: Das reichsständische Gesammthaus Seinsheim, cf. Kleine Consultation vom 8. Mai 1870, nur Korrespondenz
Digitalisat der Druckfassung: https://doi.org/10.11588/diglit.47164

1871: Erklärung der Fürstlich Schaumburg-Lippischen Regierung gegen die Königlich Hannoversche Regierung:
betr. das Steinhuder Meer: Hat Anlage A., B., C., D., Bückeburg: Grimme, [1871]. – 59 S., [2] Bl.

Digitalisat der Druckfassung: https://doi.org/10.11588/diglit.47102

1871: Kleines Responsum auf eine Anfrage des K. bayer. Hauptmann Freiherrn von Lochner, eine adelige Familienfideicommiss-Stiftung betr., das 11. Februar 1871
UB: Heid. Hs. 1938, Verzeichnis I
UB: Heid. Hs. 1938, Verzeichnis II Nr. 128

1871: I. Über den Landgrafentitel, II. Über die concurrierende Jurisdiction der Kais. Hof- und Landgerichte mit anderen Gerichten
UB: Heid. Hs. 1936: I. Über den Landgrafentitel, II. Über die concurrierende Jurisdiction der Kais. Hof- und Landgerichte mit anderen Gerichten. Schreiben an Herrn Dr. Wilhelm Frank, Hofgerichtsadvokaten in Darmstadt, 6. März 1871, Korrespondenz liegt dabei

1871: Pro memoria. Erwägung zur Frage der päpstlichen Unfehlbarkeit auf Veranlassung des Freiherrn Wilhelm von Thüngen, K. b. Gesandter in Darmstadt, 31. Mai und 21. Juni 1871
UB: Heid. Hs. 1938, Verzeichnis I
UB: Heid. Hs. 1938, Verzeichnis II Nr. 129
Die Unfehlbarkeit des Papstes und der moderne Staat: Ein Wort zur Verständigung, München: Weiß, 1871. – [1] Bl., 39 S.
Digitalisat der Druckfassung: https://doi.org/10.11588/diglit.47161
ohne Angabe des Verfassers: Historisch-politische Blätter für das katholische Deutsch-land 1871, S. 405–424; 485–504

1871: Auf Verlangen des Herrn Professors Dr. Hermann Bischof zu Gratz: Gutachtliche Erklärung über die Rechtsstellung des Gesamthauses Schönburg, zur Vorlage an den Fürsten Otto von Schönburg, Datum 1./2. Juni 1871
UB: Heid. Hs. 1938, Verzeichnis I
UB: Heid. Hs. 1938, Verzeichnis II Nr. 130

1871: Auf Verlangen des Ms. Ernest de Villers á Beauville:
Rechtsgutachten, einige Rechtsfolgen der Wiedervereinigung des Elsaß mit Deutschland betr., dat. 14. Juni 1871
UB: Heid. Hs. 1938, Verzeichnis I
UB: Heid. Hs. 1938, Verzeichnis II Nr. 131
UB: Heid. Hs. 1936: Consultation de la part de Ms. Ernest de Villers á Beauville, Rechtsfolgen der Wiedervereinigung des Elsaß mit Deutschland betr., dat. 14. Juni 1871, nur Korrespondenz

1871: Auf Verlangen des Herrn Geh. Rathes von Oberländer, bez. auf Wunsch Se. Hoheit des Herzogs Bernhard zu Sachsen-Meiningen:
Bemerkungen zum Meiningen'schen Gesetze vom Juli 1871 über die Domänen, zur Beendigung des Domänenstreites, dat. 30. Juli 1871
UB: Heid. Hs. 1938, Verzeichnis I

UB: Heid. Hs. 1938, Verzeichnis II Nr. 132
UB: Heid. Hs. 1936: Herzogl. S. Meiningen Domainen betr. (auf Wunsch Sr. Hoheit des Herzogs Bernhard), Korrespondenz liegt dabei

1871: Drei Rechtsgutachten für die lutherische Gemeinde zu Frankfurt a. M.: betr. 1. das Ernennungsrecht der Pfleger und Conventualinnen des Catharinen und Weisse-Frauenklosters; 2. das angebliche Patronatsrecht der freien Stadt Frankfurt; 3. die Ernennung der Pfarrer, im Oktober 1871
UB: Heid. Hs. 1938, Verzeichnis I, exped. 2. November
UB: Heid. Hs. 1938, Verzeichnis II Nr. 133
UB: Heid. Hs. 1936: Drei Rechtsgutachten für die lutherische Gemeinde zu Frankfurt a. M., expedirt 2. November 1871, Korrespondenz liegt dabei

1872: Rechtsgutachten für Se. Erlaucht den Grafen Carl zu Leiningen-Billigheim:
Die von der k. preuss. Regierung beabsichtigte Ablösung einer Rente aus dem Rhein-Schifffahrts-Octroi betr., verfaßt und exped. 22. März 1872
UB: Heid. Hs. 1938, Verzeichnis I
UB: Heid. Hs. 1938, Verzeichnis II Nr. 134

1872: UB: Heid. Hs. 1936: Rechtsgutachten für die Eheleute Kraus zu Hamburg, Auslegung des § 180 des deutschen Strafgesetzbuches betr., 31. Mai 1872; Eheleute Kraus in Hamburg, Eigenthümer eines Hauses in dessen nächster Nähe Bordellwirthschaften be-trieben werden.
Dieses Gutachten ist von mir nach dem Majoritätsbeschlusse des Spruchcollegiums ausgearbeitet worden /: Dissentientes waren ausser mir auch Bluntschli und Renaud:/ Die Majorität bildeten Windscheid, Hermann Carlowa und Pagenstecher

1872: Rechtsgutachten auf Verlangen des Königl. bayer. quiescirten Regierungsdirector Lufft:
dessen vermeintliche Ansprüche auf Pensionserhöhung betr., verfasst 14. Mai 1872
UB: Heid. Hs. 1938, Verzeichnis I
UB: Heid. Hs. 1938, Verzeichnis II Nr. 135
UB: Heid. Hs. 1936: Gutachten für Herrn Lufft, quies. bayer. Regierungsdirector dessen Ansprüche auf Pensionserhöhung betr., 14. Mai 1872, Korrespondenz liegt dabei

1872: Rechtsgutachten auf Verlangen Sr. Erlaucht des Grafen Carl zu Leiningen-Billigheim:
Die Befugnisse der Agnaten bezüglich der Erhaltung der Integrität des Stammguts betr., 30. Juli 1872

UB: Heid. Hs. 1938, Verzeichnis I
UB: Heid. Hs. 1938, Verzeichnis II Nr. 136

1872: Auf Verlangen des K. Hannov. Staatsministers Dr. L. Windthorst im Auftrag des Her-zogs von Arenberg:
Rechtsgutachten über die von der Königlich Preussischen Staatsregierung beabsichtigte neue gesetzliche Regulirung des standesherrlichen Rechtsstandes des Herzogs von Arenberg wegen des Herzothums Arenberg-Meppen, Hannover [Wolff], 1872
Rechtsgutachten über den preussischen Gesetzentwurf, bezügl. Entziehung standesherrlicher Rechte des Herzogs von Arenberg im Herzogthum Arenberg-Meppen; vollendet 8. October 1872, expedirt 10. October
UB: Heid. Hs. 1938, Verzeichnis I
UB: Heid. Hs. 1938, Verzeichnis II Nr. 137
UB Heid. Hs. 1936: Rechtgutachten betr. die standesherrlichen Rechte der Herzöge von Arenberg im Herzogthum Arenberg-Meppen. a) 17. August; b) 8./10. October 1872. Im Auftrag des Herzogs verlangt von Dr. L. Windhorst, K. hannover. Staatsminister a. D.. Das zweite (b) ist gedruckt, Hannover 1872
Digitalisat der Druckfassung: https://doi.org/10.11588/diglit.47165

1872: Auf Verlangen der fürstl. Leiningischen Generalverwaltung zu Amorbach:
Rechtsausführung, den Antrag S. Erlaucht, des Grafen Wencelaus Carl zu Leiningen-Billigheim, den agnatischen Consens zur Erklärung einer Summe v. 13,888 fl 45 Kr. als mit 4% verzinsliche Stammguts-Schuld betr., dat. u. exped. 15. October 1872
UB: Heid. Hs. 1938, Verzeichnis I
UB: Heid. Hs. 1938, Verzeichnis II Nr. 138

1872: Rechtsgutachten, auf Verlangen des Rechtsanwalts Barthel zu Münchenbernsdorf, im Auftrag der TuchmacherInnung zu Neustadt a/O [Orla] (Großherzogth. Weimar):
deren vermeintliche Schadensforderung gegen den Fiscus als Vertreter der Behörden oder die Schätzer, wegen Aberkennung einer Entschädigung für die auf einem an die Eisenbahn abgetretenen Grundstück befindliche sog. Walker-Erde betr., für das Spruchcollegium ausgearbeitet, dat. 10./11. November 1872
Digitalisate der Verzeichnisse:
UB: Heid. Hs. 1938, Verzeichnis I
UB: Heid. Hs. 1938, Verzeichnis II Nr. 139
UB: Heid. Hs. 1936

1872: Rechtliches Bedenken, bez. Instruction für den Anwalt, den von Sr. Durchlaucht dem Prinzen Leopold von Löwenstein-Wertheim-Freudenberg angestrengten Prozess:
wegen Anerkennung des fürstlichen Titels seiner Gemahlin u. Kinder betr., dat. 4./5. November 1872
UB: Heid. Hs. 1938, Verzeichnis I
UB: Heid. Hs. 1938, Verzeichnis II Nr. 140
UB: Heid. Hs. 1936: Anerkennung des fürstlichen Titels seiner Gemahlin u. Kinder, Korrespondenz liegt dabei
UB: Heid. Hs. 1937: nur Korrespondenz

1872: Auf Verlangen Sr. Erl. des Grafen Emil zu Bentheim-Tecklenburg:
Pro Memoria, die Apanagenverhältnisse mit frstl. u. gräfl. Hause Bentheim-Tecklenburg betr., dat. u. exped. 13. Dezember 1872
UB: Heid. Hs. 1938, Verzeichnis I
UB: Heid. Hs. 1938, Verzeichnis II Nr. 141

1872: Gleichfalls auf Verlangen Sr. Erlaucht. des Grafen Emil zu Bentheim-Tecklenburg
Denkschrift, die allgemeinen Rechtsgrundsätze über die Erhöhung der Apanagen betr.; dat. und exped. 21. December 1872
UB: Heid. Hs. 1938, Verzeichnis I
UB: Heid. Hs. 1938, Verzeichnis II Nr. 142

1873: Auf Verlangen Sr. Durchlaucht des Prinzen Carl zu Solms-Braunfels*:
Rechtliches Gutachten, die Prinzessinnensteuer und Dotalpflicht des Hauptes des Hauses im hochfürstlich Solms-Braunfelsischem Hause betreffend, dat. 19., exped. 20. Januar 1873
UB: Heid. Hs. 1938, Verzeichnis I; * K.K. Oesterreich. Feldmarschall etc. zu Rhein-grafenstein
UB: Heid. Hs. 1938, Verzeichnis II Nr. 143
UB: Heid. Hs. 1937: Rechtliches Gutachten, die Prinzessinnensteuer und Dotalpflicht des Hauptes des Hauses im hochfürstlich Solms-Braunfelsischem Hause betreffend. Auf Verlangen Sr. Durchlaucht des Prinzen Carl zu Solms-Braunfels, K.K. österreichischer Feldmarschall Lieutenant, Korrespondenz liegt dabei, Dat: 19. Jan. 1873, exped. 20. Januar

1873: Rechtsgutachten (zweites) den Antrag Sr. Erlaucht des Grafen Wenzelaus Carl zu Lei-ningen-Billigheim:
Auf agnatischen Consens zur Erklärung einer Summe von 13.888 fl. 45 Kr. als mit 4% verzinsliche Stammgutsschuld betr. auf Verlangen des fürstlich Leiningenschen Generalverwaltung zu Amorbach, Datum u. expedirt 7. Februar 1873
UB: Heid. Hs. 1938, Verzeichnis I

UB: Heid. Hs. 1938, Verzeichnis II Nr. 144

1873: Rechtsgutachten (drittes) in gleichem Betreff auf Verlangen des grossherz. Notars u. gräfl. Leinigen Rentamtmanns, Herrn Forstmeyer zu Billigheim, dat. u. exped. 17. März 1873
UB: Heid. Hs. 1938, Verzeichnis I
UB: Heid. Hs. 1938, Verzeichnis II Nr. 145

1873: Rechtliches Gutachten, betreffend die Befugniss Sr. Durchlaucht des Fürsten Leopold zu Löwenstein-Wertheim-Freudenberg, Namen, Titel u. Wappen eines Freiherrn von Scharfeneck zu führen und für Gemahlin und Kinder in Anspruch zu nehmen, Heidelberg [Mohr]
Digitalisate der Verzeichnisse:
UB: Heid. Hs. 1938, Verzeichnis I
UB: Heid. Hs. 1938, Verzeichnis II Nr. 146, Datum im April expedirt 17. April 1873; Ist als Manuskript gedruckt
UB: Heid. Hs. 1937: Rechtl. Gutachten für Fürst Leopold zu Löwenstein-Wertheim-Freudenberg den Titel von Scharffeneck betr., abgesandt 27. III. 1873, ist gedruckt 1873 Heidelberg, bei G. Mohr, dem Prinzen abgesendet 17.4.1873, Korrespondenz liegt dabei
Digitalisat der Druckfassung: https://doi.org/10.11588/diglit.47166

1873: Kleines Promemoria für den Prinzen Leopold Löwenstein-Wertheim-Freudenberg:
Betr. die Frage: ob u. welche Gerichte über standesherrliche Statusfragen mit Rechts-wirkungen für ganz Deutschland entscheiden können? dat. 15. Juni 1873
UB: Heid. Hs. 1938, Verzeichnis I
UB: Heid. Hs. 1938, Verzeichnis II Nr. 147
UB: Heid. Hs. 1937: Kleines Promemoria für den Prinzen Leopold Löwenstein-Wertheim-Freudenberg betr. die Zulässigkeit einer exceptio rei iudicatae, aus den baye-rischen Urtheilen, welche seine Klage auf Anerkennung der Standesmäßigkeit seiner Ehe u. die Successionsfähigkeit seiner Kinder <...> haben. Speciell: die Frage: ob u. welche Gerichte über standesherrliche Statusfragen mit Rechtswirkungen für ganz Deutschland entscheiden können?, 15. Juni 1873. Mit beiliegenden Notizen des Dr. C. Mayer in Stuttgart die Anfechtung der Ebenbürtigkeit des Fürsten Wilhelm zu Löwen-stein-Wertheim betr. (22. Juli 1875), Korrespondenz liegt dabei

1873: Auf Verlangen der fürstl. Schaumburg-Lippischen Regierung:
Rechtliches Gutachten, die Prinzessinensteuer betr., bearbeitet im Septemb. 1873, ex-ped. 19. Sept. 1973
UB: Heid. Hs. 1938, Verzeichnis I
UB: Heid. Hs. 1938, Verzeichnis II Nr. 148

UB: Heid. Hs. 1937: Rechtliches Gutachten, die Prinzessinensteuer betr., Korrespon-denz liegt dabei

1873: Auf Verlangen Sr. Durchl. des Fürsten Carl Egon zu Fürstenberg als Vorsitzenden des Vereins der Deutschen Standesherren:
Rechtliches Gutachten, die Anwendbarkeit des sog. Jesuitengesetzes v. 4. Juli 1872 auf den (standesherrlichen) Grafen Hermann zu Fugger-Glött, betr., im October 1873 (Ist als Manuskript gedruckt)
Rechtliches Gutachten über die Aufenthaltsbeschränkung des Grafen Hermann zu Fugger-Glött, S. J., Karlsruhe [Müller]
UB: Heid. Hs. 1938, Verzeichnis I
UB: Heid. Hs. 1938, Verzeichnis II Nr. 149
Digitalisat der Druckfassung: https://doi.org/10.11588/diglit.47167

1873: Auf Verlangen des Herrn B. Reissunger, Gerichtssekretär in Grünstadt: Rechtliches Gutachten über die Frage, ob einem Candidaten, welcher die Staatsprü-fung für den höheren Staatsdienst mit einer Note der Befähigung bestanden hat, ein verfassungsmäßiges Recht der Beschwerde wegen nicht erfolgter Anstellung zustehe. Mit besonderer Rücksicht auf Bayern, 8. November 1873
UB: Heid. Hs. 1938, Verzeichnis I
UB: Heid. Hs. 1938, Verzeichnis II Nr. 150
UB: Heid. Hs. 1937: Rechtliches Gutachten über die Frage, ob einem Kandidaten, welcher die Staatsprüfung für den höheren Staatsdienst mit einer Note der Befähigung bestanden hat, ein verfassungsmäßiges Recht der Beschwerde wegen nicht erfolgter Anstellung zustehe, Korrespondenz liegt dabei

1873: Rechtliches Gutachten auf Verlangen Sr. Hoheit des durchlauchtigsten Landgrafen Friedrich von Hessen:
Das projektierte Gesetz über die Ablösung des Eigentums durch die Zeitpächter von Bauernfeldern in den Herzogthümern Schleswig und Holstein betr., Datum u. expedirt 8. December 1873
UB: Heid. Hs. 1938, Verzeichnis I
UB: Heid. Hs. 1938, Verzeichnis II Nr. 151
UB: Heid. Hs. 1937: Das projektierte Gesetz über die Ablösung des Eigentums durch die Zeitpächter von Bauernfeldern in den Herzogthümern Schleswig und Holstein; copia, sub eodem am Sr. Erlaucht den Grafen E. zu Rantzau auf Rastorf in Holstein, Korrespondenz liegt dabei

1874: Auf Verlangen der Gesellschaften:
Rechtliches Gutachten, betr. den Anspruch der Neuen Frankfurter Gasbereitungsgesellschaften auf Zustimmung des Magistrats zur Preiser-

höhung des Leuchtgases, vollendet 15. und exped., 22. Januar 1874 |:ist gedruckt:|
UB: Heid. Hs. 1938, Verzeichnis I
UB: Heid. Hs. 1938, Verzeichnis II Nr. 152
Verhandlungen zwischen dem Magistrat und den beiden Gasgesellschaften in Frankfurt am Main bezüglich Gaspreis-Erhöhung und zu denselben ein juristisches Gutachten, Frankfurt a. M. [Adelmann]
Heid. Hs. 1937: Rechtliches Gutachten, betr. den Anspruch der Neuen Frankfurter Gasbereitungsgesellschaften auf Zustimmung des Magistrats zur Preiserhöhung des Leuchtgases, Korrespondenz liegt dabei; vollendet 15. Januar 1874, expedirt 22.
Digitalisat der Druckfassung: https://doi.org/10.11588/diglit.47092

1874: Kurze Rechtsanleitung (Materialien) zu einer Eingabe der Frau Herzogin von Braganza (zu Bronnbach) an S. M. den König Ludwig II. von Bayern:
Den Titel als geborene „Prinzessin“ anstatt „Fürstin“ zu Löwenstein betr. Auf hochdero eiliges Verlangen verfasst, und dem fürstl. Löwenstein Domänendirector Freiherrn v. Jagemann übergeben, 24. April 1874
UB: Heid. Hs. 1938, Verzeichnis I
UB: Heid. Hs. 1938, Verzeichnis II Nr. 153
UB: Heid. Hs. 1937: Den Titel als geborene „Prinzessin“ anstatt „Fürstin“ zu Löwen-stein betr., Korrespondenz liegt dabei

1874: Erwiderung auf den Beschluss des erzbischöflichen Capitelsvicariats zu Freiburg i. Breisgau, d. d. 24. Sept. 1874 – die Besetzung der Pfarrei Herbolzheim, bez. das gräfl. Leiningen-Neudenauischen Patronatsrecht betr. im Namen der gräflichen Vormundschaft, 8. October 1874 – vgl. das Schreiben (Rechtsausführung) vom 30. Juni 1874, [korrekt: 30. Juni 1862] Nr. 45 a
UB: Heid. Hs. 1938, Verzeichnis I
UB: Heid. Hs. 1938, Verzeichnis II Nr. 154

1874: Rechtliches Bedenken (Gutachten), auf Verlangen der Badischen Linie: Die Successionsansprüche der sog Württemberger Linie des freiherrlich von Reichlin-Meldegg'schen Hauses an das adeliche Rittergut Nieder-Gundelfingen und Weiler betr.
UB: Heid. Hs. 1938, Verzeichnis I
UB: Heid. Hs. 1938, Verzeichnis II Nr. 155, datiert: 21. October 1874
UB: Heid. Hs. 1937: Die Successionsansprüche der sog Württemberger Linie des freiherrlich von Reichlin-Meldegg'schen Hauses an das adeliche Rittergut Nieder-Gundelfingen und Weiler, vollendet 21. October 1874

1875: Auf Verlangen Sr. Durchl. des Fürsten Friedrich Carl von H. W. S. zu Kupferzell:
Rechtsgutachten, kleines (vorläufiges) die Apanagen im hochfürstl. Hause Hohenlohe-Waldenburg-Schillingsfürst betr., 23. Febr. 1875
UB: Heid. Hs. 1938, Verzeichnis I
UB: Heid. Hs. 1938, Verzeichnis II Nr. 156
UB: Heid. Hs. 1937: Rechtsgutachten, kleines (vorläufiges) die Apanagen im hochfürstl. Hause Hohenlohe-Waldenburg-Schillingsfürst betr., 23. Febr. und 13. März 1875, Korrespondenz liegt dabei

1875: Rechtsgutachten, ausführlicher, zum gleichen Betreff, 13. März 1875
UB: Heid. Hs. 1938, Verzeichnis I
UB: Heid. Hs. 1938, Verzeichnis II Nr. 157

1875: Auf Verlangen Sr. Königl. Hoheit des Landgrafen Friedrich von Hessen:
Rechtliches Gutachten die Ansprüche der Agnaten des Kurhauses Hessen an den Hausfideicommiss betr., ist gedruckt als Manuscript, Wandsbek [Bleidorn], in quarto, 1875, im April 1875
Digitalisate der Verzeichnisse:
UB: Heid. Hs. 1938, Verzeichnis I
UB: Heid. Hs. 1938, Verzeichnis II Nr. 158
UB: Heid. Hs. 1937: Adresse, eventuelle, an das Landgräfliche Hausamt auf Schloß Philippsruhe bei Hanau, Korrespondenz liegt dabei
UB: Heid. Hs. 1937: Prinz Wilhelm zu Hanau Privat-Vermögen des Kurfürsten von Hessen betr., Korrespondenz aus Oct. 1875, mit gedruckten Materialien
Digitalisat der Druckfassung: https://doi.org/10.11588/diglit.47101

1875: Auf Verlangen des Herrn Justizrath Dr. Manhayn zu Frankfurt a. M.:
Rechtliches Gutachten, betr. die Incompetenz der Frankfurter Stadtgemeinde zur Ert-heilung der venia testandi an Verschwender, 4./5. Mai 1875
UB: Heid. Hs. 1938, Verzeichnis I
UB: Heid. Hs. 1938, Verzeichnis II Nr. 159
UB: Heid. Hs. 1937: Rechtliches Gutachten, betr. die Incompetenz der Frankfurter Stadtgemeinde zur Ertheilung der venia testandi an Verschwender, Korrespondenz liegt dabei

1875: Auf Verlangen Sr. Erlaucht des Grafen und Edlen Herrn Julius zu Lippe-Biesterfeld:
Zwei Rechtsgutachten, betr. die Ebenbürtigkeitsfrage im Fürstlichen und Gräflichen Hause Lippe, ist gedruckt Heidelberg [Groos], im Juli 1875
UB: Heid. Hs. 1938, Verzeichnis I

UB: Heid. Hs. 1938, Verzeichnis II Nr. 160
Digitalisat der Druckfassung: H. A. Zachariae (S. 1–28, nachgelassene Schrift); Zoepfl (S. 29–88): https://doi.org/10.11588/diglit.47168
dazu: 1875/1876: An Seine Erlaucht den Hochgeborenen Herrn Grafen Julius, Chef und Senior der erbherrlichen Lippe-Biesterfeldischen Linie. Rechtliches Gutachten:
Denkschrift, die rechtliche Stellung der erbherrlichen gräflichen Linie Lippe-Biesterfeld in dem fürstlichen u. gräflichen [Lipp'schen] Gesammthause zu Lippe überhaupt u. in dem Königlichen Preussen insbesondere betreffend, vollendet im April 1876
UB: Heid. Hs. 1938, Verzeichnis I
UB: Heid. Hs. 1938, Verzeichnis II Nr. 165 (ist Sr. Majest. dem Kaiser und König von Preussen als Manuskript überreicht worden)

1875: Rechtsgutachten, bez. Kritik des von dem Herrn Geh. Rath A. v. Warnstedt in Göttingen verfaßten Rechtsgutachtens, Die Strafanstalten in Glückstadt und den Neubaufond betr. (Streitsache der schleswig.-holsteinischen Provinzial-Landschaft und des K. preussischen Fiscus); 6. Oct., exped. 7. October
UB: Heid. Hs. 1938, Verzeichnis I
UB: Heid. Hs. 1938, Verzeichnis II Nr. 161
UB: Heid. Hs. 1937: Rechtsgutachten, bez. Kritik des von dem Herrn Geh. Rath A. v. Warnstedt in Göttingen verfaßten Rechtsgutachtens, Die Strafanstalten in Glückstadt und den Neubaufond betr., vollendet 6. October 1875, exped. 7. October 1875

1875: Gutachtliches Schreiben, an den fürstlich Taxischen Rath und Archivar Dr. Cornelius Will in Regensburg, die Steuerverweigerung in Bayern betr., 7. November 1875
UB: Heid. Hs. 1938, Verzeichnis I
UB: Heid. Hs. 1938, Verzeichnis II Nr. 162 (hierdurch ist die von der sog. patriot. Partei beabsichtigte Steuerverweigerung verhindert worden)

1875: Auf Verlangen der Mühlenbesitzerin, Witwe Genz, Klägerin gegen den großh. Bad. Fiscus, Beklagtem:
Rechtliches Gutachten über die Zubehörungen und Zuständigkeiten der Pfeils- oder Herrenmühle zu Heidelberg, im November 1875, ist gedruckt Heidelberg [Spiess]
UB: Heid. Hs. 1938, Verzeichnis I
UB: Heid. Hs. 1938, Verzeichnis II Nr. 163, November 1875
UB: Heid. Hs. 1937: Rechtliches Gutachten über die Zubehörungen und Zuständigkei-ten der Pfeils- oder Herrenmühle zu Heidelberg
Digitalisat der Druckfassung: https://doi.org/10.11588/diglit.47169

1875/ 1876: Auf Verlangen Sr. bischöfl. Gnaden des Herrn Erzbisthumsverweser Lothar Kübel in Freiburg, Bischof von Leucca:
(Rechtliches Gutachten) Staatszuschüsse oder Kirchliches Umlagerecht? Bemerkungen zu dem Großherzoglich Badischen Gesetzentwurfe, die Aufbesserung gering besoldeter Kirchendiener aus Staatsmitteln betreffend, Freiburg im Breisgau [Herder]
UB: Heid. Hs. 1938, Verzeichnis I
UB: Heid. Hs. 1938, Verzeichnis II Nr. 164, im December 1875
Digitalisat der Druckfassung: https://doi.org/10.11588/diglit.47170

1876: Verfasst auf Verlangen Sr. Hoheit des Herzogs Adolph von Nassau:
Rechtliches Gutachten. Die morganatische Ehe des Prinzen Nicolaus von Nassau mit der Gräfin Natalie von Merenberg, geb. von Puschkine, [Puschkin] verehelicht gewesene Doubelt betr., vollendet, expedirt 27. April 1876
UB: Heid. Hs. 1938, Verzeichnis I
UB: Heid. Hs. 1938, Verzeichnis II Nr. 166

1876: Für die Hoheit den Herzog Adolph von Nassau:
Promemoria, das Ebenbürtigkeits-Princip im herzoglich Nassauischen Hauses betr. – desgl., vollendet u. exped. 27. April 1876
UB: Heid. Hs. 1938, Verzeichnis I
UB: Heid. Hs. 1938, Verzeichnis II Nr. 167

1876: Auf Anfrage [Verlangen] des Prinzen Albrecht zu Solms-Braunfels:
Kleines Rechtsgutachten, die Berechtigung zu einen Schiedsgericht nach einem Haus-gesetze, betr., Datum der Exped. 18. Mai 1876
UB: Heid. Hs. 1938, Verzeichnis I
UB: Heid. Hs. 1938, Verzeichnis II Nr. 168
UB: Heid. Hs. 1937

1876: Auf Verlangen des Grafen und Marquis Wilhelm von und zu Hoensbroech:
Rechtliches Gutachten die Lehens-Erneuerung des Erbmarschall-Amtes im Herzogthum Geldern betreffend, Heidelberg [Mohr]
UB: Heid. Hs. 1938, Verzeichnis I
UB: Heid. Hs. 1938, Verzeichnis II Nr. 169, Juli 1876
UB: Heid. Hs. 1937: Rechtliches Gutachten die Lehens-Erneuerung des Erbmarschall-Amtes im Herzogthum Geldern betr. auf Verlangen des hochgeborenen Graf Wilhelm von und zu Hoensbroech, Juli 1876, ist gedruckt, Korrespondenz liegt dabei
Digitalisat der Druckfassung: https://doi.org/10.11588/diglit.47171

1876: Zwei Rechtsgutachten:
1. Auslegung des Art. X. des fürstlich Oettingen'schen Hausgesetzes vom 26. Januar 1876, betr.

Digitalisat des Verzeichnisses: UB: Heid. Hs. 1938, Verzeichnis II Nr. 170
2. Die Anfechtbarkeit einer Bestimmung dieses Art. X betr. – Auf Verlangen des Erb-prinzen Albrecht von Oettingen-Spielberg, verfaßt im Nov. 1876
UB: Heid. Hs. 1938, Verzeichnis I, 26. Januar 1876
UB: Heid. Hs. 1938, Verzeichnis II Nr. 171
UB: Heid. Hs. 1937: Art. X. des fürstlich Oettingen'schen Hausgesetzes vom 26. Januar 1876, Korrespondenz liegt dabei

1876: Consultation u. Correspondenz mit Prinzessin Marie von Hessen Philippsthal Barch-feld, geb. Prinzessin v. Hanau:
Namens-Änderung betr., seit Dec. 1875/76
UB: Heid. Hs. 1938, Verzeichnis I
UB: Heid. Hs. 1938, Verzeichnis II Nr. 172
UB: Heid. Hs. 1937, nur Korrespondenz

Monographien und Aufsätze (Auswahl)

1827: Theses ex Jure universo: Quas annuente inclyta facultate juridica almae Universitatis Herbipolensis pro impetrando Gradu Doctoris in utroque Jure publice defendet / Henricus Zoepfl, Bambergensis. Herbipoli in auditorio juridico die XXVIII. Augusti MDCCCXXVII, Herbipoli [Becker] 1827
Digitalisat: https://doi.org/10.11588/diglit.47247

1827: Kurze vorläufige Beleuchtung der Druckschrift unter dem Titel: Über die Ansprüche der Krone Bayern an Landes-Theile des Großherzogthums Baden: mit Beziehung auf die Beilagen obiger Druckschrift, Nürnberg
Digitalisat: https://doi.org/10.11588/diglit.47787

1828: De Tutela Mulierum Germanica: Specimen quo Annuente Inclyto Jurisconsultorum Ordine ad Disputationem Publicam pros Facultate Docendi in Universitate Rupert-Carolina Rite Obtinenda die XI. Augusti … Habendam invitat / Henricus Zoepfl Juris utriusque Doctor, Heidelbergae [Osswald] 1828
Digitalisat: https://doi.org/10.11588/diglit.47246

1828: Vergleichung der römischen Tutel und Cura mit der heutigen Vormundschaft über Unmündige und Minderjährige. Inaugural-Abhandlung, Bamberg/Aschaffenburg [Dresch] 1828
Digitalisat: https://doi.org/10.11588/diglit.45292

1831: Ein Wort über die Emancipation der Bekenner des Mosaischen Glaubens in Baden, von einem christlichen Badenser [i.e. Heinrich Zoepfl], Heidelberg [Winter] 1831
Digitalisat: https://doi.org/10.11588/diglit.47353

1832: Über akademische Gerichtsbarkeit und Studenten-Vereine. Mit Rücksicht auf den in der zweiten Kammer der Badischen Landstände vom Abgeordneten Rettig v. C. erstatteten Bericht über eine Petition mehrerer Hochschüler zu Heidelberg, Heidelberg 1832
Digitalisat: https://doi.org/10.11588/diglit.45294

Deutsche Staats- und Rechts-Geschichte

1834–1836: Deutsche Staats- und Rechts-Geschichte: compendiarisch dargestellt zum Gebrauche bei akademischen Vorlesungen, Heidelberg Abt. 1, 1834, Abt. 2, 1836, Abt. 3, 1836
Digitalisate:
https://doi.org/10.11588/diglit.47340
https://doi.org/10.11588/diglit.47341
https://doi.org/10.11588/diglit.47342

1841: unveränderte Neuausgabe, mit dem Untertitel: Ein Lehrbuch zum Gebrauche bei aka-demischen Vorlesungen, Stuttgart 1841
https://doi.org/10.11588/diglit.47245

1844–1847: Deutsche Staats- und Rechtsgeschichte, in 2 Bänden und 3 Abtheilungen, 2., verm. und verb. Aufl., Stuttgart [Krabbe]
1. – Deutsche Volks- und Staatsgeschichte in quellenmäßigem Abrisse bis zur Stiftung des Deutschen Bundes, 1844
2,1 und 2,2.: Geschichte der deutschen Rechtsinstitute: compendiarisch dargest. 1846/1847
Digitalisate:
https://doi.org/10.11588/diglit.47336
https://doi.org/10.11588/diglit.47337
https://doi.org/10.11588/diglit.47338

1858: Deutsche Rechtsgeschichte, 3. durchaus umgearb., verm. und verb. Aufl., Stuttgart [Krabbe] 1858
UB: Mittermaier 620
Digitalisat: https://doi.org/10.11588/diglit.47249
Fortsetzung unter dem Titel: Deutsche Rechtsgeschichte, 4., verm. u. verb. Aufl., Braunschweig [Wreden] 1871–1872
Bd. 1: Geschichte der Rechtsquellen, Braunschweig 1871

Bd. 2, Teil 1: Geschichte der Rechtsinstitute, Braunschweig 1872
Bd. 3, Teil 2: Geschichte der Rechtsinstitute, Braunschweig 1872
Digitalisate:
https://doi.org/10.11588/diglit.47344
https://doi.org/10.11588/diglit.47345
https://doi.org/10.11588/diglit.47346

1839: Denkschrift über die Rechtmäßigkeit und Zweckmäßigkeit der Todesstrafe und deren Abschaffung, Heidelberg [Winter] 1839
Digitalisat: https://doi.org/10.11588/diglit.47355

1839: Das alte Bamberger Recht als Quelle der Carolina, nach bisher ungedruckten Urkun-den und Handschriften zuerst herausgegeben und commentirt, Heidelberg [Groos] 1839
Digtalisat: https://doi.org/10.11588/diglit.47514

1839: Die spanische Successionsfrage. Historische und publicistisch erörtert zur Aufklärung und Berichtigung der öffentlichen Meinung in Deutschland; nebst einem Anhange als Beleuchtung und Widerlegung der bei S. Schmerber in Frankfurt 1839 unter gleichem Titel herausgegebenen anonymen Schrift, Heidelberg [Winter] 1839
Digitalisat: https://doi.org/10.11588/diglit.47513

1841: Grundsätze des Allgemeinen und des Constitutionell-Monarchischen Staatsrechts, mit Rücksicht auf das gemeingültige Recht in Deutschland, nebst einem kurzen Abrisse des Deutschen Bundesrechts und den Grundgesetzen des Deutschen Bundes als An-hang, Heidelberg 1841
UB: Cod. Heid. 365,64

1841: Als Verfasser angegeben: Dr. Heinrich Zoepfel, Professor der Rechte an der Universität Heidelberg, Ritter des Königlich Spanischen Ordens Isa-bellas's der Katholischen
Zweiter Unveränderter Abdruck, Heidelberg [Winter]
Digtalisat: https://doi.org/10.11588/diglit.47517

1846: 3. verm. u. verb. Ausgabe, Heidelberg [Winter]
Digtalisat: https://doi.org/10.11588/diglit.47530

1855/1856: 4., durchaus umgearb. u. stark vermehrte Ausg., Heidelberg [Winter]
Digitalisate:
https://doi.org/10.11588/diglit.47528
https://doi.org/10.11588/diglit.47529

1863: 5. durchaus verm. und verb. Aufl., Leipzig/Heidelberg [Winter], 2 Bde.
Digitalisate:

https://doi.org/10.11588/diglit.47606
https://doi.org/10.11588/diglit.47607

1841: Über das Verhältniß des rationalen und nationalen Rechtes, mit Rücksicht auf die neuen Gesetzbücher, in: Zeitschrift für deutsches Recht und deutsche Rechtswissenschaft 4, 1841, S. 91–123
Digitalisat: https://doi.org/10.11588/diglit.47515

1841: Über das germanische Element im Code Napoléon, in: Zeitschrift für deutsches Recht und deutsche Rechtswissenschaft 5, 1841, S. 110–132
Digitalisat: https://doi.org/10.11588/diglit.47516

1842: Die Peinliche Gerichtsordnung Kaiser Karl's V., Heidelberg [Winter] 1842
UB: Mittermaier 2097
UB: Cod. Heid. 365, 82 A
1876: 2. synpt. Ausgabe
Digitalisat: https://doi.org/10.11588/diglit.47594
1883: Die peinliche Gerichtsordnung Kaiser Karl's V.: nebst der Bamberger und der Brandenburger Halsgerichtsordnung sämmtlich nach den ältesten Drucken und mit den Projecten der peinlichen Gerichtsordnung Kaiser Karl's V. von den Jahren 1521 und 1529 beide zum erstenmale vollständig nach Handschriften herausgegeben, 3. synoptische Ausg., Leipzig [Winter] 1883
Bibliothek des Juristischen Seminars, Heidelberg: JU/PH 2340 Z85

1842/1843: Beiträge zur Revision der Lehre von der Nothwehr, 1. und 2. Aufsatz, in: Archiv des Criminalrechts, N. F. 1842, H. 3, S. 118–162 https://doi.org/10.11588/diglit.47591, S. 311–339 https://doi.org/10.11588/diglit.47592; 3. Aufsatz 1843, S. 27–48 https://doi.org/10.11588/diglit.47593

1848: Bundes-Reform, deutsches Parlament und Bundesgericht. Ein Vorschlag in ernster Zeit. Erste censurfreie Druckschrift aus Baden*, Heidelberg [Winter] 1848
* Auf dem Titelblatt gedruckt
Digitalisat: https://doi.org/10.11588/diglit.45338
UB: I 7345 (ohne Zusatz auf dem Titelblatt)

1848: Constitutionelle Monarchie und Volks-Souveränität. Eine Frage der Zeit als Beitrag zur Begründung des neueren Staatsrechtes, Frankfurt a. M. [Brönner] 1848
Digitalisat: https://doi.org/10.11588/diglit.45339

1849: Über den Prozess von Kurmainz gegen Goetz von Berlichingen wegen Beschädigungen im Bauernkriege, Rede vom 22. November 1849
Digitalisat: https://doi.org/10.11588/diglit.47788

1850: Die Hauptmannschaft des Götz von Berlichingen im großen Bauernkriege vom Jahre 1525 nach bisher ungedruckten Prozessacten [Über den Prozess von Kurmainz gegen Goetz von Berlichingen wegen Beschädigungen im Bauernkrieg nebst Beweisurkunden aus dem Prozesse], Heidelberg [Groos] 1850
Digitalisat: https://doi.org/10.11588/diglit.47595

1850: Deutsche Union und deutsches Reich. Entwurf einer allgemeinen Reichsverfassung mit Jnbegriff der deutschen Union, verfaßt und den deutschen Staatsmännern und Parlamentsmitgliedern vorgelegt, Erfurt [Bartholomäus] 1850
Digitalisat: https://doi.org/10.11588/diglit.45340

1851: Die Vorarbeiten für ein ständiges Bundesgericht von Deutschland, in: Deutsche Vierteljahrsschrift 1851, S. 81–109
Digitalisat: https://doi.org/10.11588/diglit.45344

1853: Die Demokratie in Deutschland. Ein Beitrag zur wissenschaftlichen Würdigung von: G. G. Gervinus, Einleitung in die Geschichte des neunzehnten Jahrhunderts, 2. Aufl. Stuttgart [Krabbe] 1853
Digitalisat der 2. Aufl.: https://doi.org/10.11588/diglit.45346

1856: Die Euua Chamavorum. Ein Beitrag zur Kritik und Erläuterung ihres Textes, Heidelberg [Mohr] 1856
Digitalisat https://doi.org/10.11588/diglit.45347 (Separatdruck aus: Heidelberger Jahrbücher 1856), angeb. an: Zoepfl, Heinrich: Ueber das Verhältniß der Beschlüsse des deutschen Bundes zu Sachen der streitigen Gerichtsbarkeit und gerichtlichen Entscheidungen. – 1844

1858–1869: Corpus Iuris Confoederationis Germanicae: oder Staatsacten für Geschichte und öffentliches Recht des Deutschen Bundes / nach officiellen Quellen hrsg. von Philipp Anton Guido Meyer. Ergänzt und bis auf die neueste Zeit fortgeführt von Dr. Heinrich Zoepfl., 3. Aufl. Frankfurt [Brönner], Bd. 1–3, 1858, 1859, 1869
UB: I 7298

1859: Ueber die richtige Lesart von cap. IX. de fide instrumentorum. Ein Beitrag zur Lehre von der Beweiskraft der Abschriften von Urkunden, in: Archiv für civilistische Praxis 42, 1859, S. 386–425
UB: Cod. Heid. 365,76

1860: Über die Bedeutung der Trias
UB: Heid. Hs. 1928: Ist nicht gedruckt worden, war für die Postamtszeitung bestimmt

1860: Das Zustimmungsrecht der Landstände zu staatsrechtlichen Verträgen, nach der einstimmigen Lehre der deutschen Publicisten dargestellt, Freiburg im Breisgau [Herder] 1860
Digitalisat: https://doi.org/10.11588/diglit.45348

1860:	Vorläufige Bemerkungen zu der Schrift des Herrn Oberhofrichter Geh. Rath Dr. Sta-bel, (über badisches Kirchenrecht), Freiburg im Breisgau [Herder] Digitalisat: https://doi.org/10.11588/diglit.45349
1860–1861:	Alterthümer des Deutschen Reichs und Rechts, Bd. 1 und 2, Leipzig/Heidelberg [Winter] 1860; Bd. 3: Die Rulands-Säule, Leipzig/Heidelberg [Winter] 1861 Digitalisate https://doi.org/10.11588/diglit.47602 https://doi.org/10.11588/diglit.47603 https://doi.org/10.11588/diglit.47604 UB: Mittermaier 629::1; Mittermaier 629::2; Mittermaier 629::3
1861:	(zus. mit H. A. Zachariä) Das rechtliche Verhältnis des fürstlichen Kammerguts, insbesondere im Herzogthum Sachsen-Meiningen, in: Heidelberger Jahrbücher 54, 1861, S. 449–458 Digitalisat: https://doi.org/10.11588/diglit.45368
1861:	Deutschland als Grossmacht. Die Ereignisse in Amerika in ihrer Rückwirkung auf Deutschland, in: Stimmen der Zeit 4, 1861, S. 601–618 Digitalisat: https://doi.org/10.11588/diglit.45370
undatiert:	Heid. Hs. 1930 Die Wiederbelebung der Frankfurter Reichsverfassung von 1848 durch den National-verein
1863:	Die preußischen Anschauungen über die Berechtigung der deutschen Bundesversamm-lung zur Beschlußfassung über die vorgeschlagene Delegiertenversammlung und ge-meinnützige Anordnungen überhaupt. Ein Wort zur Verständigung, in: Deutsche Vierteljahrschrift 1863, H. 1, S. 138–163, Stuttgart [Cotta] 1863 Digitalisat: https://doi.org/10.11588/diglit.45371
1863:	Über gemeinnützige Anordnungen nach Grundsätzen des deutschen Bundesrechts, in besonderer Anwendung auf gemeinsame Gesetzgebung und Delegirtenversammlung, Heidelberger Jahrbücher, 1863. – Rezension von J. T. B. Linde, Giessen [Ferber'sche Universitätsbuchhandlung] Digitalisat: https://doi.org/10.11588/diglit.45374
1869:	[Rezension zu] H. Hetzel, die Todesstrafe in ihrer culturgeschichtlichen Entwicklung. Eine Studie. Berlin, 1870, Heidelberg: Mohr, 1869. in: Heidelberger Jahrbücher der Li-teratur 62, 1869, H. 10, Nr. 50, S. 785–787 Digitalisat: https://doi.org/10.11588/diglit.47157

1870: Von der dreißigjährigen Klagenverjährung gegen Minderjährige. Mitgetheilt von B. Emminghaus, in: Archiv für practische Rechtswissenschaft, N. F. Bd. 7, 1870, S. 151–167
Digitalisat: https://doi.org/10.11588/diglit.47160

1870 [Rezension zu] Die Revision der Norddeutschen Bundesverfassung und die Oberhausfrage. Frankfurt a. M. 1870, Heidelberg: Mohr, 1870, in: Heidelberger Jahrbücher der Literatur 63, 1870, H. 11, Nr. 55, S. 865–870
Digitalisat: https://doi.org/10.11588/diglit.47158

1871: [Rezension zu] Ein Wort über das Prinzip der Nicht-Intervention, München [Weiß], 1871, in: Historisch-politische Blätter 67, 1871, S. 670–677
Digitalisat: https://doi.org/10.11588/diglit.47162

1871: [Rezension zu] Homeyer, Dr. C. G. Die Haus- und Hofmarken ..., Heidelberg: Mohr, 1871, in: Heidelberger Jahrbücher der Literatur 64, 1871, H. 3, Nr. 11, S. 162–185
Digitalisat: https://doi.org/10.11588/diglit.47163

1874: Ansprache des Decans der Juristischen Facultät bei der Abschiedsfeier Seiner Magnifi-cenz der Herrn Geheimen Rathes v. Windscheid, derzeitigen Prorectors der Universität Heidelberg am 1. August 1874, Heidelberg [Mohr]
UB: F 2102-2 RES::[5].1859-76

1875: Ein deutscher Grundherr im 16. Jahrhundert. (Mittheilungen aus dem ungedruckten Vogtbuche oder der Dorfordnung des Junkers Bleickhart von Berlichingen für den Flecken Neunstetten, vom 20. November 1589), in: Historisch-politische Blätter für das katholische Deutschland, 1875, S. 73–93, https://doi.org/10.11588/diglit.47628, S. 165–183 https://doi.org/10.11588/diglit.47641, S. 267–283 https://doi.org/10.11588/diglit.47642
UB: Cod. Heid. 365,88

1876: Clement, Knut Jungbohn, Forschungen über das Recht der Salischen Franken vor und in der Königszeit. Lex salica und Malbergische Glossen. Erläuterungen, nebst erstem Versuch einer vollständigen hochdeutschen Übersetzung. Nachgelassenes Werk, herausgegeben u. mit e. Vorworte u. Register versehen von Heinrich Zoepfl, (Bibliothek für Wissenschaft und Literatur: 3. Bd., Staats- und rechtswissenschaftliche Abtheilung; 1) Berlin [Grieben]

1879: 2. Ausgabe, Berlin
Bibliothek des Instituts für Geschichtliche Rechtswissenschaft, Heidelberg: PW 4400 C626(2)

1878: Grundriss zu Vorlesungen über Rechtsphilosophie (Naturrecht), Reihe: Bibliothek für Wissenschaft und Literatur 26, Berlin [Grieben]
Digitalisat: https://doi.org/10.11588/diglit.47627

Microcosmus: eine polemische Zeitschrift für Staatskunst und Staatsrechts-Wissenschaft; für gebildete Leser aus allen Ständen, hrsg. von Heinrich Zoepfl, Heidelberg: [s. n.] 1.1832–1836[?]

Zoepfl, Privatdocenten der Rechte und außerordentlicher Beisitzer des Spruchcollegiums zu Heidelberg, August Oßwalds Universitäts Buchhandlung, 1832
darin unter anderem:
2. Semester, 1. Heft, S. 74–96: Rechtsgutachten in Untersuchungssachen des Franz Schlund, verantwortlichen Redakteurs des „Wächters am Rhein" wegen eines in Nr. 68 des Wächters am Rhein enthaltenen entfernten Attentats des Hochverräthers, unter-zeichnet von Dr. Heinrich Zoepfl
2. Semester, 2. Heft, S. 1–40: Rechtsgutachten in Untersuchungssachen des stud. jur. Heinrich Kähler aus Itzehoe, wegen eines im „Wächter am Rhein" Nr. 101 mit der Überschrift „Deutschland" gedruckten Artikels
Digitalisat: https://doi.org/10.11588/diglit.45318

Kommissionsberichte für die 1. Kammer der Badischen Ständeversammlung

1850: Commissionsbericht über die Vorlage der Regierung, bezüglich auf den Beitritt vom Bündnisse vom 26. Mai 1849 und das provisorische Gesetz vom 7. Dezember 1849 über die Wahlen zum Volkshause des Parlaments, Beilage Nr. 28 zum Protokoll der 5. Sitzung vom 18. März 1850, Karlsruhe 1850
UB: Cod. Heid. 365,76
UB: Cod. Heid. 365,113 a
UB: I 7691–1-20

1850: Commissionsbericht über den Beitritt des Großherzogthums Baden zum Vertrage vom 26. Mai 1849 nebst Schlußrede des Berichterstatters Hofrath Prof. Dr. Zoepfl in der Sitzung der Ersten Kammer vom 21. März 1850, Stuttgart/Karlsruhe
Digitalisat: https://doi.org/10.11588/diglit.45341

1850: Commissionsbericht über den Gesetzentwurf, die Aufhebung der befreiten Gerichtsstände betr. [1850], Beilage Nr. 85 zum Protokoll der 16. Sitzung von 1. Oktober 1850

Digitalisat: https://doi.org/10.11588/diglit.47972

1850: Commissionsbericht über die von der Zweiten Kammer beschlossene Adresse an S. Kgl. Hoheit den Großherzog, die mit Preußen abgeschlossene Übereinkunft vom 25. Mai d. J., wegen Stellung und Verpflegung der Kgl. Preuß. Truppen in Baden betr., Beilage Nr. 91 zum Protokoll der 18. Sitzung vom 7. Oktober 1850
Digitalisat: https://doi.org/10.11588/diglit.47981

1850: Commissionsbericht über die Motion des Geheimen Rathes von Hirscher, die Interes-sen der Selbständigkeit und gesegneten Wirksamkeit der katholischen Kirche des Großherzogthums betr., Beilage Nr. 173 zum Protokoll der 35. Sitzung vom 10. Dezember 1850
Digitalisat: https://doi.org/10.11588/diglit.47979

1850: Kommissionsbericht über den Gesetzentwurf das Vereins- und Versammlungsrecht betreffend [o. O. 1850], Beilage Nr. 184 zum Protokoll der 36. Sitzung vom 14. Dezember 1850
Digitalisat: https://doi.org/10.11588/diglit.47979

1850: 2. Kommissionsbericht über den Gesetzentwurf das Vereins- und Versammlungsrecht betreffend, Beilage Nr. 249 zum Protokoll der 49. Sitzung vom 29. Januar 1851
UB: Cod. Heid. 365,113 a

1851: Kommissionsbericht über den Gesetzentwurf, die Ablegung des Fahneneides betr., Beilage Nr. 17 zum Protokoll der 2. Sitzung vom 20. Dezember 1851
UB: Cod. Heid. 365,113 a

1851: Kommissionsbericht über die von der zweiten Kammer beschlossene Adresse an Seine Königliche Hoheit der Großherzog die mit Preußen abgeschlossene Übereinkunft vom 25. Mai d. J. [1850], wegen Stellung und Verpflegung der Königlich Preußischen Truppen in Baden und wegen Verlegung Großherzoglich Badischer Truppen nach Preußen betr.
Digitalisat: https://doi.org/10.11588/diglit.47981

1854: Commissionsbericht über die Motion des Hofrath Mayer, die Verbesserung der Grund- und Pfandbücher betr., Beilage Nr. 50 zum Protokoll der 4. Sitzung vom 7. Februar 1854 und Beilage Nr. 87 zum Protokoll der 8. Sitzung vom 3. März 1854
UB: Cod. Heid. 365,113 a

1854: Commissionsbericht über die mit den fürstlich Löwensteinischen Landesherrschaften abgeschlossenen beiden Verträgen vom 27. März dieses Jahres [1854] über die staatsrechtlichen und finanziellen Beschwerden dieser Standesherrschaften, Beilage Nr. 177 zum Protokoll der 16. Sitzung vom 11. April 1854

UB: Cod. Heid. 365,113 a

1856: Commissionsbericht über den Gesetzesentwurf die Allodifikation der eigentlichen Lehen betreffend, Beilage Nr. 53 zum Protokoll der 5. Sitzung vom 19. Januar 1856
UB: Cod. Heid. 365,113 a

Abbildungsnachweis

Umschlagabbildung und Frontispiz: https://heidicon.ub.uni-heidelberg.de/detail/587829 © UB Heidelberg, CC BY-SA 4.0

Michael Stolleis: Das aufgeregte Jahr 1832

Abb. 1: https://rlp.museum-digital.de/singleimage.php?imagenr=16334. © Historisches Museum der Pfalz, Speyer / Peter Haag-Kirchner, HMP Speyer, CC-BY-NC-SA-4.0 (zuletzt abgerufen am 15.08.2019)

Frank Engehausen: Heinrich Zoepfl als politischer Publizist 1848–1850

Abb. 1: © Historisches Museum Frankfurt am Main, Horst Ziegenfusz

Barbara Dölemeyer: Spielbanken in Homburg vor der Höhe und Wiesbaden

Abb. 1: © Stadtarchiv Villa Wertheimber, Bad Homburg v. d. H.

Dorothee Mußgnug: Heinrich Zoepfls Anmerkungen zur Errichtung eines Bundesgerichts

Abb. 1: https://commons.wikimedia.org/wiki/File:Deutscher_Bund.svg. © ziegelbrenner, CC-BY-SA 3.0 (zuletzt abgerufen am 15.08.2019)

Oliver F. R. Haardt: Reichsgründung als Fürstenbund

Abb. 1: http://www.hdbg.de/karikatur/de/a_home/a_fr.htm (zuletzt abgerufen am 15.08.2019)

Autoren

Prof. Dr. Barbara Dölemeyer, Am Seeberg 7a, 61352 Bad Homburg

Prof. Dr. Frank Engehausen, Historisches Seminar der Universität Heidelberg, Grabengasse 3–5, 69117 Heidelberg

Oberarchivrat Dr. Martin Furtwängler, Kommission für geschichtliche Landeskunde in Baden-Württemberg, Eugenstraße 7, 70182 Stuttgart

Dr. Oliver F. R. Haardt, Magdalene College, Magdalene Street, Cambridge CB3 OAG, UK

Dr. Dorothee Mußgnug, Keplerstr. 40, 69120 Heidelberg

Prof. Dr. Frank L. Schäfer, Institut für Rechtsgeschichte, Platz der Alten Synagoge, 79085 Freiburg i. Br.

Prof. Dr. Klaus-Peter Schroeder, Institut für geschichtliche Rechtswissenschaft, Friedrich-Ebert-Platz 2, 69117 Heidelberg

Prof. Dr. Michael Stolleis, Waldstr. 15, 61476 Kronberg

Prof. Dr. Monika Wienfort, Humboldt-Universität zu Berlin, Philosophische Fakultät, Institut für Geschichtswissenschaften, Unter den Linden 6, 10099 Berlin

Namensregister

(ohne Heinrich Zoepfl und ohne Sekundärliteratur)